臺灣歷史與文化 研究輯刊

四 編

第 13 冊

戰後臺灣現代詩論戰史研究

陳政彥 著

花木蘭文化出版社

國家圖書館出版品預行編目資料

戰後臺灣現代詩論戰史研究／陳政彥 著 ─ 初版 ─ 新北市：
花木蘭文化出版社，2013〔民 102〕
目 6+334 面；19×26 公分
（臺灣歷史與文化研究輯刊 四編；第 13 冊）
ISBN：978-986-322-495-2（精裝）
1. 臺灣詩　2. 新詩　3. 詩評
733.08　　　　　　　　　　　　　　　　　102017400

ISBN-978-986-322-495-2

9 789863 224952

臺灣歷史與文化研究輯刊
四　編　第十三冊　　　　　　　　　　ISBN：978-986-322-495-2

戰後臺灣現代詩論戰史研究

作　　者　陳政彥
總 編 輯　杜潔祥
出　　版　花木蘭文化出版社
發 行 所　花木蘭文化出版社
發 行 人　高小娟
聯絡地址　235 新北市中和區中安街七二號十三樓
　　　　　電話：02-2923-1455／傳真：02-2923-1452
網　　址　http://www.huamulan.tw 信箱 sut81518@gmail.com
印　　刷　普羅文化出版廣告事業
初　　版　2013 年 9 月
定　　價　四編 22 冊（精裝）新臺幣 50,000 元

戰後臺灣現代詩論戰史研究

陳政彥　著

作者簡介

陳政彥，南投縣埔里鎮人。國立中央大學中國文學所碩士、博士。曾任中央大學、中原大學、長庚技術學院兼任講師，嘉義大學中文系助理教授。現任嘉義大學中文系副教授，台灣詩學學刊社務委員。與李瑞騰、林淑貞、羅秀美、顧敏耀合著《南投文學發展史》上、下兩冊。個人著作有《蕭蕭詩學研究》、《臺灣現代詩的現象學批評》。

提　　要

　　本文試圖整理並論析台灣戰後的現代詩論戰，希望為現代詩論戰史留下一個可供參考的基本資料，並提出一個較全面的看法。現代詩的「論戰」是現代詩文類知識不同主張之間互動協調的過程。現代詩文類知識在現代詩場域中被建構，並且與生產知識的學術組織、傳播媒體，甚至於政治、經濟等權力場域社會結構，都有密不可分的關連性。透過論戰的回顧，可窺見現代詩場域建構的過程，並發現其中有三個詮釋社群對台灣現代詩的詮釋影響深遠，分別是古典抒情詮釋社群、現代主義詮釋社群、本土寫實詮釋社群。他們各自抱持自己的文學理念，在現代詩場域中互相批判，不斷鞏固自身並推翻對方在場域中的權力位置。

　　本文將現代詩論戰以時間脈絡排列，根據論戰主題的相似以及外在社會環境的變化交互考量，將現代詩論戰史分成三個時期：第一個時期是場域成形期（1956～1961年），現代詩人以論戰回應詩壇外部的批判，同時透過論戰整合詩壇內部共識，凝聚並強調前衛的風氣，在此階段，現代主義詮釋社群表現最突出，古典抒情詮釋社群則逐漸成形。第二個時期是文化轉型期（1971～1977年），由於國際情勢邊變，台灣文化也隨之轉型，左翼思想在台灣開始出現，要求文學重視社會的呼聲不斷升高，在此階段，現代主義詮釋社群的勢力一度衰弱，古典抒情詮釋策略的地位大為提高，而本土寫實詮釋社群開始出現。第三個時期是詮釋權爭奪期（1981～1997年），此期現代詩人無須再為現代詩的合法性辯護，爭奪現代詩詮釋權成為此期論戰的重點，透過鼓吹後現代主義，加上學術界的肯定，現代主義詮釋社群的影響力回升；本土寫實詮釋社群從社會關懷轉向強調本土化，影響力到達新的高峰；由於過去長期教育影響，受到讀者接受的古典抒情詮釋社群逐漸與大眾流行文化結合。

　　回顧現代詩論戰史，本文試圖說明論戰中的不同立場都有其歷史的特殊性，試著理解不同時代下的多數人，感受並理解他們所遭遇的生活經驗，不輕易排斥特定的意識形態，用更寬廣的角度看待現代詩論戰歷史。

目

次

第一章　緒　論

第一節　研究動機與目的

　　傅柯（Michel Foucault，1926～1984 年）在他最後一次接受訪談中，被問到為什麼不參加論戰。他說他更寧願討論（discussion），而不願意參加論戰（polemics），因為討論需要透過自我節制，忍受他人的意見與所使用的對話形式，來完成有共識的對話，這樣才能確實針對問題提出解答。但是論戰者（The polemicist）並不願意進行有意義的討論，他們只想透過各種方式打倒對方，來證明自己的看法是正確的。傅柯認為論戰不是與一個尋求真理的對手一起努力，而是一場惡質的遊戲，遊戲的過程不是傾聽意見，而是羞辱他人。遊戲的目的不是盡可能地接近真理，而是給自己的勝利找尋正當理由。〔註1〕

　　臺灣現代詩論戰大部分的情境就像傅柯的感想一樣，論戰不一定都能產生有意義的共識，而論戰也常在各說各話的情形下結束。但是從旁看待論戰的歷史，我們可以發現論戰表現出特定時空環境下各種文學思潮的崛起與沒落，文學團體之間的權力互動，乃至於政治力介入文學發展的軌跡。論戰史的研究可以提供一個重要的切入點，讓我們在靜態的文學文本材料與生硬的文學理論之外，觀察文學思潮的動態發展，傾聽作家與理論家間的對話。

　　根據本文的統計，臺灣戰後的現代詩論戰共計十五次。分別是：一、文學雜誌新詩論戰（1956～1957 年）；二、現代派論戰（1956～1958 年）；三、

〔註1〕見 Michel Foucault, "Polemics, Politics，and Problematizations：an Interview with Michel Foucault"，The Foucault reader, ed. by Paul Rabinow, New York：Pantheon, 1984, p.382.

象徵主義論戰（1959 年）；四、新詩閒話論戰（1959～1960 年）；五、天狼星論戰（1961 年）；六、麥堅利堡論戰（1972 年）；七、招魂祭論戰（1971～1972年）；八、颱風季論戰（1972～1973 年）；九、關唐事件論戰（1972～1974 年）；十、這樣的詩人余光中論戰（1977 年）；十一、席慕蓉現象論戰（1981 年）；十二、詩壇春秋三十年論戰（1982 年）；十三、一九八三臺灣詩選論戰（1984～1985 年）；十四、大陸的臺灣詩學論戰（1992～1997 年）。十五、臺灣文學經典論戰（1999 年）。〔註 2〕

　　回顧這些論戰，我們可以發現它們各自有其重要的時代意義，五、六〇年代的現代詩創作，就被視爲是對國府高壓政治的一種逃避式寫作方式。在當時，「現代派運動」被冠上不愛中國、不重視傳統、遠離群眾等種種罪名。前期的論戰各自表現出現代詩在古典文學傳統以及國家認同主導下的迂迴發展軌跡。七〇年代的論戰也反映了臺灣政經社會劇烈轉型的過程。到了八、九〇年代，不管是反映了進入商業化環境的席慕蓉現象論戰，或者爭取詩史解釋權的詩壇風雲論戰與大陸臺灣詩學論戰、臺灣經典文學論戰都呈現出後現代主義離心解構特色。每一次論戰都在在饒富研究的空間。

一、文獻回顧與研究動機

　　過去有關臺灣戰後現代詩論戰的討論不多，但近兩年的研究成果已有突破，以碩博士論文來說最重要的有三篇。侯作珍的文化大學博士論文《自由主義傳統與臺灣現代主義文學的崛起》當中，特別花了一章討論現代詩論戰的傳播與影響，當中清楚分出五〇年代的三次論戰。此文討論五六〇年代自由主義知識份子與現代主義作家之間的互動，刻畫出現代主義詩崛起的過程。而七〇年代的論戰則屬清大蔡明諺的碩士論文《龍族詩刊研究──兼論七〇年代臺灣現代詩論戰》處理的最好。蔡明諺的論文透過大量紮實的文獻整理，搭配歷史資料的互證，清理出七〇年代現代詩論戰清楚的面貌。而成大陳瀅州的碩士論文《七〇年代以降現代詩論戰之話語運作》，則以「知識考掘學」爲基礎，描述現代詩話語的建構過程，他試圖說明現代詩論戰由現實轉向本土，再由本土轉向臺灣的歷程。但，即使已有比過去更豐富的研究成果，關於「臺灣現代詩論戰史」的研究仍有兩點未竟之處：首先是基本資料尚未全面整理，其次是看待論戰的解釋觀點不統一。

〔註 2〕可參考本文附錄一，〈臺灣戰後現代詩年表〉。

　　目前尚未有人從事完整的資料整理彙編，使得這些論戰沒有較完整的範圍根據，殊爲可惜。例如對於戰後臺灣現代詩史上究竟有幾次論戰，目前並沒有定論。也沒有人個別處理將每一次論戰劃清界限。例如目前的研究成果都沒有把「文學雜誌新詩論戰」當成論戰看待，而「席慕容現象論戰」也幾乎被忽略。因此本文希望能透過資料整理的過程，爲現代詩論戰史留下一個可供參考的基本資料，此爲本文寫作的第一個動機。

　　其次，回顧這些論爭，我們可以發現這些論戰的爭議焦點，在不同的時期，不同的論者會給予不同的評價。以現代主義思潮來看，現代主義影響的現代詩風格持續了近二十年；後現代詩的出現與臺灣現代主義詩潮也有繼承與反叛的關連性。現代主義對臺灣現代詩的影響自不在話下，但是環視所有論爭，不管在六〇年代論者根據古典詩傳統以批評現代主義詩作的崇洋媚外，或者七〇年代論者強調重視現實的呼聲而批評現代詩的逃避虛無，乃至於九〇年代臺灣本土論者批判現代詩是喪失了現代主義中批判現實的特質。我們可以看到不同的時代各自抱持該時代特有的觀點來批評，那麼我們該如何在不同時代當中找到較爲公允的評價？

　　再從國族認同來看現代詩論戰評價混亂的問題。以余光中爲例，五〇、六〇年代的現代詩論戰，余光中等現代詩人往往被被貼上不愛中國、不重視傳統、遠離群眾等等標籤。到了鄉土文學論戰期間，余光中的詩作則被陳鼓應批評爲不愛中國，詆毀中國。但時序移轉，到 1999 年「臺灣文學經典」論戰，本土論者則說余光中沒有臺灣本土認同，根本不配稱作臺灣文學經典。我們又該如何理解這些爭議？看法歧異的原因很大部分來自論戰往往被不同論者零星個別提及，各自依自己的立場做出評價，卻還沒有一篇專著全面討論，定義論戰並對論戰歷史進行有系統的分析。有鑑於此，本文希望提出更大的討論框架，爲每個矛盾的論爭焦點，尋找學術脈絡上更確切的位置，對臺灣現代詩論戰史，提出一個較全面的看法。此爲本文寫作的第二個動機。

二、研究目的：現代詩論戰研究史的顯題化（problematic）

　　究竟我們該如何看待現代詩論戰史的研究？過去對現代詩史研究的重心多集中以詩人與詩社的討論。張誦聖稱此爲文學研究的「實質性思考」（substantial thinking），過份強調重要作家與詩社的影響力，認定文學史就是這些大家、社團活動的歷程，也就是重視重要詩人彼此間互動的「文化政治」

（cultural politics）。因此論戰通常只被看做不同的詩社互相爭奪影響力的事件或者是不同的詩壇領袖彼此的私人恩怨。〔註3〕例如劉正偉〈戰後臺灣第一場現代詩論戰〉中如此評論這場論戰：「一時之間，詩壇形成兩大『黨派』暗中較勁的態勢。明的爲詩刊、集團對集團爭取詩壇主要發言權與主導權之爭；實則亦是兩大『霸主』的君子之爭，良性競爭『詩壇盟主』的領導地位的開端。」〔註4〕文章最後更用項羽與劉邦來比喻紀弦、覃子豪。雖然討論現代詩論戰不能免除這個面向，但過度關注詩人詩社影響力及其權力鬥爭的看法，將忽視了詩本質的討論，無法挖掘出現代詩論戰更深層的學術價值。

　　因此本文希望換個角度來看，回顧這些戰後臺灣文學史上的現代詩論戰，雖然每一次論戰各自有其時空條件、社會背景以及引發的原因。我們將這所有論戰合而觀之，可以發現這些論爭的焦點都直接與間接跟這個問題有關：「什麼是現代詩？」

　　這個根本的問題指出「現代詩到底是什麼」，而不同立場的論者在各自的「現代詩是什麼」的前提上，進一步推出他們認爲是現代詩的「應然發展」。不同的立場、不同文學流派就在這個「現代詩到底是什麼」的問題上有不同的看法，彼此的看法既然不同，互相又不能認同，最後難免會產生「論戰」。不同的論者面對「現代詩到底是什麼」以及「現代詩應該如何創作」的問題，試圖提出的解答，其實就是「現代詩」此一文類的文學知識主張的提出。一如所有的文類知識並不是不言而喻，現代詩的文類知識同樣不是無須辯證，是經過論戰辯證才得到的共識。現代詩的「論戰」正是不同的現代詩之文類知識主張互相爭議協調的過程。

　　但現代詩的不同主張並不是憑空出現，現代詩文類知識在現代詩的場域中被建構，並且與生產知識的學術組織、傳播媒體、政治經濟權力場域甚至於社會結構，都有密不可分的關聯性。因此想要更進一步了解論戰發生的原因，就必須知道臺灣現代詩場域是如何在臺灣戰後的社會中被生成。綜合以上，透過現代詩論戰史的研究，本文希望討論兩個基本的問題：

第一、臺灣戰後的現代詩場域如何生成？

第二、臺灣戰後的現代詩場域產生了哪些現代詩的文類知識？

〔註3〕 張誦聖，《文學場域的變遷》（臺北：聯合文學，2001 年），頁 117。
〔註4〕 劉正偉，〈戰後臺灣第一場現代詩論戰〉，《創世紀詩刊》140、141 期（2004 年 10 月），頁 385。

　　透過這些問題的提問與試圖解答，本文希望跳脫過去看待論爭時，只著重在詩人詩社與影響力此類看法的限制，將焦點集中在十數次論戰的過程中，思考關於現代詩的場域是怎麼生成，而現代詩的知識是如何在現代詩場域中被建構，又是如何透過相互的爭議協商而成型，而最終能夠獲得普遍接受。此為本文的研究目的。

三、論題界義

（一）戰後臺灣

　　本文研究的範圍界定在戰後臺灣所發生的十數次現代詩論戰，戰後是指1949 年之後國民黨政府遷來臺灣開始，就論戰發生與結束的時間來說，是從1956 年到 1999 年。將空間範圍限定在臺灣，因此本文將不處理大陸時期圍繞著新詩所產生的種種論戰；同時將時間範圍限定在戰後，因此本文將不處理日據時代臺灣所發生的新詩論戰。這樣的界定或許會引人質疑，關於臺灣新詩論戰史研究侷限在這樣的範圍內是否不夠完整。臺灣新詩的起源目前被公認最重要的說法是陳千武在 1970 年出版的《華麗島詩集・後記》中所提出的「詩的兩個球根說」。陳千武認為臺灣新詩的起源，一方面是五四運動以後大陸文學發展的成果；另一方面是臺灣接受日本新文學的洗禮而形成的文學成果。因此最完整的臺灣新詩論戰史似乎應該包括這兩個根源的論戰歷史。但事實上，戰後臺灣的現代詩壇面臨的不是兩個文學球根的滋養，而是兩種文學傳統的斷裂。呂正惠首先提出此一觀點：

> 50 年代初期當國民黨已經完全在臺灣立定腳跟的時候，臺灣文化界
> 所呈現的最大的特色是，傳統的斷絕：中國本部五四傳統的斷絕，
> 以及臺灣本土傳統的斷絕。〔註5〕

由於與兩種文化傳統的斷絕，因此當時知識份子們不得不向外尋求依循的思考模式。呂正惠進一步說：「在這樣的社會背景心理背景之下，他們很順調的就接受了西方的現代主義，尤其是戰後特別吸引西方知識界的存在主義。」〔註6〕呂正惠的說法點出了現代詩雙重失根的處境，臺灣現代詩的發展可說因此變得

〔註 5〕呂正惠，〈現代主義在臺灣〉《臺灣社會研究季刊》一卷四期（1988 年），頁193。

〔註 6〕呂正惠，〈現代主義在臺灣〉《臺灣社會研究季刊》一卷四期（1988 年），頁194。

扭曲變形，日後長期被批評其蒼白晦澀。本文認為這雙重斷裂固然造成許多流弊，但是相反的，這樣雙重斷裂卻也型塑了戰後臺灣現代詩壇獨一無二的風貌。正因為這樣的斷裂，遂有跨越語言的一代詩人們的圖象詩實驗，而以現代主義為起點，不管是正面提倡的創世紀詩社詩人群，或者要求制衡的藍星詩社詩人群，或者日後希望去除現代主義影響的笠詩社詩人群，都紛紛留下可貴的論述與作品。如果說臺灣現代詩有主體性，或許這樣痛楚的斷絕割裂正是催生的助力。因此本文擬以 1949 年為起點到 1999 年為止，考察這段臺灣現代詩論戰史的歷程。

（二）現代詩、新詩

關於如何稱呼當代詩的名稱，一直有各式各樣的說法。大陸慣用五四時期即使用的名詞「新詩」，臺灣則習慣稱為「現代詩」。奚密以世界文學的宏觀角度考察臺灣新詩的發展，取名為「臺灣現代漢詩」。另外羅青也不滿新詩或現代詩的稱呼，則有依循語言特色而稱為「語體詩」的呼籲。

就時間脈絡來看，臺灣詩人在五○年代仍多以「新詩」稱呼他們所創作的作品，以五○年代出版的詩評論集來看，《新詩論集》（紀弦，大業：1956 年）、《中國新詩選輯》（高雄：創世紀詩社編輯委員會，1956 年）、《新詩與創作》（蘇添穆，神州，1957 年）等都還是以「新詩」為名。甚至到六○年代初期，「新詩閒話」論戰時，論戰雙方仍然以新詩為名，言曦著有「新詩閒話」、「新詩餘話」，余光中規劃反駁的《文星》二十七期（1960 年 1 月）中的文章也都仍以「新詩」為名。但是在這幾次論戰中，紀弦就開始明確標舉出要以崇尚現代主義的「現代詩」取代舊有的格律詩，隨著六○年代的論戰接近尾聲，現代詩也越來越得到詩人的認同而普遍使用，如《中國現代詩論》（張健，藍星詩社，1968 年）、《中國現代詩論選》（洛夫、瘂弦、張默，大業，1969 年）這樣的趨勢延伸至今，遂形成臺灣多半以「現代詩」為當代詩的普遍稱呼。奚密說明以「現代詩」稱呼的意義：「第一，這是《現代詩》所標誌的前衛性和現代主義的特色之一；第二，從六○年代以來『現代詩』代替了了『新詩』或『白話詩』的之稱，變成一個集體名詞。它成為臺灣和中國大陸文學史一個重要分歧點。」〔註 7〕向陽也有相同的看法：「唯就中國新詩的發展，自一九四九年後以明顯分成中國大陸與臺灣兩支觀之，所謂『現代詩』實質上應係『在臺灣發展的中國新詩』

〔註 7〕 奚密，〈在我們貧瘠的餐桌上：五十年代的「現代詩季刊」〉周英雄，劉紀蕙編《書寫臺灣：後殖民、後現代與文學史》（臺北：麥田，2000 年），頁 201。

的同義詞。」〔註8〕因此本文除了特別指稱五〇年代詩作與中國大陸詩作等不受現代主義影響的作品之外，一概使用「現代詩」此一稱謂。

（三）論戰史

論戰（polemics）是當代臺灣文學研究常見的術語。論戰是指在學術領域中，針對某項核心問題，因意見不同而激起理論上的爭論。在漢語的使用上，論戰與論爭兩個詞往往互相混用，但在臺灣文學研究使用習慣上，通常使用論戰，例如「鄉土文學論戰」、「七〇年代現代詩論戰」、「現代化論戰」等，因此本文以論戰爲稱。

現代詩論戰也就是指針對現代詩的核心問題，因意見不同而激起理論上的爭論。本文對論戰的定義在於論戰雙方彼此發表文章，針對雙方歧見之處，做出反駁與批判者則稱爲論戰。如果只是單方面提出意見，但是被批評者一方沒有回應者，則不納入討論範圍。論戰的名稱則參考過去文學史家的命名，如果沒有命名者，則依引發論戰的重要篇章來命名。由於本文想要清理出完整的論戰史資料，因此不管論戰規模大小一律討論。但若論戰焦點旁及現代詩，但不是以現代詩爲核心的臺灣文學相關論戰，將在行文中討論而不立專章處理。

根據以上標準，戰後臺灣現代詩史上共發生十五次大小論戰。這些論戰發生的時間系列，即構成現代詩論戰的歷史。本文將詳述論戰發生的歷程，也將依論戰特性將論戰史歸納成三個階段。之所以分成三個時期來討論，乃因本文認爲現代詩論戰其實與臺灣文化轉型有密切的關係，因此本文依據論戰之間彼此討論議題的關連性與外在環境劇烈變動的情況，將現代詩論戰史分成三個時期。

第二節　研究方法

想要回答本文提出的兩個問題，亦即臺灣戰後的現代詩場域如何生成？而臺灣戰後的現代詩場域生成了哪些現代詩的文類知識？皮耶・布迪厄（Pierre Bourdieu，1930～2002年）〔註9〕關於場域的理論與雷蒙・威廉斯（Raymond

---

〔註8〕　向陽，〈康莊有待——七〇年代臺灣現代詩風潮試論〉《康莊有待》（臺北：東大，1985年5月），頁50。

〔註9〕　皮耶・布迪厄（Pierre Bourdieu，1930～2002年），法國重要的社會學家。著作有《區隔：品味判斷的社會批判》、《藝術的規則：文學場域的綱目和結構》、《論電視》、《科學的科學和反思它本身》等十餘本。

Williams，1921～1988 年）〔註10〕有關文化霸權的探討，給予我們理解現代詩論戰的方法架構。

一、「文化場域」觀念評介

（一）何謂場域、慣習、資本

　　布迪厄的理論是以場域（field）、慣習（habitus）與資本（capital）三者來貫串文化再生產的的邏輯。場域的概念其實並不是那麼複雜，以常用的語言來說，場域類似我們使用的「壇」或者「界」，我們過去慣稱的「詩壇」、「杏壇」或者「文學界」、「教育界」其實就是布迪厄所謂的「文學場域」、「教育場域」。布迪厄自己這樣界定「場域」：

> 一個場域可以被定義為在各種位置之間存在的客觀關係的一個網絡（network），或一個構型（configuration）。正是在這些位置的存在和它們強加於特定位置的行動者或機構之上的決定性因素中，這些位置得到客觀的界定，其根據是這些位置在不同類型的權力（或資本）——佔有這些權力就意味著把持了在這一場域中屬害攸關的專門利潤（specific profit）的得益權——的分配結構中實際的和潛在的處境，以及他們與其他位置之間的客觀關係（支配關係、屈從關係、結構上的對應關係，等等）。〔註11〕

簡單說，「場域」是一種以空間位置比喻權力關係的說法。因此「詩壇」並不是由一個兩個詩人，或者一、兩個詩社就能構成，而是由所有從事現代詩創作與論述的所有人（詩人與詩評家）彼此的關連性所決定。

　　每個場域都有自己獨特的要求。在場域中的行動者如同參與一場遊戲，行動者對遊戲規則的熟悉就是遊戲獲勝的基礎，當場域中的行動者已經熟捻該場域特有的邏輯，他會將這些規則內化，如何在場域中獲得成功，即是他行動、認知及思考的無意識之原動力，內化使得我們不必刻意記起必須遵守的規則，就可以行動。此即布迪厄所稱行動者的慣習（habitus）。

〔註10〕雷蒙・威廉斯（Raymond Williams，1921～1988 年），主要著作有《文化與社會》、《漫長的革命》、《電視》、《鄉村與城市》、《馬克思主義文學批評》等，是英國文化研究的奠基者。

〔註11〕布迪厄、華康德，《實踐與反思一反思社會學導引》，（北京：中央編譯局出版社，1998 年），頁 134。

　　至於在不同的場域中，如何才能獲得更高的成就，這就看場域中的行動者擁有多少資本（capital）來決定。布迪厄認為資本可以分成四種，首先是經濟資本，如錢，財產等。其次是文化資本，包括個人舉止風範或是富有文化意義的財物如名畫、古董以及學歷等。接著是社會資本，指場域中的行動者所擁有的社會關係，最後是象徵資本，是透過擁有其他三種資本所帶來的信用與名聲。在不同的場域中重視的資本也不同，例如藝文界重視文化資本與象徵資本。如果說「現代詩壇」作為一種特殊的場域，我們就可以透過根據場域（field）、慣習（habitus）與資本（capital）這三個項目，來檢驗不同時期的詩人與詩論家在詩壇的重要性是從何而來，可以描繪出不同論者在現代詩場域中的位置以及慣習。例如為何余光中能在詩壇擁有崇高的地位，過去可能完全歸功於其優美的詩作，但重新以場域的理論來觀察，可以發現余光中的地位與國民黨政府的文藝政策相契合，同時他留學外國，在大學長年任教的背景也都幫助余光中累積了豐富的象徵資本，使他在現代詩壇中有相當的地位。透過布迪厄的理論，我們可以更全面的理解詩人或特定的文學思潮在詩壇中的影響力從何而來。

（二）自主性原則、他律性原則

　　場域的存在，依賴場域中的行動者而決定。以現代詩壇，也就是現代詩場域而言，就是要有一群寫作、閱讀、評論現代詩的人構成現代詩壇。這一批人對於現代詩彼此的看法也許有些許差異，但整體而言必定有最基本的共識，來界定現代詩場域與其他場域的不同。一套現代詩的文類共識就是能夠區分詩與散文的不同、詩與小說的不同的一套看法。對現代詩的優劣評價也需要一套對現代詩特有的標準來產生。依據這樣的原則，一首詩的成功，不看詩人的身份地位、貧富貴賤，完全只以詩的藝術成就來決定，除此之外，別無其他標準。這樣的共識，布迪厄稱之為自主性原則（The autonomous principle）。

　　現代詩場域雖然有自己的自主性，但是整體而言，它仍然是一種次場域。首先現代詩是整體文學與藝術場域當中的一部份。在文學場域中，還有小說、散文場域的存在〔註12〕，同時在整體文學場域中，還可以再定位出精緻文學

〔註12〕在文學場域之中，不同的文類也會彼此競爭影響力。例如廖咸浩在〈前衛運動的焦慮：詩與小說的典律空間之爭〉指出：「在十八世紀之前，文學典律之中的主流作品一直是詩。隨著布爾喬亞階層的出現及茁長，小說之為文類也遂成形，並成為日漸擴大的文學市場中一股不可忽視的競爭力量。……在前

與通俗文學的權力關係。因此現代詩場域與整體文學場域是息息相關的。而文學場域又是從屬於國家權力場域之下，並且其他經濟、教育、大眾傳播場域息息相關。因此現代詩場域有時會受到其他場域的影響，而失去其自主性的力量，這種情形，布迪厄稱之為他律性原則（The heteronomous principle），比較明顯的例子是現代詩的評價受到國家主導的風格影響而改變，或者是在經濟場域中以書本暢銷與否來評判是否成功，這些因素都威脅到現代詩人對詩作的評價等等。在現代詩論戰歷史中，我們可以看到現代詩場域正是在自主與他律這兩條原則交互影響下來回擺盪。論戰史上，應該要「為藝術而藝術」以及「為人生而藝術」的爭議貫穿了大部分論戰的主題，而這正是各自依循自主性與他律性原則之論者互相批判的結果。

（三）論戰與現代詩場域生成的關係

那麼現代詩論戰與現代場域生成的關係何在？我們從兩個部分來理解。首先論戰在現代詩場域中發生，論戰是在場域中的象徵性鬥爭。現代詩場域中的每個詩人或論者各自有著自己的位置，有自己的論述，在希望獲得更多權力的前提下，擬定論述的策略進行其論述合法性的爭奪。合法性高的一方我們可以稱之為「正統」，合法性小的的一方則可以稱為「異端」。擁有正統地位的一方往往將自己的言論視為理所當然，並將論證其自然而然的合法性。反之，屬於異端的一方的論述策略則傾向揭穿正統論述之理所當然，指出其生成的歷史脈絡並且質疑背後的權力脈絡，努力提昇自己的正當性並貶低對方的價值。也就是說，正是論戰構成現代詩場域變遷的軌跡。如果從這個角度觀察，要考察現代詩場域的生成也就必然要考慮現代詩的論戰。布迪厄自己也強調這點：「說場的歷史就是為了推行合法化認識和評價的壟斷地位而進行鬥爭的歷史還是不夠的；是鬥爭本身構成了場的歷史；鬥爭才使得場有了時間性。」〔註13〕因為隨著時空環境等因素的轉移，論戰會凸顯不合時宜的現代詩主張，淘汰無法取信於人的說法，終於構成現代詩發展的新風貌。因此是鬥爭本身構成場的歷史，也就是鬥爭本身形成場域的變遷。如果不考

衛運動發生前後，文學內部會擔憂喪失影響力（即產生『前衛運動』）的文類，基本上是詩。而這種焦慮則主要緣於以小說為代表的通俗文化壓力。」廖咸浩〈前衛運動的焦慮：詩與小說的典律空間之爭〉《中外文學》253 期（1993年 6 月），頁 171。

〔註13〕布迪厄，劉暉譯，《藝術的法則：文學場的生成和結構》（北京：中央編譯出版社，2001 年 3 月），頁 193。

慮象徵性鬥爭（也就是論戰），場域只是在時間切面上一個固定不變權力關係圖表，無法說明現代詩論述演變的原因。因此臺灣戰後現代詩論戰史的回顧，一方面理解場域幫助我們釐清論戰中的權力關係，相反地，論戰的變化也幫助我們瞭解臺灣現代詩場域生成的過程。

二、「文化霸權」觀念評介

　　臺灣的現代詩場域固然擁有自己獨特的規則，但是臺灣現代詩場域畢竟還是在臺灣社會中，不能避免政治、經濟等場域的影響。例如在五、六〇年代國民黨政府所建立的反共文藝政策，大大影響了現代詩的發展，而到了八〇年代之後，本土化運動的興起，也形塑新的文化風貌，這些社會中形成主流的思潮都一再影響現代詩的發展，而這些思潮之間的衝突，也是許多論戰發生的主要原因，我們要如何理解這些布迪厄所謂的「他律性原則」對現代詩的影響，威廉斯有關文化霸權的主張，正好能適切描述這些情況。

（一）何謂文化霸權

　　霸權（hegemony）的概念並不是由威廉斯所獨創，最早是由葛蘭西（Antonio Gramsci，1891～1937年）所提出的。葛蘭西認爲過去馬克斯主義所主張的經濟決定論以及意識型態是虛假意識的說法過於狹隘，同時也忽略了文化與知識份子的作用，因此葛蘭西提出霸權來補其不足，葛蘭西認識到：「一個政治階級的文化霸權意味著該階級成功地說服了社會其它階層接受自己的道德、政治以及文化的價值觀念。〔註14〕唯有如此，這樣的統治才能行之長遠。而要完成這種文化霸權，「知識份子的作用是絕對重要的，因爲奪取和保持文化霸權主要是教育的事情。」〔註15〕必須要依靠知識份子來努力，透過教育確實的將信仰體系傳播出去。威廉斯繼承了葛蘭西的說法，並且進一步繼續發展有關霸權的概念。威廉斯說：

　　　　因此 Antonio 要我們了解到，我們應將支配（dominance）與被支配（subordination）視爲一個整體。正是「視爲整體」這樣的概念使得「霸權」超越了意識型態。關鍵不只在於想法與信念的意識系統，重

〔註14〕詹姆斯‧約爾（James Joll）著、石智青譯，《葛蘭西》（臺北：桂冠，1992年1月），頁106。

〔註15〕詹姆斯‧約爾（James Joll）著、石智青譯，《葛蘭西》（臺北：桂冠，1992年1月），頁107。

點在於社會過程實際上是被縝密強勢的意義與價值系統化了。〔註16〕
透過教育，透過社會多數人的認同，形成一種主流思想的文化霸權，是大多
數人思考乃至感受的基本架構，生命中所經歷的事件都必須放在這樣的架構
下才能賦予意義。威廉斯接著說：「它也因此為社會上大部分的人構成了「真
實感」（sense of reality），一個絕對的感覺，因為如果沒有它的話，被體驗的
真實是沒有辦法讓社會裡的成員在他們生命中的多數時間有所成長，前進
（move）。也就是說，這就是文化（culture），這個文化是被視為某一階級的
活著的支配與被支配。」〔註17〕威廉斯要強調的是文化霸權的影響更深層地
作用在大多數人身上。因此在特定時空下的文化霸權的存在，是多數人心悅
誠服的信仰。

（二）文化霸權的形式

但是文化霸權作為一種大多數人相信的主流信仰體系，並不會永遠不
變，它不像意識型態那麼僵化，而是會隨著現實環境的改變而改變，調整到
能讓多數人繼續相信的情況。威廉斯接著說：

> 一個活著的「霸權」總是是一個過程……，它不是一個系統或是結
> 構。他是一個被實現的複雜，一種經驗關係與活動受到細微改變中
> 的壓迫與限制而產生的複雜。換言之，「霸權」，他永遠不是單一的。
> 在任何具體的分析中，它的內在結構都是高度複雜的……，它並非
> 只是被動的存在於一個支配的形式。他要不斷地被更新，再制，辯
> 護和修改。他也會不斷地受到來自於不僅是自己的壓力而產生的抗
> 拒，設限，改變，挑戰。〔註18〕

威廉斯希望強調在真實世界中起作用的霸權並不是一套僵化的教條，而是在
多數人心中不斷隨著現實而微妙改變的信仰體系。因此威廉斯認為要更深切
的認識到霸權，就要認識霸權的不同面向。因此威廉斯提出霸權還可以區分
出「對立霸權」（counter-hegemony）與「另類霸權」（alternative-hegemony）
這兩種可能。「對立霸權」指的是與成為主流霸權站在對立立場試圖爭取霸權

〔註16〕Raymond Williams, Marxism and literature（Oxford, Oxford University Press, 1977
年），p108，本文所引本書譯文為作者自譯。

〔註17〕Raymond Williams, Marxism and literature（Oxford, Oxford University Press, 1977
年），p110.

〔註18〕Raymond Williams, Marxism and literature（Oxford, Oxford University Press, 1977
年），p111.

地位的信仰體系，例如各種革命反抗思想，它們雖然動搖統治階級，但不表示它們不可能出現或是不會取得新的霸權地位。而「另類霸權」則是指雖然並不威脅到主流霸權的統治基礎，但是在專業領域中，專業人士的行動不見得會接受主導霸權的控制，因爲他們有自己專業上的信仰體系。〔註19〕

　　威廉斯也試圖解釋一個文化霸權是如何發揮作用，威廉斯認爲霸權在兩件事情上發揮作用，首先是傳統，過去的馬克斯主義者認爲傳統是無生命的歷史碎片，但威廉斯認爲傳統正是霸權發揮作用的地方，威廉斯說：「傳統並非只是無生命的歷史片段，然而傳統的確是融合最有利的實際辦法。我們所看到的並不只是『一個傳統』，而是一個有選擇能力的傳統：以型塑的過去，尚未成型的現在的有意選擇之下所呈現的版本，然後強而有力的發生在定義與自我認同社會與文化的過程中。」〔註20〕透過這個「經過選擇的傳統」的運作，霸權得以定義社會與文化的自我認同，因爲這個「經過挑選的傳統」透過霸權而得到特別的地位，成爲維繫統治階級的重要文化依據。

　　總而言之，葛蘭西與威廉斯的理論，可以幫助我們了解戰後臺灣居於主流地位的意識形態〔註21〕的轉變過程，從國民黨政府如何透過黨、政、軍等體制，配合文藝政策，將中華民國擁有中原正統的思想建構成一種意識形態文化霸權，只是這種文化霸權在七〇年代臺灣失去聯合國席位，失去國際的認同，受到中共的打壓，不能再以中國作爲身份認同的依據之後，這樣的意識形態無法繼續說服人，開始失去說服力，反之，臺灣本土化運動則崛起，以威廉斯所謂的反對文化霸權（counter-hegemony）的姿態出現，即使初期受到打壓，但仍然逐漸壯大，最後在二十世紀末、二十一世紀初，通過全民選舉取得政權，過去的反對文化霸權一躍而成爲新的主導霸權，而過去以中國作爲身份認同的信仰體系，則失去了主流霸權地位，成爲新的反對文化霸權。這種文化霸權之間的爭鬥，事實上就是不同的意識型態爭奪統治地位的過程，過程中難免充滿了論述的衝突，不同的意識型態都造成不同的詮釋角度，

〔註19〕Raymond Williams, Marxism and literature（Oxford, Oxford University Press, 1977年），p113.

〔註20〕Raymond Williams, Marxism and literature（Oxford, Oxford University Press, 1977年），p115.

〔註21〕文化霸權（hegemony）是葛蘭西與威廉斯針對馬克思主義「意識型態」的理論進一步的論述，因此文化霸權基本上仍然算是一種「意識型態」。在臺灣的三種文化裡，其中主導文化霸權與反對文化霸權演變成爲政治意識形態，並且彼此對立，另類文化強調學術獨立，與兩種政治意識形態保持微妙的關係。

形成傳統的解構與重構，當然也不免造成信仰體系的混亂與迷惘。面對這樣的過程，威廉斯的提醒仍然是有用的，也就是說「文化霸權」作爲多數人思想依據的信仰體系，有其歷史的特殊性，與其懷疑指責特定的意識形態爲虛假意識，不如在討論的過程中暫時先放下價值判斷，先試著理解多數人如何在這種信仰體系下感受或理解所遭遇的生活經驗。我們「應該將支配（dominance）與被支配（subordination）視爲一個整體。」而不是站在自我信仰意識型態的立場上，批判對方意識形態，給予負面評價。

三、論戰史：作爲文學史的一部份

現代詩論戰史作爲臺灣現代詩史的一部份，當論戰成爲文學思潮史演變考察的對象，文學史的研究方法也成爲本文的重要依據。

林燿德在〈環繞現代臺灣詩史的若干意見〉中指出書寫現代詩史時會出現的若干問題。首先是文學史的進化史觀，傾向將文學史的變遷歸諸單線因果關係。其次是歷史分期的武斷性。〔註 22〕孟樊則繼承了林燿德的說法，更完整陳述書寫現代詩史時可能產生的謎思。孟樊與楊宗翰認爲臺灣現代詩史的寫作大多存在四種史觀的謎思。〔註 23〕首先是起源說。文學史家們往往喜歡設定文學史的開頭，藉以產生文學的「連續性」與「傳統」。其次是進化觀，孟樊分析文學史家透過文學隨著時間發展、進化的描述，最終往往將文學發展導向自己預設的方向。第三是國族論，孟樊指出目前面世的臺灣文學史或現代詩史的著作但泰半有著強烈的國族論色彩，撰史者多站在自己認同的國族立場說話，並以此爲正當性的訴求。最後是作者論，討論對作者的生平介紹反而忽略了作爲討論核心的文學作品。作者論還可以衍生出依詩人所屬詩社以及依詩人出生世代來分析詩人等討論。

孟樊與林燿德等人指出文書寫文學史時可能出現的謎思，迷思不見得全是錯誤，卻可能遮掩了文學史上不同論述的可能。那麼，究竟該如何書寫，才能如何呈現更多文學史的可能性，傅柯的思想可資借鏡。

〔註 22〕林燿德，〈環繞現代臺灣詩史的若干意見〉《臺灣詩學季刊》第三期（1993 年 6 月），頁 3～32。

〔註 23〕孟樊，《文學史如何可能》（臺北：揚智，2006 年 1 月），頁 84～101。孟樊的歸納大量引用楊宗翰，〈臺灣新詩史：書寫的構圖〉《創世紀》140、141 期（2004 年），且兩人有合寫新詩史的構想，因此對於文學史的意見可視爲兩人共同的看法。

　　傅柯在《知識的考掘》中提出「考掘學」（archaeology）的建立應該與傳統的「歷史、史料學」（history，historiography）相對立，傅柯反對過去史學家依靠時間座標建立的連續性史觀，而強調歷史的斷層性與物質性。傅柯認為人類的知識是由「話語」累積起來。每一個社會或文化都有駕馭其成員思維、行動和組織的規範或條例。傅科將這些規範稱為話語（discourse），取其表明特定訊息之義。社會中的特定階層（政、經、文、教、醫、商等）都有其特定的話語。〔註24〕這些特定的話語互相連結形成一個可辨識的話語形構（discursive formation）。在此一形構下，所有知識的獲取及思維行動都有一定軌跡可尋，由此產生一個特殊的文化及認知體系。現代詩壇作為一個特定的領域，擁有自己的話語（例如詩的張力、結構、意象、意境等等），現代詩的創作者、論述者都依循著這樣的話語進行討論，因此構成現代詩知識的話語決定了現代詩論者思考的軌跡。在《知識的考掘》中，傅柯描述話語構成不同的「聲明」，「聲明」統轄包容話語，而「聲明」系統又匯集成更大更根本的體系，傅柯稱之為「檔案」。用「檔案」形容歷史顯示出傅柯史觀的獨特性，相對於傳統史學將歷史視為時間流程，傅柯則將歷史流程空間化，顯露出知識體系的不連續性。研究者可以擺脫時間的線性約束，在「檔案」中自由翻找，可以找出不同譜系的知識，也可以指出過去被認為同一脈絡的話語其實有不連續性。因此傅柯才會以地層比喻知識，強調研究者可以透過「考古學」（archaeology）的方式挖掘古老知識地層中的遺跡。

　　但話語本身並非固定不變。決定控制話語最關鍵的因素是權力，是誰決定什麼樣的話語可以代表該階層，是誰決定哪些話語是錯誤的。這些都是人的權力意志引導的結果。甚至可以說，話語存在的本身就是一種權力的積累與再現。傅柯說：

> 若沒有一個溝通、紀錄積累和轉移系統，任何知識都不可能形成，這系統本身就是一種權力形式，其存在與功能同其他形式的權力緊密相連。反之，任何權力的行使，都離不開知識的汲取、佔有、分配和保留。從這種層次上來看，不存在知識與社會的對立，也不存在科學與國家的對立，而是存在著「權力——知識」的基本形式。〔註25〕

〔註24〕參見王德威，〈導讀一：淺談傅柯〉《知識的考掘》（臺北：麥田，1993 年），頁 19。
〔註25〕轉引自劉北成編著，《福柯思想肖像》（上海：上海人民出版社，2001 年 4 月），

因此筆者試圖重新挖掘現代詩論戰歷史中的話語，分析論戰過程中不同話語的形構，爬梳話語的構成與文壇權力運作的關係。循著傅柯的方法論，本文試圖減少起源論、進化論、國族論與作者論等謎思的影響。本文以戰後（1949 年）為時間區分，不為現代詩論戰史訂定起源，論戰史當中將呈現在臺灣兩種重要的國族認同，但不以國族認同為依歸，論戰史的時期劃分主要受社會文化的影響，不以進化過程來限制，而論戰史的陳述將努力呈現不同論者的意見，不再將詩壇權威的意見當成描述文學史的準則。王德威說：「正因為我們打破了此一歷史『傳統』、『連續』之說，我們得以站在一個新的立場去分析每一個知識領域的特色，從而發掘各個大小話語間的特色及組成架構。也因此，我們不再只專注各時代的大家或代表人物（「作者」！）；我們也須進一步研究那些名不見經傳的人或事，因為他們在構成一時代的話語，亦佔有舉足輕重的地位。」〔註26〕這段王德威肯定傅柯貢獻的話，適為本文努力的方向。

第三節　詮釋觀點與論述架構

一、文學史到文學思潮到文學論戰

論戰史作為臺灣文學史乃至於現代詩史的一部份，其性質與文學史有相近又有相異的地方。大陸學者郭英德討論何謂文學史：「作為對象的文學史，是文學的一種時態形式，既用以指稱在過去的時空中發生與演變的文學現象及其歷史進程，也用以指稱在過去的時空中發生與演變的文學現象及其歷史進程在現在的『記憶』，這種記憶包括現代人的歷史認識和歷史理解。因此，作為對象的文學史，實際上是由文學史事實與人們對這一事實的認識和理解構成的，並且借助話語和文本的形式得以顯現。」〔註27〕

文學史既是因人的體認而得以存在，那麼人的不同思想必然導致對文學的理解的不同，這些思想就形成不同的文學思潮。處在不同的文學思潮之下的論者彼此遭遇時，會發現彼此間不同看法差距竟然如此之大。論者為了改

頁 263。

〔註26〕王德威，〈導讀一：淺談傅柯〉《知識的考掘》（臺北：麥田，1993 年），頁 35、36。

〔註27〕郭英德，〈論文學史敘述的原則、對象和方法〉《建構與反思——中國文學史的探索學術研討會論文集》（上）（臺北：臺灣學生書局，2002 年 7 月），頁 28、29。

變對方的想法，將自己的想法發而爲話語，希望說服對方。這種文學論述的
彼此批評，則形成文學論戰。借用郭英德的話來說，論戰史就是：在過去的
時空中發生與演變的文學論戰，借助並且借助話語和文本的形式得以顯現。

　　現代詩論戰史牽涉對作品的評價，對文學思潮的批評，乃至於對現代詩
史的反省與批判，可視爲現代詩史的補充。但構成論戰史的主要討論材料是
論戰文章，與文學創作不同。因此論戰史有其獨特性，討論現代詩論戰也須
要回歸對論戰文章的歸納。針對論戰史的獨特性，本文擬以在論述中以三元
文化架構貫穿，在時間分期上，則分成三期，分別爲場域成形期、文化轉型
期與爭奪詮釋期。

二、三元文化架構

　　嚴格說來，威廉斯並沒有明確說明這三種文化霸權如何應用在文學研究
上。眞正試著將這三種文化霸權的架構應用到臺灣文學研究上的是張誦聖。
張誦聖在《文學場域的變遷》中將威廉斯所提出的三種文化霸權，翻譯爲主
導文化、另類文化與反對文化（dominant culture，alternative culture and
oppositional culture）。「主導」（dominant）又譯作霸權，主導文化是指由國府
主導的文學體制，特色是重視中國傳統，風格抒情柔美。另類文化所影響的
文學風貌主要可以用現代主義概括，而反對文化則呈現出反抗主導文化的對
立風格，表現成強調寫實風格，關注社會議題的文學風貌。在《文學場域的
變遷》一書中可以看到她正是用這樣的架構分析臺灣現代小說。張誦聖的分
析之所以能成功解釋臺灣文學發展的脈絡，其實是因爲臺灣文學發展過程剛
好就呈現出三種文化霸權的差別。

　　早在 1988 年，林燿德就曾清楚指出現代詩場域中的三種文化的差別。林
燿德說：

> 一九四九以後的臺灣詩，就表現手法而言有三條主脈，一是以前、
> 後期「現代派」運動掀起的前衛潮流，即令是八〇年代以後出現的
> 「後現代思潮」，其出發點雖在於反動「現代主義」，也可歸納在此
> 一追求前衛性的路線中。其次是以「寫實主義」爲主軸所統轄的「鄉
> 土」、「草根主義」以及各種副系統，這條脈絡在日據時期已現端倪，
> 至七〇年代而粲然大備。第三條詩脈就是中國詩詞傳統抒情體式的
> 流變，五〇年代中期成立的「藍星」詩社、六〇年代學院詩社「星

座」（1964～1969 年）、七〇年代後期以大馬僑生為核心的「神州」詩社（1976～1980 年）與以高雄師範學院校友為輪軸的「風燈」詩社（1976～年），這些團體的許多要角均曾以抒情體式貫穿特定階段的創作生命，衍生出不同的變貌。〔註28〕

除了林燿德之外，呂正惠與趙天儀都曾談到相同的看法〔註29〕。不同論者都提出類似看法，表示這樣的理論架構反應出臺灣文學發展的實際狀況，在解釋上有其相當的信度。

但這三種文化霸權〔註30〕的影響遍及所有臺灣文學場域，包括詩、散文、小說等都受到影響。例如小說可以分成在主導文化影響下司馬中原、朱西甯等人所創作的鄉愁小說，在另類文化影響下；王文興所創作的現代主義小說；以及在反對文化影響下黃春明、王禎和等人創作鄉土文學小說。直接以三種文化來討論現代詩似顯得範圍太大。

為了更準確指稱三種文化所影響現代詩的三種現代詩詮釋方式，美國學者斯坦利・費什（Stanley Fish，1938～年）所提出的「詮釋社群」（Interpretative Communities）正可以做較完整的補充。廖炳惠在他編寫《關鍵詞 200》中，如此闡述何謂詮釋社群：「比較具有權威性的專業或『理想』（ideal）讀者，不但可以藉由他的詮釋和論證過程，形成具有說服力的詮釋策略，也同時可以在學院殿堂和課室中，使某些文學作品，經由閱讀和選擇性的策略，在社群中蔚為一種經典和規範。」〔註31〕因此現代詩的詮釋社群不但確立了如何認

〔註28〕 林燿德，〈權力架構與現代詩的發展〉《觀念對話》（臺北：漢光，1989 年），頁 99、100。

〔註29〕 呂正惠：「一方面是西方現代文學強烈的主導霸權，一方面是作為官方意識型態的僵硬的中國古典文學霸權，在『兩大』的夾殺下，臺灣的『文學』最欠缺的的確是『臺灣』色彩。」加上臺灣本土霸權，就剛好是三種霸權。見呂正惠，〈門羅主義？還是拿來主義〉《戰後臺灣文學經驗》（臺北：新地，1995 年），頁 237。此外趙天儀也談到戰後前二十年現代詩發展時，曾提出三大詩觀傾向：國際主義、傳統主義（詩的古典化）、本土主義。見趙天儀《臺灣文學的週邊》（臺北：富春，2000 年），頁 69、70。

〔註30〕 威廉斯所用的三種「文化霸權」的原文是「hegemony」另外可以翻譯成「領導權、統治權」，張誦聖將三種「hegemony」翻譯成三種文化（culture）稱之為主導文化、另類文化與反對文化。雖然翻譯成文化不能表現出不同的意識型態爭奪統治權的處境。但在行文上比較精簡，不會不斷重複「霸權」二字，因此本文仍然以三種文化當成三種文化霸權的簡稱。

〔註31〕 廖炳惠，《關鍵詞 200》（臺北，麥田：2003 年），頁 142。Communities 雖然翻譯成「社群」，但不完全指研究者社交圈的社群。事實上，Communities 包

識現代詩的詮釋策略，同時也實際操作如何解釋現代詩。上述三種文化影響
了現代詩場域中的三種詮釋社群，包含了三批不同的詮釋者以及各自所信服
的三種詮釋策略。以下就三種文化所影響的三種詮釋社群與現代詩論戰之間
的關係詳細討論。

（一）古典抒情詮釋社群

在戰後臺灣的特殊情境之下，國民黨政府為了強化統治，強烈宣揚中國
文化以顯示自己作為自由中國的合法統治者，因此強調中國文化成為一種重
要的文化政策。但是在強調中國文化之外，為了政治上的高壓統治，文學作
品的檢查機制都讓文學創作者必須小心謹慎，避免觸碰敏感的政治議題。久
而久之，統治者的要求內化為作家們妥協保守的文學傾向。張誦聖進一步解
釋主導文化的內涵：「1949 年後初期，國家機器對知識生活及藝術生活嚴加控
制，文化活動的參與者不得不默認這種生態裡政治掛帥的前提。當政府的文
化政策由強制性（coercive）轉型為主導性（hegemonic）之後，文化生產者對
這種生態的內化與妥協仍然對文化生態具有強大的影響力，自然而然形成一
種保守的主流文化型態，這一點從當代臺灣文學場域裏通行的美學範疇（如
對抒情性、非政治性的肯定）可以得到明證。」〔註 32〕於是強調抒情風格、
迴避政治批議題、宣揚正面價值的文學作品成為最受大眾歡迎的文學作品。
這就是主導文化的影響。

主導文化所影響的現代詩詮釋策略的特色是強調詩的本質應該是抒情。
古典抒情詮釋社群的論者們認為詩的語言不重要，重要的是詩所傳達出的感
情，這份感情應該是由作者內心真誠發出，透過詩而與讀者的內心互相呼應。
主導文化影響的古典抒情詮釋社群，其論者主要來自兩個部分，第一個部分
是早年接受現代主義影響的現代詩人，但後來後悔過去所為，因此轉向建構
中國抒情傳統的現代詩論述，許多留學詩人都有相似的轉向如張錯、葉維廉
等。但其中最有代表性的是余光中，積極參與詩壇事務的活力以及大量優美
的創作成果使他成為此一詮釋社群的代表性人物。其次是中文系所培養出來
的一批中壯研究者，這批研究者受過中文系專業訓練，同時身為教育者的身

含了研究者社群，與共享的一套詮釋策略。為了避免混淆，之後本文會隨討
論脈絡而指明該處所用 Communities 的是詮釋策略，還是研究者社群。
〔註32〕張誦聖，〈文學體制、場域觀、文學生態：臺灣文學史書寫的幾個新觀念架構〉，
《現代中文文學學報》6 卷 2 期（2005 年 6 月），頁215。

份也讓這批人深受主導文化的影響，這批人包括李瑞騰、蕭蕭、渡也、游喚、翁文嫻等人。

（二）現代主義詮釋社群

一如前言，現代詩在戰後臺灣被接受的過程中，面臨著傳統與西化的爭議。現代詩的現代性往往透過「與世界同步」這樣的話語而得到肯定。因此能夠援引較多西方文學理論的研究者，其論述似乎價值較高。但西方理論的援引也不斷受到許多批評質疑，除了固有的文學傳統排斥西方理論外，政治干涉以及大眾對「為藝術而藝術」的批評都是引進西方文論者所遇到的挑戰，張誦聖把這樣的過程講的更清楚：

> 高蹈的文學論述多半以西方文論傳統為主要參考架構，與實際的創作生產與接受之間存在著顯著的空隙、摩擦、和一種貌合神離的關係；實際的作品生產絕少直接呼應文學論述裡的規範精神，卻無時無刻不對各種文化體制背後的宰制力量——像政治性或道德性的審查制度、菁英文化觀、藝術自主原則、輿論中對「政治正確性」的共識、市場上的經濟邏輯等等——採取立即或迂迴的對應策略。〔註33〕

因此從胡適提倡白話文學開始，現代（新）詩史上從未間斷西方文學理論的介入，直到今天，臺灣的現代詩研究也躲不開西方文學理論的影響。有一批現代詩創作者與論者就大量吸收西方文學理論以進行現代詩的論述。我們就把這批接受現代主義理論而有所共識的這批研究者稱之為現代主義詮釋社群。

現代主義詮釋社群的策略特色是強調詩的本質應該是文字本身。詩欲傳達的含意不重要，重要的是詩文字本身的表現，強調「為藝術而藝術」的理念，聲稱現代詩不應該成為世俗政治鬥爭的工具。另類文化詮釋社群承繼西方先鋒派以降現代主義傳統，其詮釋策略還可以分成現代主義與後現代主義兩個層次。向陽曾清楚分析現代主義詮釋社群的特質：

> 詩人通過最少是美學的論爭跳開意識型態機器的掌控，在苦悶的年代中，展開潛行於野地之上的「西化」的「橫的移植」，微妙地並且反諷地抵抗了意識型態國家機器的有效掌控。……這樣的本質，反叛之外，還有疏離的、脫軌的、邊陲的質地在內，從五○年代的現

〔註33〕張誦聖，《文學場域的變遷》（臺北：聯合文學，2001年），頁138、139。

代主義、六〇年代的超現實主義、越過七〇年代的現實主義，到八
〇年代中期之後的後現代主義，形體雖殊，而且相互顚覆，對應於
歷史脈絡之中，不脫「反」字。〔註34〕

向陽點出了現代主義詮釋社群中從現代主義到後現代主義的連續性。現代主
義詮釋社群的代表性人物有紀弦、覃子豪與創世紀詩人群爲代表。紀弦與覃
子豪雖然有轟轟烈烈的「縱的繼承」與「橫的移植」之爭，但透過論戰內容
的分析可以發現兩人所論方向正是殊途同歸。創世紀詩社鐵三角因提倡超現
實主義而影響深遠，林亨泰將創世紀詩人群所推廣的現代派運動，稱爲「後
期現代派運動」。但進入七〇年代之後，許多創世紀的詩人紛紛轉向現代詩中
的中國傳統詩學建構。洛夫以禪來詮釋自己過去所提倡的超現實主義，則顯
示出洛夫由現代主義詮釋社群，轉向古典抒情詮釋社群的過程。

（三）本土寫實詮釋社群

本土寫實詮釋社群的出現起因於臺灣獨特的歷史背景，甲午戰後被割讓
給日本之後的臺灣，成爲日本殖民地的臺灣，爲了與日本文化的侵略有所對
抗，因此逐漸發展出一套以寫實主義爲依歸，以民族運動爲根據的文學傳統，
雖然不得已以日文寫作，但作品中時常出現對自己身份認同的混亂以及對文
化霸權的反抗心態。等到了戰後，雖然在初期被壓抑無法自由發聲，但是特
殊環境下長期以來形成的文學傳統，終於使這樣的詮釋團體集結成群，成爲
一個與主導文化相抗衡的反對文化詮釋社群。表現出來的特色在於強調寫實
主義，強調本土，認爲現代詩的創作應該重在所傳達的含意，也就是對現實
社會的描寫，並且加以批判。因爲改造社會建立新興國家的願望太過強烈，
反對文化詮釋社群不惜打破長久以來現代詩場域形成的共識，強調詩的工具
性，以社會運動爲依歸。

現代詩場域中反對文化所影響的現代詩論者可以笠詩社詩人爲代表，代
表論述者前期可以白萩、林亨泰爲代表。林、白二人繼承日據時代所習得的
現代主義，與紀弦共同創造出臺灣現代詩的一代風潮，在現代主義的複雜面
向中，他們選取立體主義，以各種圖像詩盡量出表現他們心目中的現實。後
期本土運動可以李敏勇爲代表，在李敏勇開始在笠詩社活躍的時期，開始衝
撞洛夫與余光中等所建立的兩條現代詩的脈絡，希望能走出第三條路，隨著

〔註34〕向陽，〈五〇年代臺灣現代詩風潮試論〉《靜宜人文學報》11 期（1999 年），頁。

八〇年代本土運動日漸崛起，李敏勇的論述也日漸發展，到了九〇年代，本土詩學因為社會、文化條件的具足而發展，反對文化詮釋社群終於足以威脅動搖主導文化，到了西元兩千年民進黨取得執政權可謂反對文化成為新的主導文化的重要轉折。我們可以用圖示表示這三種文化所影響的現代詩詮釋策略之間的關連性。

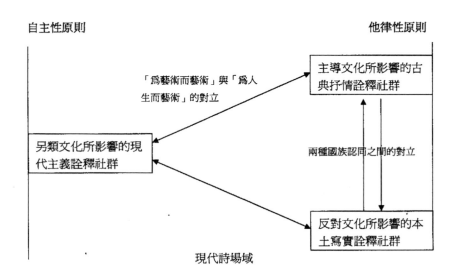

以這三種文化貫串五十年來臺灣現代詩論戰史，我們可以把每個論述者立場之間的對立與轉變都看得更清楚。

值得留意的是，三種文化霸權的權力位置以及三種現代詩詮釋社群的組成都不是固定不變，而是隨著時間而不斷改變。前文已論及文化霸權會隨著時間改變而調整，落實在臺灣時空中亦然，這三種文化霸權可視為臺灣文學場域中的三種權力位置，而三種現代詩詮釋社群也跟著隨時易勢，例如五〇年代權力最大的中國古典抒情詮釋策略到了二十一世紀已經不再保有主導地位，而是由本土寫實詮釋社群所取代。又例如許多詩人在五、六〇年代都鼓吹現代主義，但到了七〇年代之後卻各自轉向古典抒情與本土寫實詮釋社群，這是使用三元文化架構時必須留意觀察的情形。

三、論戰史歷史分期

戰後臺灣文學史的分期目前最常見的分期是以十年為一期，除了十年一

期的分期之外，許俊雅整理出還有李敏勇、游勝冠、胡衍南、陳芳明、陳映真、葉石濤等人提出各自不同的戰後臺灣文學史分期方法。〔註 35〕而現代詩史的分期也同樣有許多不同意見。林燿德也曾經討論過現代詩史分期的問題，他認爲以十年一期，或者將五、六〇年代劃歸爲現代主義、七〇年代流行寫實主義，八〇年代之後流行後現代主義的分法都不盡理想。此外林燿德也檢討古繼堂在《臺灣新詩發展史》當中將 1920 年之後的新詩歷史劃分成「成長期」（1923～1945 年）、「西化期」（1945～1970 年）和「回歸期」（1970～1986 年）的不妥。林燿德認爲這種分期過於粗略，同時寓藏「民族本位和社會寫實理論糾纏不清的泛政治性情結」。除了批評之外，林燿德自己也提出自己的現代詩史分期方法，分成「形式探索時期」（1956～1959 年）、「世界觀的重建時期」（1959～1968 年）、「文化觀的辯證時期」（1969～1985 年）、「自我指涉時期」（1984～年）。〔註 36〕林燿德的分法完全以重要的詩集、詩論出版的時間爲準。孟樊與楊宗翰繼承林燿德以現代詩場域中重要事件爲分期基準，同時提出更細密的分法爲，「冒現期」（1924～1933 年）「承襲期」（1933～1953 年）「鍛接期」（1953～1959 年）「展開期」（1959～1972 年）「回歸期」（1972～1984 年）「開拓期」（1984～1996 年）「跨越期」（1996～年）。〔註 37〕孟、楊兩人的分期，雖然接近林燿德完全以現代詩事件爲主的分期標準，但時間的範圍拉的更長，似企圖涵蓋林燿德未及之處。

這些文學史或者現代詩史的分期，對論戰史的分期可以作爲參考，但卻不能完全依循，因爲論戰史是陳述現代詩論戰事件發生的時間順序，因此現代詩論戰史的分期，也需要以每場論戰彼此之間的相關程度來分期，將論戰主題相關相近的劃分爲同一期。此外，文學論戰是文學思潮彼此撞擊而產生，但文學思潮有與整體社會思潮息息相關，因此當政治、經濟等社會條件面臨巨大變化時，文化也難免隨著轉變，這些導致社會文化轉型的重大社會變動，也必須列入討論，否則將無法窺見文學思潮發生變化而導致論戰的原因。因此本文依據論戰之間主題的相關性，以及外在社會產生巨大變化的時間點，

〔註35〕許俊雅，〈臺灣新文學史的分期與檢討〉《見樹又見林——文學看臺灣》（臺北：國立編譯館，2005 年），頁 240～252。
〔註36〕林燿德，〈環繞現代詩史的若干意見〉《臺灣詩學季刊》第三期（1993 年 6 月），頁 23～26。
〔註37〕孟樊，〈臺灣新詩史如何可能〉《文學史如何可能——臺灣新文學史論》（臺北：揚智，2006 年 1 月），頁 113。

將臺灣戰後論戰史分成三期，分別爲場域成形期、文化轉型期與詮釋權爭奪期。

第一期、場域成形期（1956～1961 年）。時間的劃分標準是以覃子豪與文學雜誌作者群發生的「文學雜誌新詩論戰」（1956～1957 年）到洛夫與余光中之間發生「天狼星論戰」（1961 年）。在這個時期，國民黨政府由於世界冷戰局勢以及接受美援的影響，局勢相對穩定，同時西方文化大量影響臺灣社會。

就論戰主題來看，「文學雜誌新詩論戰」討論新詩需不需要學習古典詩的格律。「現代派論戰」則是覃子豪對於紀弦「現代派」運動的補充與修正。「象徵主義論戰」是覃子豪反駁蘇雪林對象徵派末流的批評。「新詩閒話論戰」則現代詩人們共同維護現代主義，而與不能理解的社會大眾之間的爭執。「天狼星論戰」則是余光中與洛夫之間爭執，導致現代詩分化爲兩種路線。此時現代詩尚未取得普遍的認同，還沒有取代古典詩所佔有的社會地位。由於現代詩具有前衛藝術的本質，因此受到大眾讀者的道德批判，由西方文學接枝來的文類特色也受到許多不夠愛國的批評，現代詩人們必須一面反駁道德批判，同時與國族意識妥協，曲折地完成現代詩地位的辯護。因此，五場論戰的爭議核心都是現代詩存在的合法性，同時也讓詩人們對於現代詩有較高的文類共識。

第二期是「文化轉型期」（1971～1977 年），是以羅門與笠詩社等人發生的「麥利堅堡論戰」（1971 年）開始，到陳鼓應與吳望堯之間的「這樣的詩人余光中論戰」（1977 年）爲止。整個七〇年代是臺灣文化轉型的關鍵年代，由於美援停止、臺灣退出聯合國等重大變化的影響，臺灣社會也隨之劇烈轉型，中研院副研究員蕭阿勤將七〇年代稱之爲臺灣的「軸心時代」。在這關鍵的文化轉型年代所發生的論戰，所爭議的主題也與上一期明顯不同。「招魂祭論戰」是李敏勇批評洛夫而導致；「麥堅利堡論戰」是笠詩社詩人批判羅門〈麥堅利堡〉而引起，這兩個論戰顯示出代表本土寫實詮釋社群的笠詩社詩人開始展現論述的獨特性。「關唐事件論戰」與「這樣的詩人余光中論戰」都顯示出社會大眾對於現代詩不應該繼續保持純文學立場，應該走入人群的強烈要求。「颱風季論戰」則反映出現代詩持續步入學術的過程。在這段時間裡，臺灣面臨國際情勢劇烈轉變，因此「爲藝術而藝術」的理念受到質疑，現代詩受到意圖救國的知識份子們給予逃避遁世病態的批判。因此此期論戰的核心在於現代詩所應背負的社會國家責任。

　　第三期是「詮釋權爭奪期」（1981～1999 年），以渡也與蕭蕭等人發生的「席慕蓉現象論戰」（1981 年）到因臺灣詩壇反彈大陸學者的臺灣現代詩研究引起的「大陸的臺灣詩學論戰」（1997 年）。而在世紀末的 1999 年「臺灣文學經典論戰」正可爲論戰史劃下句點。進入八、九〇年代的臺灣，衝撞執政黨統治的黨外運動獲得合法化成爲在野黨，而後終於取得執政權，這些變化也影響了現代詩的發展。此時的現代詩已經有相當穩固的社會地位。現代詩人無須再爲現代詩的合法性辯護，但誰有權力解釋詩史，誰有權力成爲經典，甚至是此一經典是中國的或是臺灣的，在在成爲現代詩場域中爭議的核心。「席慕蓉現象論戰」（1981 年）是渡也質疑想要確立純文學的界線，而質疑席慕蓉的作品媚俗。「詩壇春秋三十年論戰」（1982 年）是針對洛夫〈詩壇春秋三十年〉寫法不公的爭議，是首次討論現代詩史的論戰。「一九八三臺灣詩選論戰」（1984～1985 年）凸顯了八、九〇年代以來，中國結與臺灣結的複雜文化爭議。最後「大陸的臺灣詩學論戰」（1992～1997 年）爭議誰能詮釋臺灣現代詩。從這些論戰的內容可看出此期論戰的核心在於現代詩詮釋權的爭奪。

　　這樣的論戰史分期不以不同年代中重要的文學思潮來代表，例如現代主義、後現代主義、寫實主義或後殖民主義，因爲這些重要的文學思潮可以透過三種文化霸權歸納成三種詮釋社群，這三種詮釋社群又貫穿了三個時期，在每一個時期，這三種社群都有各自的表現，雖然由於政經社會條件影響了其表現強弱，但基本上三種社群都沒有消失，如果只取表現最搶眼的來代表，就抹煞了其他論述存在的可能性。

四、論文章節安排

　　本文將現代詩論戰史歸納爲三個時期，並將同一個時期的論戰歸納成一章。現代詩論戰發生在現代詩場域中，現代詩場域建立在臺灣的時空環境下，因此對影響現代詩的歷史社會背景的了解有助我們釐清臺灣社會對現代詩的影響。因此在每章開始時會先以一節，簡述影響該時期重要的政經社會因素或重要文化思潮的時代背景。接著按照論戰發生順序，循序討論論戰。最後將總結該時期論戰的整體含意。

　　每一場論戰的個別討論中，本文分成論戰經過、論戰焦點分析以及論戰的意義或影響三個部分來談。每一場論戰過程與焦點的清理，這都有助於我們釐清對論戰的眞實了解。因此本文將介紹每次論戰的經過，透過整理論戰

原始文本，佐以當時社會、政治等歷史背景的耙梳，期以還原論戰當時的情境。其次，每次論戰是源於不同論者對於某一詩學意見的不同所引發，本文希望將散落在不同文章中分散的意見重新對焦，呈現出論戰所爭執的焦點為何。最後，之所以發生詩學論戰，都代表了不同文學思潮互相衝激的現象，在論戰語言互相衝突的火光背後，其實隱含時代轉變的脈絡，雖然不見得每場論戰都造成巨大影響。但是論戰本身就代表了現代詩場域產生變動的跡象，可從中判讀出文學場域乃至社會場域發生變動的過程。本文希望除了描述論戰經過與討論論戰焦點之外，能進一步討論論戰可能的影響以及思考論戰背後的意義。

第二章　論戰史第一階段：現代詩場域的建立

　　過去文學史的論述多半認為五○年代充斥反共文學、戰鬥文學；六○年代流行現代主義文學。但用這種二分法來區分，有其過於簡略的危險。在六○年代反共文學的影響力並未如葉石濤、彭瑞金等人所說的銷聲匿跡。例如 1966 年，國民黨才將文藝政策納入政府體系，同年提倡的「中華文化復興運動」以及「戰鬥文藝運動」都顯示國府主導力量尚未消退。反過來說，1956 年起，由夏濟安主編的「文學雜誌」也已創刊，同時紀弦「現代派運動」也熱鬧展開，這些都顯示「五○年代反共文學、六○年代現代主義文學」的區分方式太過簡略。

　　事實上，從 1955 年美國協防臺灣，在臺灣的國民黨政府度過中共犯臺的危機之後，一直到七○年代初國際局勢逆轉之前為止，由於美國的金援以及冷戰的國際情勢，臺灣的國內外局勢都相對穩定，這使得整個五、六○年代當中社會、文化等情勢的變化很小，讓我們可以把五○、六○年代當成一個整體來看待。

　　而形塑五、六○年代文學場域風貌最重要的因素有兩項，分別是由國民黨政府主導的文藝政策；另一項背景則是透過自由主義知識份子所提倡的現代化風潮（或者更準確的說：西化）。但這兩種文化因素卻不能以五○／六○年代，國府主導反共戰鬥文藝／自由主義論者提倡現代主藝文學來截然二分。現代主義文學主張不見得與國民黨的文藝政策對立，兩者之間其實存在著若即若離的微妙關係。現代主義作家不一定批判政府，反抗文藝政策，而

政府在不挑戰統治權威的底線前提下，也樂意給予自由主義知識份子以及現代主義作家創作的自由以及名譽的肯定。現代主義文學與主導文化之間存在的是某種特殊的共生關係。真正被五、六〇年代臺灣的文學環境所排除的是左翼思想與言論，當然也包括文藝思想，這些潛伏的左翼思想與本土運動都必須要到七〇年代之後才浮上檯面，因此本文將臺灣五〇到六〇年代視為臺灣戰後現代詩論戰史的第一個時期。反應在論戰史上則是 1956 年到 1961 年之間所發生的五次論戰。

第一節　五、六〇年代時代背景

1949 年國民黨政府來臺後面對的是生死存亡的重大危機。對外有中共準備一舉拿下臺灣，對內則面臨經濟崩潰危機，大量大陸軍民遷入臺灣，1945 年臺灣人口不到六百萬，到了 1951 年增加到八百萬，對經濟造成嚴重壓力，通貨膨脹在 1949 年達到 3、400％。在此風雨飄搖的關頭，韓戰（1950 年 6 月 25 日）的爆發，讓美國改變態度，轉而支持臺灣的國民黨政府，才讓臺灣轉危為安。

1954 年中美協防條約的簽訂，臺灣與日本、南韓等國被納入東亞反共圍堵防線。這個時代背景深刻影響了臺灣文化發展。彭懷恩說：「這國際角色的確定，使中華民國政府的『合法性』被西方集團所肯定。在美國的支持下，中華民國被視為『自由中國』，成為『自由世界』反共全球戰略中不可或缺的角色。」〔註1〕作為世界兩大強權冷戰結構下的臺灣，得以用「中國」作為合法的身份認同根據。同時由於美援的影響，強化了西方文化的輸入，這兩項因素成為五、六〇年代形塑文化風貌的主因。以下分別就國府文藝政策與現代化思潮兩點來談起。

一、國府文藝政策

蔣中正在臺統治的期間，一直都非常重視學術文化的發展。他努力思考失去中國大陸的原因，得到的結論是軍事武力與外國援助都不足以控制政局，只有加強社會民生建設以及掌握知識份子的支持才能確保政權，因此蔣中正一方面利用美援發展經濟，同時進行一連串土地改革運動，使得臺灣在

〔註1〕彭懷恩，《臺灣政治變遷 40 年》（臺北：自立晚報，1987 年 10 月），頁 35。

五、六〇年代在民生方面不致困乏。爲了獲得知識份子及群眾的支持，蔣中正特別關注文化政策的制訂與執行。蔣中正可以說傾盡當時黨政軍以及其他官方、半官方的組織全力推動國民黨文藝政策。日後臺灣的領導人也沒人像蔣中正如此醉心於文化事務的提倡。五、六〇年代的文藝政策影響臺灣的文化風貌既深又廣。但今日的文學史研究者多半只強調五〇年代國府推行反共文學的失敗，認爲反共文學作品毫無價值，也沒有對日後臺灣文學史造成影響。〔註2〕但事實上國府的文藝政策除了表現在倡導反共文學上之外，其實在不同層次上仍有其相當的影響力。

（一）戒嚴的施行與出版品審檢制度

　　1949 年 5 月 20 日，警備總司令部發佈全省戒嚴命令，依據「戒嚴法」、「動員戡亂時期臨時條款」、「懲治叛亂條例」等法條，管制憲法所保障人民的言論、出版、著作、通訊、集會結社等自由。因此只要言論違反當局想法，隨時都有可能受到嚴厲的審判與處罰。例如「懲治叛亂條例」第七條：「以文字圖書、演說爲有利於叛徒之宣傳者，處七年以上有期徒刑。」〔註3〕接著 1949年 8 月又公布了「臺灣省新聞雜誌資本限制辦法」，將報紙數量限制在三十一家，同時限紙、限張、限發、限印，讓臺灣報紙在解禁之前一直維持著固定張數，以及固定報社的型態，以便受官方控制。除了報紙之外，一切出版品無不受到嚴密監視。在當時陸續頒佈的「臺灣省戒嚴時期新聞紙雜誌圖書管制辦法」（1950 年 3 月公布、1953 年修訂實行）、出版法（1952 年 4 月公布）、「臺灣地區戒嚴時期出版品管制辦法」（1970 年 9 月公布）等。一切作爲都只爲防堵不利於政府、領袖以及國家安全的言論。例如在「臺灣省戒嚴時期新聞紙雜誌圖書管制辦法」第四、六條規定省內發行之新聞紙雜誌圖書及出版品或進口書刊必須送交保安司令部檢查，另外國民黨中央委員會也設有審查單位。凡是內容有問題的出版品將不准發行，有時甚至連發行人作者等都會被牽連涉罪。那麼什麼樣的內容才是有問題的呢？在「臺灣省戒嚴時期新聞

〔註2〕　這種說法以葉石濤的說法爲代表，葉石濤說：「反共文學變成令人生厭的、劃一思想的、口號八股文學。」見葉石濤，《臺灣文學史綱》（高雄：文學界，1993 年），頁 88。此外彭瑞金對反共文學的看法也是如此。但今日開始有人重新評價反共文學。例如王德威以「傷痕文學」來解釋反共文學的價值。可參見王德威〈一種逝去的文學──反共文學新論〉《如何現代，怎樣文學？》（臺北：麥田，1998 年）。

〔註3〕　張詩源，《出版法理論與實用》（臺北：警察雜誌社，1953 年 9 月），頁 140。

紙雜誌圖書管制辦法」第二條明確規定，新聞紙、雜誌、圖書告示、標語及其他出版品不能提到軍事、國防、外交、政治之機密。就國安考量來說也無可厚非，但連下列言論也不刊登：

　　三、為共匪宣傳圖畫文字

　　四、詆毀國家元首之圖畫文字

　　五、違背反共抗俄國策之言論

　　六、足以淆亂視聽、影響民心士氣或危害社會治安之言論

　　七、挑撥政府與人民情感之圖畫文字

這當中可以清楚看到「反共抗俄」是不能違反的國策，是指導文化的最高原則。但是所謂「詆毀國家元首淆亂視聽、影響民心士氣或危害社會治安、挑撥政府與人民情感」的判定卻沒有明確標準，只能由檢查制度機構自由心證。

（二）反共文學主流論述的形成

　　在 1950 年，日後主要負責國府文藝政策執行的兩個單位分別成立。「其一是蔣中正總統長子蔣經國擔任當時的總政治部主任（隸屬國防部，1969 年改稱國防部總政治作戰部），翌年即發表〈敬告文藝界人士書〉號召『文藝到軍中去』的策略。其二是在張道藩策劃下，中國文藝協會與中華文藝獎金委員會成立於本年。」〔註4〕蔣經國的政戰系統以及張道藩的文協系統對於推動反共文學有相當大的影響。

　　張道藩所提出的〈我們所需要的文藝政策〉是了解當時推行反共文藝政策的重要依據之一。這是他在三〇年代為了回應共產黨所提出的左翼文學主張，並建構三民主義文學所作。張道藩在這篇文章中提出「三民主義是為全國人民求生存，所以我們的文藝要以全民為對象。以事實解決問題的方法。仁愛為民生的重心。國族至上」等四項基本意識，而具體落實為「六不」、「五要」的具體要求。「六不」即「不專寫社會的黑暗面、不挑撥階級的仇恨、不帶悲觀的色彩、不表現浪漫的情懷、不寫無意義的作品、不表現不正確的意識」；「五要」指的是「要創造我們的民族文藝、要為最苦痛的平民而寫作、要以民族立場而寫作、要從理智裡產生作品、要用現實的形式」〔註5〕

〔註4〕鄭明娳，〈當代臺灣文藝政策的發展、影響與檢討〉《當代臺灣政治文學論》（臺北：時報，1994 年 7 月 1 日），頁 24。

〔註5〕李瑞騰，〈張道藩〈我們所需要的文藝政策〉試論〉《文學的出路》（臺北：九

　　張道藩日後來臺，又繼續寫了《三民主義文藝論》，都是為了建立一套呼應三民主義的文學論述。張道藩所領導的文協與文獎會在當時造起很大的影響。對於型塑當時的文學風貌有很大影響。張道藩的影響可由以下兩個文藝運動可見一斑。

　　文藝協會的成員多半是在四九年跟隨國民黨政府來臺的文藝人士，由於當時黨國一體的特殊歷史背景，這些人往往擔任各種傳播媒體與文藝雜誌編輯的職務。例如《中央日報副刊》、《新生報副刊》、《民族晚報副刊》、《公論報副刊》、《新生報南部版副刊》、《幼獅文藝》等等。由於掌握大部分媒體，因此不加入「文協」可以說很難有發表空間。而「文協」的壟斷特質也方便於官方政策的宣傳。如 1953 年蔣總統頒佈《民生主義育樂兩篇補述》，文藝協會為了具體響應蔣中正的主張，在 1954 年 7 月 26 日由常務理事陳紀瀅在《中央日報》及《新生報》正式提出「文化清潔運動」，其具體的主張是要撲滅文化的三害：「赤色的毒」、「黃色的害」與「黑色的罪」。接著由一連串的涵蓋政經文化的機關單位出面響應這項「文化清潔運動」，鄭明娳具體說明這項運動的成效：

> 最後出面的政府，在社會的鼓譟之下即刻取締了十項雜誌。這項運動的餘波繼續發展為「反黃色作品運動」、「拒讀不良書刊運動」，迄一九六〇年為止，光是被視為「以隱喻方式為匪宣傳」而查禁的武俠小說一類即達千餘種。顯然文藝協會率先發難的文化整肅運動，
> 為當局檢查新聞、管制言論等措施提供了有利的社會基礎。〔註6〕

以「文化清潔運動」為代表的一連串運動當中，我們可以看到，是否符合官方的政治意識固然是理所當然的檢查項目，但道德審查卻成為政治審查的另一項要求。除了要符合官方反共的立場之外，五、六〇年代鼓吹的文學風氣中也排斥了文學中關於情慾的討論以及虛無消極的思想，因為這被認為將會阻礙國家的發展。道德性審查事實上是為了掩飾政治立場審查，為了賦予政治立場審查的合理性而存在，而這種審視標準日後也長期影響臺灣的文學評論。

　　歌，1994 年 9 月 10 日），頁 167、168。李瑞騰在這篇文章中考證這篇〈我們所需要的文藝政策〉的完成，應該是李辰冬起草，經張道藩、戴季陶、陳果夫等人的商議後，以張道藩的名義發表。因此這篇文章代表當時國民黨文化工作要員的共同意見。

〔註6〕　鄭明娳，〈當代臺灣文藝政策的發展、影響與檢討〉《當代臺灣政治文學論》（臺北：時報，1994 年 7 月 1 日），頁 33。

　　如果說「文協」具有約束、限制其他文學出現的消極功能，張道藩領導的另一個組織「文獎會」則具有鼓勵「反共文學」創作的積極功能。「中華文藝獎金委員會」明文鼓勵「蓄有反共抗俄之意義者為原則」的作品，定期徵選優秀反共作品頒獎，共維持七年，到 1956 年經費耗盡結束為止，共舉行十七次頒獎典禮，其間約三千人次投稿，作品近萬件。

　　反共文學在五〇年代發展到頂峰，其存在的意義實在值得人深思，而不是輕易忽視。應鳳凰就談到：「作為一個時期的文學主潮與特徵，不能不意識到『反共文學』其實『非常臺灣』。大陸本身施行共產主義，不會也不必『以文反共』，只有從中國撤退到臺灣，急思『反攻』的『自由鬥士』，才以此為職志，拿來當寫作主題。每一個國家或區域，都可能有各自的鄉土或西化文學時期，獨獨『反共文學』為『五〇年代臺灣』這特殊時空所專有，因而別具臺灣性格。」〔註7〕

　　但是在當時，反共文學題材太過集中，表現手法又沒有進一步改變。因此除了少數成功的傑作受到文學界肯定外，許多作品常被批評藝術成就不高。〔註8〕國民黨也重視反共文學題材單調，藝術價值不高的問題，因此希望提出「戰鬥文藝」這個涵義更廣的主張來修正反共文學的弊病。吳東權談到當時的情況：「因為『反共文藝』在經過十年左右的開花結果、燦爛輝煌之後，所有的反共、仇共、和批共的直線素材逐漸貧乏下來，原先那些充滿了反共經驗和鬥爭心得的文藝作家們也幾乎到了『江郎才盡』的邊緣，其作品也就沒有前些時候那麼雄渾洗鍊，甚至有些作品竟流於形式，缺乏創新，於是先總統蔣公乃提出了『戰鬥文藝』的號召，涵蓋了『反共文藝』實質，而又具備了比『反共文藝更具攻擊性的意義，範圍和深度，都有了莫大的擴展，立即響遏行雲。』」〔註9〕到了六〇年代，國府不再透過外圍的半官方單位推動文藝政策，改由官方單位辦理。1966 年國民黨第九屆三中全會通過〈強化戰鬥文藝領導方案〉，隔年國民黨第九屆五中全會再制訂〈當前文藝政策〉，於

〔註7〕 應鳳凰，〈「反共＋現代」：右翼自由主義思潮文學版〉《臺灣小說史論》（臺北：麥田，2007 年 3 月），頁 113。

〔註8〕 張道藩自己承認反共文藝的推行有其侷限性，張道藩說：「當前我們反共的文藝作品，實在缺乏較高的藝術價值」、「要想擴大文藝效能，今後必須研究藝術與技巧」見張道藩〈論當前自由中國文藝發展的方向〉發表於 1953 年 1 月 1 日的臺灣新生報及公論報。

〔註9〕 吳東權，〈從反共文藝到文藝反共〉《國魂》三九八期（1971 年 1 月），頁 42。

中央政府體制中，設立隸屬於教育部的文化局以執行上述任務，進一步將國民黨的文藝政策正式納入國家行政體系中。

從「文化清潔運動」的推行到「反共文學」、「戰鬥文學」的提倡，國民黨政府所推行的文化政策爲文學詮釋奠定了一個基本的方向，那就是對共產黨以及社會主義思想的深惡痛絕。由於大陸淪陷所帶來的驚慌恐懼，加上國府有意識主導文學的方向，使得與國府立場相近的文藝人士對社會主義思想有強烈的反感，從日後論戰的表現來看，這種反感可以說到了歇斯底里的程度。由於官方一再把社會主義思想與中共的惡形惡狀連結在一起，使後來參與論戰的人常常錯把具有關注現實、重視鄉土的言論，一律當成中國共產黨的論述。即使到了今天對中共的厭惡，仍然深植在許多人的心中。本土寫實詮釋社群掌握了更大的權力之後，其對抗強權的精神便從對抗國民黨轉變成對抗中國共產黨，這種傾向不可不溯源於戰後臺灣五十年來對中國共產黨的言論排斥與攻擊。

（三）中國文化復興運動的影響

1966 年所推動的「中華文化復興運動」是爲了回應中共推行「文化大革命」而提出的活動，剛好也是政府將文藝政策納入正式政府體系的轉型期，因此「中華文化復興運動」顯得備受關注，但此活動只是國府遷臺以來長期推行中國文化各項運動的一個高峰。早在 1953 年蔣中正提出《三民主義育樂兩篇補述》時，就不斷強調自己對中國傳統的重視。但論者提到五〇年代時，多半只強調「反共文學」的推廣與失敗，事實上推行中國文化這類運動對日後臺灣文化風貌影響更深遠，只是影響較不容易察覺。

蔣中正高度重視中國傳統文化，鄭明娳分析蔣中正的中國傳統傾向：「和張道藩簡易化的寫實主義論不同，蔣氏將當代的文藝和中國的傳統文化密切地聯繫在一起，他以『中國過去的學術文化界』的風尚，如『講究個人品德的修養與性情的陶冶』視爲當前文藝的借鏡，在中共移植蘇聯文化的五〇年代，保持中國固有文化內容成爲蔣氏論述中主要的支點，藉以強化他本身背負道統的形象；事實上，中國傳統教忠教孝的思想訓練亦有利於鞏固國民黨政權的正面形象。」〔註10〕

爲了凸顯在臺灣的中華民國以及在大陸的中華人民共和國的差異，並且

〔註10〕鄭明娳，〈當代臺灣文藝政策的發展、影響與檢討〉收入《當代臺灣政治文學論》（臺北：時報，1994 年 7 月 1 日），頁 27、28。

強調自己的正統，因此，國民黨政府在政治上強調自己為「自由中國」，藉以對比於大陸的「共產中國」；在文化上，強調中華民國對中華文化的繼承與發揚，以對比中共在文革時期破除傳統文化的種種措施。因此在教育上，有關中國文化的教育成為五、六〇年代文學教育的最重要方針。例如國文教材，除了普通的課本之外，還有一本《中國文化基本教材》收錄四書等孔孟學說，提供高中學生學習。另外中小學實施的公民倫理教育也被認為是「以儒教為中心思想，具有實踐道德要領性格的課程」。〔註11〕此外，在公民教育中，普遍提到一種說法，認為中國有一「道統」，由堯舜禹湯文武周公孔子一脈相承，在近代傳到國父孫文，而蔣中正即是上承孫文，這個中華道統的當代繼承者。種種措施都把臺灣與古老的中國文化聯繫在一起。

　　這些對中國傳統文化的提倡，在當時有國際政經條件支持。以國際情勢來說，由於世界兩大強權冷戰的局勢，世界各國的立場也一分為二，德國有東西德、韓國有南北韓，那麼中國分裂成共產中國（大陸）與自由中國（臺灣）似乎也不難理解。中華人民共和國所做種種破除中國傳統的行政舉措，更合理化臺灣推行「中華文化復興運動」。在這其中，各大學國文系的存在，就是一個具有象徵意義的例子。

　　首先為了扭轉日據時代以來，臺籍人民多半只會說日語的問題，中文系能提供語言師資，以「國語」來替代「日語」。其次，有關「復興中華文化」的許多措施都直接仰賴中文系的老師，將中華文化傳承給下一代，對政府來說，中文系在五、六〇年代有相當的實用性。

　　中國文學系有著傳播政府主導意識型態的重任，與其他科系比起來卻顯得相對封閉，當每一門學科都有自己明確的研究目標、研究方法時，中文系的課程中卻濃縮了所有古典知識系統架構，研究領域包羅萬象。語言學專業的聲韻、訓詁學，哲學專業的中國哲學、經學都是中文系的大宗，卻獨缺現代文學的研究、創作課程。這種中文系完全斷絕與現代文學的關聯性，自我封閉在古典傳統世界中的特色，一直到七〇年代才有人抗議。如果中文系畢業的國文老師是國人文學教育的主要教授者，而中文系的課程又自囿於古典，不接受現代文學，那麼社會大眾的對文學的期待視野可以想見必然熟悉古典詩的形式格律，認同古典詩的傳統美感，而對現代主義文學格格不入，

〔註11〕見福永安祥著，趙倩譯，《中華民國社會的徹底研究》（臺北：中華民國國際關係研究所，1974年），頁74。

這也是日後之所以產生多次現代詩論戰的原因之一。

二、文藝雜誌與現代化思潮

　　向陽曾討論到五、六〇年代報紙副刊受限於政府主導傳播體制的控制，傳播功能不大，因此向陽認為文學傳播的重心「是由大眾傳媒退到由同仁組成的小媒介或地下媒介之中。」、「翻閱臺灣文學史，六〇年代的臺灣文學創作及其成績，幾乎盡由文學雜誌（含詩刊）所主導。」〔註12〕而這些文學雜誌不但在文學創作上交出漂亮的成績單，同時也反應了當時另一個重要的文化因素，那就是對現代化的需求。

　　1949 年國民黨政府來臺之初，外交情勢十分不利，與中共建交的國家日漸增加，美國也採取觀望態度，意欲將中國內戰責任全部推給國民黨政府。不料 1950 年 6 月 25 日韓戰爆發，6 月 27 日美國總統杜魯門下令第七艦隊協防臺灣，中共與美國的決裂終於使國民黨政權喘一口氣。由於臺灣位於防堵中共侵略的重要戰略位置，加上共產國家與民主國家兩大勢力的對峙，終於使臺灣獲得日後二十年外交關係上的穩定。但臺灣的外交處境也不是一直都可以安枕無憂，隨著韓戰結束，中共也積極建交，增加邦交國的支持。從 1951 到 1960 年為止，在美國主導下，中共入會的提案都被以「緩議案」阻擋下來，不加以討論。但 1960 年非洲新興國家大舉進入聯合國，中共的邦交國大增，第十五屆聯大中美國提出的「緩議案」僅以八票之差勉強通過。於是美國改變策略，援引聯合國憲章十八條要求「任何改變中國代表權之提案為一重要問題」案，需要會員國三分之二以上同意才能獲得通過。加上之後中共內部發生文化大革命，高度反美反帝的意識型態主導外交策略，阻止中共躍上國際舞臺。因此美國的支持，提案的高門檻以及文化大革命種種因素使中共進入聯合國的時間又緩了十年。

　　在臺灣退出聯合國之前，美國不但是臺灣重要的外交伙伴，美國所傳入的西方文化更是深刻地影響了當時的經濟、文化等不同層面。我與美國於一九五四年簽訂「共同防禦條約」象徵正式結盟，保障臺灣的安全，而美國的經援更是臺灣日後能夠起飛的關鍵，美援從 1950 年開始到 1965 年結束為止，共援助我國十四億六千多萬美元。美援對臺灣的影響不只在經濟層面，它拉

〔註12〕向陽，〈副刊學的理論建構基礎〉《書寫與拼圖——臺灣文學傳播現象研究》（臺北：麥田，2001 年），頁 32、37。

近了民眾與美國的心理距離，隨著美援引進的價值觀與生活方式也深深影響臺灣的社會與文化脈動。尉天驄回憶當時的文化風氣：

> 正好民國四十三年（一九五四）中美簽訂了共同防禦條約，這個條約訂了之後，臺灣興了一番新的局面，大家心理知道，這個條約一訂，臺灣至少可有二、三十年的安定，而且由於和美國有著極其密切的關係，於是便造成一切以美國的解釋爲解釋，以美國的標準爲標準，這樣我們臺灣的教育情況就對自己近代的歷史比較不熟悉了。那麼我們從那兒吸收營養呢？從西方的文化。我們可以看到，約在四十四、四十五（一九五五、五六）以後，臺灣整個文藝界和文化界的風氣是一步步地步入西方的道路，……那時的文學雜誌都有一個風氣：學習西方的技巧，而學院派方面也常在介紹這些東西。
> 〔註13〕

而這樣的背景，可以說是各種文藝雜誌能夠發揮影響力的原因。在當時鼓吹學習西方文化，讓臺灣進一步現代化最力者，可以舉《文星》上的言論爲代表。蕭孟能在 1952 年開設文星書店，由於經營得當，獲得相當大的成功，後來更進一步想要辦雜誌，因此在 1957 年創辦了《文星雜誌》。最早由何凡（夏承楹）、林海音夫婦和陳立峰擔任主編。《文星》初期是以文藝爲主的綜合性刊物，經常投稿的作家有張秀亞、思果、梁容若、李霖燦、孟瑤、郭衣洞等人，與《自由中國》文藝欄的作家有很高的重疊性。跟後來影響深遠的《文學雜誌》、《現代文學》比較起來，《文星》討論的重心不完全集中在文學上而更重視文化的影響。《文星》最早發刊詞將自己定位在「生活的、文學的、藝術的」到了 1959 年 9 月 11 日第二十五期，則改成「思想的、生活的、藝術的」，因此《文星》討論的議題也比較駁雜，從對言論自由的爭取，乃至於中西方文學作品、文學理論的介紹，甚至於電影、音樂、現代藝術都有介紹。正由於介紹的層面廣泛，因此接觸到現代主義藝術的層面也廣大，西方現代主義影響了電影、音樂乃至於繪畫，當文星將這一切介紹給當時的讀者時，也就間接將現代主義的理念介紹給當時的讀者。例如身爲現代詩人的余光中與提倡現代畫的「五月畫會」關係密切，在《文星》上常常可以看到余光中介紹抽象畫、現代化的作品。正因爲著眼於文化層面，因此《文星》將胡適

〔註13〕尉天驄，〈西化的文學〉《中國現代文學的回顧》（臺北：龍田出版，1978 年），頁 155、156。

1961 年 11 月 6 日亞東科學教育園區的科學教育會議上的演講全文刊登出來。文中主張國人不但要放棄對東方文化的執著，而且應該誠心熱切的擁抱西方近代文明，爲科學發展鋪路。胡適的「全盤西化論」受到許多駁斥。之後《文星》刊登李敖的〈播種者胡適〉的文章來反駁對胡適的批評，也刊登胡秋原對胡適的批判文章〈超越傳統派西化派俄化派而前進〉，正反意見並陳，各有擁護者，此舉讓接下來連續幾期《文星》成爲論戰的場所，日後的研究者將此一論戰稱爲「中西文化論戰」。

　　由《文星》一手包辦的「中西文化論戰」事實上就是整個五、六〇年代現代詩論戰的縮影，一方面是由政府所形塑崇尚傳統的風氣，另一方面是大環境影響下的要求進步革新觀念，兩種彼此抵觸的思想卻因爲特殊的時空背景而同時盛行於當時的文學場域中，因此兩種思潮之間難免不斷引起論戰。不管是《自由中國》或是《文星》都只是間接談到現代文學的問題，眞正的討論並且產生直接影響的是《文學雜誌》、《現代文學》。

　　《文學雜誌》創刊於一九五六年九月，出資人是明華書局負責人劉守宜，主編是臺大教授夏濟安，顧問是任職臺北美國新聞處的吳魯芹等人。《文學雜誌》最早是由這群文學界學人一時興起而創辦，因此創刊之初並沒有高舉崇高的理想口號，在夏濟安的〈致讀者〉可以看出這種傾向：「我們希望讀者讀完本刊之後，能夠認爲這本雜誌還稱得上一本『文學雜誌』。……我們不想在文壇上標新立異，我們只想腳踏實地，用心寫幾篇好文章。我們反對共產黨的搧動文學。我們認爲：宣傳作品中固然可能有好文學，文學可不盡是宣傳。」〔註 14〕雖然文中直陳反對的是共產黨的搧動文學，但是這種節制情感，認爲文學不能成爲宣傳品的理念，卻也批評了反共文學。在同一篇文章中，夏濟安所提倡的「樸實、理智、冷靜的作風」，在當時反共文學流行的風氣中，不啻爲一股逆流。雖然《文學雜誌》主張古今兼顧，要求古典文學與現代文學並重，但主事者的樸實研究態度，也讓《文學雜誌》譯介了許多現代主義的理論與作品。等到繼承了《文學雜誌》文化位置的《現代文學》出現則是現代主義文學風氣的高峰。

　　相對於《文學雜誌》保守溫和的作法，《現代文學》從發刊之初就有更強烈的企圖心，希望爲臺灣建立一種新的文學風格，這種企圖心在《現代文學》發刊詞中就可看得出來：「我們感於舊有的藝術形式和風格不足以表現我們作

〔註 14〕夏濟安，〈致讀者〉《文學雜誌》一卷一期（1956 年 9 月），頁 70。

為現代人的藝術情感。所以我們決定試驗、摸索和創新的藝術形式和風格。……尊重傳統，但我們不必模仿傳統或激烈的廢除傳統。不過為了需要，我們可能做一些『破壞的建設工作』。」〔註 15〕

　　《現代文學》不但有系統的分期翻譯介紹西方近代藝術學派和文學思潮，同時也刊登許多現代主義文學作品。在現代詩的部分，由於余光中與何欣、姚一葦主持過十六期到二十七期的編務，三十七期之後余光中仍然與何欣、柯慶明共同擔任編輯直到停刊，在余光中的影響之下，《現代文學》以「藍星」詩人為主，旁及「創世紀」與「現代詩」乃至於剛崛起的「笠」詩人的現代詩作，無不網羅在《現代文學》上發表，《現代文學》與余光中的合作可以說是決定現代主義詩作成為詩壇主流的原因之一。

　　此處需要說明自由主義知識份子與現代主義作家的關係。自由主義知識份子是懷抱著崇尚民主科學、強調個人價值和個性解放、獨立批判的理性精神、愛好和平，傾向寬容、開明與進步理想的知識份子〔註 16〕，在當時學院派文學雜誌的創辦被認為是自由主義知識份子堅持的成果。向陽說：

> 一九五三年之後由雷震主持的《自由中國》、一九五六年夏濟安主編的《文學雜誌》、一九五七年創刊的《文星》，在那個蒼白而苦悶的年代裡，保留了自由主義者的理想和有限的空間，同時也為不願口號反共的作家提供了清淨的耕耘園地；一九五八年五月四日，胡適更在反共文學大本營「中國文藝協會」發表演說，主張「人的文學」、「自由的文學」，主張「文學這東西，不能由政府來輔導，更不能夠由政府來指導。〔註 17〕

但是今日臺灣文學論述常常指責當時的現代主義知識份子沒有更強烈的批判政府（除了雷震、殷海光），甚至被認為不足以稱為自由主義知識份子。同樣的，現代主義作家也常被批判失去了西方現代主義的批判性。這樣的說法都忽略了在當時政治高壓下，個人如何在有限的條件下發揮自己理想的努力。〔註 18〕

〔註 15〕〈發刊詞〉《現代文學》第一期（1960 年 3 月），頁 2。
〔註 16〕可參考張忠棟等編，〈序文〉《現代中國自由主義資料選編：什麼是自由主義》（臺北：唐山，1999 年）。
〔註 17〕向陽，〈五〇年代臺灣現代詩風潮試論〉《靜宜人文學報》11 期（1999 年），頁。
〔註 18〕不是只有與國民黨政府完全絕裂對抗者才算是自由主義知識份子。即使是強烈支持本土的自由主義專家張忠棟教授，仍然願意肯定胡適是一個自由主義知識份子，因為他看到在當時惡劣的時代背景下，這批自由主義知識份子如何艱苦迂迴地爭取自由與民主。可參見張忠棟〈自序：自由主義者的艱苦寂

　　五、六〇年代的自由主義知識份子與現代主義作家的交集，可以說是在提倡文學藝術作爲一個具有獨立意義之價值圈的觀念上。文學可以「爲藝術而藝術」，爲了貫徹這個理念，現代主義作品在表現方式上走向不容易理解的極端風格。這個風格不見得能被自由主義知識份子所認同，但是自由主義知識份子能夠肯定文學應該有其自主性，不應該淪爲政治的宣傳品的理念。事實上，這也是從《文學雜誌》到《現代文學》一脈相傳的思想，認爲文學應該要有自己的獨立性，要有自己的邏輯法則，由自由主義知識份子以及現代主義作家所共同肯定的這個傳統，日後成爲決定現代詩這個次場域以及戰後文學場域的一個重要特質。就這樣，現代詩在官方主導文化崇尚中國傳統的社會壓力，以及自由主義知識份子的包容提倡之下，一步一步由不被接受的文學場域邊緣，一步一步走向文學場域的核心。

第二節　文學雜誌新詩論戰

　　「文學雜誌新詩論戰」〔註 19〕發生在 1956 到 1957 年間，主要參與者有梁文星、周棄子、夏濟安、勞榦、覃子豪、嚴明等人。今日回顧五〇年代發生的現代詩論戰，大多會忽略這次論戰。蕭蕭以爲這是場「未引爆的論戰」〔註 20〕而輕輕帶過，最早提及這場論戰的何欣，則將相關文章劃入現代派論戰之一，並沒有單獨看待。

　　首先肯定這是一場小型論戰的是楊宗翰，他在〈非詩社／詩刊性質的《文學雜誌》〉詳細分析這場發生在文學雜誌的論戰。之後有侯作珍的博論《臺灣現代文學的崛起》詳細討論自由主義對現代主義文學興起的關連性。但在這本論文中，侯作珍也仍然不將之視爲一場論戰，只以《文學雜誌》上的文論來討論它。思考這場論戰之所以被人忽略的原因，可能因爲這場論戰的規模小，參與的人不多，加上雙方只是互陳意見，沒有互相辯駁的濃厚火藥味。

　　　竇〉《自由主義人物》（臺北：允晨，1998 年 6 月 10 日），頁 8～17。
〔註 19〕此論戰過去並沒有固定名稱，蕭蕭、何欣、侯作珍等人都沒有視爲一個獨立的論戰。鑑於此論戰發生在《文學雜誌》上，牽涉編輯諸君的文學理念。而爭議的焦點是新詩與文學傳統之間的關係，因此定名爲「文學雜誌新詩論戰」此時詩壇仍然習慣使用「新詩」此一稱呼，因此本節仍使用「新詩」。
〔註 20〕蕭蕭：「可以視爲舊詩人對新詩形式未能成型，新詩人對新詩走向未能確立，所共同顯現的焦灼之情，前者責之切，後者愛之深，雖擦槍而未走火。」見文訊主編《臺灣現代詩史論》（臺北：文訊，1996 年 3 月），頁 113。

另一個原因是這場論戰主要討論新詩與古典詩之間的關係,隨著新詩逐漸取得合法性地位,成爲當代代表文類,而當代的古典詩創作則日漸不受重視,因此使得這場論戰也就相對的被忽視。

　　以今日的眼光來看,這場論戰實有重新檢視的必要。首先,這場論戰到底是不是一場論戰,我們可以發現其中有提出論點的一方(包括古典詩人周棄子、臺大教授夏濟安等人),有提出反駁的現代詩人覃子豪,而在覃子豪之後也有嚴明繼續反駁覃的論點,即使規模小,但也仍是場論戰。其次這場論戰,所討論的許多問題,包括現代詩的晦澀難懂,以及新詩與古典文學傳統之間的關係,這些議題都成爲後來其他論戰的重要焦點,是我們了解當時新詩論戰的重要一環,不應該分開來看。而最重要的是,在五〇年代的文學場域中的確存在著古典詩與新詩互相競爭文化象徵地位的狀況,這場論戰正好反映出當時的狀況,我們必須把這場論戰放回當時的文化脈絡中,才能真正瞭解這場論戰的意義。以下先敘述論戰過程並說明論戰發生的時代背景。

一、論戰過程概述

　　論戰起於梁文星在《文學雜誌》一卷四期上所發表的〈現在的新詩〉,文中以一個新詩的創作者身份,提出對當時新詩的質疑。梁文星認爲:「在我所看到的詩中,有些是我完全不能瞭解的。」﹝註21﹞,而梁文星分析看不懂的原因,是因爲新詩沒有格律可以依循,同時新詩人往往只是取巧,往往在詩中加入一些不相關的特殊名詞「專用來炫人眼目」,這些都是當時新詩的弊病。但是梁文星並非重古賤今的傳統派,文中提到:「我們現在寫詩,不是個人娛樂的事,而是將來整個一個傳統的奠基石。」﹝註22﹞對新詩期許之意,溢於言表。梁文星是當時身在大陸詩人吳興華的化名,是由文學雜誌的海外邀稿人,身在香港的林以亮將兩人書信詩稿發表在文學雜誌上。賀麥曉考證出當時梁文星根本不在臺灣:「除了編輯們之外,沒有人知道『梁文星』是居住在大陸的吳興華,也沒有人知道『梁文星』的作品是至少十年以前寫的。吳興華本人對此事更是一無所知。」﹝註23﹞吳興華與林以亮失去聯絡是在1953

﹝註21﹞梁文星,〈現在的新詩〉,《文學雜誌》1卷4期(1956年12月),頁18。
﹝註22﹞梁文星,〈現在的新詩〉,《文學雜誌》1卷4期(1956年12月),頁21。
﹝註23﹞賀麥曉,〈吳興華、新詩詩學與五〇年代臺灣詩壇〉收錄於彭小妍主編《通俗文化與文學理論》(上)(臺北:中研院文哲所,1999年12月),頁209。

年，因此梁文星的發言並不是針對當時的臺灣詩壇。只是這種對現代主義詩作的批判，卻很適用於五〇年代的臺灣，由此可推測，這是林以亮與《文學雜誌》編輯者的共識，透過梁文星的文章，想要傳達他們的看法。

梁文星不在臺灣，卻引起身在臺灣的古典詩人周棄子的回應。周棄子在《文學雜誌》一卷六期發表〈說詩贅語〉回應梁文星的說法，認為新詩之所以沒有普及，以及創作上不能被人認同的原因，也是出在新詩沒有像古典詩有確定的格律。但是周棄子談到更多新詩人與古典詩人之間的不容，並且以為新詩與古典詩之間的這種互不相容的關係，正是造成新詩與古典詩都不能進步的原因。

到了二卷一期，文學雜誌的主編夏濟安也跳出來說話，夏濟安在〈白話文與新詩〉中花了超過一半的篇幅檢討白話文與文學發展的狀況，接著討論到之前梁文星與周棄子的討論。夏濟安從較宏觀的角度切入，以為新詩的成就也就是白話文學的成就，而對於新詩只有較籠統的看法，夏濟安提出：「不論用哪些形式，詩有三要素我們是不得不特別強調的：一是結構，而是節奏，三是用字。」其中與之前兩人看法相呼應的地方在於詩的音樂性。夏濟安說：「現在新詩人最大的失敗恐怕還是在文字的音樂性方面不能有所建樹。」〔註24〕認為詩應該講求音樂性這點，夏與梁、周的看法是相近，但是夏濟安不以為詩的音樂性必須要有所格律規範，反之應該追求語言中自然流露的節奏韻律。夏濟安對結構的看法可看出受到西方新批評相當的影響，夏濟安說：「近代英美批評家認為一首詩不但在思想方面和音調方面是一個整體，連譬喻意象（images），都要有系統的組織起來。」〔註25〕這點與其他人大異其趣。在夏濟安之後，歷史學者勞榦也發表了一篇〈對於白話文與新詩的一個預想〉，文中只是大略談到自己對文言與白話的感想，並沒有特別不同的主張，最後以：「詩人們！既然要作詩人，那就一切都不要顧忌，還是努力做好，努力作多，盡量的作下去。」〔註26〕來勉勵詩人。接著夏濟安在《自由中國》上又繼續發表〈對於新詩的一點意見〉，將書信中其弟夏志清對新詩的看法寫在雜誌上。夏志清說：「我所說的聰明不是利用個人特有的聯想，或東抓西湊幾個

〔註24〕夏濟安，〈白話文與新詩〉，《文學雜誌》2卷1期（1957年4月），頁15。
〔註25〕夏濟安，〈白話文與新詩〉，《文學雜誌》2卷1期（1957年4月），頁16。
〔註26〕勞榦，〈對於白話文與新詩的一個預想〉，《文學雜誌》2卷2期（1957年3月），頁19。

動人的意象如卞之琳式的小聰明，而是洞察世情，腦筋靈活，在事物間看得出新的關係的聰明。舊詩的缺點，恐怕也是這種聰明所表現的太不夠了」〔註27〕夏濟安同意夏志清的說法，並且加以延伸提到新詩創作的題材問題，認爲新詩創作者應該尋求新的題材。

在接連數篇質疑新詩創作方向的文章之後，新詩人覃子豪終於打破沈默出面回應，覃子豪在文中分別駁辨前幾篇文章所提出的論點，之前的觀點都過於保守，覃子豪強調新詩不應該追求定型的形式，也不應只是徒然注重形式，更應該要求「詩質是否純淨與豐盈」，而最後覃子豪提出結論，說到：「只要中國新詩人一面批判地向中國古代詩人學習其不凡的表現方式與創造精神，一面攝取西洋詩的長處，作綜合性的創造，我相信中國的新詩必定有更大的進步與卓越的成就。」〔註28〕

覃子豪之後，嚴明〔註29〕在《自由中國》十六卷十二期上又發表了一篇〈談談新詩形式上的問題〉，文中延伸周棄子的說法，再加以補充道：「具有詩的形式與音韻的不一定成爲詩，但是成爲詩，就必須有它的形式與音韻，否則就不是詩，而可能是散文是典論。」〔註30〕意即形式與音韻是成爲一首詩的關鍵條件，具有形式與音韻要求的文字，可能是壞詩；但是不具備此條件的文字，即使是優美文字作品，但可能連詩都稱不上。因此嚴明說：「我們不能承認好的散文就是詩，最多我們只能用『像詩』兩字來形容一篇散文的美，而決不能指它是詩」〔註31〕最後嚴明綜合前幾位論者的意見，提出看法

〔註27〕夏濟安，〈對於新詩的一點意見〉，《自由中國》16 卷 9 期（1957 年 5 月），頁 20。

〔註28〕覃子豪，〈論新詩的發展〉原載於《筆匯》，後收錄於《覃子豪全集Ⅱ》（臺北：覃子豪全集出版委員會，1965 年），頁 303。之後本篇引文所註爲《覃子豪全集Ⅱ》頁碼。

〔註29〕嚴明談到「記得抗戰時在東南「文壇」曾有人與曹聚仁開了一場對於談詩的小小筆戰……很有一些人捲入了這場談詩的「戰渦」。筆者亦適逢其會。」〈談談新詩形式上的問題〉《自由中國》十六卷十二期，頁 498。這裡的有人也包括了覃子豪，因爲在覃子豪全集中收錄了與曹聚仁商榷的文章，在時間上來看，也剛好是十五年前。因此，我們可以推測嚴明是有意識的參加論戰。想與覃子豪繼續之前未完的討論。

〔註30〕嚴明，〈談談新詩形式上的問題〉《自由中國》，《自由中國》16 卷 12 期（1957 年 6 月），頁 22。

〔註31〕嚴明，〈談談新詩形式上的問題〉《自由中國》，《自由中國》16 卷 12 期（1957 年 6 月），頁 24。

以為：「最主要的是新詩應在詩的原有基礎上求『解放』，求進化……同時這種改革與進化又必須是在已有基礎上經過無數的琢磨、實踐、修正而後獲得，不是憑空可以創造出來的，如果捨此他求，要想拋棄了已有的一切，在一個真空的狀態下，另行創造，那只是一種理想，不可能實現的。」〔註32〕

　　在嚴明之後，覃子豪沒有新的回應，論戰就此劃上句點。接著詳細分析論戰中的焦點，更進一步來理解新舊詩人對新詩的看法。

二、論戰焦點分析

　　耀斯說：「文學的歷史是一種審美接受與創作的過程。這個過程是在具有接受能力的讀者、善於思考的批評家和不斷創作的作者對文學文本的實現中發生的。」〔註33〕亦即創作者完成了文學作品，也必須有賴良好文學訓練的讀者才能加以辨識解讀，進而肯定其成就，這點在五〇年代新舊詩的爭議中更加凸顯。我們可以看到古典詩支持者根據對古典詩的知識，用古典詩體演進的觀點來理解新詩，進而提出批評，以此為基調，可以將論爭的焦點歸納為三點。

（一）新詩與舊詩文學傳統的關係

　　新詩與舊詩之間的關係究竟為何，這是五〇年代新詩人極力想要說明清楚的地方，這個關係牽扯到新詩的社會定位以及新詩創作的方向。認為新詩應該是中國古典詩體一脈相傳延伸而出的論點，則是這場論戰中，所有古典詩支持者說法的前提。嚴明說：「從『三百篇』到騷賦，到五七言，到詞曲每一次改革，都產生了一種新詩體，亦無一次改革不是在詩體上求解放的。……五四運動後白話文創行新詩亦隨之產生。亦由於新詩是隨白話文而產生的不是從五七言語詞取中改革進化而來，至新詩沒有它的基礎，沒有接受詩的優美部分的遺產，脫離了詩的進化的步驟因而不能建立它一定的形式音韻與章法，新詩之沒有成就，這也是一個重要的原因。」〔註34〕嚴明的說法指出新詩應該由古典詩的詩體源流演變中產生，而當時的白話詩則違反了這個傳統，因此毫無成就。這裡

〔註32〕嚴明，〈談談新詩形式上的問題〉《自由中國》，《自由中國》16卷12期（1957年6月），頁25。

〔註33〕漢斯・羅伯特・耀斯（Hans Robert Jauss）著，張廷琛編譯，〈文學史對文學理論的挑戰〉，《接受理論》（成都：四川文藝出版社，1989年5月），頁2。

〔註34〕嚴明，〈談談新詩形式上的問題〉《自由中國》16卷12期（1957年6月），頁25。

點出新詩應該銜接古典詩的傳統，才能夠獲得更多的支持。周棄子也有相同的
看法：「這一種形式上的因革損益，只能是詩體的演變；而不可謂爲『詩質』的
革新」〔註35〕周、嚴兩人的說法其實是大多數是了解具有中國古典詩詞歷史的
讀者心裡都共有的概念。其最具代表的說法，莫過於王國維在《人間詞話》中
所點出的次第：「四言敝而有楚辭，楚辭敝而有五言，五言敝而有七言，古詩敝
而有律絕，律絕敝而有詞。蓋文體通行既久，染指遂多，自成習套。豪傑之士，
亦難於其中自出新意，故遁而作他體，以自解脫。一切文體所以始盛終衰者，
皆由於此。」根據這種文體演進的思考方式，古典詩僵敝後，接著是新詩興盛，
這點是論戰中正反兩方都肯定的。連持反對立場的覃子豪也得說：「中國新詩人
一面批判地向中國古代詩人學習其不凡的表現方法與創新精神，一面攝取西洋
詩的長處，作綜合性創造，我相信中國的新詩必定有更大的進步與卓越的成就。」
〔註36〕，覃此說與後來的「縱的繼承」說法其實一致。既然前提一致，新舊詩
人論戰的關鍵就落在新詩應該怎麼寫的問題上。

（二）新詩與古典詩的形式認知問題

　　既然新詩應該銜接古典詩的文學傳統，那麼新詩應不應該學習古典詩的
格式與音韻呢？就古典詩人來說是當然的。周棄子說：

> 對於新的詩體的確立，是曾經有不少人努力過的，爲什麼不能成功
> 呢？依我個人的淺見，主要的錯誤在於妄想「徹底」取消原來的詩
> 的「固定的形式」。……那即是就「詩」的立場來說，都是指能夠寫
> 在紙上給眼睛看，而很難念得上口背得出來。不論是白話也好，語
> 體也好，造成的「詩句」都跟中國語言一字一音先天上整齊對稱的
> 特質相抵觸。〔註37〕

周棄子還談到中國文字以及讀音上的特點，因此古典詩經過長久實驗而形成
的一套格式有其參考的必要，不該隨意捨棄。這樣的意見也見於嚴明的說法：
「新詩之所以沒有成就實係由於新詩沒有創造它美的形式與音韻。由此可知
新詩是同樣需要一種美的形式與美的音韻。」〔註38〕身爲新詩人卻對新詩提

〔註35〕周棄子，〈說詩贅語〉《文學雜誌》1 卷 6 期（1957 年 2 月），頁 4。
〔註36〕覃子豪，〈論新詩的發展〉《覃子豪全集 II》（臺北：覃子豪全集出版委員會，
　　　　1965），頁 303。
〔註37〕周棄子，〈說詩贅語〉《文學雜誌》1 卷 6 期（1957 年 2 月），頁 10。
〔註38〕嚴明，〈談談新詩形式上的問題〉《自由中國》16 卷 12 期（1957 年 6 月），頁
　　　　24、25。

出質疑的梁文星也說：「非得有了規律，我們才能欣賞作者克服了規律的能力，非得有了約束，我們才能了解在拘束之內可能的各種巧妙表演。」〔註39〕而周棄子更進一步舉例說明：「我們可以先來一個小小的測驗。首先我們看那些寫舊詩的，他們對於古人的詩，背誦得出三五百首是起碼……『固定的形式』幫助了他們的記憶，也成為作者和讀者間『互相了解』的橋樑和基石。……現在我們要請教一位新詩詩人，自從中國有了新詩以後，幾十年來，您讀過哪些人的？記得多少？」〔註40〕

　　周棄子的說法還應該詳細分析，首先周棄子所指責的並非新月派之類有其格式的詩作。〔註41〕而是五〇年代的臺灣逐漸形成主流「自由派」詩作，這類作品正是覃、紀等人要開始推行的現代主義詩作。其次周的說法表現出對當時新詩的缺乏音樂性的不滿。事實上，現代主義詩作正是有意識地推動詩的無音韻的風格。對於這種要求形式的指責，覃子豪回應說：「但周先生則未說明當時新詩如不『徹底』取消原來的詩的『固定的形式』，是不是就有更大的成功？但可以想像到那結果：必會有改良詩，改良詞等不倫不類的東西出現。……其結果必和孟江女哭長城那類小調相似。雖然內容不同，而其庸俗的格調無異。果如此，詩必發生第二次的變革。」〔註42〕

　　覃子豪指出要求格式上的復古並沒有意義，徹底取消舊格式才能得到成果。但是覃子豪並沒有對音韻提出說明。倒是夏濟安做出適當的補充：「詩人便如肯用他的耳朵，肯靜心諦聽一般人的說話，他不難找到他詩裡應該用的節奏——種和舊詩或唱歌大不相同的節奏一種更能表達現代人複雜情感的節奏」〔註43〕夏濟安期許的新詩音韻是接近口語的自然音韻，也接近於後來現代詩人對現代詩音樂性的看法。

　　在論戰中從詩的形式進一步談到構成詩的語言。基本上，古典詩的語言基本上是文言文的，而新詩則是白話文。既然新詩是古典詩體流變的一環，那麼語言也應該以文言文出發才是，嚴明說：「我認為新體詩固應以白話為

〔註39〕梁文星，〈現在的新詩〉，《文學雜誌》1卷4期（1956年12月），頁19。

〔註40〕周棄子，〈說詩贅語〉，《文學雜誌》1卷6期（1957年2月），頁10。

〔註41〕周棄子說：「『新月派』諸君的理論及其作品，都不愧庸中佼佼。但因為他們一切都是植根於「西洋」之上，而與這個自己的國度的土壤太不相干。」見周棄子，〈說詩贅語〉《文學雜誌》1卷6期（1957年2月），頁6。

〔註42〕覃子豪，〈論新詩的發展〉《覃子豪全集Ⅱ》（臺北：覃子豪全集出版委員會，1965年），頁300。

〔註43〕夏濟安，〈白話文與新詩〉《文學雜誌》2卷1期（1957年4月），頁16。

主，但不應限於純粹的白話，尤其不必要『白』得澈底。新詩應是『詩體解放』後的詩，不應該再是白話文中的『附屬產物』。」〔註44〕相對於古典詩人的質疑，夏濟安則肯定新詩與白話文的關係：「新詩假如沒有更好東西寫出來，這不但是新詩的不幸，連整個白話文學的成就，都要使人發生疑問。我在前面說『我期待傑作的誕生』我心目中的傑作是詩的傑作……我們現在寫詩，是考驗白話文能不能『擔負重大的責任』，白話文能不能成為「美」的文字。」〔註45〕因此夏濟安不但支持白話文作為新詩的語言，更期許新詩能為白話文樹立美的典範。例如夏濟安也說道：「我們過去的散文有變成『詩』的危險，我們現在不妨寫些有變成『散文』危險的詩。」〔註46〕

　　對於這些說法，覃子豪並不正面肯定新詩與白話的關係，或是否定新詩應該以文言文的方式寫作，而是另闢一種詮釋策略，以一種詩的本體論的方式來說明語言的問題：「我們並不希望新詩寫得夠『白』，過於簡單與粗俗的語言，對於詩並不能曲盡其美，而是要詩人善於運用語言，鍛鍊語言，創造語言。要詩人如何將日常的蕪雜的語言加以蒸餾和淨化，使其成為純淨的詩底語言。」〔註47〕究竟日常語言如何才能如同覃子豪的隱喻一般「加以蒸餾和淨化」？而什麼樣的詩語言才算是「純潔」？這些問題都超出詩的語言是白話或文言的爭議。以今天的眼光來看，覃子豪的說法，是帶有唯美主義色彩的詩本體論。也就是說詩有其形上本體，此一本體不能用世間語言文字或事物加以干涉。只有詩人的創造性心靈能夠使文字企及其本體。而越接近此一詩的本質的詩作才是越好的作品。這種本體論還可以用文學術語「詩質」來加以表述。作為新批評的術語之一的「詩質」在五○年代詩論中時常可見，覃子豪也有相同說法：「文字的美只是屬於詩的外在美，更值得注意是詩的內在的美。內在美，是內容的美，也就是詩質的美。亦即是指詩的內涵而言。」〔註48〕奚密分析五○年代新詩人對詩的看法時，也清楚點出這個傾向：「詩是

〔註44〕嚴明，〈談談新詩形式上的問題〉《自由中國》，《自由中國》16 卷 12 期（1957年 6 月），頁 25。

〔註45〕夏濟安，〈白話文與新詩〉，《文學雜誌》2 卷 1 期（1957 年 4 月），頁 13、14。

〔註46〕夏濟安，〈對於新詩的一點意見〉，《自由中國》16 卷 9 期（1957 年 5 月），頁22。

〔註47〕覃子豪，〈論新詩的發展〉《覃子豪全集Ⅱ》（臺北：覃子豪全集出版委員會，1965 年），頁 302。

〔註48〕覃子豪，〈論新詩的發展〉《覃子豪全集Ⅱ》（臺北：覃子豪全集出版委員會，1965 年），頁 301。

超出世俗動機和活動之上，具有生命本體的意義是個人精神或心靈的一部份。」〔註 49〕從所謂「純詩」的概念出發，誨澀難懂的詩也日漸成爲詩壇的主流，這也牽扯出第三個焦點，即新詩可不可解的問題。

（三）新詩可不可解的問題

這場論戰最早之所以發生的起因，即是新詩人梁文星對當時日漸成爲詩壇主流的「現代主義」詩作的不解。梁文星說：「在我所看的詩中，有些是我完全不能了解的。我不知道作者是要傳達給我們一個甚麼經驗，看不出作者對他的作品本身所保持的態度，而在把一個個字連起來的時候，也找不出字面上有甚麼意思。」〔註 50〕梁文星本身是新詩人，但是梁文星卻驚訝的發現自己不能理解其他詩人所創作的新詩，這使他感到相當困惑，並提出質疑。梁文星將原因歸納爲新詩人故作姿態，使人無法理解其新詩：「然而不知道爲甚麼，大多數的詩人總愛裝飾起自己平淡無奇的詩，給它加上許多毫不相干的字眼，使讀者摸不著頭腦，認爲詩中有甚麼深意」〔註 51〕梁文星的看法其實只是當時的大眾對色彩愈加鮮明的現代主義詩作的第一聲槍響，之後的臺灣詩壇有將近二十年的時間會爲新詩晦澀的問題論戰不休，但在此時此一問題還沒完全成爲論戰的核心焦點。

至於這種新詩不可解的風氣，在當時詩人的期待視野中，仍然根據對古典詩的理解來理解，如梁文星認爲這是新詩受了古典詩中「意在言外」的美感影響，說這種模糊不著邊際的表現法是受中國舊詩的影響。其餘古典詩人則認爲這是新詩沒有古典詩一般的固定格律所導致的結果。

古典詩人對新詩的看法侷限於自己的所學，事實上新詩人的詩風轉向晦澀是爲了有意與抒情浪漫派以及反共詩歌作區隔。在論戰中覃清楚指出這點，談到：「有些詩人在十九世紀浪漫派中群求糟粕，有些人則在象徵派中和二十世紀新興詩派中尋求創作的方法。其保守和進步兩派，則形成了一個對立，這個對立卻大大使新詩在飛躍的進步。然而，這進步卻難獲得讀者一致的讚美。那就是保守派，使讀者厭棄；進步派又難獲得普遍的理解。」〔註 52〕

〔註49〕奚密，〈在我們貧瘠的餐桌上：五十年代的「現代詩季刊」〉周英雄，劉紀蕙編《書寫臺灣：後殖民、後現代與文學史》（臺北：麥田，2000 年），頁 210。

〔註50〕梁文星，〈現在的新詩〉，《文學雜誌》1 卷 4 期（1956 年 12 月），頁 18。

〔註51〕梁文星，〈現在的新詩〉，《文學雜誌》1 卷 4 期（1956 年 12 月），頁 19。

〔註52〕覃子豪，〈論新詩的發展〉《覃子豪全集Ⅱ》（臺北：覃子豪全集出版委員會，1965 年），頁 298。

這裡的保守派是指同樣為新詩人的梁文星，而讀者則指周棄子夏濟安等一般讀者。覃子豪並不完全否認梁文星的意見，他承認梁文星對於新詩並非完全無知。因為梁也是新詩人，對於此一文類有許多共同的認識，但是梁所創作的風格在覃的眼中來說，太過於白話、抒情、講究形式，與覃心目中理想的新詩典型實在相差太遠，因此連帶對梁所提出的保守折衷意見也不免完全推翻了。

歸納以上討論，可以發現論戰文字圍繞著一個主題，也就是新詩與古典詩之間的文學傳統問題，亦即新詩需不需要依循古典詩的文學傳統，需不需要確立新詩的形式與音韻方式。為何這樣的議題會成為新舊詩人之間的爭議關鍵，則必須把這次論戰放回當時的文化脈絡下才能得到更進一步的了解。

三、新詩與古典詩競爭社會地位的現象

臺灣古典詩的創作以及古典詩社的存在其來有自，早在日據時期，日本殖民政府便大力鼓吹古典詩的創作，不但臺灣人作古典詩，住在臺灣的日本名流仕紳也作漢文古典詩，這點可從 1937 年日本殖民政府全面禁用中文時，唯一的例外是報紙上仍保留漢詩欄得見。對漢人而言古典詩是保存漢文化的方式，對日人而言，古典詩則是籠絡漢人的方法。因此日據時代詩社林立，不可勝數。

這樣的風氣隨著而後國民政府來臺而更加興盛。首先跟隨國民黨政府來臺者許多是政府官員，相對於一般平民，多半具有較高的學歷以及文學素養。更重要的是相對於共產黨政府的排斥舊文化傾向，提倡古典詩更是國民黨政府以中國唯一合法政府自居的合理化論述的一部份，因此一時之間，在臺灣當代古典詩的推行到達了高峰。《中華民國文藝史》紀錄當時臺灣的古典詩社時說：

> 二十年來，臺灣的詩社，比較光復以前，有增無減，其中有超過三、五十年歷史的，也有近幾年才露出鋒芒的。著名的詩社如「瀛社」、「櫟社」、「延平詩社」、「春人詩社」、「瀛洲詩社」、「明夷詩社」、「復社」等。都能扢揚風雅，擢秀炎畷。〔註53〕

〔註53〕尹雪曼著，《中華民國文藝史》（臺北：正中，1975 年），頁 273。尹雪曼雖掛名作者，但實質上更接近主編，因此書為合著性質，作者多達 42 人，今已不可考古典詩部分的作者是誰。

高越天說：「一九五六年以後詩壇人才鼎盛，或參加本省固有之詩社，或聯合新創詩社，流風所趨，頓成偉觀。」〔註 54〕從這句描述中可以發現古典詩社有日據時代所留下的詩社，再加上大陸來臺詩人所組成的古典詩社，使當時古典詩社、古典詩創作都到達高峰。但是這麼多的古典詩社詩人，多少會有良莠不齊的問題。周棄子在論戰文章便提到這樣的狀況。

> 而「舊詩」方面，僅臺灣一地的「詩壇」上，據說即擁有「詩人」
> 一萬五千之多，我不敢埋沒他們「中興鼓吹」的功勞，我也不能不
> 為這種「舉國皆詩」的盛況而太息！〔註 55〕

言下之意即是古典詩的聲勢雖然壯大，但是並不見得是值得高興的情形。除了詩社詩人眾多之外，五〇年代古典詩發表的場地管道也不少。李瑞騰在〈臺灣舊體詩的創作與活動〉中觀察到當時一些綜合性人文雜誌也曾經刊載古典詩作，例如《暢流》、《中國一周》、《中國語文》等，發表範圍之廣可以作為這古典詩全盛時代的註解。〔註 56〕既然古典詩有大量的創作者以及大量的發表管道，所形成的讀者階層當然也相對的壯大。相對於古典詩的盛行，新詩在五〇年代的勢力相對來說受到很大的威脅。施懿琳整理出五〇年代參加舉辦全國詩人大會的古典詩人可多達千人，施懿琳談到當時的盛況：「這種全臺性的詩會活動，是臺灣與中國詩人得以全面互動的方式。通常由兩地重量級的詩壇大老擔任詞宗，而獲獎者臺灣與中國詩人皆有。」〔註 57〕

面對古典詩人的人數眾多，紀弦只得說：「有人鑑於舊詩之藉端午節的詩人大會顯得聲勢浩大，熱鬧非凡，而就替新詩捏一把冷汗，擔心它的遭踐踏而夭折……舊詩在朝，新詩在野。我們寫新詩的，無權無勢，加之以經濟困難，自掏腰包辦詩刊，已經是一百二十萬分吃不消了。」〔註 58〕知名的現代詩刊在當時數目有限，由於經濟問題而停刊的消息時有所聞，與古典詩全盛期的古典詩社數目相比，落差極大。新詩人處於文壇邊緣位置必須艱苦的支

〔註 54〕見高越天〈臺灣詩壇感舊錄〉，到了一九八五年《文訊》整理傳統詩社的專題時，只清理出六十五個詩社，而發函詢問的結果，只得到二十八個詩社資料。由此可見古典詩社蕭條的情況。見李瑞騰《臺灣文學風貌》（臺北：三民，1991年），頁 21。

〔註 55〕周棄子，〈說詩贅語〉，《文學雜誌》1 卷 6 期（1957 年 2 月），頁 6。

〔註 56〕引自李瑞騰，《臺灣文學風貌》（臺北：三民，1991 年），頁 25。

〔註 57〕施懿琳，〈五〇年代臺灣古典詩隊伍的重整與詩刊內容的變異〉東海中文系主編《戰後初期臺灣文學與思潮》（臺北：文津，2005 年 1 月），頁 49。

〔註 58〕紀弦，〈社論〉《現代詩》15 期（1956 年 10 月），頁 80。

撐下去。彼此有著競爭關係。在這樣的背景下才能理解此一論戰發生的原因，
正是源於新舊詩人之間的互相排斥情形。周棄子談到：

> 他們「新」「舊」之間，不止判若鴻溝，甚至視同敵國。舉一小事為
> 例，每年一度的「詩人」節，他們就是個別度過的。他們的記念集
> 會，都是以「全國詩人」為號召，在詩的世界中，給我們以「兩個
> 中國」的感覺。〔註59〕

原本新詩舊詩互不相干，為何會有互相排斥的情形。以布迪厄的話來說，新
詩與舊詩二者的場域位置相接近，其社會定位類似，因此究竟誰能較具代表
性，變成為互相爭執的關鍵。因為寫作古典詩需要詩具有相當程度的國學常
識，因此能寫作古典詩便具有較高的文化象徵資本，代表著良好教化與社會
地位。相對來說，寫作新詩（白話詩）似乎較為簡單。因此也表示較低的文
化資本。即使紀弦與當時其他詩人不斷呼籲，現代詩的創作取得社會多數的
認同還是要等到七〇年代之後，地位才算完全穩定。在這之前古典詩的創作
仍然是佔上風的。

　　既然如此，大量的古典詩讀者創作者便會根據其對古典詩的理解，來理
解現新詩；並且會以古典詩的理解來要求新詩的寫法。以古典詩的創作方式
來看，新詩毫無格律，不講究音樂性，實在令人不能接受。因此對現代詩的
創作提出批評，進而引起覃子豪的反擊。

　　讓我們回到論戰最關鍵的核心，也就是新詩與古典詩為社會接受的程度
問題。新詩人在這場論戰中直接面臨的問題是習慣於古典詩格律的一般大
眾，誠如梁文星所說：「我們要明白舊詩的立場和新詩是如何不同。它擁有著
數目極廣的讀者。他們對於詩的態度容有不同，而對於怎樣解釋一首詩的看
法大致總是一樣的。……他們互相了解。寫詩的人不用時時想著別人懂不懂
的問題。讀詩的人，在另一方面，很容易設想自己是寫詩的，而從中得到最
大量的愉快。」〔註60〕也就是說作者與讀者都有足夠的古典詩背景知識，這
使得古典詩的創作與欣賞都比較普遍。

　　五〇年代的新詩面臨著一個尷尬的轉型期，面對古典詩、反共抒情詩以
及大量詩歌不分的浪漫派作品，現代派詩人期許著一種嚴肅的、新的、具有
純文學性質，較不受各種社會因素干預的詩作。但是一如耀斯所說，這種新

〔註59〕周棄子，〈說詩贅語〉，《文學雜誌》1 卷 6 期（1957 年 2 月），頁 5。
〔註60〕梁文星，〈現在的新詩〉，《文學雜誌》1 卷 4 期（1956 年 12 月），頁 20。

的詩作新的風格需要的不只是作者，更重要的是具備相當文學知識能夠理解的讀者群。因此新詩人們大聲疾呼要提高新詩讀者的理解力。覃子豪說：「作者因情感與形式定型而喪失創造力，讀者因無須用心體會作品的深度而失理解力。詩的藝術水準的提高，同時也無形的在要求讀者理解力的提高。」〔註61〕梁文星也說：「新詩努力去求大眾『化』，在我看來是一種非常可笑的而毫無理由的舉動。大眾應該來遷就詩，當然假設詩是好的值得讀的，大眾應當『新詩化』；而詩不應該磨損自己本身的價值去遷就大眾，變成『大眾化』」。〔註62〕但是實際上，新詩的「標準讀者」的產生並不是靠論戰就能解決，必須要靠政府的推廣，教育制度的吸納，學者的投入等等各種社會因素才能完成，這些過程在隨著接下來四十年的臺灣社會轉型而逐漸實現。

第三節　現代派論戰

「現代派論戰」〔註63〕是所有討論戰後臺灣文學史的人所不能迴避的重要課題。不同立場的文學史家都描述或評論過這次事件。歸納各家說法會發現，大家對這次論戰的討論多集中在三個重點。首先論者普遍將這次論戰解釋爲兩個重要的詩壇領袖爲了爭奪論述權力而引起的爭議。例如白少帆說：「主要是『藍星』和『現代派』之間，圍繞新詩發展路線問題的一場激烈論爭。」〔註64〕這裡點出了，在當時最重要的兩個詩社之間的權力態勢。

其次是強調覃子豪對紀弦反擊之速。趙遐秋、呂正惠所主編的《臺灣新文學思潮史綱》如此描述著：「所以當紀弦以西化爲核心的『六大信條』一出籠，覃子豪便立即表示反對。……對紀弦的『六大信條』進行尖銳的批駁。」〔註65〕在陳芳明的新文學史中這麼說：「覃子豪傾向於把新詩稱爲『自由詩』，而不是

〔註61〕覃子豪，〈論新詩的發展〉《覃子豪全集Ⅱ》（臺北：覃子豪全集出版委員會，1965 年），頁 299。
〔註62〕梁文星，〈現在的新詩〉，《文學雜誌》1 卷 4 期（1956 年 12 月），頁 22。
〔註63〕《現代詩》創刊三年時，紀弦爲了紀念創刊三年，因此提出組成「現代派」集團活動。後來引起廣泛批評的六大信條叫「現代派信條」，日後史家多稱這次運動叫「現代派運動」。蕭蕭在〈五○年代新詩論戰述評〉一文中也將此一論戰稱爲「現代派論戰」，因此本文將此次論戰定名爲「現代派論戰」。
〔註64〕白少帆等著，《現代臺灣文學史》（瀋陽市：遼寧大學出版社，1987 年），頁 312。
〔註65〕趙遐秋、呂正惠主編，《臺灣新文學思潮史綱》（臺北市：人間，2002 年），頁 263。

『現代詩』；因此在詩的理念上與紀弦扞格不合。現代派發表宣言後，覃子豪在自己創辦的《藍星詩選獅子星座號》發表長文〈新詩向何處去〉，批駁紀弦所提倡的現代詩之不恰當。」〔註66〕這樣的描述太過強調覃子豪批判紀弦的速度。

最後也是最常見的說法是強調紀、覃二人論點的歧異性。《臺灣新文學思潮史綱》中這樣寫道：「覃子豪與紀弦雖然同是現代派兩大詩社的社長，但他們的詩觀確有很大不同；尤其是新詩西化的問題上，他與紀弦存在著尖銳的對立。」〔註67〕此外黃重添也說：「如果說紀弦是有意將大陸新詩中的異數──現代派詩歌在臺灣詩壇上重新加以試驗，那麼覃子豪帶到臺灣的卻是中國新詩傳統的主流──富有浪漫色彩的抒情詩。……出於上述藝術取向上的巨大差別，覃子豪站出來批駁影響詩壇頗巨的紀弦的現代派信條就毫不奇怪。」〔註68〕

但重新回顧這場論戰，就可以發現以上三點並不如各文學史家所說。首先覃子豪的反擊並不是那麼迅速而直接。事實上，紀弦在1956年提出「現代派六大信條」，直到一年半後，覃子豪的〈新詩向何處去〉才提出來。由此可見並不是如上述論者所謂的立即反擊。同時這場論爭往往被人以簡單的「橫的移植」與「縱的繼承」兩種立場來加以區分，但是仔細分析，就可以發現論戰雙方的意見其實相同者多過於相異處。如果如此，此次論戰的意義就不只是覃子豪與紀弦兩人之間，或是「藍星」與「現代詩」兩個詩社之間的權力鬥爭，這場論戰更象徵了臺灣現代詩壇進一步接受現代主義影響的關鍵時刻。因此本文將嘗試回顧論戰過程，呈現論戰實際的情形，同時希望呈現論戰中論點的同異處，並且分析其中的重要意涵。

一、論戰過程概述

這場論戰起源於紀弦公告成立「現代派」集團，此時紀弦主編的《現代詩》已出版到第十三、十四期。剛好是《現代詩》創刊三年，紀弦爲了想紀念創刊三週年，因此提出組成「現代派」集團的活動。紀弦在〈戰鬥的第四年‧新詩的再革命〉中清楚指出，自己提出這個運動的原因，是有鑑於當時反共口號詩詩與浪漫格律詩的流行。紀弦指出：

〔註66〕陳芳明，〈橫的移植與現代主義之濫觴〉《聯合文學》202期（2001年8月），頁144。
〔註67〕趙遐秋、呂正惠，《臺灣新文學思潮史綱》（臺北市：人間，2002年），頁263。
〔註68〕黃重添，《臺灣新文學概觀》（臺北：稻禾，1992年），頁413。

標語口號絕非詩。而衝衝衝殺殺殺之類的實在一點也不起作用。而
「歌詞」與「新詩」則必須有所區別。〔註69〕

為了凸顯現代詩的獨特意義，紀弦特別舉出許多關於現代詩、自由詩的謬見，
包括：

有的因襲古人意境的「語體的舊詩詞」因為他不知道除了一個使用
白話一個使用文言之外「新詩」與「舊詩」之在特質上的區別；有
的死抱住十八世紀的「韻文即詩觀」專門在「韻腳」上作詩人的『可
哼的小調』，因為他不曉得「詩」與「歌」「文學」與「音樂」的分
野；還有的是把寫詩這件事看得太容易的「偽自由詩」，因為他不清
楚「詩」與「散文」的本質究竟有什麼不同。……現代主義者的集
團──現代派，已經宣告正式成立。〔註70〕

在紀弦的現代派宣佈成立之後，首先批評的是雜文作家寒爵，寒爵發表了〈所
謂「現代派」〉對紀弦的現代派大加嘲諷。寒爵說：「『現代派』這個名詞，早
已並不怎樣『現代』了，它是五六十年以前法國炒剩了的冷飯，已被時代揚
棄到各個角落，變成了不復含有生機的硬粒了；現在，竟而有人重新一顆顆
的撿了起來，想要加火重炒，那恐怕不但攝取不了營養，而且還有傷胃之虞
的！」〔註71〕文中寒爵歷舉現代主義作家種種頹廢敗德的行徑，想要證明「現
代派」運動的不可行。面對寒爵等保守態度者的批評，林亨泰與紀弦屢屢在
《現代詩》上以文章反駁，林亨泰在第17期《現代詩》發表〈關於現代詩〉，
說明他們的現代派是「立體派、達達派和超現實派總稱。」〔註72〕紀弦也對
雜文作家對現代派運動的批評很不以為然，紀弦不客氣的回道：「真正的雜文
家，貴在有他的正義感。今天這個社會，可做的題目太多了，為什麼專在詩
壇上起風波，偏要尋寫詩的作對，一而再，再而三的大罵其街，究竟是何居
心，有什麼不共戴天之仇？而尤其可怪的是；未聞對於舊詩有所冷嘲熱諷，
惟獨找到新詩的頭上來大放厥詞。難道寫舊詩的官大，不敢罵，寫新詩的多

〔註69〕本段引文皆見紀弦，〈戰鬥的第四年‧新詩的再革命〉《現代詩》13 期（1956
　　　年 2 月 1 日），頁 5。
〔註70〕本段引文皆見紀弦，〈戰鬥的第四年‧新詩的再革命〉《現代詩》13 期（1956
　　　年 2 月 1 日），頁 5、6。
〔註71〕見寒爵，〈所謂「現代派」〉《反攻》153 期（1956 年 4 月 1 日），頁 20。
〔註72〕見林亨泰，〈關於現代派〉《現代詩》17 期（1957 年 3 月 1 日），頁 32。值得
　　　注意的是林亨泰對「現代派」的定義集中在超現實主義系統上，相較於紀弦
　　　將所有新興詩派都納入，林亨泰的說法顯得更謹慎，定義也較明確。

半是些兵士、學生，好欺負些不成？」〔註73〕從紀弦的反擊也可以看到當時古典詩的文學地位遠遠高過現代詩的情形。

在現代派宣言發表一年半之後，覃子豪才在《藍星詩選‧獅子星座號》上發表〈新詩向何處去〉，覃子豪的確對紀弦的某些言論不滿，但〈新詩向何處去〉並非將紀弦的言論完全推翻。紀弦也提到覃子豪送了他《藍星詩選‧獅子星座號》時，強調彼此想法或有抵觸，但希望不影響彼此友誼。從一些蛛絲馬跡來看，覃子豪或許想訂正紀弦說法中令人不盡滿意之處。但覃、紀二人的說法並非完全不同。

不料在〈新詩向何處去〉發表之後，紀弦在《現代詩》19 期發表〈從現代主義到新現代主義——對於覃子豪先生「新詩向何處去」一文的答覆〉，文中充滿情緒字眼。因此引來藍星詩人包括余光中、羅門、黃用等人在《藍星詩選‧天鵝星座號》上全力反擊紀弦，透過余光中翻譯史班德（Spender）的論文，或者黃用、羅門也發表論文一一反駁紀弦的說法。紀弦接著也在《現代詩》20、21 期上與林亨泰極力反駁藍星詩人群的抨擊。蕭蕭曾談到當時的情形：「現代派同仁除林亨泰以兩篇不溫不火的短文助其聲勢之外，再無其他奧援。」〔註74〕蕭蕭的描述沒有表現出林亨泰在這次論戰中的重要性，如果考慮到林亨泰跨越語言的障礙來發表這些評論，從林亨泰發表的文章就可以發現他對現代主義的堅持與用心。之後覃子豪與紀弦還在《筆匯》21 期與 24 期上各發表一篇文章爭辯現代主義的問題，到最後余光中列舉紀弦自己的詩作，證明紀弦的理論與創作無法統一，而紀弦與林亨泰仍然發表了最後兩篇文章答覆之後，這剛好《現代詩》最後一次由紀弦主編，之後就換成林宗源任社長，黃荷生主編接下來的《現代詩》，這場論戰就此劃上句點。這場論戰有許多重要的論點，影響日後臺灣現代詩論戰既深又遠，以下一一詳細分析。

二、論戰焦點分析

（一）要「全面革新西化」還是「中國傳統折衷」

在紀弦提出的六大信條中，最惡名昭彰的莫過於第二條，紀弦說：「我們認為新詩乃是橫的移植，而非縱的繼承。這是一個總的看法，一個基本的出

〔註73〕紀弦，〈捧與罵‧做詩與做人〉《現代詩》18 期（1957 年 5 月 20 日），頁 3。
〔註74〕蕭蕭，〈五〇年代新詩論戰述評〉《臺灣現代詩史論》（臺北：文訊，1996 年 3 月），頁 113。

發點，無論是理論的建立或創作的實踐。」〔註 75〕由於紀弦的一句「橫的移植，而非縱的繼承」，引發日後臺灣現代詩壇日後費時長久，有關現代詩究竟是西化革新或者應該回歸中國文學傳統的爭議。

在「橫的移植」還是「縱的繼承」的爭論中，覃子豪的說法被視為「縱的繼承」第一個代表人物。覃子豪批評紀弦說：「有人認為中國新詩是吸收了西洋詩的營養而長成，壯大，是世界詩壇之一環。因而，世界詩壇的方向，便是中國新詩的方向。這種觀點令人實難以苟同。」〔註 76〕這種說法也使後人將覃子豪分到紀弦的對立面，也就是中國傳統立場上去。但是事實上，覃子豪並非反對「橫的移植」，而是反對「全面的橫的移植」。覃子豪說：「若全部為『橫的移植』，自己將植根於何處？外來的影響只能作為部分之營養，經吸收和消化之後變為自己的新的血液。新詩目前亟需外來的影響，但不是原封不動的移植，而是蛻變，一種嶄新的蛻變。」〔註 77〕

但紀弦自己也沒說過要「全面的橫的移植」，紀弦評論覃子豪對他的抨擊時說道：「在這一段話裡，不是沒有跟我的看法接近的地方。……但他誤以為我的『移植論』所主張的是『原封不動的移植』，而對『橫的移植』一語亦欠了解。」〔註 78〕紀弦的語句雖然讓人容易誤會，但是紀弦想要強調的是吸收西方詩藝術的手法，以求取中國現代詩的創新。紀弦說

> 新詩之在今日已有輝煌之成果，而且是真正的「中國的」新詩了。因為這顆樹苗，雖說來自西洋，但它被移植到中國的土壤裡，經多年的栽培、灌溉、與品種的改良，而今顯已日趨茁壯，欣欣向榮，枝繁葉茂，開花結果並且自然而然地成為中華民族精神之一表現的型態了。但是我們又不可以因為它在今日已經成為中國的東西了而就否認它本來是移植的這個事實。……而這民族精神，又是寄託之於整個的民族文化，並非僅僅依存於舊詩之傳統的。〔註 79〕

〔註 75〕 紀弦，〈現代派信條釋義〉《現代詩》（13 期，1956 年 2 月 1 日），頁 4。
〔註 76〕 覃子豪，〈新詩向何處去〉《藍星詩選‧獅子星座號》（1957 年 8 月 20 日），頁 2。
〔註 77〕 覃子豪，〈新詩向何處去〉《藍星詩選‧獅子星座號》（1957 年 8 月 20 日），頁 3。
〔註 78〕 紀弦，〈從現代主義到新現代主義──對於覃子豪先生「新詩向何處去」一文之答覆（上）〉《現代詩》19 期（1957 年 8 月 31 日），頁 8。
〔註 79〕 紀弦，〈從現代主義到新現代主義〉《現代詩》19 期（1957 年 8 月 31 日），頁 9。

比較這段文字與覃子豪的說法，我們可以發現這兩段文字所借用的比喻雖不同，但要表達的意思卻是十分相近。也因此在論戰初期，紀、覃兩人都要不斷強調，自己肯定對方的大方向，但在細節上看法有所不同。例如紀弦說：「我看了覃子豪先生的文章，覺得他的論調，顯然已較過去有了若干的補充和修正，而且字句不同意思則一地襲取了我們早就對整個詩壇提出來過了的一部份主張。」〔註80〕

更進一步來說，在兩人的論述背後，所強調的是一種帶有民族主義的文學進步觀，更準確的說，之所以要強調詩的現代化，強調新的創作方法，其實是爲了期許國家現代化。紀弦也坦言：「既然科學方面我們已在急起直追，迎頭趕上，那麼文學和藝術方面，難道反而要它停止在閉關自守，自我陶醉的階段嗎？須知文學藝術無國界，也跟科學一樣。一旦我們的新詩作者獲得了國際的聲譽，則那些老頑固們恐怕也要讚我們一聲『爲國爭光』的吧？」〔註81〕這裡可以很清楚看到紀弦提倡現代派運動的理由，其實是爲了希望國家的文藝程度能夠步上世界水準，能夠「爲國爭光」。

同樣的，林亨泰也在爲紀弦辯護的文字中表示：「在方法上論，即形成了『橫的移植』，而在本質上論，即形成了『縱的繼承』。然而，『中國現代派』的目的並不限於此，而它的最大的抱負，乃是在於復興古中國文學的光榮，以及爭回世界文壇的領導權，所以，我們才提出『現代派第二高潮』的這個想法。」〔註82〕之所以要創造「現代派第二高潮」正是期許中國能夠趕上法國、德，成爲引領世界文學思潮的國家，林亨泰激昂的說：「我認爲：中國人是世界上最優秀的民族之一，並且現代派第二次的高潮必須由我們中國人開始。」〔註83〕

反過來說，覃子豪爲什麼要反對全面西化的意見，其理由是害怕失去中國新詩特有的風格：「我不否認現代文藝有傾向於世界性的發展，但這一發展不能否定各有其自我創造的風格。」〔註84〕，但是細究覃子豪反對的理由，

〔註80〕紀弦，〈從現代主義到新現代主義〉《現代詩》19期（1957年8月31日），頁1。
〔註81〕紀弦，〈現代派信條釋義〉《現代詩》13期（1956年2月1日），頁4。
〔註82〕林亨泰，〈中國詩的傳統〉《現代詩》20期（1957年12月1日），頁36。
〔註83〕林亨泰，〈關於現代派〉《現代詩》17期（1956年3月1），頁33。
〔註84〕覃子豪，〈新詩向何處去〉《藍星詩選‧獅子星座號》（1957年8月20日），頁9。

我們也同樣可以發現背後有著期許國家民族進步的思想以為支撐，覃子豪說：「中國的新詩，在將近四十年中，一直以西洋詩為楷模，自我創造沒有完成，沒有顯示出獨特的性格，因此，風格也沒有完成。……自我創造包括些什麼呢？是民族的氣質，性格，精神等等在作品中無形的表露。」〔註85〕

　　另一個覃子豪反對的理由，也常在日後臺灣現代詩論戰中被引用，覃子豪認為臺灣社會還沒有走到工商業高度發達的現代化社會，所以抗議工商社會的現代主義在臺灣也沒有理由推行，覃子豪說：「現代主義的精神是反對傳統，擁抱工業文明。在歐美工業文明發達至極的社會，現代主義尚且不能繼續發展；若企圖使現代主義在半工業半農業的中國社會獲得新生，只是一種幻想。」〔註86〕覃子豪的說法成為日後批評日後五○年代現代詩人的重要論點。但紀弦仍然以國族進步的理由來回答這個問題。紀弦說：「至於我們所提倡的革新了的，健康的，積極的新現代主義這不只是為今天這個貧血的詩壇所渴需，而且也正是從農業時代向工業時代大步邁進中的中國社會之一精神上的前導力量，同時，在政治的意義上，它那堅強的反共意識，濃厚的民主思想，這些特性也正好是和這個時代這個社會相契合了的。豈可以妄指為『脫離現實生活的純空想的產物』？」〔註87〕紀弦事實上錯置了現代主義與現代社會之間的因果關係，現代主義是為了批判抗議現代社會才出現，但紀弦卻反過來認為臺灣要邁入現代化社會，因此要引進現代主義來刺激臺灣社會現代化。而紀弦強調自己推行的是「革新了的，健康的，積極的新現代主義」希望以正面的描述，降低現代主義對現代社會的批判力道，而將「現代主義」轉變為促進現代化的因素。

　　綜觀兩造說法，雖然表面上各執「橫的移植」與「縱的繼承」一方，但其實雙方的意見都是要求一種更進步的現代詩作品、創作方法以及理論，作為國族進步的根據。

（二）「主知」與「抒情」的爭議

　　紀弦第二個受人非議爭論的看法，是強調現代詩的主知。紀弦說：「知性

〔註85〕覃子豪，〈新詩向何處去〉《藍星詩選・獅子星座號》（1957 年 8 月 20 日），頁9。

〔註86〕覃子豪，〈新詩向何處去〉《藍星詩選・獅子星座號》（1957 年 8 月 20 日），頁3。

〔註87〕紀弦，〈從現代主義到新現代主義〉《現代詩》19 期，（1957 年 8 月 31 日），頁 4。

之強調。這一點關係重大。現代主義之一大特色是：反浪漫主義的。重知性，
而排斥情緒之告白。單是憑著熱情奔放有什麼用呢？讀第二篇就索然無味
了。」〔註 88〕紀弦之所以提出主知與抒情的差別，是由於當時文學環境背景
使然。在五○年代，現代詩既要面對古典詩作爲文學代表的合法性抗爭，同
時又要面對社會大眾對現代詩簡單易爲的誤解。奚密說：「新詩在當時受到歧
視（尤其是知識份子的歧視）的一個重要原因是：它和古典詩相比，顯得容
易淺俗，好像不需要高深的文化素養即可爲之。」〔註 89〕因此紀弦才會強調
現代詩的知性以及解讀的難度。

　　另一方面，之所以強調知性與當時流行大量的政治口號詩有關，現代詩
運動日後被解讀爲對反共文學的一種抵抗，原因也在此。紀弦所說的「單是
憑著熱情奔放有什麼用呢？讀第二篇就索然無味了。」這句話不無是針對政
治抒情詩而發，只是在當時的政治環境不能公開宣布對反共口號詩的批判。
紀弦一方面希望排除浪漫主義以及抒情，另一方面也間接排除政治口號詩。
因此紀弦說：「大多數的人們之僅以使用白話與使用文言來分別新詩與舊詩這
實在是一種錯誤，一種偏差。……凡以『詩情』爲詩的本質的，都是廣義上
的抒情主義，屬於浪漫主義的血統；凡以『詩想』爲詩的要素的，都是廣義
上的理智主義，以徹底反浪漫主義爲革命的出發點。」〔註 90〕

　　這種表述方法同樣引起覃子豪的批評：「尤爲愚妄的，竟有人以極放肆的
語調，圖逐抒情於詩的領域之外。近代詩有強調古典主義的理性和知性的傾
向。因爲，理性和知性可以提高詩質，使詩質趨於醇化，達到爐火純青的清
明之境，表達出詩中的含意。……最理想的詩，是知性和抒情的混合產物。」
〔註 91〕誠如覃子豪所說，想要將抒情完全排除在詩之外是不可能的。但是我
們也同樣看到，覃子豪不否認知性在現代詩當中的重要，只是希望能夠用更
周延的方法來說明這個問題。只是這樣的建議並未獲得紀弦的贊同，他說：「我
們之所以唾棄抒情主義，強調知性，就是由於唯恐情緒其物漫無限制地進入
詩的領域便會做起怪來而結果是使新詩再度墮落到喜怒哀樂之告白的浪漫主

〔註88〕紀弦，〈現代派信條釋義〉《現代詩》13 期（1956 年 2 月 1 日），頁 4。
〔註89〕奚密，〈在我們貧瘠的餐桌上——在五○年代的《現代詩》季刊〉收錄於周英
　　　　雄、劉紀蕙主編《書寫臺灣》（臺北：麥田，2000 年 4 月），頁 200、201。
〔註90〕紀弦，〈詩情與詩想〉《現代詩》18 期（1956 年 2 月 1 日），頁 2。
〔註91〕覃子豪，〈新詩向何處去〉《藍星詩選·獅子星座號》（1957 年 8 月 20 日），頁
　　　　4。

義的十九世紀之泥濘裏去而不能自拔！至於說什麼『最理想的詩，是知性和抒情的混合產物。』那是他們折衷派的想法，我們可不採取這樣的作法。因為要是對抒情主義稍作讓步的話，那就很難做到徹底的現代化了。」〔註92〕紀弦雖然批評覃爲折衷派，但也提到擔心的是詩的過度抒情，而不是否定詩的抒情本身。整體來說，抒情與知性問題起因於紀弦容易令人誤解的表述方法，而遇到批評後又不能好好解釋，因此所遭致的批評實屬必然。

　　既然如此，紀弦是否就眞的能站穩立場，不當他所謂的「折衷派」呢？更仔細的分析後可以發現，紀弦最後的看法也是趨近於覃子豪知性與抒情混合表現的看法。林亨泰幫紀弦解釋道：「最近有些人以爲我們所主張的『打倒抒情主義』就是『打倒抒情』，這是一種誤會。一般的說來，所謂『打倒抒情主義』，只不過不承認『抒情』在詩中的『優位性』而已。……任何一首詩都有或多或少的『抒情』，不過在百分比上有不同而已。而如果有首詩竟有了百分之六十以上的『抒情』，這就是所謂『抒情主義的詩』而我們加以反對之。」〔註93〕這篇文章是林亨泰寫給紀弦的信件，而紀弦覺得林之說法：「有非常卓越的見解；對於那些強調不知以爲知而又慣於歪曲現實的論客們，不啻是當頭一棒。」〔註94〕比較此由林亨泰提出、紀弦背書的「抒情比例優位性」說法，可以發現其實與覃子豪的主張已經相去不遠了。〔註95〕

（三）「晦澀」與「明朗」的爭議

　　早在1976年2月，紀弦提出現代派六大信條之時，現代詩中的「晦澀」風格早在「文學雜誌論爭」中已經有論者們加以批評，當時覃子豪也提出反擊。由此也可見覃子豪並不是完全反對現代派運動。而現代詩之所以會發展

〔註92〕紀弦，〈從現代主義到新現代主義〉《現代詩》19期（1957年8月31日），頁7。

〔註93〕林亨泰，〈談主知與抒情〉《現代詩》（21期，1958年3月1日），頁1。

〔註94〕林亨泰，〈談主知與抒情〉《現代詩》（21期，1958年3月1日），頁1。這篇文章原是林亨泰寄給紀弦的私人信件，但紀弦很喜歡信中的說法，因此刊登出來。在林亨泰文章之前，有一小段紀弦的按語，表示此文的肯定。本段引文則出自紀弦的按語。

〔註95〕劉正忠則觀察覃子豪接近紀弦反浪漫派的說法：「在知性與抒情之間試作調和之論，但以抒情爲『烘托』，但實質上已與紀弦之說相距不遠，反浪漫派的觀點更是一致。」見劉正忠〈主知、超現實、現代派運動〉陳大爲、鍾怡雯主編《20世紀臺灣文學專題Ⅰ——文學思潮與論戰》（臺北：萬卷樓，2006年9月），頁201。劉正忠的說法是與本文的說法是一體兩面，分別從兩個角度看到兩人主張相近的情形。

成晦澀的風格，紀弦解釋成這是追求詩的純粹性的結果：

> 追求詩的純粹性。國際純粹詩運動對於我們的這個詩壇，似乎還沒
> 有激起過一點點的漣漪。我們這是很重要的：排斥一切「非詩的」
> 雜質，使之淨化，醇化；提煉復提煉，加工復加工，好比把一條大
> 牛熬成一小瓶的牛肉汁一樣。天地雖小，密度極大。每一詩行，甚
> 至每一個字，都必須是純粹「詩的」而非「散文的」。〔註96〕

「純詩」是西方唯美主義運動中重要的主張之一，強調創作目的只爲了藝術
爲了美，不帶有任何功利色彩。但是這種「純粹」，在當時臺灣社會的接受過
程中，產生了詩具有某種本質的含意。因此詩似乎帶有質量，可以像一頭牛
被濃縮成一小瓶牛肉原汁，而濃縮的過程中必須淘汰許多雜質，對應到現代
詩作上，也就是白話說明的部分，既然說明的部分都被完全刪去，那麼必然
帶來無法理解的結果。這種比喻代表當時許多現代詩人的看法，但這種比喻
無法被當時社會人士所接受。寒爵就嘲笑：「我這吃慣了『大牛』的人，爲了
免受『盲目地誣陷』的罪譴，對於那經過了『牛肉汁』，可也自動的嘗試了一
下。……我這一嘗試，的確品出『淨化、醇化』的味道來了！」〔註97〕對於
難以理解的詩作，如何說服他人接受這是濃縮還是無意義？對當時的詩人來
說是一件不好面對的問題。覃子豪就批評這種現象：「有不少人認爲：中國的
新詩沒有廣大影響，主要的是詩太難懂。詩人對此亦有同感，一部份的詩人，
反而引爲自慰而且亦引爲自豪的認爲：自己的作品不爲一般讀者所理解，正
是作品有了莫測的深度。我頗不同意這種自我陶醉的想法。」〔註98〕

　　正因爲晦澀詩的解釋過於見仁見智，因此覃子豪對於某些太過難懂的詩
背後是否真正具有特定的含意是存疑的。覃子豪認爲：「許多詩人認爲詩不過
是種純技巧的表現，不必在詩中要求意義。實在是技巧不過是詩的表現手段，
不是表現人生影響人生的目的。目前有不少的詩人便以技巧爲目的玩弄技
巧。不問其有無意義。」〔註99〕

　　既然如此覃子豪是否就主張詩應完全明朗，毫不晦澀？其實也不然，覃

〔註96〕紀弦，〈現代派信條釋義〉《現代詩》（13 期，1956 年 2 月 1 日），頁 4。

〔註97〕寒爵，〈所謂「現代派」〉《反攻》153 期（1956 年 4 月 1 日），頁 21。

〔註98〕覃子豪，〈新詩向何處去〉《藍星詩選・獅子星座號》（1957 年 8 月 20 日），
　　　　頁 5。

〔註99〕覃子豪，〈新詩向何處去〉《藍星詩選・獅子星座號》（1957 年 8 月 20 日），
　　　　頁 5。

子豪說：

> 第一：要考慮作者和讀者之間存在的密切的關聯。就是要考慮讀者
> 的感受力及其理解的極度。……這並非遷就讀者，迎合讀者，而是
> 要作品本身具有較讀者的抗拒力更大的吸引力詩人在創作上的困
> 難，是使這兩種力量達到一種平衡的狀態。……第二、難懂是近代
> 詩的特色，難懂是基於詩中具有深奧的特質，有些屬於哲學的，甚
> 至玄學的。中國有不少難懂的詩，並無這些因素存在，而是外觀的，
> 不是本質的。……即是作者未曾在本質上去作深刻的理解；因而形
> 成了表現上的乖戾。〔註100〕

覃子豪認為現代詩的難懂是可以允許，但必須在兩項前提下才成立，一是晦
澀的程度必須在讀者的理解力的最高限度之內，二是排除玩弄技巧，故弄玄
虛的詞彙無意義堆疊。因為超過讀者理解力的作品以及故作姿態的詩作其實
毫無意義了。但這樣的意見之能夠成立，其實是建立在一群具有鑑賞力的現
代詩「標準讀者」的背景上。對紀弦來說，他根本不認為現代詩是寫給一般
大眾看的。紀弦說：「大多數寫詩的青年朋友，甚至還不明瞭新詩到底是甚麼，
要怎樣才能算是新詩。」〔註101〕對於一群鑑賞力都沒有的大眾來說，便無所
謂「讀者的感受力及其理解的極度」，既然如此，與其討論讀者接受程度不如
追求「標準讀者」的支持。紀弦說：「真正需要詩的乃是專門的意味上的詩的
讀者。『詩』是不可能大眾化的；大眾化的是『歌』。至於詩的讀者多不多，
這跟詩的好不好不能成正比。」〔註102〕

　　分析至此可以發現兩人其實爭執的問題並不對焦，而且互相誤解，覃子
豪認為紀弦是否鼓吹賣弄技巧毫無意義的作品。而紀弦也誤解覃子豪提倡的
是一種無味的哲理詩：「我們現代派的重視技巧（絕非『以技巧為目的而玩弄
技巧』）這並不就是等於『忽視了』『人生的意義』；所不同的，只是在於：我
們不願『明顯』或『潛在』地硬把什麼『哲學的思想』塞進去作品裡去罷了。
即使很自然地帶有了一些，我們也認為那是第二義的。主要的在於『詩本身』

〔註100〕覃子豪，〈新詩向何處去〉《藍星詩選・獅子星座號》（1957 年 8 月 20 日），
　　　　頁 6。
〔註101〕紀弦，〈戰鬥的第四年，新詩的再革命〉《現代詩》13 期（1956 年 2 月 1 日），
　　　　頁 5。
〔註102〕紀弦，〈對於所謂六原則之批判——對於覃子豪先生「新詩向何處去」一文之
　　　　答覆（下）〉《現代詩》20 期（1957 年 12 月 1 日），頁 2。

的把握與創造。」〔註103〕歸納以上討論，我們可以發現紀弦想要確立現代派運動的核心思想，而覃子豪彷彿是要劃出此運動的邊界般，考慮讀者接受的最低限度。

（四）如何繼承一切新興詩派的問題

如何可能將一切新興詩派的超越性繼承的問題，也是紀弦另一個頗為人所批評之處。紀弦在現代派六大信條的第一條中說

> 我們是有所揚棄並發揚光大地包容了自波特萊爾以降一切新興詩派
> 之精神與要素的現代派之一群。……這些新興詩派，包括十九世紀
> 的象徵派、二十世紀的後期象徵派、立體派、達達派、超現實派、
> 新感覺派、美國的意象派、以及今日歐美各國的純粹詩運動。總稱
> 為「現代主義」。我們有所揚棄的是它那病的、世紀末的傾向；而其
> 健康的、進步的、向上的部分則為我們所企圖發揚光大的。〔註104〕

在紀弦的主張中很容易可以發現矛盾的地方，也就是在他所列舉的象徵派、後期象徵派、立體派、達達派、超現實派、新感覺派、美國的意象派的諸多詩運中，如何「有所揚棄並發揚光大地包容」其「精神與要素」，這許多的詩運，各自有不同的脈絡，有其不同的主張，這些差異如何解決？覃子豪仔細提問道：

> 就以「立體主義」（Cubism）和「達達主義」（Dadaism）而論，兩
> 個主義的觀點，完全不同，甚至互相排斥。立體派的根本主張，是
> 造型意識（Plastic Consciousness），推重數學和物理學的法則。其目
> 的是要除去生活觀察的混沌、無秩序的矛盾，而欲在生活內容中建
> 立合法的數學秩序。而達達派所追求是原始觀念。……對這兩派的
> 觀念，就是互相排斥的。……試問紀弦先生如何將這兩種對立的理
> 論加以統一？更如何把「現代派」所包容的各種新興詩派的精神與
> 要素取得協調？〔註105〕

這些藍星諸君反覆質疑的問題，這些問題紀弦雖然試圖解答，但都提不出一個能讓人接受的說法。這是囿於紀弦自己學力的極限，始終無法提出令人滿

〔註103〕紀弦，〈對於所謂六原則之批判〉《現代詩》（20 期，1957 年 12 月 1 日），頁 2。

〔註104〕紀弦，〈現代派信條釋義〉《現代詩》（13 期，1956 年 2 月 1 日），頁 4。

〔註105〕覃子豪，〈關於「新現代主義」〉《筆匯》（21 期，1958 年 4 月 16 日），頁 313、314。

意的解釋。

在這個困境之下，林亨泰試圖幫紀弦解釋：「『現代派』——這個廣義的稱呼，便是立體派、達達派和超現實派的總稱。……然而，『超現實』，乃是自立體派至超現實派的一連串所運動所一貫的精神。」〔註106〕標舉超現實主義為新興詩派一貫的精神，這是林亨泰比紀弦在理論上更明確也更細膩的地方。除了理論說明，林亨泰還嘗試以具體詩作說明所指超現實精神為何，他以楊喚的〈淚〉為例說明：「『催眠曲在搖籃邊把過多的朦朧注入脈管，／直到今天醒來，才知道我是被大海給遺棄了的貝殼。』這才是象徵詩。在這裡，只有想像與想像以及飛躍與飛躍，但它絕不給我們『說明』些什麼。」〔註107〕楊喚的〈淚〉暗示一個原本受到蒙蔽，清醒時才發現被遺棄的生命處境，在五〇年代的臺灣，不管是大陸來臺的新移民或是意外發現國府統治不如想像中美好的日據臺籍人士來說，都是一首頗有切身感受的詩作，這首詩兼具象徵美感與真實人生意義，這才是林亨泰所期許的「超現實精神」。

但既然標舉「超現實主義」為代表，則不免被對手所批評，黃用提出尖銳的批判：「超現實派為現代派發展的最後階段……，『新現代主義』既正在實驗現代主義的表現手法……，大概尚未『超越』歐美的現代主義，則超現實主義顯然是新現代主義的骨幹。超現實主義所企圖表現的是潛意識，而潛意識之傳達為自動文字可以勝任。前文已指出自動寫作是可望不可即的，那末，紀弦先生如何使自動寫作在中國成為可能呢？」〔註108〕

紀弦也不甘示弱的反駁說：「我所說的現代主義的表現方法，亦非單指法國的超現實主義的表現手法而言。那是世界性的。而且是有所揚棄的和革新了的，所以稱之為新現代主義。至於林亨泰先生所強調了的『超現實主義』，既已普及於全世界，足見得並非僅為法國的超現實主義派所獨有。超現實主義革命運動雖已成為過去，但是『超現實精神』世界性地發展了下來。」〔註109〕言下之意表示「新現代主義」所標舉的並不是「超現實主義」，而是世界性的和有所揚棄與發揚的「超現實精神」，因此並不具有黃用所說的種種問題，但這只是繞了一個圈，又回到「超現實精神」到底是如何才能超越新興

〔註106〕林亨泰，〈關於現代派〉《現代詩》（17期，1956年3月1日），頁32。

〔註107〕林亨泰，〈關於現代派〉《現代詩》17期（1956年3月1日），頁34。

〔註108〕黃用，〈從現代主義到新現代主義〉《藍星詩選‧天鵝星座號》（1957年10月25日），頁7。

〔註109〕紀弦，〈多餘的困惑及其他〉《現代詩》21期（1958年3月1日），頁5。

詩派、揚棄「新興詩派」的缺點？問題仍然沒有解決。黃用的最後質疑並沒有得到根本的回答：「如何包容一切新興詩派的精神未見詳細說明；如何『超越』歐美的現代主義也未見提出方法；加上『潛意識』與『自動文字』問題之未得到解決；則『新現代主義』以我底偏見，似乎只是一個不夠清晰的主張，甚至可說是一個『烏托邦』式的理想。」〔註110〕討論至此可知，由於紀弦的說法空洞有失周全，在現代詩運動的方法論上幾乎完全無法回應藍星諸人的批評，現代派論爭最後結束多少也與此有關。

但反過來說，覃子豪與藍星詩人在這次論戰中，在論點上只有「破」而無「立」，只是對於無法融合所有新興詩派此一矛盾提出批判，但卻沒有提出更具建設性的意見。重新審視覃子豪的〈新詩向何處去〉，他所提出的六原則為：詩底在認識、創作態度再考慮、重事實質及表現完美、尋找詩的思想根源、從準確找新表現、風格是自我創造的完成。這些原則容或是創作時的善意建議，但並沒有實質上的理論主張。因此紀弦不客氣的說：「可是遺憾的是：什麼是覃子豪先生所『強調』的『新的哲學的思想』？再三拜讀他的大作之餘，也還是個莫名其所以。」〔註111〕由此我們可以知道覃的六原則基本肯定紀弦的六信條，只是挑出其中窒礙難行之處，輔以實際執行的建議。連覃子豪自己也說：「拙作『新詩向何處去？』一文，內容是針對目前詩壇一部份惡劣的傾向，而提出了六項建設性的意見。……我寫『新詩向何處去？』一文，不是專為『現代派』而發，在提供建設性意見之際，不能不針砭詩壇所流行著的時弊。」〔註112〕綜合以上的討論可知，即使論戰最後傾向現代派諸君因為無法回應藍星詩人群的質疑而結束，那也只是相對來說理論較周全的折衷式現代派理論的勝利。

三、現代詩壇開始達成現代主義的共識

重新耙梳現代派論戰過程與論戰焦點，我們可以發現關於「現代派論戰」的描述還有許多值得詳細討論的地方。首先是覃子豪回應紀弦的速度，並不如文學史家所言如此迅速。而且在覃子豪回應之前，還有幾位雜文作家曾經批評「現代派運動」，就態度上來說，雜文作家對現代派的批評是更嚴苛更保守的。

〔註110〕黃用，〈從現代主義到新現代主義〉《藍星詩選・天鵝星座號》（1957 年 10 月 25 日），頁 7。
〔註111〕紀弦，〈對於所謂六原則之批判〉《現代詩》20 期（1957 年 12 月 1 日），頁 2。
〔註112〕覃子豪，〈關於「新現代主義」〉《筆匯》21 期（1958 年 4 月 16 日），頁 313。

其次文學史家幾乎完全將「現代派論戰」描述兩種截然不同的詩觀的不可避免之衝突。這樣的說法當然其來有自，首先就連當事人都認為這是現代詩應該走向西化與回歸傳統的兩個方向之爭。余光中說：「大致上，我們的結合是針對紀弦的一個『反動』。紀弦要移植西洋的現代詩到中國土壤上來，我們非常反對。我們雖不以直承中國的傳統為己任，可是也不願貿然作所謂『橫的移植』。紀弦要打倒抒情，而以主知為創作的原則，我們的作風則傾向抒情。紀弦要放逐韻文，而用散文為詩的工具。」〔註113〕而陳芳明也認為：「對於紀弦而言，現代詩誠然應該是『橫的移植』優先於『縱的繼承』，這是純粹從美學的觀點出發。同樣的，對於抒情詩，紀弦表示了極大的輕蔑，而認為現代主義在於開發新的感覺與新的思維，不應受到就是情緒的羈絆。對照之下，覃子豪強調古典傳統與民族立場的重要性。」〔註114〕

古繼堂則說的更直接：「覃子豪與紀弦針鋒相對這是相當有見地的詩觀。是覃先生幾十年創作經驗的總結，也是中國五四以來新詩經驗的概括，它對於醫治現代派的空洞、虛無、晦澀和軟骨病，確是一劑良藥。這六條原則不僅是對紀弦六大信條的否定和批駁，而且是醫治和改變六大信條造成惡劣影響的具體方法。」〔註115〕但是透過前文的分析，可以知道其實紀弦並沒有那麼「橫的移植」，覃子豪也沒有想像中那麼「縱的繼承」。紀弦自己也曾談到這點：「在這裡，我『原封不動』地引用了覃子豪先生的幾句話有兩層道理：一是由於他這些話，在個別地使用時，本來也就是我們的態度，跟我們的立場不矛盾；二是由此亦可以證明覃子豪先生不但不反對中國新詩向西洋詩『去學習方法』，而且還認為這是『極需』的。」〔註116〕

事實上覃子豪所反對的是全面西化、全面知性而不抒情、毫無意義的晦澀以及死守西方教條而不加以吸收改造的現代主義。紀弦也同樣批評這樣的現代主義，只是紀弦的說法不夠周全，又不願意接受覃子豪折衷式的說法。紀弦把覃子豪所主張的現代主義稱為「折衷現代主義」，紀弦說：「他也認為

〔註113〕余光中，〈第十七個誕辰〉發表於《現代文學》第 46 期（1972 年 3 月），收錄於《焚鶴人》（臺北：純文學，1972 年），頁 187、188。此處引文依《焚鶴人》頁碼。

〔註114〕陳芳明，〈橫的移植與現代主義之濫觴〉《聯合文學》202 期（2001 年 8 月），頁 144、145。

〔註115〕古繼堂，《臺灣新詩發展史》（臺北，文史哲：1989 年 7 月），頁 109。

〔註116〕紀弦，〈從現代主義到新現代主義〉《現代詩》19 期，1957 年 8 月 31 日，頁 2。

過了時的浪漫主義不足為訓,但對最新銳的現代主義大肆攻擊,倒是對於不新不舊的象徵主義和意象主義頗為欣賞。這可以看出他那折衷主義的傾向。雖然他自己說不願『提倡什麼主義,標榜什麼流派』,我倒還是願意稱他為一個『折衷派』的人物。」〔註117〕但紀弦卻忽略了自己的主張事實上與覃子豪的說法並沒有太大差別。

總結以上討論,可以發現現代派論戰並不如其諸家文學史家所言,是一種西化對中國、現代對傳統、主知對抒情截然二分的論戰。從覃子豪的態度來看,六原則原是對六信條作出補充,蕭蕭的觀察在諸多強調差異性的論述中顯得準確:「〈新詩向何處去〉這篇文章,是因為有感於『現代派』的『六大信條』不切現實而發,但不是針對六大信條而寫。」〔註118〕

因此覃子豪基本上同意現代派的大方向,只是不料引起紀弦情緒性反擊,之後才會更不客氣指出其問題,導致引發後續許多爭執。其次,我們還可以看到,幾乎論戰正反雙方都先肯定對方的前提,而批判的多是紀弦自己前後矛盾的話。更根本的是,我們可以從所有言論中都可以看到共同核心的思想。更精確地說,這次論戰的兩種立場其實是「折衷的現代主義」以及「偏激的現代主義」兩者的差別而已,故而不管選擇是哪一項,其實都已接受了現代主義此一前提。

既然發現兩方的說法其實是大同小異。那麼我們要問究竟這次論戰的核心問題究竟為何?透過分析,我們可以說論戰雙方其實共同建構了一種期許國族進步的前衛藝術論述。楊宗翰曾分析過這樣的現象:

> 研究戰後臺灣詩史中這種藉由「橫的移植」以追求「美學現代性」（aesthetic modernity）的努力,是如何被對抗性論述介入其形塑之過程,最終使得五○年代至六○年代初期誕生的「現代」產生了質變:它實在並非西方式的決絕、全盤性之斷裂（rupture）,而是一種摻雜中國「民族性」的現代想像,這二者（按現代性與民族性）在文本中以某種協商（negotiation）關係奇特並存著──因此形成的（另一種）「現代」。」〔註119〕

〔註117〕紀弦,〈從現代主義到新現代主義〉《現代詩》19期,1957年8月31日,頁2。

〔註118〕蕭蕭,〈五○年代新詩論戰述評〉《臺灣現代詩史論》（臺北:文訊,1996年3月）,頁110。

〔註119〕楊宗翰,〈中化「現代」──紀弦、現代詩與現代性〉《臺灣現代詩史:批判

楊宗翰較早地看到在現代派運動中的這個面向，但這種傾向並不限於紀弦，我們可以從分析中看到覃子豪與林亨泰其實也有一樣的想法。因此「現代派論戰」更重要的意義不在於這場論戰是否爲紀弦與覃子豪之間的權力鬥爭，而在於此論戰爲紀弦、覃子豪與林亨泰三人在詩壇深化「現代主義」此一理念的過程。

事實上，對於覃子豪與林亨泰在詩壇推行現代主義的影響，長期以來都被低估。覃子豪被視爲「縱的繼承」的代表性人物，但覃子豪不管在「現代派論戰」之前、之後都極力捍衛他心目中的現代主義的價值。只是他所論述的現代主義不如紀弦極端而已。蕭蕭的說法最具代表性，蕭蕭說：「一九五七年覃子豪與紀弦的『現代派論戰』之後，雖然主張『主知』、『橫的移植』的是紀弦，主張『抒情』、『縱的繼承』亦不可忽略的是覃子豪，其實，眞正的走向是：紀弦以詩言志，詩中都有生活中可以依循的本事；覃子豪則逐漸深化其詩，詩中的知性、思理愈增繁複而深濃。」〔註120〕不管在理論上或創作實踐上，眞正深化現代主義影響力的是覃子豪。

林亨泰的角色也一樣被忽視，林亨泰所發表的文章多半是短文，這些篇幅短小的文章讓人容易錯估林亨泰的貢獻。蕭蕭的描述可見一斑，蕭蕭說：「除林亨泰以兩篇不慍不火的短文助其聲勢之外，在無其他奧援，一個號稱百人結盟的詩派竟這樣無聲無息。」〔註121〕但事實上，林亨泰從「現代派」運動以來，已經多次與紀弦並肩回答外界對現代派的批評，而在「現代詩刊」結束後，由林亨泰、白萩所主導的笠詩社初期，其實仍重視現代主義的深化與傳播。因此「現代派論戰」與其說是紀弦一人對抗其他保守言論，不如說是由臺灣現代詩人群，包含當時的現代詩、藍星以及日後的創世紀、笠詩社等，彼此溝通討論對現代主義的看法，並進一步接受現代主義影響的過程。林亨泰的意見點出「現代派論戰」眞正的意義來，他說：「臺灣詩壇因爲這一場的論戰而帶來了相當大的變化。如前所述，創世紀詩社也因此而中止了以往所高倡的『新民族詩型』。除了創世紀詩社之外，進入一九五九年以後，持反對立場的藍星詩社也因覃子豪爲『象徵派』辯護而與蘇雪林展開的『象徵主義論戰』爲轉機，不久之後，

的閱讀》（臺北：巨流，2002 年 6 月），頁 295。

〔註120〕蕭蕭，〈五〇年代新詩論戰述評〉《臺灣現代詩史論》（臺北：文訊，1996 年 3 月），頁 116。

〔註121〕蕭蕭，〈五〇年代新詩論戰述評〉《臺灣現代詩史論》（臺北：文訊，1996 年 3 月），頁 113。

卻也開始陸續出現了同種風格，也就是『現代詩』的作品。至此，三詩社相互吸收融合。」〔註122〕由這個角度才能理解，為什麼藍星詩人贏得了「橫的移植與縱的繼承」的論戰，卻在「新詩閒話論戰」中戲劇性轉向現代主義詩的立場，以及為什麼廣受批評的現代主義會被現代詩人廣泛接受。

張誦聖曾談到東方社會現代文學發展過程中普遍的情境，張誦聖說：「作家在實際創作時，為了選取具有優勢潛力，足以自我標顯的形式和處理想像素材的文學成規時，經常必須在互相競爭的本土與舶來的文學傳統間作取捨，使兩者間形成複雜的競爭、對抗，和協商關係。足以與輸入的高層文化對抗的，則通常是高標政治功效的文學運動，直接反映出本地知識分子對『什麼才能帶給當代社會最大政治效益』的關注，因此而佔上風的文學觀常具有不受檢驗的權威性。」〔註123〕作家們在固有的文學傳統以及西方引入的文學概念間，難免要有複雜的競爭、對抗與協商，這點在「現代派論戰」中看得格外清楚。

過去長期以來，「現代派論戰」都被視為「橫的移植」與「縱的繼承」兩種立場的論戰。這種說法無可避免的是受到五、六〇年代以來國府主導文化的影響，全面西化的論述在強調古典特質，崇尚中國傳統的臺灣社會中，必然受到批評與排擠，因此批評這種全面西化論述的論者，也就被歸類到中國傳統這一邊，覃子豪的定位也由此而來。但事實上，更進一步思考「什麼才能帶給當代社會最大政治效益」的現代詩人們，最後還是選擇了現代主義，因為跟上世界腳步的「現代化」似乎是當時最重要的選擇。

第四節　象徵派論戰

這場 1959 年在《自由青年》上引發的「象徵派論戰」〔註124〕較少引起注意，但是分析學者的轉述，就會發現不無問題，首先，在這場論戰中，蘇雪林的立場多半被理解為保守，批評新詩的。例如古繼堂說：「蘇雪林是臺灣學術界保守勢力的代表人物，從她的身份我們就可以大致知道她站出來反對現代派的

〔註122〕林亨泰，〈臺灣詩史上的一次大融合〉《臺灣現代詩史論》（臺北：文訊，1996年 3 月），頁 106。

〔註123〕張誦聖，《文學場域的變遷》（臺北：聯合文學，2001 年），頁 139。

〔註124〕因為蘇雪林文章叫〈新詩壇象徵派創始者李金髮〉，覃子豪的文章為〈論象徵派與中國新詩〉二者都交集在「象徵派」上，加上蕭蕭在〈五〇年代新詩論戰述評〉一文中也將此一論戰稱為「象徵派論戰」，因此定名為「象徵派論戰」。

意圖。」〔註125〕言下之意似乎暗指蘇雪林的保守立場必然導致對新文學的否定。再如蕭蕭說：「蘇文中還用了『巫婆的蠱詞，道士的咒語，盜匪的切口』來揶揄新詩。」〔註126〕也暗示蘇雪林對象徵派的反對。但蘇雪林本身就是民初新文學作家身兼學者身份，對新文學以及外國文學都有一定的造詣，不應該輕易地將蘇雪林視爲保守派。其次，覃子豪先在文學雜誌上與古典詩人爭執現代詩的意義，接著修正紀弦的「現代派運動」，然後又與蘇雪林商議李金髮與現代派的定位。覃子豪在三場論戰中立場反覆，究竟他的立場爲何。最後在這場論戰中可以看到，身爲知識份子領袖並且提倡白話文運動的的胡適卻反對「現代派運動」？理由是什麼？這些都是本文想要討論的問題。

一、論戰經過

　　這場「象徵派論戰」起因於蘇雪林在《自由青年》上發表的〈新詩壇象徵派創始者李金髮〉，文中詳細說明大陸時期象徵派的興起以及對李金髮的評價，值得注意的是，蘇雪林並沒有直接批評李金髮以及象徵派的成就，甚至直言：「象徵詩體確有這種好處，象徵詩體得到讀者的熱烈歡迎也不是沒有理由的。……李氏的詩有許多漂亮話，我亦不能隱沒」〔註127〕，此外蘇雪林分析象徵派的三點主張，不講文法的技巧、朦朧的境界、允許讀者的合作。大多是公允的說法。蘇雪林所寫的專欄名稱是「文壇話舊」，原意只是談談文壇往事，而《自由青年》是國民黨創辦的刊物旨在教育青年，讀者多半是學生與軍人，因此蘇雪林的這篇文章對於有意學習新詩的讀者而言，不失爲充分說明象徵派詩風來龍去脈的重要參考文獻。

　　引發論戰的關鍵在文章最後，蘇雪林批判象徵主義的末流道：「這種詩體易於藏拙，於是模仿者風起雲湧，新詩壇遂歸象徵派佔領。……下焉者，各校學生，即所謂文藝青年，提起筆來，你也『之』，我也『而』，他也『於是』與『且夫』，已經是萬分可厭，說起話來更像是巫婆的蠱詞，道士的咒語，盜匪的切口，更讓人搖頭。」〔註128〕接著以《自由青年》「新詩園地」的詩作爲

〔註125〕古繼堂，《臺灣新詩發展史》（臺北：文史哲，1989年7月），頁111。

〔註126〕蕭蕭，〈五〇年代新詩論戰述評〉《臺灣現代詩史論》（臺北：文訊，1996年3月），頁114。

〔註127〕蘇雪林，〈新詩象徵派創始者李金髮〉《自由青年》22卷1期（1959年7月1日），頁6、7。

〔註128〕蘇雪林，〈新詩象徵派創始者李金髮〉《自由青年》22卷1期（1959年7月1

例批評象徵主義詩作的晦澀。之所以引「新詩園地」做反面例證，蘇雪林曾說明是「功課繁忙，乃隨手引用本刊新詩園地作品，未到別處找例證，請勿『見怪』。」〔註129〕但當時「新詩園地」多半是「藍星」與「現代派」詩人主編，覃子豪本身也曾擔任「新詩園地」編輯，雖說蘇雪林無意批評，但言下難免讓人聯想有指摘覃子豪等人把關不力，登出象徵派詩作之意。生性急切的覃子豪遂發文反擊。

覃子豪在1959年8月號的《自由青年》上發表了〈論象徵派與中國新詩——兼致蘇雪林〉，文中列出八點理由，詳加反駁蘇雪林的看法，雖然覃子豪也承認詩壇有僞詩魚目混珠，但不應把所有新詩的成就都推翻。蘇雪林也在下一期《自由青年》發表〈爲象徵詩體的爭論敬答覃子豪先生〉，蘇雪林認爲自己批評的是：「李金髮個人作品兼及他影響之下傳衍十餘年愈衍愈盛的所謂僞象徵詩派，並未涉及臺灣目前詩壇像覃先生等幾位名家。」〔註130〕接著蘇雪林針對與覃子豪看法不同的地方提出反駁。這又引來覃子豪繼續在下一期《自由青年》發表〈簡論馬拉美、徐志摩、李金髮及其他——再致蘇雪林先生〉，但說法已經不脫前文的範圍。蘇雪林已經不想繼續爭辯下去，認爲如果看法不同，說再多也不會有結果，因此在下一期發表了〈致本刊編者的信〉，將一些引起誤會的文字解釋清楚後，就宣布不再對此發言。其實，綜觀兩人文章往返，兩人都承認現代詩發展的弊病出在初學者誤以爲晦澀難懂的分行文字就是現代詩。但蘇雪林旨在糾正，認爲這種傾向不應繼續，詩人們應該創作更優美、更有意義的作品，但覃子豪爲了刺激創作更多具有實驗性質的詩作，認爲不該矯枉過正，阻隔現代詩的發展。

就在蘇雪林放棄繼續論戰的同時，有一個自稱「門外漢」的讀者投書，肯定蘇雪林的批評，認爲現代詩走向菁英文化，排斥大眾化，讓讀者不得其門而入的方向是錯誤的。〔註131〕門外漢其近乎抒情文呼告的一段結論，成爲接下來「新詩閒話論戰」中反覆被引用的文字。門外漢感性地說：「我要代表

日），頁7。

〔註129〕編輯部，〈編者按〉《自由青年》22卷1期（1959年7月1日），頁7。

〔註130〕蘇雪林，〈爲象徵詩體的爭論敬答覃子豪先生〉《自由青年》22卷4期（1959年8月16日），頁8。

〔註131〕過去的文學史都把「門外漢」當成大眾讀者的代表，因爲門外漢自陳自己是一般讀者。但今日已不可考門外漢的身份。不能確定其身份眞的一般讀者，還是重要文人的「化名」投書。

廣大的讀者群向詩人們呼籲：詩人們啊，請從你那象牙之塔的塔尖上走下來吧！走出來，走到群眾之間來！用你們敏銳的才思，生花的妙筆，寫一些能爲我們所理解，所欣賞的好詩，愉悅我們，啓發我們，使我們感動，使我們興奮，使我們哭和笑吧！……我們不要那些只有『專門讀者』和『門人弟子』才能懂的詩，我們要『平易動人，老嫗都解』的詩；我們不一定要『明白的語言宣告』的詩，但要能懂易懂的詩。請爲我們寫吧！」〔註132〕在門外漢的文章之後，戰場就轉移到覃子豪與門外漢之間。

　　覃子豪接著又寫了對於〈論詩的創作與欣賞〉，除了表示不能認同蘇雪林放棄討論的態度外，對門外漢要求現代詩成爲普羅大眾都能欣賞的藝術的論調更是不滿，覃子豪說：「我反對迎合讀者，我認爲一個詩人最要緊的不在於如何迎合讀者，而在於如何提高讀者欣賞的能力，最好的辦法是加強讀者欣賞新詩的教育。」〔註133〕看了覃子豪的文章，門外漢又回了一篇〈再談目前臺灣新詩──敬答覃子豪先生〉，而覃子豪自己也認爲論戰的焦點已經偏離主旨太遠，因此發表了〈致本刊編者一封關於詩論的公開信〉，再次強調自己的立場，並表示不願意再浪費《自由中國》的篇幅，將不再繼續論戰下去。

　　過去的論者多半把覃子豪的〈致本刊編者一封關於詩論的公開信〉當成這場「象徵詩派」論戰的終點，但仔細收集資料後可以發現這次論戰還有餘波未完。在覃子豪還沒發表〈致本刊編者一封關於詩論的公開信〉之前，1959年10月余玉書在《大學生活雜誌》中發表了〈從新詩革命到革詩的命──從「現代主義」的新詩在臺引起論戰說起〉，余玉書是臺大「海洋詩社」成員，他所發表的〈胡適之先生訪問記〉被門外漢所引用，因此他自己也想對這場論戰發表了自己的看法，他批評臺灣現代主義、象徵主義的新詩是：「除了一些科學名詞，囈語，數字符號的堆砌，偶作一些貓兒鳴春式的『無病呻吟』外，壓根兒看不出一點表達現代人情感的地方」〔註134〕另外余玉書特別談到這場論戰中還沒被人提及，但在「文學雜誌新詩論戰」中曾經有許多人討論過的詩與聲律的問題。

〔註132〕門外漢，〈也談目前臺灣新詩〉《自由青年》22卷6期（1959年9月16日），頁9。

〔註133〕覃子豪，〈論象徵派與中國新詩──兼致蘇雪林〉《自由青年》22卷3期（1959年8月1日），頁11。

〔註134〕余玉書，〈從新詩革命到革詩的命〉《大學生活》5卷11期（1959年10月24日），頁31。

余玉書說：「再說到音韻和詩根本就有分割不開的關係，儘管詩的形式可以演化，由四言而五言、七言，長短句，而至今日長短沒有限制的新詩，但音韻和節奏，依然是構成詩底美感最重要的一部份，而現代派的詩人都在拼命排斥音韻，認為現代詩的特徵是『散文化』絕對不需要押韻。」〔註135〕余玉書對於詩的看法與胡適、蘇雪林乃至於門外漢則相去不遠。

在余玉書的文章發表後不久，當時還是大學生身份的葉珊，便以本名王靖獻〔註136〕發表了〈自由中國詩壇的現代主義〉回應余玉書的說法。王靖獻這篇文章通篇都是舉余玉書的說法加以反駁，年輕的王靖獻先說：「我不願說余先生對目前的現代詩以及現代主義還沒有一點了解，但至少我可以說，他的了解還不夠。」〔註137〕而王靖獻認為這整場論戰最關鍵的原因在於：「談目前臺灣新詩的人，往往以為臺灣的新詩就是『象徵主義』的作品，而他們總有一個錯誤，即他們分不清『象徵主義』與『現代主義』間的不同。」〔註138〕王靖獻的這個說法，既是回應余玉書，同時也回應了蘇雪林對二者的混淆。但當時的王靖獻還只是一個默默無聞的大學生，因此並沒有引起太大的迴響，但是王靖獻作為一個現代詩人的傾向已經逐漸顯露。這場論戰就在王靖獻為現代主義反駁聲中劃下句點。

二、論戰焦點分析

（一）對法國象徵派的理解

在〈新詩壇象徵派創始者李金髮〉中，蘇雪林分析象徵派的三點主張，不講文法的技巧、朦朧的境界、允許讀者的合作。並且提到以法國象徵詩人魏崙（P. Verlaine）的宣言。覃子豪則提出象徵派並不是不講文法技巧，而是以強調朦朧美，不確定性，重視暗示作為技巧。另外覃子豪指出蘇雪林似乎弄錯法國象徵派詩人凡爾哈崙（Paul Verlaine）以及比利時詩人魏爾崙（Emile Verharen）

〔註135〕余玉書，〈從新詩革命到革詩的命〉《大學生活》5 卷 11 期（1959 年 10 月 24 日），頁 33。
〔註136〕王靖獻由於他的兩個筆名楊牧、葉珊在本文中會時常被人談到，加上他更年輕時用本名發表文章。因此本文將隨他發表作品時的筆名來稱呼。以反應楊牧不同時期的表現。
〔註137〕王靖獻，〈自由中國詩壇的現代主義〉《大學生活》5 卷 14 期（1959 年 12 月 8 日），頁 28、29。
〔註138〕王靖獻，〈自由中國詩壇的現代主義〉《大學生活》5 卷 14 期（1959 年 12 月 8 日），頁 28。

的差別，並且提出法國象徵派的興起是對巴拿斯派（Parnassime）的反動，而巴拿斯派的主張是「無感不覺」（Impassibilite）。接下來蘇雪林又著〈為象徵詩體的爭論敬答覃子豪先生〉反駁道，他所謂的不講文法的技巧指的是「破壞固定語氣和規律組織的企圖」〔註139〕），不是覃子豪所指責的「毫無技巧」。其次，對於凡爾哈崙（Paul Verlaine）以及比利時詩人魏爾崙（Emile Verharen）的混淆，蘇也不能否認，至多說：「況且一個人長年寫文章，又豈能保其萬無一失。」〔註140〕，接著蘇也指出覃將巴拿斯派的主張（Impassibilite）翻譯為「無感不覺」，有「沒有什麼感觸不能感覺」〔註141〕的危險，是不恰當的翻法。最後重申自己對象徵派的詩作並不排斥。之後覃也繼續爭辯蘇說有問題，但已不脫自己前說範圍。持平來說，蘇覃兩人各有其對法國文學了解的限制，而且各自有不恰當之處。但除了訂正彼此在發表文章中的小缺失之外，這些爭論實在沒有意義，因為兩個並不專門研究法國文學史的人，為了這些問題爭議，實在不能產生什麼重大見解。這些爭議只是為了帶出以下的焦點。

（二）李金髮對新詩的貢獻

蘇雪林其實肯定法國象徵詩派的風格，但對李金髮的批判則較為嚴格，蘇說：「說句平心的話，李金髮詩才不能說沒有，但中文修養則實嫌不足，拾西洋象徵詩皮毛，不能神而明之，加以變化，弄成這種搔首弄姿的惡態，陰陽怪氣的腔調。」〔註142〕即使是覃子豪也不得不承認李金髮的表現手法是有待商榷，覃說：「他只注意到表現手法，沒有注意表現息息相關的語言。因此詩中豐富的意象生澀的文字掩蓋而未全部予以呈現，置令讀者莫知所云。」但是覃子豪肯定李金髮的價值在於：「李金髮確給五四運動後徬徨歧途的詩壇開拓一條新的道路。」並且說：「中國新詩至現代派才澈底的擺脫了創造社的格調和新月派的形式主義，完全揚棄詩的韻腳，充分發揮了自由詩的精神。」〔註143〕

〔註139〕蘇雪林，〈為象徵詩體的爭論敬答覃子豪先生〉《自由青年》22卷4期（1959年8月16日），頁8。

〔註140〕蘇雪林，〈為象徵詩體的爭論敬答覃子豪先生〉《自由青年》22卷4期（1959年8月16日），頁9。

〔註141〕蘇雪林，〈為象徵詩體的爭論敬答覃子豪先生〉《自由青年》22卷4期（1959年8月16日），頁9。

〔註142〕蘇雪林，〈新詩象徵派創始者李金髮〉《自由青年》22卷1期（1959年7月1日），頁7。

〔註143〕本段引文見皆覃子豪，〈論象徵派與中國新詩——兼致蘇雪林〉《自由青年》22卷3期（1959年8月1日），頁11。

　　以此來看，兩人對於李金髮的評價都有褒有貶，因此爭論的焦點並不是集中在李金髮個人的成就上。從對李金髮的爭議中，其實可以看到蘇、覃兩人所認同的兩種詩風的差異。蘇雪林對於覃子豪貶抑新月派，尤其是批評徐志摩大爲反對。蘇雪林說：「所以覃子豪說創造社爲『濫調』，我極其贊成。不過說新月派也是濫調，則大有討論的餘地了。」〔註144〕又說：「說新月派詩難作，說新月派品格高，是可以的，說它是『濫調』，那眞太冤枉了。」〔註145〕對於這些反駁。覃子豪又再次強調：「兩者（指新月派與創造社）均陷於令讀者厭倦的陳腔濫調，詩壇才被李金髮的象徵派演變爲戴望舒的現代派全部佔領。」〔註146〕但是覃子豪也不否認徐志摩的文學成就，因此他透過另一層面來批評徐志摩：「思想之雜，是舊的觀念未完全根除，舊的思想便產生舊的情感。加以徐志摩的感情豐富，未加節制，其感情便趨於油滑，感情油滑便是形成濫調的主要因素。」〔註147〕此處姑且不論蘇對新月派的評價以及覃對大眾對象徵派的闡釋是否正確，可以肯定的是蘇雪林所認同的是帶有抒情以及詩中有基本格律安排的新月派詩作，而覃子豪正是透過對尊李抑徐的論述，來排斥這種抒情（油滑）合韻（守舊）的詩風。我們可以對比之前紀弦有關現代派運動時的主張，覃子豪的這種排斥押韻和抒情看法可以說是所有現代詩人的共識。而蘇、覃二人其實是透過對詩史以及詩人評價的詮釋，來各自支持自己所欣賞的詩風以及背後的詩論主張。

（三）臺灣「現代詩運動」是否就是李金髮的餘緒

　　蘇雪林更進一步指稱李金髮扭曲了中國新詩發展的正途，「把新詩帶進了牛角尖，轉來轉去，轉了十幾年，到於今還轉不出，實爲憾事。」〔註148〕蘇雪林也不能否認李金髮及其象徵詩派的影響力，但她這樣詮釋：「讀者之所以歡喜李金髮詩體而紛紛做他尾巴，並不是爲此體詩『較之創造社和新月派有更高明表

〔註144〕蘇雪林，〈爲象徵詩體的爭論敬答覃子豪先生〉《自由青年》22 卷 4 期（1959年 8 月 16 日），頁 9。

〔註145〕蘇雪林，〈爲象徵詩體的爭論敬答覃子豪先生〉《自由青年》22 卷 4 期（1959年 8 月 16 日），頁 10。

〔註146〕覃子豪，〈簡論馬拉美、徐志摩、李金髮及其他——再致蘇雪林先生〉《自由青年》22 卷 5 期（1959 年 9 月 1 日），頁 16。

〔註147〕覃子豪，〈簡論馬拉美、徐志摩、李金髮及其他——再致蘇雪林先生〉《自由青年》22 卷 5 期（1959 年 9 月 1 日），頁 16。

〔註148〕蘇雪林，〈新詩象徵派創始者李金髮〉《自由青年》22 卷 1 期（1959 年 7 月 1日），頁 7。

現技巧與塑造意象的方法』，實在是爲了這體詩最容易做。」〔註149〕蘇雪林的說法覃子豪有兩點不贊同。首先是臺灣新詩與象徵派的關係。覃子豪如此回應：「現代臺灣詩壇的主流，既不是李金髮戴望舒的殘餘勢力；更不是法蘭西象徵派新的殖民。臺灣的新詩接受外來的影響甚爲複雜，無法歸入某一主義某一流派，是一個接受了無數新影響而兼容並蓄的綜合性的創造。」〔註150〕

但是覃子豪的反駁有個矛盾，如果臺灣新詩並不是象徵派的影響，那麼覃子豪也不必要反駁法國象徵派以及李金髮的缺失，如果覃子豪要爭議李金髮的成就，豈不是承認臺灣新詩是完全受到李金髮的影響。蘇雪林也點出這點：「覃先生既說臺詩主流非李金髮亦非法國象徵派，則我的話更與諸大詩家無關了。我也可以告無罪於諸君子了。」〔註151〕再證之覃口口聲聲的宣稱「詩壇才被李金髮的象徵派演變爲戴望舒的現代派全部佔領。」〔註152〕會發現說法似乎的確存在矛盾。但覃子豪眞正想說的是臺灣新詩的根源之一是法國象徵派，因此就影響來說，並非完全是象徵派的影響。

總而言之，蘇雪林的邏輯是法國象徵派是好的，但學法國象徵派的李金髮受限於學力，加上自己白話能力不好，所以形成許多弊病，再因爲該象徵派詩易做，因此後學者又取巧學李金髮的「僞象徵派」，才會導致其當前臺灣詩風晦澀難懂。〔註153〕但覃子豪則是針對蘇雪林的說法分別破除，先說法國象徵派並不是不論文法技巧，而是講究朦朧的技巧，以此表示象徵派是具有理論有技巧；再說明李金髮的成就大過於徐志摩等新月派，來表示自己主張主知、不合韻、難懂的自由詩體而排斥新月詩體；接著又否認臺灣新詩所接受的影響是只受法國象徵派乃至李金髮的單一影響，以確保臺灣新詩並非象徵派的附庸，強調其獨特的主體性，最後再反駁臺灣新詩難懂不是因爲受象徵派影響，而是因爲臺灣新詩具有思想深度，加上讀者的程度不夠才導致此現象。相對於蘇雪林的層層推演，覃子豪是分別就自己的現代詩立場提出說明，論戰點與點之間沒有直

〔註149〕蘇雪林，〈爲象徵詩體的爭論敬答覃子豪先生〉《自由青年》22卷4期（1959年8月16日），頁10。

〔註150〕覃子豪，〈論象徵派與中國新詩——兼致蘇雪林〉《自由青年》22卷3期（1959年8月1日），頁11。

〔註151〕蘇雪林，〈爲象徵詩體的爭論敬答覃子豪先生〉《自由青年》22卷4期（1959年8月16日），頁10。

〔註152〕覃子豪，〈簡論馬拉美、徐志摩、李金髮及其他——再致蘇雪林先生〉《自由青年》22卷5期（1959年9月1日），頁16。

〔註153〕蘇雪林並不否認象徵派可以有傑作，並舉出戴望舒的詩作爲好的例子。

接的關連，使得覃子豪的論說較難看出其邏輯順序。

（四）臺灣「現代詩運動」的弊病檢討

從以上分析我們可以發現這場「象徵派論戰」最核心的爭議，並不在法國象徵派或李金髮乃至於新月派的是非，這場論戰最關鍵重點，其實是在當時已經漸形成風氣的「現代主義詩作」，也就是所謂晦澀難懂的詩作，不能被廣泛大眾接受的問題。

論戰起源於蘇雪林關鍵的一句話：「青年不成熟的作品氾濫各報刊，釀成新詩壇永不進步的可悲現象，我便有權反對。反對的目的不在青年，實在目前新詩的風氣。」〔註 154〕蘇雪林自己很清楚指出，他並不是批評包括覃子豪在內的幾位名家，而是模仿這些名家等而下之的不成熟的詩人。覃子豪也不是不知道這一點，他說：「目前的詩，由於盲目擬摹西洋現代詩，其結果常以『曖昧』為『含蓄』，『生澀』為『新鮮』，『晦暗』為『深刻』，成為了偽詩。目前偽詩很多，大有劣幣驅逐良幣之勢。這是新詩的危機。新詩之遭受酷評，自有其客觀的原因存在。」〔註 155〕

面對這種質疑，蘇雪林的見解還算中肯，他能區分現代詩品質的高下，也能肯定這種詩風當中優秀者的表現，但從門外漢到余玉書到胡適等，卻全盤否認現代主義詩的風格。論戰中的幾篇幾篇文章歸納起來，重點只有一個，就是反覆強調讀者的重要性。對於詩歌風格，文學歷史流派都不詳加討論。當中最引人注目的莫過於胡適的批評：

> 我勸你們不要學時髦，那些偏重抽象的意念而不重理解的所謂「現代主義」的新詩，都不是寫詩的正路。文學的要素有三：第一要清楚明晰，第二要有力量，第三要有美感。其實總括說，不管寫詩或其他的文學作品，最重要的就是第一點──清楚明晰，因為寫文章能做到清楚明晰，就是有力量，而一篇文章有力量就是美。如果寫出來的東西含糊不清，或無從理解，則第二、三項要素也難以做到。所以寫詩還是要求其平易動人，老嫗都解，才是好詩。〔註 156〕

〔註 154〕蘇雪林，〈新詩象徵派創始者李金髮〉《自由青年》22 卷 1 期（1959 年 7 月 1 日），頁 10。

〔註 155〕覃子豪，〈論象徵派與中國新詩──兼致蘇雪林〉《自由青年》22 卷 3 期（1959 年 8 月 1 日），頁 12。

〔註 156〕余玉書，〈胡適之先生訪問記〉《大學生活》5 卷 3 期（1959 年 6 月 2 日），頁 27。引文出自胡適回答海洋詩社訪談內容。「臺大海洋詩社」是在臺大僑生成

有學術界領袖級人物的背書，對現代詩抱持保守立場的論者們對於現代詩的批評更是激烈。面對這些批評，現代詩人包括覃子豪跟楊牧仍然以倡導現代主義是爲了跟上世界潮流爲理由來解釋。現代主義在世界各國都受到許多保守人士的批判，因此現代詩人們心裡也有準備，甚至覺得越受到批判越證明自己推行現代主義的成功，覃子豪就說：「這確是中國新詩的進步。然而，這未必就能獲得多數讀者的認識，詩愈進步，詩的欣賞者就愈少，『曲高和寡』，是世界詩壇整個的現象。」〔註157〕而王靖獻也談到這點：「現代主義的作品之遭受非議，並非僅中國爲然……在法國、美國以至於日本，都有這種惡劣的現象。今日臺灣的詩的潮流很自然地進入了現代主義，而遭受的不公平的批評，並不少於任何上述的幾個國家。如果要研究其中的道理，我認爲不出下面兩點：第一，目前中國的一部份讀者、批評者甚至創作者（其實他們不能稱爲創作者）尚未擺脫他們傳統的審美標準。……第二：無可否認的，目前的臺灣詩壇有一種風氣，那使正經的作者和讀者所深深厭惡的，用流行的話說，就是『僞詩的猖獗』，這些不成材的東西確實昏蔽了讀者大眾的眼光」〔註158〕

三、象徵派論戰的意義分析

胡適是首先提倡白話詩的先鋒，但在這場論戰中，胡適卻表現出不接受現代主義文學的態度，依然認爲「平易動人，老嫗都解」的詩才是好詩，爲什麼曾經領導白話詩風潮的胡適，卻不能接受現代主義。甚至引進現代主義的重要人物夏志清曾談到胡適對現代主義的看法說：「胡適到老還相信科學、民主，可說一直未接觸『現代主義』的文藝。一九四七年我出國前，他給我的臨別贈言是，不要上艾略特、龐德他們的當，美國英文系名教授是不吃他們這一套的。」〔註159〕

夏志清自己認爲胡適之所以不能接受現代詩的原因，在於現代主義強調主知、難懂是因爲一次大戰之後知識份子失去對人類文明樂觀的信心，對於開始反思熱情鼓吹革命的結果。但是胡適經歷過民國初年以來，國內文化亟

立於 1949 年的校園詩社。

〔註157〕覃子豪，〈論象徵派與中國新詩──兼致蘇雪林〉《自由青年》22 卷 3 期（1959年 8 月 1 日），頁 11。

〔註158〕王靖獻，〈自由中國詩壇的現代主義〉《大學生活》5 卷 14 期（1959 年 12 月 8 日），頁 28。

〔註159〕夏志清，〈林以亮詩話序〉收錄於林以亮著《林以亮詩話》（臺北：洪範書，1977 年），頁 3。

需改革的處境，因此他仍然樂觀相信西方文明才是解決臺灣政經困境的方向，而對於反思西方文化發展瓶頸的現代主義便無法理解以及加以排斥，胡適對於現代主義的批判是其來有自。〔註160〕

同樣身爲臺大學人的夏志清對現代主義包容的程度則較高，對此夏志清說：「五四時期，新文化倡導者雖介紹了一大串『主義』，本質上未受『現代主義』的洗禮，不僅是西風東漸，時間上必然落後 cultural lag，實在是文化制度一切需要創新，不可能接受『現代主義』的誘惑。」〔註161〕細究夏志清的說法，可以發現他也暗示「現代主義」帶著「創新文化制度」的功用，因此認爲提倡「現代主義」爲了改革是有需要的。以此來看，胡適以及文學雜誌上夏志清、夏濟安等人對現代主義的看法有很大差異。整體而言，當時臺灣在政治、經濟、文化上都仰賴美國，年青知識份子無不熱衷於吸收西方的文學理論。這種反應可以在年輕詩人以及夏志清、夏濟安與日後創辦《中外文學》的臺大外文系年輕學子們身上看到。胡適與這些人觀念的落差顯示出不同世代的差異，也顯示出胡適的想法更接近於主導文化霸權的思考方式，仍然以保守的文學品味與國族意識爲主。這裡可以看到主導文化與另類文化之間的權力角力。

其次，透過「象徵派論戰」我們也更清楚的看到覃子豪的文學主張。蘇雪林主張的詩類型其實是主導文化所最支持的類型，也就是新月派的詩風，抒情柔美，又合乎古典詩講究格律的要求。蘇雪林本身參與過民初的新文學運動，而其與國民黨高層密切的交往以及堅決反共的立場都使他成爲主導文化形構的一環，更不要說《自由青年》也是國民黨辦的刊物。張誦聖說：「就文學傳統的傳承來說，當代臺灣文學固然絕非官方所說的中國現代文學「正統」的延續，但是國府的文藝政策卻的確使『選擇性的中國新文藝傳統』成爲戰後臺灣文學的重要構成成分。」〔註162〕在這場論戰中蘇雪林主張的新月派的詩風其實就是張誦聖所謂「選擇性的中國新文藝傳統」，這種傳統日後仍會繼續發揮影響力，而爲余光中等藍星詩人群所繼承。

從覃子豪所堅持的各種論述則顯示出他對現代主義的信仰。覃子豪所描繪的現代主義並不是原本在西方所流傳批判社會抗議資本主義的現代主義，

〔註160〕夏志清，〈林以亮詩話序〉收錄於林以亮著《林以亮詩話》（臺北：洪範書，1977 年）。

〔註161〕夏志清，〈林以亮詩話序〉收錄於林以亮著《林以亮詩話》（臺北：洪範，1977 年），頁 3。

〔註162〕張誦聖，《文學場域的變遷》（臺北：聯合文學，2001 年），頁 151。

而是一種背負了促使國家進步、現代化的工具，一種講究專業要求、高度投入的菁英文化。爲了達到這個目的，對於原本的現代主義加以改造是必須的。由這個角度來看，覃子豪在三場五〇年代現代詩論戰中的立場其實一以貫之，沒有改變。覃子豪之所以批判《文學雜誌》論者群，反對蘇雪林、門外漢等人所要求白話、抒情、協韻的詩風格，是因爲民初流行的「新詩」風格，比起西方現代主義詩作已經十分落伍，期許臺灣文壇跟上世界文壇腳步的覃子豪，擺出教育者的身份來提倡現代詩。但覃子豪也受不了紀弦所提出不周密的現代詩論述，忍不住以修正的態度來批評紀弦。這種處境導致覃子豪他一方面承認現代詩發展中的弊病，努力希望改進，一方面也挺身反駁批判現代詩的各方意見，就是希望把他心目中的現代主義傳播出去。

　　古繼堂對於「象徵派論戰」有一點描述是很正確的，他說：「蘇、覃二人的論戰，是從文學的歷史現象著眼，由中國二、三十年代的現代派聯繫到臺灣當前的現代派，進行歷史比較而論的。」〔註163〕正因「象徵派論戰」討論議題牽連法國文學背景知識以及對李金髮的評價，加上論戰雙方都不願意繼續論戰，因此論戰規模並不大。但這場論戰中所點出卻仍未解決的幾個問題，卻繼續存在現代詩人群以及一般大眾讀者之間。因此接著引起言曦與余光中之間的「新詩閒話論戰」，將總結五〇年代以來的許多問題。

第五節　新詩閒話論戰

　　「新詩閒話論戰」〔註164〕是五、六〇年代中規模最大的論戰。這場論戰之所以持續這麼久，原因在於言曦持續不斷的發表反駁現代詩人的雜文，現代詩人反駁言曦的文章，又被言曦加以調侃批評，激起更多現代詩人投入論戰。但另一方面，言曦不斷挑戰的動作，也使許多現代詩發展方向有意見的論者願意提出自己的看法，終於演變成一場牽涉範圍廣泛，參加人數眾多的論戰。審視「新詩閒話」論戰所討論的問題，幾乎前三次論戰都已經分別提

〔註163〕古繼堂，《臺灣新詩發展史》（臺北：文史哲，1989年7月），頁111。
〔註164〕蕭蕭在〈五〇年代新詩論戰述評〉一文中將這場論戰稱爲「新詩論戰」，侯作珍的博士論文《自由主義傳統與臺灣現代主義文學的崛起》中也叫「新詩論戰」。李瑞騰在〈六十年代臺灣現代詩評略述〉中雖然談及但也沒有爲論戰定名。「新詩論戰」的「新詩」應該是取名於〈新詩閒話〉，但只取新詩二字命名，容易造成混淆，同時這場論戰中，現代詩人多半已經用現代詩來自我指稱，有鑑於此，本文將引起論戰的篇章「新詩閒話」引爲此次論戰的名稱。

及。包括現代詩與文學傳統的關係，或者對於引用西方理論的意見等等，因此此次的論戰重要性在於總結了五○年代前後發生的三次論戰，並將現代詩發展中所引起的種種問題與廣大的讀者討論。

一、論戰經過概述

論戰起因於 1959 年 11 月 20 到 23 日間，言曦在中央日報副刊上一連四天發表了名為「新詩閒話」的雜文，內容提出古典詩要求造境琢句協律的要求，據此批評現代詩的發展難懂。言曦說：「群眾與詩接觸的程度，亦視其音樂的成分而定。最低的層次是『可讀』。再上是『可誦』。最上一層樓是『可歌』。……詩原即起源於語言與音樂的結合。故音樂的成分越多亦越能感動更多的人。」〔註165〕換言之，言曦覺得沒有韻律可言的現代詩是失敗的。

言曦也暢言五四時期新月派詩人的成就，認為現代詩相對於彼是一種退步。言曦此舉首先引來余光中〈文化沙漠中多刺的仙人掌〉一文反駁。文中分別就音樂性與詩的晦澀問題回答言曦的質疑。不久虞君質也發表〈談新藝術〉，質疑言曦不了解現代詩與現代繪畫。

在五○年代末、六○年代初期，倡導現代主義的現代詩還沒有完全被社會大眾接受，因此早「新詩閒話」論戰之前，就已發生三次討論現代詩的論戰。社會瀰漫著對現代詩的誤解與不信任。當時身兼《文星》雜誌主編的余光中，遂規劃了「詩的問題與研究專號」，在《文星》雜誌 5 卷 3 期上以大量的論述試圖回答言曦所代表的社會大眾的質疑。其中陳紹鵬簡單敘述新詩的來龍去脈，而夏菁試圖以實際詩例說明當代新詩勝過五四時期的新詩。其中黃用的言論最為激烈，強調現代詩的文化菁英色彩，認為現代詩不需要社會大眾的普遍接受。這些論述者中有些抱持較折衷的立場，並不是每個人都像黃用的激進。

余光中大動作的還擊又引來言曦發表「新詩餘談」等四篇文章，從此時起論戰的範圍開始擴大。在《文星》的「詩的問題與研究專號」有許多現代詩重要主張，言曦遂從這些主張中歸納出八點，並一一駁辯。這八點分別是一、象徵主義不能概括今天的新詩，今日新詩已超越技巧問題重視自我存在的覺醒。二、現代詩預期一切傳統價值的崩壞，對社會及其一切組織採取敵對的態度。三、詩人只求藝術的完美。四、詩的本質不能大眾化也不抒發情

〔註165〕言曦，〈新詩閒話之一：歌與誦〉《中央日報》（1959 年 11 月 20 日）。

感。五、讀不懂詩是讀者責任。六、一切藝術貴在突破傳統勇於創造。七、以外國名詞入詩或造句遠離文法的情形不止出現在新詩中。八、文藝是進化，因此今日新詩勝於五四時期新詩。〔註166〕

這八點主張的確歸納出現代詩人大部分的重要看法。只是這些主張並不符合當時保守的文化環境，因此言曦在接著四篇〈新詩餘話〉中，盡情批評這些過於激烈的言論。接著孺洪也跟著發表了〈「閒話」的閒話〉，孺洪並非完全認同言曦的看法，但也認為現代詩的確有些弊病，進而期許余光中等現代詩人能面對並改善這些問題。

言曦與孺洪的言論又惹來余光中與黃用的強力反擊，在《文星》從一月號 4 期上登載反駁文章。同時《藍星詩頁》與《創世紀》也都刊載解釋與反駁文章。《自由青年》也開始加入戰局，曾經與蘇雪林、覃子豪打過筆仗的門外漢、當時還是師大學生的吳怡都紛紛發表文章，至此戰火開始擴大。

就論戰立場來分析，持傳統立場大概只有門外漢與言曦，而現代詩人們則立場一致對外，另外有許多人立場其實是中立的，例如吳怡、陳慧、陳紹鵬等，他們覺得雖然言曦等人對現代詩的批評不夠客觀，但也覺得現代詩發展走向也的確有值得可以檢討的地方〔註167〕。不料現代詩人卻不願接受這些客觀的批評，反而連這些中立立場的論者一併批評，使得這些希望當客觀第三者角色的論者變得進一步批評現代詩人們言論中矛盾與缺失之處。例如陳紹鵬最早曾說：「寫詩的人不可故弄玄虛，標新立異，寫出內容空虛令人不解，甚而不通的句子；讀者也不要先存新詩都是不可解的態度要客觀而耐心的欣賞。而評詩的尤須以嚴正而客觀的立場，說公平話。」〔註168〕但是之後發表〈由閒話談到摸象〉則反過來批評余光中與白萩為現代詩而辯護的文字。又如陳慧則是透過分析，試圖證明提倡現代詩不一定要排斥大眾化。但值得注意的是，不管立場是贊成還是反對現代詩的文章，余光中都一律刊登在《文星》上，可見余光中有雅量呈現論戰中不同的意見，使得此一論戰的討論變得更加豐富。

〔註166〕言曦，〈新詩餘談之：辯與辨〉《中央日報》（1960 年 1 月 8 日）。

〔註167〕李瑞騰曾經詳細剖析這些中立立場的論者的論點，並且給予中肯的評價。參見李瑞騰，〈六十年代臺灣現代詩評略述〉《臺灣現代詩史論》（臺北：文訊，1996 年 3 月），頁 268、269。

〔註168〕陳紹鵬，〈略論新詩的來龍去脈〉《文星》5 卷 3 期（1960 年 1 月 1 日），頁 14。

到了 1960 年 4 月《文星》5 卷 6 期之後，論戰中重要的主張都已提出並且互相辯駁完畢，正反雙方都沒有新的想法提出。如余光中的〈摸象與捫籥〉中坦言論戰已經進入尾聲，所討論的焦點多是技術性的細節。有感於論戰即將結束，因此聯合報登載李思凡〈新詩論辯旁聽記〉，不料到了 6 月，不甘寂寞的紀弦將早已停刊的《現代詩》重新發刊，並且在《現代詩》（新一號）中連續發表四篇文章表達對於這次論戰的看法。成為整場論戰最後的重要發言。吳怡最後在《自由青年》發表了一篇文章〈新詩的再革命〉，但已經沒有新的論點看法提出，論戰至此宣告結束。

二、論戰焦點分析

綜觀這場論戰，論戰雙方所爭執的論點可分為三點，主要是現代詩是否應該援引西方理論，其次是現代詩是否應該依循文學傳統，而前兩個問題之所以爭論都是為了支持證明第三個論點，也就是詩應不應該大眾化，這第三個爭議是論辯雙方最根本的歧見。以下則一一討論：

（一）現代詩創作是否要援引西方文學理論

言曦認為現代詩之所以不被大眾接受，是因為有兩點重大缺點，分別是不重視音樂以及傾向晦澀難懂，而這兩點都是都是象徵主義的負面影響。因此必須排除由西方傳入的象徵主義影響，才能讓現代詩重新獲得大眾的支持。而現代詩的創作是否要接受西方文化、語彙乃致文學思潮的影響，便是言曦整場論戰的第一個重點。

言曦認為現代詩相當大的一個缺點是缺乏音樂性，現代詩缺乏音樂性是受了西方自由詩體的影響。因此言曦透過兩方面證明詩需要音樂性，一方面是引用中國古典詩歌同源的理論來強調詩的音樂性的重要；另一方面則強調西方詩歌有恢復用韻的時代趨勢。但是余光中反駁言曦對詩歌同源的看法，強調詩與歌已經各自演化獨立，不應該混為一談。余光中：「我們以為詩，尤其是現代詩，有其獨立性與尊嚴，應該訴諸靜坐沈思的讀者，不能讓手舞足蹈的聽眾用為發洩喜怒哀樂的工具。詩歌同源之說，已成為腐儒的口頭禪。」〔註 169〕而針對言曦提出西方詩歌仍重韻律的說法，精通英國文學的余光中特

〔註 169〕余光中，〈文化沙漠中多刺的仙人掌〉《文學雜誌》7 卷 4 期（1959 年 12 月 20 日），頁 28。

別就英國詩歌廢傳統韻律而採自由韻律的歷史上了一課。

但言曦之所以詳論音樂性，最終仍是要證明這是受到西方象徵詩的負面影響，因此言曦進一步批評道：「象徵派的詩論認為凡是詩，都是不應該『歌』的，凡得以盡情矯造，無須顧慮詩句組織時的音樂成分。……十九世紀以後廢止韻腳已經是大膽的嘗試，但如果再使詩句冗長艱澀，非惟不可歌，亦不可誦，非惟不可誦，亦不可讀，非惟不可讀，亦不可看。」〔註170〕連看都無法看，自然失去詩存在的意義。但余光中認為言曦的說法，是主張把詩當成大眾發洩情感之工具的音樂至上論。余光中強調詩有自己獨到的價值，實在不應該與音樂的價值互相混淆。但余光中並非否定音樂性的重要，而是主張詩要有自然協律，余光中說：「我們並無詩可以不要音樂性的意思；只是和言曦先生恰恰相反，我們以為詩的音樂性潛伏在字裡行間，因意義與節奏的恰如其份的融合而迴盪，與其說訴諸於肉耳，不如說更訴諸於心靈。」〔註171〕在此可以看到余光中在現代詩音樂性上主張自然協律但不刻意強調的主張，這樣的主張影響日後現代詩相當深遠。

言曦認為象徵主義第二個壞影響是使現代詩形成難懂的特色，他說：「象徵主義是十九世紀末葉歐洲藝術的『狂飆』。它使繪畫逐漸變成一堆不可解的線條與色彩的組合，使音樂幾乎變成一連串的不受和聲對位等等規律束縛的噪音，也使詩變成今天這樣艱深峭奧的分段排列的散文。……但繪畫與音樂皆可以直接訴諸感官，一片和諧的色彩，一段紛雜的樂聲，雖全不解意，卻無害其與感受者相感應，但文句是間接傳播的符號，寫詩而全不可解，則變成一堆毫無意義的鉛字而已。」〔註172〕這段說法其實有很深刻的意義，在五、六〇年代現代詩人的確與提倡現代畫的五月畫派有互相支持鼓勵的關係。但言曦認為抽象的表現方式即使在音樂、繪畫上行得通，在文學上卻不可行，因為文學只在達意，既無意可達便毫無意義。

除了批評現代詩風格晦澀難以理解之外，言曦也質疑現代詩使用外國人名地名或者謎題式的寫法也並無必要。言曦說：「猜不出，固然浪費雙方的智力，猜得出，亦未見即有詩意。例如黃昏被寫為『下午與夜的可疑地帶』。死人的往

〔註170〕言曦，〈新詩閒話之一：奇與正〉《中央日報》（1959 年 11 月 22 日）。

〔註171〕余光中，〈文化沙漠中多刺的仙人掌〉《文學雜誌》7 卷 4 期（1959 年 12 月 20 日），頁 28。

〔註172〕言曦，〈新詩閒話之一：隔與露〉《中央日報》（1959 年 11 月 21 日）。

事被寫成『古銅色的長方形的故事』，駕駛汽車被寫成『寄生蟹操縱其借來的螺殼』，這些謎語即使算是詩，也不免落纖巧之譏。一方面，詩人爲矯造神秘的氣息，又不惜假藉中國讀者最陌生的外國地名和人名，讀之如譯自外國的詩集。例如『滿城的愛普羅河維尼斯河的嘆息』，『在賽納河與推理之間誰選擇死亡』，讓讀者不會有感受，而作者也未必知道這些名詞所蘊藏的眞正意義。」〔註 173〕對此，余光中反駁言曦明明看得懂現代詩，又怎麼批評看不懂現代詩。而且現代人描寫現代生活，以當代生活可見的名詞入詩有何不可？

在論戰中，言曦很努力試圖證明臺灣現代詩人對西方文學理論理解是錯誤的。因此言曦列舉法國象徵主義詩人，如藍波、馬拉美等人的話來證明象徵主義對現代詩的危害，言曦說：「蓋瞬息間所捕捉而記錄成爲分行文句的奇妙的意象，時過境遷，即不復可解。如此則必然使象徵派的詩與一般的讀者相遠日遠，而成爲少數鑑賞家觝賞的對象。」〔註 174〕但是言曦言下之意是認爲臺灣現代詩只是受了法國象徵主義的影響。這點與之前蘇雪林犯了一樣的問題，難免會受到詩人們的反駁。余光中說：

> 說自由中國的新詩作者詩承了昔日象徵派詩人李金髮的遺風，說今日的新詩作者盡是象徵派的末流，對於近十年的新詩是一種扭曲。……今日的新詩運動是廣闊的現代文藝中的一環，並非言曦先生所說的象徵派的餘波。言曦先生以爲象徵主義是現代文藝中的毒蛇猛獸，且將他所感到困惑的一切流派皆籠統地稱爲象徵主義，正如不解現代繪畫者把一切難懂的的繪畫皆歸入印象派。〔註 175〕

以余光中爲首的現代詩人強調自己是受了現代主義的影響，而不是十九世紀的象徵主義。這個爭議在覃蘇「象徵主義論戰」時也已經討論過。面對余光中的反駁，言曦也提出自己的一套說法，他說：「我甚至看不出意大利未來主義的瑪里納蒂和梅特林克在創作精神上有什麼不同，達達主義鼓勵回復原始的幼稚的衝動，亦正與今天的一些詩人嚮往醉漢的夢囈，嬰兒的哭喊，桴數相應，因此我願意把他們歸於一類，稱爲『象徵主義的家族』。」〔註 176〕言曦

〔註 173〕言曦，〈新詩閒話之一：辨去從〉《中央日報》（1959 年 11 月 23 日）。

〔註 174〕言曦，〈新詩閒話之一：隔與露〉《中央日報》（1959 年 11 月 21 日）。

〔註 175〕余光中，〈文化沙漠中多刺的仙人掌〉《文學雜誌》7 卷 4 期（1959 年 12 月 20 日），頁 26、27。

〔註 176〕言曦，〈新詩餘談之二：悟與誤〉《中央日報》（1960 年 1 月 10 日）言曦的家族說法雖然受到很多批評，但是他的說法其實是根據維根斯坦所提出「家族

的這番「象徵主義的家族」的說法後來不免又被現代詩人們批評一番。但是值得思考的是，為什麼蘇雪林、言曦等人會把象徵主義與現代主義混為一談。因為就傳統立場論者來看，象徵與現代主義都是從西方引進，都鼓吹晦澀難懂詩風的理論，由於在現代詩場域當中，兩種理論所佔據的權力位置是如此接近，所以才會讓人看不出差別。

（二）現代詩創作是否應依循中國文學傳統

如果現代詩不應該師法西方文學理論，那麼現代詩應該依循什麼理論發展呢？言曦認為現代詩應該依循中國古典詩傳統發展。因此言曦的立論都根據中國古典文學理論，試圖以中國古典文學史的傳統來理解許多現代詩發展的現象。例如現代詩受到現代主義的影響而形成隱晦風格，言曦則以中國古典詩史上的奇險詩派來理解，言曦說：「象徵派詩最大的一種危險是本無可捕捉的詩境。而不得不再以艱澀的造句來掩蓋其空虛，淺入而深出。正如宋人評黃庭堅詩：『專在句上弄遠，成篇之後，意境皆不甚遠』，缺乏神秘的本質，而專在章句上故布疑雲，對於讀者是一種笨拙的愚弄。」〔註177〕言曦不但以此看待象徵主義，並且還依儒家正統價值觀來駁斥這種奇險詩風，又如李金髮也被類比為李賀、李商隱這類奇險派詩人。

面對背離中國傳統的質疑，余光中分則以「現代化」來回應，因此運用新的詞彙、外國地名入詩，但這並不違背中國文學傳統，因為中國文化本來也是各種文化的揉合而成。因此：「我們的結論是：新詩是反傳統的，但不準備，而事實上也未與傳統脫節；新詩應該大量吸收西洋的影響，但其結果仍是中國人寫的新詩。優生學的原則是避免同族通婚；我們不認為同一血脈的組成份子必須永遠互相通婚才會產生健康的後裔。」〔註178〕同時，但是言曦所提出中國詩學的說法也不是全然無誤，他曾提出中國詩傳統強調與讀者保持適當距離，而這就是王國維所謂的「隔與不隔」的問題。這個說法余光中特別在〈文化沙漠中多刺的仙人掌〉中指出王國維認為詩之妙處在不隔，而病在隔，因此言曦對王國維「隔與不隔」的理解是錯誤的。

但古典詩與現代詩畢竟不同，強加比附也實有不通之處，因此言曦除了

相似性」（family resemblance）的說法。維根斯坦（Ludwig Wittgenstein，1889
～1951年）奧地利哲學家，語言哲學的奠基人。
〔註177〕言曦，〈新詩閒話之一：隔與露〉《中央日報》（1959年11月21日）。
〔註178〕余光中，〈新詩與傳統〉《文星》5卷3期（1960年1月1日），頁5。

提出中國古典詩的傳統之外，他還提出民初五四運動以來，胡適乃至新月派的白話詩傳統。想以此糾正現代主義詩風的發展。為此，言曦特別讚美五四時期新月派徐志摩、朱自清等人，認為他們的詩不但向上繼承中國文學傳統，同時這些詩作所有的字句淺白以及音韻優美的種種特色，最符合言曦心中好詩的標準。言曦說：「徐志摩、朱自清並不乏奇峭的佳句，而他們亦皆散文的名家。故雖求警策而不流於乖謬。李金髮承歐洲象徵派的餘韻，有志於標奇履險，以與『新月』的工整流麗相抗衡。而力有未逮，至於艱澀難通。李詩是一種變，但不能即認為是徐朱的進步，猶如唐詩至宋為一變，但宋詩並非唐的進步。」〔註 179〕因此言曦花很大的篇幅想要證明今日新詩不如五四新詩，但這種貴古賤今的言論也引起現代詩人的強烈反駁。

在詩人的反駁中，夏菁提出〈以詩論詩——從實例比較五四與現代的新詩〉，以兩個時代同樣題材的實際詩例比較，來證明現代詩人更勝一籌來駁斥五四時代的新詩勝過當時現代詩的論點。夏菁分別舉出五四時代徐志摩、朱自清、劉大白、俞平伯、葉紹鈞為例。現代詩人則舉余光中、覃子豪、瘂弦、吳望堯、黃用、方思為代表。〔註 180〕而覃子豪則檢討五四時代詩人雖以反傳統為號召但卻無法跳脫傳統的藩籬，覃子豪在其文章〈從實例論因襲與獨創〉中說如此評論徐志摩的詩：「當時的讀者在尚未擺脫舊詩詞的薰陶和影響之下，特別重視詩的韻味，而詩的真正韻味，是存在內容本身，並非存在於詩的韻腳，讀者往往有種錯覺，把詩的音韻，當成詩的韻味。」〔註 181〕覃子豪想強調時至今日，讀者已擺脫舊詩詞的影響，不會再把詩的韻腳看得比詩本身的內容還重要，但事實上，在發生論戰的五〇年代，除了現代詩人外，多數讀者仍然喜歡古典詩詞乃至於新月派的詩作。因此在五四時期新月派詩人功過的辯論中，有些論者也不能認同現代詩人的說法。現代詩人面對受歡迎的五四時期新月派詩風，只能用現代詩講究藝術成就，而不需要受到大眾歡迎作為辯護，例如余光中與覃子豪的立場相近，而更明白的點出：「五四時代是新詩運動的第一階段，目前自由中國的創作屬於第二階段。在五四，新詩剛剛誕生，提倡者一方面由於無所依憑，另一方面由於有意普及，遂傾向於

〔註 179〕言曦，〈新詩閒話之四：辨去從〉《中央日報》（1959 年 11 月 23 日）。

〔註 180〕夏菁，〈以詩論詩——從實例比較五四與現代的新詩〉《文星》5 卷 3 期（1960 年 1 月 1 日）。

〔註 181〕覃子豪，〈從實例論因襲與獨創〉《文星》5 卷 3 期（1960 年 1 月 1 日），頁 358。

大眾化，頗帶一點遷就讀者的意味，這是不幸的。」〔註182〕從不需要遷就讀者的態度，也帶出這場論戰最核心的爭議。不論是針對現代詩的發展是否需要依賴西方理論或者是否應該依循中國古典詩與五四新月派傳統，最後所爭執的都是現代詩是否需要大眾化，是否需要成爲大眾普遍的讀物。

（三）現代詩創作是否要考慮大眾化

之所以要批評現代詩不講究音樂性，要求現代詩不應該依循外國理論，應依循中國古典詩的傳統，其實都是爲了批評現代詩的晦澀難懂。因爲詩的晦澀難懂而遠離大眾讀者，所以言曦才要批判現代詩。這個問題正是五、六〇年代所有論戰一以貫之的核心問題。

言曦強調現代詩必須考慮大眾化，通俗化的理由有幾個層次，首先言曦強調文學是文字的藝術，必然需要能夠讓讀者理解爲基本條件。言曦：「詩必須是可以讀得懂的，而不是醉漢的夢囈；必須在造句的習慣上可以通得過的，而不是鉛字的任意的排置；必須具有韻律可以擊節欣賞的詩句，而不是拮屈敖牙的散文的排列。」〔註183〕除了言曦之外，門外漢也有相同看法：「大凡文學作品，都是作者使用語文這一工具，將自己心中的思想、情感，透過藝術的形式來『傳達』給讀者，以引起讀者心靈『共鳴』的。要能達到『傳達』的目的，在語文的運用上，自應以『簡潔、明晰、正確』爲第一義。什麼暗示、含蓄，也應以能使讀者易於領會爲是。」〔註184〕如果多數人都不能欣賞現代詩，那失去溝通功能的現代詩豈非毫無意義。但這種太過重視溝通功能的論點，相當不被現代詩人所接受，黃用就反駁：「這種種論調都未能搔到詩的癢處，分明只是爲應用文做註腳，爲宣傳標語下界說，爲流行歌曲捧場。」〔註185〕面對通俗的要求，詩人們則提出雅俗文類界線不分的情形來反駁。

此外，言曦宣稱這種毫無意義的文學作品流行還隱藏更嚴重的問題，就是不需要良好語文能力的劣等作者都可能成爲詩人，長久以來將會使大眾的語文能力都變差。言曦說：「這種詩體最便於掩蓋矯造，使魚龍混雜而莫辨。過去半

〔註182〕余光中，〈文化沙漠中多刺的仙人掌〉《文學雜誌》7 卷 4 期（1959 年 12 月 20 日），頁 32。

〔註183〕言曦，〈新詩閒話之四：辨去從〉《中央日報》（1959 年 11 月 23 日）。

〔註184〕門外漢，〈三談目前臺灣新詩〉《自由青年》23 卷 4 期（1960 年 2 月 15 日），頁 17。

〔註185〕黃用，〈論新詩的難懂〉《文星》5 卷 3 期（1960 年 1 月 1 日），頁 16。

生覓句，亦未必即爲詩家，今天即使寫普通散文尚待斟酌的人，不數年而騰踔攀援，儼然巨匠。又無異爲詩壇開恩科，啓捷徑。……通即是不通，不通即是通，作詩而享受這種充分不顧文法的自由，未有如今日之盛者。」〔註186〕

言曦著眼現代詩導致社會大眾語文能力低落使自己的言論獲得更高的正當性。言曦的說法並非特例，早在蘇雪林與覃子豪之間的「象徵派論戰」時，蘇雪林就曾經提出相同疑慮。蘇雪林明白說他不是要質疑覃子豪這樣的大家，而是批判許多二流的劣詩都假借象徵主義之名而發，長久以後對青年學子會造成不良影響。蘇雪林與言曦的質疑獲得許多立場中立論者的支持，例如吳怡也說：「今天新詩的眞正困難，不在於批評家的批評，和一般讀者的反對。在於隨聲附和的人太多，在經濟學上有所謂劣幣排斥良幣，同樣今日詩壇上也充滿了這許多劣等的僞詩，把眞正的好詩擠在一旁。」〔註187〕平心而論，現代詩創作必然有品質好壞，針對不夠優秀的作品提出批判本無不可。但是蘇雪林很明確指出她批評的是不好的現代詩作品，但言曦卻忽視作品程度好壞，而將所有現代詩作品一概視爲不好的作品。

除了批評失去溝通功能毫無意義及導致社會語文能力低落外，言曦還批評現代詩人的美學信仰，也就是以批判資本主義的現代主義精神。言曦：「一方面反對與時代的悲歡同脈搏（在這種觀點下杜甫的價值是被否定的），除追求藝術的完美外，無所縈心，一方面又預期一切傳統價值的崩潰，這是藝術的安那其主義，其意境須從仇恨與否定周圍的社會而生，而不是由於愛，不是由於人性的至善的美的發掘。」〔註188〕所謂的「除追求藝術的完美外別無縈心」正是十九世紀末英、法所盛行的唯美主義思想，強調「爲藝術而藝術」，同時所謂的「仇恨否定周圍社會」其實是現代主義中常被人討論，文學家對資本主義社會的抗議。

相對於言曦的批評，現代詩人提出兩點答辯。首先關於現代詩爲何會難懂，詩人解釋道這是因爲現代詩要表現現代生活中難以言喻的感受，因此無法以通俗的語言表現。黃用解釋這點說：「詩之所以難懂，其本身帶有奧秘是一個原因。所謂奧秘，是來自詩想像的本質，是結構上的、內在的必須而非外在的炫爍。……新詩人絕不能不忠於詩，放棄詩中的想像去遷就缺乏想像

〔註186〕言曦，〈新詩閒話之一：辨去從〉《中央日報》（1959 年 11 月 23 日）。
〔註187〕吳怡，〈灌漑這株多刺的仙人掌〉《自由青年》23 卷 5 期（1960 年 3 月 1 日），頁 14。
〔註188〕言曦，〈新詩餘談之四：愛與恨〉《中央日報》（1960 年 1 月 12 日）。

力的讀者；詩人寫詩原只是提供『境界』而不是『說明』。」〔註189〕黃用甚至說詩不必包含意義或者美感，因為現代詩已經超越了美與醜的界線。黃用說：「現代詩努力於推翻審美學上美與醜的藩籬，將醜陋吸收到一個美的更高的類目中，使人們超出審美學上美與醜的界限。」〔註190〕

現代詩表現的境界太過深奧，因此即使有深奧的涵義，仍不容易被人理解，由此則導出詩人們的第二點答辯，那就是大眾讀者的程度太差，不能理解現代詩的這種深奧的美感表現。白萩說：「對於現代藝術的所謂難懂，固然有由於作者表現的內容過於深奧，太富技術性，但在中國所謂難懂，大部分基於藝術知識過份缺乏所致。不肯充實自己而病人家太過艱深，以自己高高在上，令人家俯就自己，正相同於清末閉關自守的顢頇。世界藝術思潮普遍進步至此，不急起直追，而作無知之喧囂，難怪被外國人士譏之為文化沙漠了。」〔註191〕但是這種程度不好不是關鍵的原因，因為現代詩仍有許多讀者，黃用就說：「讀者的水準並不如某些人所想像的，只能接受『明白曉暢』、『沒有一句遠離文法常軌』的直敘詩或告白詩。新詩在軍中在學校擁有許多讀者便是一個明證。如果不歡迎新詩的只是老學究與小政客，這於新詩又有何損？」〔註192〕現代詩雖然不被社會大眾，尤其是鼓吹中國古典文化的政府高層所接受，但卻受到許多市井小民的支持。因此詩人們導出最後的結論是，現代詩不受歡迎是因為讀者大眾抱著錯誤的預設立場心態，不願意好好學習接觸現代詩，也因此現代詩注定是小眾菁英文化，難以普及。紀弦說的最直接：「那些攻擊新詩漫罵新詩的人，都是戴著『傳統詩觀』之有色眼鏡的，頑固萬分，死也不肯脫下，因而搞不清楚什麼是詩與歌的分別，新詩與舊詩的分別，現在詩與傳統詩的分別，無怪在他們看來，凡他們看不慣的，就都是不行的，都是『黑漆一團』，而且都是罪該萬死的象徵派了。老實說，現代詩是少數人的文學，不是大眾化的，根本不以『老嫗都解』為榮幸，甚至於不以一般讀書人的喝采為光榮。」〔註193〕紀弦的態度雖然狂妄，但也說出許多現代詩人當時的看法。余光中的這段話可以說是現代詩人最後的結論說：「我們不屑於使詩大眾化，至少我們不願降低自己的標準去

〔註189〕黃用，〈論新詩的難懂〉《文星》5 卷 3 期（1960 年 1 月 1 日），頁 16。
〔註190〕黃用，〈論新詩的難懂〉《文星》5 卷 3 期（1960 年 1 月 1 日），頁 16。
〔註191〕邵析文，〈從新詩閒話到新詩餘談〉《創世紀詩刊》（14 期，1960 年 2 月 1 日），頁 8。
〔註192〕黃用，〈論新詩的難懂〉《文星》5 卷 3 期（1960 年 1 月 1 日），頁 15。
〔註193〕紀弦，〈表明我的立場〉《藍星詩頁》18 期（1960 年 5 月 10 日），頁 1。

迎合大眾，因為流行音樂在這方面已經滿足了大眾的需求。我們要求大眾藝術化，要求讀者提高自己的水準。」〔註194〕

三、現代詩場域的生成

蕭蕭曾經討論這場論戰的影響說：「這一場論戰，其實可以說是新詩教育的推廣，一個詩門外行人的幾句閒話，引起熱心的詩人跳出來詳細說解析新詩歷史，賞析詩句，甚至於還提示創作方法，以學術性的專論去面對信口的雌黃，雖然『摸象』、『畫虎』、『捫蝨』的調侃語彙，顯然已動了氣，但猶能保持詩人的『教育工作者』之身分。」〔註195〕雖然詩人們的確盡到努力解說現代詩的責任，但是社會大眾並沒有馬上接受現代詩，事實上，這場論戰對現代詩壇的影響遠大過於社會大眾對現代詩的看法。而對現代詩壇最重要的影響在於現代詩場域的確立。

「新詩閒話論戰」是五○年代幾場論戰中規模與影響力最大的一場論戰，影響了臺灣現代詩人普遍接受現代主義。原因在於參與刊載論戰文章的文化媒體特別多樣，這場論戰參與的媒體包含報紙有《中央日報》、《臺灣新生報》、《聯合報》；雜誌包含《文學雜誌》、《文星》、《自由青年》以及詩刊《藍星詩頁》、《創世紀》、《現代詩》。

《中央日報》與《文星》在當時是知名重要的媒體，因此這場論戰引起了廣大的迴響，覃子豪、余光中、黃用、夏菁等人大力解說現代主義的創作觀點都引起現代詩人們的注意，相較於言曦的雜文作家身份以及重視中國傳統的發言，余光中等人的說詞則顯示出專業與前衛的姿態。尤其是余光中主編過《文星》和《文學雜誌》這兩份刊物的詩選欄，因此將現代詩推廣到比專業詩刊更具普及性的兩份刊物上，跨越了以往詩人只在詩刊上發言的侷限，讓現代主義文學主張傳播的更廣，余光中此舉成功的吸引詩壇內外部對現代詩的關注，使這場論戰的規模擴大許多。

大約在這場論戰的同時，不同的詩社都表現出對現代主義的接受。在1959年4月《創世紀》十一期推出「革新擴版號」，一改過去「新民族詩型」的主張，

〔註194〕余光中，〈文化沙漠中多刺的仙人掌〉《文學雜誌》7卷4期（1959年12月20日），頁32。

〔註195〕蕭蕭，〈五○年代新詩論戰述評〉收入《臺灣現代詩史論》（臺北：文訊雜誌社，1996年），頁118、119。

轉而強調詩的「世界性」「超現實性」、「獨創性」和「純粹性」，於是原本以《現代詩》詩人群為核心的「現代派運動」轉移到《創世紀》來，林亨泰描述這段轉變：「進行得比現代派還現代派，提出『超現實主義』的主張」〔註 196〕當時《創世紀》的成員中，參加這場論戰的是白萩與張默。張默是《創世紀》代表性人物，白萩也是日後《笠》詩社中重視現代主義的前輩詩人。藍星詩人更是這場論戰中的主力，余光中與黃用不斷提出理論說明，夏菁則一直以實際詩例來證明。除此之外，紀弦也很興奮的看到詩壇普遍接受現代主義的影響。紀弦忘我的說：「我們將繼續致力於強化詩壇的大團結。我們和『藍星』、『創世紀』、『筆匯』及其他目標一致步伐一致的集團站在一起。這鋼鐵的陣線，這堅強的團結，說足以粉碎來自任何方面之襲擊而有餘。不妨教那些愚蠢的開倒車主義者，那些迷戀骸骨的泥古主義者，來試試這力量是不是可以輕估的！」〔註 197〕就傳播的角度來看，「新詩閒話論戰」為現代主義達到了良好的宣傳效果。

　　嚴格說來，「新詩閒話論戰」的起因其實是受另類文化影響下的現代詩人們，抵抗主導文化的召喚，拒絕接受由言曦所代表，受主導文化期待的現代詩類型，堅持一種自己創作自由。奚密談到這種現代詩論戰史常見的情況：「一方面因其社會地位的陡降，一方面因其高度實驗性的取向，現代詩不得不社會大眾辯解其存在之正當性。這方面的考量往往導向如下的化約答案：詩應該為社會（或人民）服務。但是，在剝奪詩的根本屬性──表達自我的自由──的同時，淺薄的目的論懷疑、批評、否定了個人在語言和形式方面所做的探索，構成現代漢詩史上多次論戰的一個主因。」〔註 198〕一如奚密所說，是要為大眾而寫，還是要為自己而寫，成為這場論戰的主軸。

　　但是我們也不能忽略以言曦為代表的主導文化影響，因為相較於現代詩人聲嘶力竭的辯論，在五、六〇年代言曦的說法才是多數人的看法。侯作珍說：「傳統作家與讀者多半仍循舊詩和五四新詩的美學標準，指責新詩的不可歌與文句不通，造成新詩的難懂以及與大眾脫節，這種反應一方面是傳統觀念不易破除的表現，一方面也確實指出現代主義風靡詩壇後所產生的流弊。」

〔註 196〕林亨泰，〈從八〇年代回顧臺灣詩潮的演變〉《林亨泰全集》第五冊（彰化：彰縣文化，1998 年），頁 83。

〔註 197〕紀弦，〈本刊的再出發，新詩的保衛戰〉《現代詩》新一號（1960 年 6 月），頁 1。

〔註 198〕奚密，〈臺灣新疆域〉《二十世紀臺灣詩選》（臺北，麥田：2001 年 8 月），頁 28。

〔註199〕如果多數人要求符合中國古典詩傳統與五四新月派傳統的現代詩作品，那麼現代詩人們要如何面對這種要求。就在接下來的「天狼星論戰」中，余光中終於決定轉向古典抒情詮釋社群，成為七〇年代鼓吹中國古典文化最得力的現代詩人之一。以這個角度來看「新詩閒話論戰」當中的論述，言曦、門外漢等人的主張常被人視為詩壇外的「門外漢」攻擊詩人的業餘意見。〔註200〕實際上卻不妨視為現代詩場域中的兩種基本詩觀，分別是古典抒情詮釋策略與現代主義詮釋策略。這場現代詩論戰史上第一次大規模的論戰，也是之前五〇年代三次論戰的總結，重新檢討之前三次論戰議題。表面上，現代詩人雖然得到勝利，但是如何兼顧現代主義的風格卻又能中國古典取得平衡的意見卻日漸發酵，而後終於影響了余光中的轉向。

第六節　天狼星論戰

「天狼星論戰」〔註201〕是「新詩閒話論戰」結束後，另一件時常被人討論的小型論戰。起因於余光中在《現代文學》發表了長詩〈天狼星〉，之後洛夫發表了〈天狼星論〉來評論之，並宣稱這首〈天狼星〉：「是中國現代詩歷年來創作中一座最巨型的文學建築，是詩人們歷年來對現代藝術實驗與修正的過程中一項大膽的假設，也是目前中國新詩諸多問題，諸多困惑的一次大暴露。」〔註202〕，此舉引起余光中發表〈再見，虛無〉來反駁洛夫的看法。之後洛夫並沒有繼續發表文章，這場論戰也就此告一段落。

這場論戰規模雖小，但是由於參與的余、洛兩人在詩壇的影響力大，加上這次論戰可以說是余光中告別現代主義，擺脫晦澀虛無風格的里程碑，使

〔註199〕侯作珍，《自由主義傳統與臺灣現代主義文學的崛起》文化大學博士論文（2004年），頁278。

〔註200〕門外漢的投書化名「門外漢」，其實就隱含著隔絕於詩壇之外的詩壇門外漢的涵義。

〔註201〕最早討論這場論戰的是陳芳明的〈回頭的浪子〉《後浪》第八期（1973年11月15日）〈回望天狼星〉《書評書目》49（1977年5月）、50期（1977年6月）之後張默〈從繁富到清明〉《文訊月刊》十三期（1984年8月）也討論到這場論戰。較近一篇討論這場論戰的是李瑞騰〈六十年代臺灣現代詩評略述〉《臺灣現代詩史論》（臺北：文訊，1996年3月）但這麼多人討論過卻沒有人明確為此論戰定名。因此本文以引起論戰的詩名「天狼星」為這場論戰的名稱。

〔註202〕洛夫，〈論余光中的天狼星〉《現代文學》第九期（1961年7月），頁77。

得此一小型論戰仍有其討論的豐富空間。在七〇年代頗以余光中研究爲志業的陳芳明，對此次論戰有許多重要精闢的研究。在〈天狼星〉發表了十五年後，余光中應楊牧之邀，在洪範出版了《天狼星》詩集。經過十五年的沈澱，新的〈天狼星〉大方向沒有改變，但就一些詩句作了細節的修改。另外陳芳明也針對這本新的詩集寫了〈回望天狼星〉，相較之下，陳芳明的看法有較大的改變，過去陳芳明較爲肯定〈天狼星〉的成就，但在〈回望天狼星〉則認爲這是一首代表了當時的現代主義失敗作品。

　　以今天的眼光來看，這場論戰仍有值得詳細討論的必要，首先陳芳明的研究成果雖然相當完整，但是針對余光中以及《天狼星》本身，並沒有詳細討論論戰的本身。其次余、洛兩人之間詩學觀念的差異，正代表了詩壇經歷當時現代詩史上最大的一次論戰之後，面對社會大眾的種種批評，詩人們對於現代詩發展的走向的不同思考，有余光中在文化上的回歸中國抒情傳統的的轉向，以及洛夫更堅定現代主義論述策略。我們可以發現現代詩的兩種論述策略，在經歷「天狼星論戰」之後，各自成形。

一、論戰過程概述

　　論戰起因於余光中在《現代文學》第八期發表了一首長詩〈天狼星〉，余光中說天狼星：「所表現的是我一九六一年春天的精神狀態。」〔註203〕當時的余光中雖然剛結束與言曦之間的「新詩閒話論戰」，但是對於現代主義不無懷疑。因此寫下這首紀念自己一九六一年前後生活的作品，詩中則或多或少談到與自己友好的現代詩人以及自己對現代詩運動的看法。

　　接著《現代文學》第九期，洛夫則發表了〈論余光中的天狼星〉，表達自己對〈天狼星〉的看法。平心而論，洛夫的〈論余光中的天狼星〉不失爲一篇有立論企圖，分析翔實的精彩詩論。首先，洛夫認爲〈天狼星〉是一篇關於描寫現代詩人奮鬥精神的史詩，接著依次分析何謂「史詩」，並討論現代詩體寫作史詩題材的可能性，最後細部分析指出詩中的優點與缺點。

　　洛夫的分析其實很誠懇，首先洛夫對余光中以及〈天狼星〉都給予相當大的肯定，例如洛夫說：「作者這種旺盛的企圖心，這種追求博大的傾向以及驚人的創造力，都將爲中國新詩開闢一個新的路向。」〔註204〕洛夫雖然認爲

〔註203〕余光中，〈再見，虛無！〉《藍星詩頁》第三十七期（1961 年 12 月）。
〔註204〕洛夫，〈論余光中的天狼星〉《現代文學》第九期（1961 年 7 月），頁 79。

重複語詞的作法斧鑿太深，但接著又說：「不過，就另一角度看，〈天〉詩中之四例並無可厚非，反益證作者對文字技巧運用之嫻熟。」〔註 205〕其次，洛夫指出這首詩的主旨是爲了紀念現代詩人與現代詩運動，十五年後的余光中自己承認當時以天狼星爲題，並且加上「天狼星的戶籍」此節，的確有以天狼星比擬現代詩人的企圖，余光中接受陳芳明訪談時也說：「在現代文學的運動中，我選擇了天狼星，也帶有一點自嘲的意味，好像現代詩人、現代畫家在當時的社會都被認爲是一群叛徒。」〔註 206〕

　　此外洛夫對〈天狼星〉的細部分析一針見血，雖然余光中在〈再見，虛無！〉中並沒有承認這些缺點，日後以詩集出版時，卻都依著洛夫的意見作了修改。陳芳明說：「大致上說，洛夫批評〈天狼星〉技巧上的缺失，可以說是相當準確的。更值得注意者，余光中修訂舊稿時，也幾乎都接受了洛夫的批評。」〔註 207〕洛夫批評的準確可見一斑。修改的地方包括〈天狼星〉的第一節「天狼星的戶籍」的必要性。洛夫說：

> 我們推測「天狼星的戶籍」之出現，其用意可能有三，（一）是一種現代主義表現趣味的裝飾。有許多作者爲了達到某種強烈的藝術效果時，往往玩弄一些「有意晦澀」的小魔術。……（二）是表弟們（現代詩人群）的象徵。以一連串嚇人的天文名詞，光度，熱度來隱喻現代詩人藝術成就的輝煌。……（三）如僅係天文知識之炫耀，則無啥意思。〔註 208〕

一如洛夫所說，這樣設計除了是一種標新立異的表現方式外，就整體而言實無必要，因此余光中在新的〈天狼星〉中將此小節便全部移去。另外洛夫批評余光中刻意以重複詞語來製造詩中音樂性是一敗筆：

> 如「萬聖節」中的「此刻此刻擦擦，此刻此刻擦擦，擦擦！擦擦！」在表現上實無必要。這類例子在「天」詩中意累見不鮮。如「圓通寺」第六節之「Adagio，而且 Adagio，而且 Adagio」（即緩徐之意，使用原文想係取其催眠之聲音），又「海軍上尉」第五節：「古吉啊，古吉，我的古吉」，以模仿「貓在日式屋頂」，「厲呼佛洛伊德的鬼魂」

〔註 205〕洛夫，〈論余光中的天狼星〉《現代文學》第九期（1961 年 7 月），頁 92。

〔註 206〕陳芳明，《詩與現實》（臺北：洪範，1983 年），頁 20。

〔註 207〕陳芳明，〈回望「天狼星」〉《書評書目》四九、五十期（1977 年 5 月，1977 年 6 月），頁 73。

〔註 208〕洛夫，〈論余光中的天狼星〉《現代文學》第九期（1961 年 7 月），頁 86、87。

> 之呼叫。「太武山」第十節隔行使用「敲，彌衡的鼓聲，敲彌衡！共三次，以及該詩中數次出現之蓮花落調「咿呀呵嗨——呀呵嗨」之協奏，其用意均在製造音響效果。〔註209〕

對於這點，余光中雖然反駁「古吉」是用司馬中原小說中的典故，但其他不必要的重疊詞在新版的〈天狼星〉中盡數刪去。可見後來的余光中完全接受了洛夫在細部批評建議。

但1961年的余光中對洛夫的批評卻一點也不領情，余光中在《藍星詩頁》上發表了〈再見，虛無！〉。文中根據洛夫提出的缺點一一反駁，並且指洛夫是一個「主義至上者」（Ismaniac），認爲洛夫過度執著於理論，而忽略更重要的實際創作。最後余光中大膽推翻自己過去的論調，做出背離現代主義的宣言：「如果說，只有達達主義與超現實主義主義是現代詩的指南針，與此背道而馳的皆是傳統的路程；如果說，只有承認人是空虛而無意義的才能寫現代詩，只有破碎的意象是現代詩的意象，則我樂於向這種『現代詩』說再見。」〔註210〕在〈再見，虛無〉之後，余光中開始致力於創作淺白、協韻，意義清楚的現代詩作，而洛夫與「創世紀詩社」等人則開始了大量而豐富的臺灣超現實主義詩作的實驗。「天狼星論戰」至此大致結束，到了七〇年代，余光中已經是古典抒情詮釋社群的代表性人物，他所代表的「中國特質」隨著主導文化深植人心，因此當時嚮往余光中詩風的陳芳明，還在《後浪》詩刊上與管點爲了余光中的成就爭執。

二、論戰焦點分析

歸納洛夫、余光中兩方爭議的焦點，可以分成以下兩點：

（一）主題是否太過強調

洛夫認爲〈天狼星〉乃是一首描寫現代詩人以及現代詩運動的史詩，他說：

> 顯然，「天狼星」所企圖表現的正就是「表弟們」（現代詩人群）的悲劇性的遭遇，並爲這群詩人和他們十年來的苦鬥經驗立傳，是以作者乃抓住幾項現代事物的典型，人的典型，以時間觀念與空間觀念相互交錯，相互印證，使「天狼星」成爲一種具有強烈震撼力，

〔註209〕洛夫，〈論余光中的天狼星〉《現代文學》第九期（1961年7月），頁92。
〔註210〕余光中，〈再見，虛無！〉《藍星詩頁》第三十七期（1961年12月）。

> 一種磅礴雄偉感，一種深度，高度與廣度的現代史詩；現代人的史
> 詩，現代詩型的史詩。〔註211〕

洛夫的解讀精彩之處在於他了解許多現代詩運動與現代人的背景知識，因此解說了余光中詩中許多不易理解的字句，並且將全詩確立出一個意義方向。但是余光中當時只解釋到：「『天狼星』所表現的是我一九六一年春天的精神狀態。」並沒有說明這是否是一首關於現代詩人詩運的史詩。陳芳明詳細分析〈天狼星〉的結構，認為有一半的篇幅都是寫余光中自己，同時以組詩的形式也看不出有明確的敘事。因此面對洛夫的分析，陳芳明直接斷言道：「無論如何，把「天狼星」當作一首長敘事詩，或是一首史詩，都是錯誤的。它僅僅是一首組詩，嘗試從各個不同的角度，向內省察自己的思想，並向外觀察文化的前途。」〔註212〕

但是〈天狼星〉不是一首敘事詩、史詩並不代表余光中沒有寫一首史詩的創作企圖。余光中在新版的〈天狼猶嗥光年外〉中花大篇幅解釋中國的史詩敘事詩傳統的缺乏。言下之意，似乎在為〈天狼星〉未能成為更明確的敘事詩辯護。同時在陳芳明的訪談中，余光中自己也承認〈天狼星〉的創作企圖，他說：「這裡面有自傳，也有為朋友作傳。不過在自傳與他傳之間，可以說是所有現代主義者、所有的叛徒的一個總傳。我當時的野心是如此，裡面也寫到瘂弦、周夢蝶等人。」〔註213〕就為所有「現代主義者」作傳這點來說，余光中的創作動機的確與洛夫「史詩」的說法相互契合。

既然如此陳芳明為何說〈天狼星〉不是敘事詩呢？因為此時余光中的寫法仍是現代主義風格，導致詩中既希望表現中國傳統，卻又帶有存在主義式頹廢。雖然有些字句已轉為淺白，但是仍有許多字句相當晦澀。因此〈天狼星〉可以說是一首不成功的史詩或敘事詩。但此詩介於西方與中國、傳統與現代、晦澀與明朗之間的風格，讓不同的論者有不同的看法。首先洛夫以為這首史詩還太過明朗，不夠抽象，因此他提出：

> 所謂史詩的「史」，就現代藝術觀點而言，自非事件之「史」，而是
> 一種現代精神活動之「史」，現代詩人靈魂探險之「史」，時空觀念
> 與價值意識壓縮之「史」。〔註214〕

〔註211〕洛夫，〈論余光中的天狼星〉《現代文學》第九期（1961年7月），頁77、78。
〔註212〕陳芳明，〈回望〈天狼星〉〉《書評書目》第四九期（1977年5月），頁23。
〔註213〕陳芳明，〈回望〈天狼星〉〉《書評書目》第四九期（1977年5月），頁21。
〔註214〕洛夫，〈論余光中的天狼星〉《現代文學》第九期（1961年7月），頁78。

洛夫對太過顯而易見的情節以及人物刻畫都感到不滿，希望余光中以更抽象、更形而上的方式來寫這篇史詩。對此洛夫引法國心理學家雷拔（Theodule Ridot，1839～1961 年）的說法，把創作過程分成經驗的與直覺的兩種，前者是有意識的構思，是傳統的創作法；後者是直覺湧現，再加以完成，是現代的創作法。接著說：「據此而言『天狼星』，當可知作者的創作方法是屬於前者的，故有人謂『天』詩可能是擬就大綱的『計畫創作』。無疑的『天狼星』是一首以現代技巧表現傳統精神的詩，一首較成熟的傳統詩。」〔註215〕

　　而〈天狼星〉是否是史詩，是否太過強調敘事的部分，背後還有更深一層的含意，洛夫認為現代主義詩人所共同信仰的哲學思想是「存在主義」。但是存在主義的思想與史詩的本質是抵觸的。洛夫說：「史詩的表現手法必須以人物為經，以事件為緯而貫通時間與空間，但在現代藝術思想中，人是空虛的，無意義的，它否認了『人』在人文主義中所認定的固有價值。」〔註216〕如果堅持史詩固有的特色，將失去現代主義詩獨有的風格。但是洛夫並沒有因此而批評余光中，反而稱讚余光中能夠調和這種思想上的抵觸，而開創現代詩的新途徑。但是余光中卻很不耐煩於洛夫關於存在主義的說法。反過來大加批評，認為洛夫的說法會將引導現代詩走向虛無、毫無意義的方向而終將失敗。余光中質疑洛夫：「這些虛無主義者大可不必寫詩，因為這樣適足表示他們未能免於積極，未能忘情於文化。」〔註217〕相對於洛夫希望余光中能夠創作出現代主義的史詩，余光中則宣言自己將放棄現代主義，回到傳統來。

（二）語言是否太過清晰

　　除了指出余光中想要為現代主義者作傳的企圖太明顯之外，洛夫另一個批評的重點在於〈天狼星〉的語言太過清晰。洛夫說：「〈天〉詩乃流於『欲辯自有言』，『過於可解』的事的敘述，這就是詩意稀薄而構成〈天〉詩失敗的一面的基本因素。故意隱藏，高度晦澀可能變成一首壞詩，一首偽詩，自不為格調高遠作者所取，但過於可解，就現代詩的觀點而言，勢必造成「可感」因素的貧弱。」〔註218〕

〔註215〕洛夫，〈論余光中的天狼星〉《現代文學》第九期（1961 年 7 月），頁 82。
〔註216〕洛夫，〈論余光中的天狼星〉《現代文學》第九期（1961 年 7 月），頁 78。
〔註217〕余光中，〈再見，虛無！〉《藍星詩頁》第三十七期（1961 年 12 月）。
〔註218〕洛夫，〈論余光中的天狼星〉《現代文學》第九期（1961 年 7 月），頁 83。

　　洛夫宣稱自己是信仰存在主義的超現實主義者，因此詩作也傾向凸顯人的存在荒謬、無意義的風格，詩中也刻意避免明顯的含意。對這樣的洛夫而言〈天狼星〉的意旨太過明顯。洛夫評論道：「行與行之間，形象與形象之間均可找到作者蓄意雕鑿的痕跡，其所敘述經驗中的事實亦如清水面上的一份浮油，均可清楚予以分辨，予以詮釋。」〔註219〕言下之意，洛夫希望余光中能夠更徹底「切斷聯想」，創作更難懂的詩作。

　　對於這樣的批評，余光中也不客氣批評洛夫：「現代詩固然不是給『大眾』讀的，但至少它應該能滿足一些『被選擇的心靈』，一些同道。我可以很誠懇地說：對於讀詩，譯詩，寫詩，編詩，教詩，評詩皆略有經驗的我說來……〈石室的死亡〉是一首甚有份量的重要的作品，然而由於某些段落過於『晦澀』（除『晦澀』之外，沒有別的形容詞）乃使許多讀者……無法作恰如其份的感受，這實在是非常可惜。」〔註220〕余光中並不認為自己過於淺白，反而覺得洛夫的詩太晦澀。相反的，日後的余光中甚至覺得當時的〈天狼星〉仍然太過晦澀，不夠淺白。余光中說：「我自己認為當日〈天狼星〉之所以失敗，是因為主題不夠明確，人物不夠突出，思路失之模糊，語言失之破碎，總而言之，是因為定力不足而勉強西化的原故——就像一位文靜的女孩，本來無意離家出走，卻勉強跟一個狂放的浪子私奔了一程那樣。」〔註221〕

　　雖然洛夫批評這首詩太過傳統，懷疑是擬就大綱而作，但洛夫自己也難脫傳統的創作觀，以詩作結構的統一性、一貫性來要求余光中，洛夫點明：

> 「圓通寺」之出現似與「天狼星」全詩的主題沒有絲毫關係。「天」詩之主旨在寫「表弟們」為現代詩之創造拓展而與傳統社會奮鬥的史蹟，而「圓通寺」只是抒作者個人孝思之私情……因為這種不必要的插入，顯然影響了「天」詩的統一性與一貫性。」〔註222〕

嚴格來說，天狼星中並沒有明確的敘事，而任意插入作者自己1961年左右發生的生活片段，這更突顯出〈天狼星〉的現代主義風格，有「圓光寺」一節的突兀，才更顯得破碎、跳躍，這些都更接近洛夫自己所謂「直覺」的寫法。對於洛夫的矛盾，余光中也反唇相譏道：「一方面私淑高克多的即興的自動語

〔註219〕洛夫，〈論余光中的天狼星〉《現代文學》（第九期，1961年7月），頁83。
〔註220〕余光中，〈再見，虛無！〉《藍星詩頁》第三十七期（1961年12月）。
〔註221〕余光中，〈天狼仍嗥光年外〉《天狼星》（臺北：洪範，1976年8月），頁155、156。
〔註222〕洛夫，〈論余光中的天狼星〉《現代文學》第九期（1961年7月），頁87。

言，一方面又佩服梵樂希審慎，循序漸進的，耐心處理的方式，多麼矛盾！洛夫先生，請你先統一您自己的思想，再向我建議吧！」〔註223〕

三、余光中與洛夫的分歧

這場論戰雖然規模小，參與的人少，但卻標誌了一個詩壇的重大轉折，余光中自己也已經感受到這一點，他說：「目前現代詩人自己，即因對傳統有不同的看法，而漸漸呈現出一種對立。我相信，不久塵土落定，即可看出所謂『現代主義』這股滾滾濁流，行將涇渭分明，同源而異向，各歸於海了。」〔註224〕而李瑞騰講的更深刻：「這是現代新詩在臺灣發展過程中最精彩的對話之一，在一九六一年『臺灣現代詩反傳統的高潮』之際，余光中有意走回『傳統』，所以他為現代主義者立傳，不斷以傳統意象為喻，多年以後，他承認洛夫的這篇批評，『對我是一個拯救』，也就是『促使我毅然決然回頭走』，至於洛夫，在幾年之後，還不到一九七一年，洛夫已經從容自如談論起傳統來了。」〔註225〕李瑞騰清楚點出這是余光中回歸傳統的關鍵，同時暗示日後的洛夫也走上相同的發展。

「天狼星論戰」的意義就在於在「新詩閒話論戰」中普遍肯定崇尚藝術成就為場域邏輯的現代詩壇中，古典抒情詮釋社群與現代主義詮釋社群開始分化。以下分別由余光中與洛夫兩人來談古典抒情詮釋社群與現代主義詮釋社群的差別。

（一）余光中的轉向代表古典抒情詮釋社群的出現

「天狼星論戰」象徵余光中希望走出現代主義之外的另一條道路，余光中之所以創作〈天狼星〉原本就是有感於自己從事現代詩運動的反思，在〈天狼星〉中，第一節「天狼星的戶籍」象徵現代主義者在當時社會中的孤獨，但也暗示了他們的崇高地位。第二節「鼎湖的神話」描述中國古代神話遭遇現代時遇到的挫折。第三節「圓通寺」描寫於余光中將母親骨灰安置於圓通寺的經過。第四節「四方城」重現余光中在美國深造的生活感想，透露出鄉愁、對科技的批判以及對國內詩壇論戰的關懷。第五節「多峰駝上」描寫從

〔註223〕余光中，〈再見，虛無！〉《藍星詩頁》第三十七期（1961年12月）。
〔註224〕余光中，〈再見，虛無！〉《藍星詩頁》第三十七期（1961年12月）。
〔註225〕李瑞騰，〈六十年代臺灣現代詩評略述〉《臺灣現代詩史論》（臺北：文訊，1996年3月），頁271。

世界各地環遊渴望回到中國，卻又回不去的感受。第六節「海軍上尉」專寫
瘂弦。第七節「孤獨國」專寫周夢蝶。第八節「大武山」寫在金門的兩位現
代詩人管管與辛鬱。第九章「浮士德」寫自己，第十章「表弟們」指所有現
代主義詩人。第十一節「天狼星變奏曲」是全詩的總結。從每一節詩主題的
整理，可以看出詩人面對喪母之痛，加上遠離家園在美國求學，面對完全沒
有中國傳統文化的新環境，心情想法都因此而改變，同樣的心理轉變歷程也
發生在多位原本鼓吹現代主義的詩人身上，例如楊牧（葉珊）、葉維廉、張錯
（翱翱）等人。他們在五○年代當時鼓吹現代主義最力的青年詩人，但是實
際留學外國的生活經歷，卻讓他們反省一味學習西方文學風潮是否正確，而
中國傳統是否是更能供人辨識的文化特徵。於是他們在日後，或創作或論述
上遂紛紛轉向古典抒情的詩風。

　　余光中打算拋棄為了抗議當代社會而產生的現代主義，因為他質疑這樣
的抗議是否有意義，余：「如果詩既不反映生活，也不表現自我，則詩究竟要
表現什麼？如果詩要反映生活且表現自我，則生活是沒有意義的，自我是不
可認識的，這樣做豈非徒勞？」〔註226〕如果創作「毫無意義的作品」以示抗
議這件事本身已經失去意義，那又何必堅持，因此余光中做出結論：「如果說，
只有承認人是空虛而無意義才能寫現代詩，只有破碎的意義才是現代詩的意
象，則我樂於向這種『現代詩』說再見。我不一定認為人是有意義的，我尤
其不敢說我已經把握住人的意義，但是我堅信，尋找這種意義，正是許多作
品最嚴肅的主題。」〔註227〕這種說法放棄了現代主義批判資本主義社會的立
場，轉而考慮自己寫詩的意義。除了思考詩的意義之外，余光中也考慮新的
創作方法，如果批判社會，以無意義的寫作來抗議的前提不存在了，那麼當
然也沒必要繼續這樣的創作方法。余光中說：「洛夫先生不喜歡我那些透明可
解的，面目爽朗的意象，且認為這是〈天狼星〉所以失敗的一大原因。相反
地，我認為分享經驗是愉快的，而明朗可悟的意象正是分享的媒介。」〔註228〕

　　從「現代派運動」之後，現代詩人中還沒有人像余光中一樣堂而皇之鼓
吹結合中國傳統來創作現代詩。這點連覃子豪都沒有這麼直接的呼籲。因為
此時現代詩人多半根據進步現代化的理由鼓吹現代主義，強調重視古典傳統

〔註226〕余光中，〈再見，虛無！〉《藍星詩頁》第三十七期（1961 年 12 月）。
〔註227〕余光中，〈再見，虛無！〉《藍星詩頁》第三十七期（1961 年 12 月）。
〔註228〕余光中，〈再見，虛無！〉《藍星詩頁》第三十七期（1961 年 12 月）。

的多半不是現代詩人。會有這樣戲劇性的轉變，除了余光中已反省到現代主義的弊病之外，洛夫的批評也發揮了刺激的作用。在陳芳明與余光中的訪談中曾提到：

> 陳：「你在〈從古典詩到現代詩〉這篇文章說，寫完了「天狼星」後，你已生完現代詩的麻疹。請問，如果沒有洛夫的這篇批評，你自己是不是會覺悟到，不受現代主義的影響？」余：「會慢得多。」陳：「那麼說，這是一個觸媒」余：「是的。我覺得他對我的批評，對我來說是一個拯救。……而我的反應是，你認為我不好的地方，我就強調，這是出於一種激將法。」〔註229〕

面對不夠現代主義的批評，反而使余光中決定與現代主義劃清界限。最後要辨明的是，余光中的主張，是否與現代詩場域的邏輯相抵觸呢？余光中所主張的回歸傳統又與之前周棄子、言曦要求現代詩回歸傳統有何不同？余光中所主張的回歸傳統，並不同於周棄子、言曦等人所要求的押韻，符合平仄格律，也不同於蘇雪林等人希望銜接五四時期新月派的傳統，余光中試圖重新以現代主義寫法來表現中國，因此雖然選用了許多中國意象，例如神話與歷史人物，但余光中讓這些意象遭遇現代生活的困境，在余光中的詩中，中國的處境往往是挫折、困頓、不堪，此外他也時常以死亡的意象來表現中國。這些新的創作表示余光中所要求的傳統並非簡單依循前幾次論戰中傳統立場論者的主張，而是試圖以現代主義來表現他對中國的感受。陳芳明討論到這點：「綜觀洛夫與余光中二人論點的分歧，乃在於對『傳統』與『現代』的看法不同。洛夫認為『傳統』與『現代』是絕對對立的，余光中則堅信二者必定可以調和，這樣的分歧乃迫使洛夫走向全盤西化的路線，余光中則成為『回頭的浪子』。……〈天狼星〉產生後，他便邁進新古典精神的時期。他向中國的回歸，可謂是『浪子回頭金不換』，他的作品為新詩發展提供了良好的典型，也就是以作品實踐了『現代』與『傳統』的結合。」〔註230〕

　　嚴格說來，余光中不是最早結合中國古典傳統的現代詩人，余光中與大約同時期，還有周夢蝶以禪思佛語入現代詩，鄭愁予也大量刻畫遊子思婦形象等，但到了余光中提出回歸古典的主張，才使現代詩場域中的古典抒情詮釋社群受到更多重視，主要原因有二，一則余光中回應了主導文化形構要求

〔註229〕陳芳明，《詩與現實》（臺北：洪範，1983年），頁22。
〔註230〕陳芳明，《詩與現實》（臺北：洪範，1983年），頁139。

建構中國想像的呼籲，消除了社會對現代詩西化的顧慮。二則余光中的高學歷外國留學背景以及他長期編輯文學刊物累積的聲望人脈，都讓他的一舉一動受到詩壇矚目，使他所提出文學主張也相對的受到更多重視。

（二）洛夫的批判表示「創世紀」成為現代主義詮釋社群的新代表

在「天狼星論戰」中，洛夫對余光中的批評其實代表「創世紀」取代紀弦的「現代詩」，繼承「現代派運動」，成為現代主義詮釋社群新代表的宣示。林亨泰曾將臺灣詩壇的「現代派運動」分成兩個時期：一九五六年元月由紀弦發起組派，提出「六大信條」，至一九五九年三月，《現代詩》季刊在二十三期中斷，是為「前期現代詩運動」。同年四月《創世紀》十一期推出「革新擴版號」，延續現代派的創新精神，直到一九六九年一月，第二十九期出版後，宣布停刊，是為「後期現代派運動」。前期以現代詩社為主軸，為期約三年；後期則以創世紀詩社為重心，持續了十年之久。〔註231〕在此之前的「創世紀」詩社的方向搖擺不定，多半是軍人身份的成員也沒有突出的論述表現，但在決定轉向提倡「超現實主義」之後，「創世紀」詩社的影響力逐漸提高。

「天狼星論戰」是「創世紀」在詩壇開始嶄露頭角的重要事件。在這之前的幾場現代詩論戰幾乎看不到創世紀詩人發聲。或許是為了爭奪現代主義詮釋社群的代表地位，因此洛夫批評余光中的詩還不夠超現實主義。洛夫說：「有人認為〈天狼星〉某些部分頗有超現實主義的趨勢，這種驟變似乎不太可能，也許其中間或有些詩句較為抽象，意象與意象之間的聯想系統偶然脫線，但這只是作者技巧的變化，而不是作者基本精神的傾向。」〔註232〕洛夫批評余光中只是技巧性的模仿超現實主義，不是真正的超現實主義，頗有確立自己品牌獨特性的味道。因此洛夫將余光中定位為「學院派」，在當時的時空背景下中，「學院派」被暗示是守舊傳統的代名詞。洛夫如此評論余光中：「像這種不合邏輯，不求讀者瞭解的論點與余光中的藝術思想論與藝術方法論均為不合，尤其不應使用在解釋〈天狼星〉上。比較安全一點說：作者是歸依於古典主義的崇實愛智精神而稍偏向於象徵主義的空靈思想，但仍擺脫

〔註231〕相關說法可參考林亨泰，〈新詩的再革命〉、〈從八○年代回顧臺灣詩潮的演變〉、〈現代派運動與我〉收錄於《林亨泰全集》第五冊（彰化：彰縣文化，1998 年）。
〔註232〕洛夫，〈論余光中的天狼星〉《現代文學》第九期（1961 年 7 月），頁 81。

不了浪漫的抒情。」〔註233〕但洛夫不知道余光中正打算轉向古典抒情詮釋社群。

　　就在紀弦的「現代詩」後繼無力，「藍星」諸詩人又轉而崇尚古典的時刻，「創世紀」戲劇性的轉向，繼承了「現代派運動」的方向，開始提倡超現實主義。而我們在「天狼星論戰」中看到另一個重點，是「創世紀」詩人群所提倡的「超現實主義」，避免了之前紀弦所提倡大雜燴式的現代主義，轉而標舉存在主義作爲理論核心，以超現實主義爲創作手法的現代主義。洛夫認爲「存在主義」與「超現實主義」乃是構成「現代文學藝術眞貌之兩大基本因素」，前者重精神之啓發，後者重技巧之創新。其共同點有三：「一、就文學之最高目的而言，兩者均將創作當作藝術家對人生的一種態度。二、兩者都曾企圖藉創作以重獲人類業已失去的自由。三、兩者均欲掙脫集體主義的束縛，重賦個體以價値。」〔註234〕但深究洛夫提出的超現實主義，其實是以存在主義爲哲學基礎，只把超現實主義當成創作技巧，避開其強烈的社會批判色彩，洛夫等人所提倡的超現實主義將人存在的處境形而上化，忽略了眞實人生的臺灣現實社會處境，此舉雖然閹割了超現實主義原有的批判力道，但卻也巧妙避開政府高壓的文藝檢查制度。從結果看，創世紀詩人群在現代詩場域中的策略是成功的，創世紀在其他詩社衰微的六〇年代，憑著傑出的詩作與提倡以存在主義爲內涵的現代主義，成爲現代詩壇最受重視三大詩社之一。

　　五〇年代幾場論戰都是在不斷商榷「現代詩」此一文類應有的文類特質，透過不同詩社詩人間不斷的討論，現代詩人們也獲得現代詩作爲一個專業、崇尚文字美感、實驗性強，排斥功利考量的共識。但正如所有的現代主義文學運動一樣，這樣的共識無可避免遇到社會大眾的抨擊。面對社會大眾的反彈以及對於西化的顧忌，詩人們紛紛試圖用自己的詮釋來回答問題，創世紀詩人群試圖提出更豐富的詩作以及更周全的現代主義理論來回應批評；而以余光中爲首的藍星詩人群則選擇了回歸中國古典抒情傳統的新路線。蔡明諺也指出這種區別：「就如同 1961 年的天狼星論戰所標示的，以洛夫和余光中兩人爲代表，六〇年代的『現代詩』開始往兩條背反的路子上走去。『一種是所謂徹底反傳統的，一種是要再認識傳統的』。『現代』詩的意涵再一次地展

〔註233〕洛夫，〈論余光中的天狼星〉《現代文學》第九期（1961 年 7 月），頁 81。
〔註234〕洛夫，《詩人之鏡》（臺北：大業，1969 年），頁 31。

現了它的包容性和矛盾性。」〔註235〕蔡明諺不能理解余光中如何像陳芳明所說「以作品實踐了『現代』與『傳統』的結合」，但是從六〇年代末到七〇年代中期，余光中結合現代主義的創作方式加上提出「回歸傳統」的口號，成功的讓他成為許多年輕詩人學習仿效的對象。

第七節　論戰史第一階段的整體意義

從 1956 年發生「文學雜誌新詩論戰」到 1961 年的「天狼星論戰」，詩壇連續幾場論戰顯示出臺灣現代詩人們對於現代詩有了共識，詩人們普遍認為現代詩應該服膺西方現代主義的指導，認為現代詩人應該寫作與世界接軌，應該創作主知而不抒情的現代詩。這種共識可以視為「現代詩場域」邏輯的生成的關鍵時刻。

布迪厄認為每一個場域都有其獨特的邏輯，他以遊戲規則來形容場域的邏輯，在此一場域中，就必須依循這樣的遊戲規則進行。例如布迪厄曾舉出「新聞場域」的例子，在「新聞場域」中，求新求刺激的遊戲規則主導所有進行新聞工作者的一舉一動。〔註236〕而在臺灣「現代詩場域」當中，現代主義的影響既深且遠，當我們要思考現代詩場域邏輯時，也無法避免更進一步確認現代主義對現代詩場域的影響。

但現代主義本身就是一個含意複雜的概念，例如過去論者多以蒼白晦澀、逃避現實來抨擊現代主義詩作，今日的論者則認為現代主義代表一種對現有體制的反叛與革命，以這樣的標準來看待當時現代主義的主張者，例如洛夫等人，又覺得他們沒有革命的性格。為何會有這種差異，這必須更進一步瞭解現代主義的內涵才能解答問題。

一、「現代主義」的複雜意涵

現代主義起源於二十世紀初，向上銜接英國的唯美主義思想以及法國的象徵主義思想。但是現代主義在發展的過程中，也衍生出反對現代主義的歐洲前衛藝術運動，包括了被稱為先鋒派的超現實主義、達達主義等前衛藝術

〔註235〕蔡明諺，〈「現代」的用法及其相對意義——以五、六〇年代詩論為考察〉《臺灣詩學學刊》4 期（2004 年 11 月），頁 40。
〔註236〕布迪厄對新聞場域的批判與討論，可參見 Pierre Bourdieu 著，蔡筱穎譯，《布赫迪厄論電視》（臺北：麥田，2002 年 2 月）。

運動。唯美主義與前衛藝術運動等流派的觀念相去甚遠，但傳入臺灣時卻被一概以現代主義視之，因此接受其影響者與批評者往往都發生指稱不清的問題。必須把這個差別釐清才能清楚了解當時論戰中雙方爭議的焦點所在。

（一）唯美主義（Aestheticism）

唯美主義（Aestheticism）出現在十九世紀末的英國，與法國的象徵主義屬於相同的脈絡，唯美主義的主要內涵包括：「一、作爲一種人生觀、主張以『藝術的精神』來探討生命的現象；二、做爲藝術觀——也就是『爲藝術而藝術』的觀念；三、作爲文學與藝術作品之一實際特質。」〔註237〕唯美主義者認爲藝術應該有其獨立的價值意義，不應該成爲道德說教的附庸，因此唯美主義者認爲在藝術上的表現應該追求感官的感受。唯美主義視浪漫主義詩人濟慈（John Keats，1795～1821年）和雪萊（Percy Bysshe Shelley，1792～1822年）爲先驅。在英國，唯美主義最傑出的代表人物是奧斯卡・王爾德（Oscar Wilde，1854～1900年）。

唯美主義剛出現在英國時，也受到社會大眾的批評。研究唯美主義的貝維拉達指出：「這種觀念基本上在十九世紀初的西方觀點中是想像不到的，而且當它在1830年初次出現在大眾面前時激起許多的敵意與抗拒。甚至今天，『純藝術』（pure art）的各種想法，才開始在教室被聽到（至少美國如此）；在我們這個時代，除了受過教育的菁英集團之外這一類的意見大部分不被回應或未被認可。」〔註238〕西方有許多批判唯美主義例子，例如王爾德最終也因爲特立獨行的言論而受到迫害。這些例子讓臺灣的現代詩人日後受到批判時勇於堅持自己的立場。貝維拉達更進一步的分析唯美主義思想的成因，他說：「整個工業資本主義的歷史是以更快速製造更多產品以供應擴張市場的需要壓力，同時，傳統的手工行業被拋棄到社會邊緣複雜的手工技巧也因而荒廢。詩人可被視爲是工業時代裡，最早發現自身實用價值被新科技邊緣化的古老藝術例子之一，此邊緣化過程，重複出現於繪畫與攝影、音樂廳與收音機、散文體小說和視覺媒體等例子。」〔註239〕在工業時代裡，普羅大眾的閱

〔註237〕見 R. V. Johnson 著、蔡源煌譯，《美學主義》（臺北：黎明文化，1973年5月），頁1。

〔註238〕Gene H.Bell-Villada 著、陳大道譯，《爲藝術而藝術與文學生命》（臺北：知書房出版社，2004年12月），頁4。

〔註239〕Gene H.Bell-Villada 著、陳大道譯，《爲藝術而藝術與文學生命》（臺北：知書房出版社，2004年12月），頁51。

讀嗜好轉向小說，當寫作與閱讀透過報紙與大眾讀物的普及而變成一種商業行為，失去商業價值的詩與詩人不得不在逐漸工業化商業化的新時代裡重新尋找自身存在的價值。

十九世紀唯美主義的主張日後成為二十世紀現代主義的前驅，這是因為形成唯美主義的西方工業化社會背景，只有日漸加劇。周小儀說明二者之間的關係：「在文學批評方面，一般的看法也認為唯美主義的文藝觀念是 20 世紀英美現代主義、形式主義批評的前驅，並把佩特、王爾德等人的文藝思想看做是 T.S.艾略特（1888～1945 年）、伍爾芙（Virginia Woolf，1882～1941 年）和美國新批評家的思想源頭之一。」〔註240〕雖然美國現代主義的主張者對於唯美主義有所修正，但是堅持文學藝術應該依循其自身的規則來評價這點卻沒有改變。

因此矛盾產生了，現代主義文學一方面是為了表現現代生活有別於傳統生活而產生，但另一方面卻又要與爭取自身存在的意義，批評現代工商業社會。貝維拉達分析這種情況說到：「藝術的『現代主義』和促成其誕生的中產階級市場社會，兩者之間存有一種非常難以理解、複雜和矛盾的關係。主要原因之一是不少『現代主義』藝術家，感覺來自自由主義社會經濟秩序的公然敵視，他們在這種秩序底下生活，或──為數眾多的例子是──艱苦地求生存。」〔註241〕由於必須抵抗無法商業化而被社會淘汰的壓力，由唯美主義到現代主義都一直堅持「為藝術而藝術」的理念。但在現代主義的名稱之下，還有另一種相當不同的思想傾向，本文以超現實主義概括之。

（二）超現實主義（Surrealism）

前衛主義包含了達達主義乃至於日後的超現實主義。達達主義起源於第一次世界大戰後的 1916 到 1923 年之間，這場運動起源於達達主義者堅信是資本主義社會異化過於嚴重，而中產階級的價值觀過於僵化呆板，才會間接造成第一次世界大戰，因此達達主義者主張破除所有文化體制。取名為「達達」（dada）也是為了彰顯其隨意性與毫無意義。達達主義要求破除一切舊有體制文化，因為舊有的藝術作品通常要傳達某種潛在的、暗示性的信息，因

〔註240〕周小儀著，《唯美主義與消費文化》（北京：北京大學出版社，2002 年 11 月），頁 8。

〔註241〕Gene H.Bell-Villada 著、陳大道譯，《為藝術而藝術與文學生命》（臺北：知書房出版社，2004 年 12 月），頁 166。

此達達主義者則追求創作「無意義」的作品。德國當代社會學家培德‧布爾格（Peter Bürger）指出前衛藝術是為了批判資本主義，以無意義的創作作品來抗議資本社會藝術體制。他的著作《前衛藝術理論》指出西方前衛藝術是為了回應資本主義當中，藝術品喪失意義成為商品的狀況以及唯美主義脫離生活的出現雙重困境而誕生。布爾格指出：

> 隨著前衛歷史運動，藝術這個社會次系統進入了自我批判的階段。達達主義（Dadaismus）──歐洲前衛中最激進的運動──不再去批判在它之前的流派，而是批判藝術體制（Institution Kunst）及其資產階級社會的發展道路。這裡使用「藝術體制」的概念，意指生產及分配的機制也是普及於一個特定時代且決定作品之收受的藝術觀念。〔註242〕

如果藝術品的價值與供需仍然是由資本主義社會所決定，那麼只有毫無意義的作品才能抵抗這樣的現象。

　　但事實上達達主義者的主張太過激進而無法持續長久。到了1924年，法國詩人布勒東發表超現實主義宣言，提出超現實主義運動，許多達達主義者便轉為支持超現實主義。布勒東早年是學醫，弗洛依德的精神分析學深刻的影響超現實主義理論，布勒東主張發揚無意識與非理性作為改革人生的關鍵，在文學創作上則提出影響深遠的「自動寫作」，放任潛意識的意識流動來引導文學創作。而由於達達主義乃至於超現實主義都有強烈反對資本主義社會異化的傾向，因此許多超現實主義者都曾支持乃至加入共產黨。

　　超現實主義與唯美主義最大的不同在於唯美主義堅持自身的價值，不要求改革批判社會。但是超現實主義則有較強的革命傾向，希望透過藝術作品達到改革資本主義社會的目的。布爾格指出這個分別：「前衛與此二者對立──藝術作品所倚賴的分配機制，及由自主性（Autonomie）概念所界定的資產階級社會中藝術的地位。只有在藝術──在十九世紀是唯美主義──完全和生活的實踐脫離，美學面才能『純粹』發展。但自主性的另外一面──藝術的缺乏社會影響力──也受到注意。前衛的抗議，目的在於將藝術重新整合到生活實踐中，卻也揭露擁有自主性與缺乏影響力彼此的關連。」〔註243〕從

〔註242〕Peter Bürger 著，蔡佩君、徐明松譯，《前衛藝術理論》（臺北：時報文化，1998年），頁28。

〔註243〕Peter Bürger 著，蔡佩君、徐明松譯，《前衛藝術理論》（臺北：時報文化，1998

達達主義到超現實主義乃至日後的前衛藝術工作者，雖然認同唯美主義的精神，認爲藝術作品要有自己的主體性，不該淪爲資本社會的附庸，但卻希望改變唯美主義缺乏社會影響力的缺點，想把生活與藝術重新整合在一起。

在現代主義的統稱之下，還有這唯美主義與超現實主義等這兩種差距較大的分別，但是過去的評論者往往忽視兩者差異，把臺灣的現代主義視爲一個整體來討論。例如王浩威回顧臺灣現代主義發展歷程時指出，臺灣的現代主義深受美國影響，是美國式的現代主義，王浩威說：「美國式的現代主義，當時隨著二次戰後形成的冷戰結構，幾乎在白色恐怖的麥卡錫主義旗幟下席捲了大部分的歐美及其扶植的國家。『純文學』、『純藝術』成爲文人求自保的唯一旗幟。」〔註244〕王浩威指責臺灣的現代主義者只是退入純文學、純藝術的小圈圈裡，透過說明超現實主義所具有的批判意味，王浩威希望指出現代主義應該更具有批判現實社會的特質。但廖咸浩則指出王浩威對現代主義還可以更細膩的理解：「作者在文中似乎區分了兩種現代主義，也就是美式與非美式（或歐陸式）的。但是在歐陸式的現代主義中卻沒有再區分象徵主義系統的唯美主義現代主義，以及前衛運動系統，包括達達、超現實、以及未來等。這個區分是非常重要的，因爲一般在批判現代主義時，總是以前者爲對象，後者則被認爲是具有所謂革命性的。」〔註245〕廖咸浩的說法則是把現代主義中的系統說的更清楚，即使美式的現代主義仍受到歐陸唯美主義的影響。

綜合以上的討論，我們知道現代主義的內容，一方面是對資本主義社會的反抗批判，但另一面向是在工業社會當中，積極尋求文學之所以可成爲文學，而不成爲其他學科的附庸的可能性。除了是對社會的批判反抗，但另外也是知識份子尋求文學存在意義的本體論思考。透過了解現代主義的內涵，我們才能知道五、六〇臺灣現代詩人們爲何接受現代主義。

二、現代詩壇以現代主義爲共識的原因

從前幾次現代詩論戰來看，論戰發生的主要原因都跟現代詩不容易理解，詩語言晦澀難懂脫不了關係，但更值得注意的是，現代詩人們不但不願

年），頁28。

〔註244〕王浩威，〈未完成的革命〉《臺灣文化的邊緣戰鬥》（臺北：聯合文學，1996年10月），頁27。

〔註245〕王浩威，〈未完成的革命〉《臺灣文化的邊緣戰鬥》（臺北：聯合文學，1996年10月），頁34。

意反省改變，反而沾沾自喜於受到大眾的排斥批判，完全以菁英小眾文化自居，甚至反過來要求大眾應該提升鑑賞詩的水準，而不是要求現代詩降低自己水準來配合大眾的訴求。以此觀之，臺灣現代詩人們所提倡的現代主義比較傾向歐陸象徵主義唯美主義的現代主義。釐清了這點，我們接著要問的是，為什麼在當時的時空背景底下，詩人們會選擇唯美主義的思考方式來看待自己的身份以及詩作風格。

（一）現代主義賦予現代詩獨立專業的性質

在西方社會，由於印刷術的改良，中產階級的興起等等原因，使小說取代了詩歌，成為新的重要的大眾讀物，詩作失去了市場，詩人也失去了以往的社會地位與謀生能力。為了向這樣的社會抗議，因此產生了現代主義詩歌。同樣的現象也發生在五○年代的臺灣，詩人們不可能以寫詩作為生活方式，甚至連經營詩社、發行詩刊都必須用自己的錢來補貼才有可能。相對於報刊上的連載小說，甚至是專欄雜文作家的收入，寫詩是一件很沒有經濟效益的工作，但是詩人們基於興趣，又不得不艱難地維持詩刊運作。徐望雲曾談到當時辦詩刊的艱難處境：「有時刊物印出來了沒有錢到印刷場去取，張默為它當過腳踏車，瘂弦為它當過手錶，同仁們瞞著太太、丈夫把修房子的錢，孩子的奶粉錢和醫藥費都交了印刷費；……就連《現代詩刊》及《藍星詩刊》的出版也未必順利。」〔註246〕因此西方唯美主義所鼓吹的生活美學化，成為詩人們堅持下去的重要信念，詩人們相信自己是文化上的菁英份子，不追求經濟收益是為了藝術至上的唯美信念，因此在五○年代詩論常可見到對希臘藝術女神「謬思」的描寫。詩人們希望自己在經濟生活上的犧牲能獲得「謬思」女神的青睞。

而在創作上，詩人們也面臨一個新的困境。一方面，國府透過各種半官方的文學機構，大力鼓吹反共詩作。但是大量的反攻詩作不斷重複相似的想法與語言，使詩人們望而生厭。另一方面作為中國古典文化代表的古典詩創作蔚為風潮，古典詩社林立，但是古典詩的創作方式已無法反應現代生活，因此使得大量古典詩作品，都不具有文學史上的重要意義。

奚密談到「為藝術而藝術」的理念其實是西方文學理論中重要的一環：「在這個現代化的過程裡，文學藝術作為一個具有獨立自足意義之價值圈的觀

〔註246〕徐望雲，〈與時間決戰──臺灣新詩刊四十年奮鬥述略〉《中外文學》19 卷 5 期（1990 年 10 月），頁 108。

念，十八世紀以來漸漸成形。……這和同時期中產階級所消費的通俗文化的興起與蓬勃，也是分不開的。通俗文化愈發達，文學家和藝術家愈堅持自身的獨立意義，拒絕媚俗。十九世紀末的美學運動，如象徵主義、唯美主義（aestheticism）、波希米亞主義等，正代表了此傾向的尖峰。」〔註247〕此時，現代詩人們所涉獵的西方現代主義文學理論，開啓了詩人們的視野，賦予文學創作絕對的自由，讓詩人們得以擺脫國族主義的召喚以及經濟利益的誘惑，而投身於建構一個充滿文學歷史意義的新運動，亦即推行「現代派運動」。

即使在經濟條件上並不令人滿意，但是自己正在創造文學歷史的想像，仍推動著詩人繼續堅持這項工作。總而言之，唯美主義所提倡的「爲藝術而藝術」給予詩人創作上的自由，而現代詩是一門專業的菁英文化藝術，也讓身處許多社會中下階層的詩人（如學生、軍人等）得到心靈上的慰藉。因此現代詩運動才能在五、六○年代日漸成形、壯大。

（二）四大詩社的主張

唯美主義從十八世紀末開始發展，到二十世紀初成爲現代主義文學中重要的思想之一。而前衛主義雖然批判資本主義的藝術生產體制，但也批判唯美主義認爲藝術的自足完整理念，因此以拼貼現實生活碎片的方式表現。兩種主張不但不同甚至有矛盾之處。

但臺灣現代詩人們多半沒有很完整的學歷，只能各自依靠自修西方藝術理論來理解世界文藝思潮，使得這兩種在西方各自具有發展歷程的思想，被五○年代臺灣現代詩人們不具備歷史縱深、平面地吸收，再以自己的話闡釋。不管是唯美主義或是前衛藝術理論，都籠統地以現代主義概括說明。紀弦所發下的豪語：「我們是有所揚棄並發揚光大地包容了自波特萊爾以降一切新興詩派之精神與要素的現代派之一群。」就是最好的證明，紀弦沒有說明所謂一切新興詩派有哪些，也沒有說明不同理論流派之間的差別，這些都足以證明紀弦自己對於現代主義、唯美主義與超現實主義之間的差異並不了解。

但是基於對大量出現的反共詩、格律詩以及社會大眾偏好的抒情詩作的反感，再加上學界的支持，詩人們都期待一種用嚴肅態度創作的專業文學作品。因此即使在五、六○年代發生過這麼多次現代詩論戰，最終詩人們還是接受了現代主義作爲詩壇的共識。蔡明諺認爲詩壇接受現代主義以爲共識的

〔註247〕奚密，〈臺灣現代詩論戰——再論「一場未完成的革命」〉《國文天地》13 卷
10 期（1998 年 3 月），頁 74。

時間點是在 1958 年 10 月 23 日發表的「中美聯合公報」，其中臺灣當局宣布放棄武力反攻大陸，時間點正好介於「新詩閒話論戰」與「天狼星論戰」之間。到了「天狼星論戰」時，余、洛兩人已經不再使用「新詩」的稱呼，也大約在此同時，詩人也開始以「現代詩」來稱呼自己的創作。之所以會有這樣的轉折，蔡明諺解釋說：「雖然 1958 年的公報並沒有放棄反攻夢，但是軍事壓力的舒緩，確實讓臺灣社會相應地產生了對現代化的憧憬與感受。……放棄了『戰鬥』之後，這種進步─或者也可以說是『現代』的─反應在文學的表述上，就變成以現代主義個人主義文學，取代反共抗俄的民族國家使命。」〔註248〕這點我們可以分別從現代詩、藍星、創世紀、笠四大詩社的主張當中看到這層共識。

　　紀弦所主張的現代派六大宣言理所當然是現代詩重要的宣示，即使紀弦自己在創作上幾乎很少有如他自己所說的知性與冷靜，但是紀弦甘犯眾怒提出主張，終究為臺灣現代詩運動開了起跑的槍聲。藍星詩社過去時常被視為古典保守的代表，但是從前文來看，覃子豪的主張與其說是傳統，不如說是修正紀弦現代主義論述的漏洞。此外從覃子豪與《文學雜誌》學者們的討論以及與蘇雪林等人的論戰，都可以更清楚的看到覃子豪的詩論助長五○年代臺灣現代詩運動的影響。而余光中以往也常被視為新古典主義的提倡者，但是余光中除了批判紀弦的理論漏洞外，在「新詩閒話論戰」也持很鮮明的現代主義立場。「創世紀」雖然在前幾次論戰中缺席，但是到了五○年代末、六○年代初，創世紀諸君便清楚的高舉超現實主義作為號召，雖然他們所提倡的超現實主義喪失了對資本主義社會的顛覆性和反叛性，但是對於在文學創作的表現上卻開出令人亮眼的成績，幾乎五、六○年代最重要的現代主義詩作都在「創世紀」的全盛期刊出。而洛夫與余光中的「天狼星論戰」，也是創世紀詩社提倡現代主義的另一項證據。

　　笠詩社雖然以本土寫實精神為號召，以淺白平實語言為特色。但是在六○年代創刊的笠詩社，其實仍鼓吹現代主義。在「前期現代派運動」中扮演要角的林亨泰仍堅持過去對現代主義的認同，早期《笠詩刊》更是花費大量篇幅，以翔實的理論譯介與理論家的介紹，希望建立一個以西方文論為主的批評基礎，讓詩壇的評論有共識。這四大詩社雖然各有特色，但是認為現代

〔註248〕蔡明諺，〈「現代」的用法及其相對意義──以五、六○年代詩論為考察〉《臺灣詩學學刊》4 期（2004 年 11 月），頁 42、43。

詩應該要有自己的主體性，應該「為藝術而藝術」，不應該淪為現實或政治附庸的共識並沒有太大差別。此後臺灣現代詩壇長期維持這種共識，想要在現代詩壇有影響力，幾乎不可能忽略現代主義的存在。經過五、六○年代的論戰，現代主義美學意識和信仰已經內化在詩人的信念中，而要求文學場域要有獨立自主評判準則，也成為現代詩壇中普遍的共識。

再以葡萄園、秋水作為相反的例證。在六、七○年代，社會大眾上普遍存在批判現代主義晦澀詩作的風氣，因此強調語言淺白，以抒情為號召的《葡萄園》與《秋水》詩刊紛紛成立，但他們的實踐卻不受到重視。因為社會大眾批評現代詩的晦澀難懂是一回事，願不願意把語言淺白的詩作為一般日常讀物是另一回事，即使有這樣的詩存在，一般大眾把時間花在報刊連載的武俠小說的時間還多些。因此《秋水》與《葡萄園》的出現並沒有獲得普遍的好評，或有人將此原因歸咎於《秋水》、《葡萄園》詩刊上所登詩作的水準不夠，但各大詩社的著名詩人幾乎都有詩作曾在《秋水》、《葡萄園》刊登，因此水準並不是理由。事實上，沒有像余光中、葉維廉這種學者型的詩人以及沒有像紀弦、洛夫高舉偏激文學主張的詩人來讓詩刊獲得高度聲望，恐怕才是更關鍵的原因。

三、主導文化影響現代詩古典抒情詮釋策略的出現

（一）「詩」之文類在當時所具有的社會意義

這個面向在臺灣五六○年代是很深刻的。「詩」此一文類在中國文學史上一直具有重要地位。將臺灣現代詩視為整體現代漢詩一環的奚密，討論到古典詩與現代詩之間的關係，奚密說：「二十世紀初當白話詩起而挑戰古典詩之時，其所處弱勢相當於大衛王對抗巨人哥萊亞一般。從孔子開始，到日後儒家思想的體制化，詩在中國社會始終受到相當的重視。而作為詩書畫三姊妹藝術之首，詩在傳統文化裡享有崇高的地位。直到今天，中國人仍以其輝煌的詩歌遺產自豪，甚至以『詩的民族』自居。……在帝制時代，詩也擔任了多元角色；除了文化藝術，它也具有道德、教育、政治等多方面的意義和功能。換言之，雖然古典詩的作者和讀者主要由士大夫階級構成，但是它的重要性不可以量計，在傳統文化和社會裡它實居於中心地位。」〔註249〕

〔註249〕奚密，〈臺灣新疆域〉《二十世紀臺灣詩選》（臺北，麥田：2001 年 8 月），頁27、28。

　　在過去中國帝制時代，古典詩除了是文字藝術之外，更具有道德、教育、政治等多方面的意義和功能，例如「溫柔敦厚」的詩教是古代士人的人格修養一環。但進入現代化社會後，詩的角色與功能都急遽改變，而新詩則必須尋求自己在新社會中的位置。奚密：「在二十世紀交替之際，詩的角色及地位有了急遽的轉變。其主要原因包括：科舉制度的廢除，詩自政治體制退出：西式教育取代了中國傳統教育，詩教的地位下降：現代知識的日趨分工，縮小了人文知識的領域：物質文明的急速發展，突出科技的重要性。長久以來詩所擁有的道德、教育、政治和社會功能，由於這些因素而大幅度地萎縮。社會大眾對詩的認知和評估也隨之而改變。」〔註250〕在這文學價值重新定位的混亂局面中，現代詩的處境就顯得格外尷尬。一方面現代詩人意識到詩的功能的喪失，因此援引西方現代主義的態度，抵抗工業社會對藝術的態度，期待維持詩的象徵價值。在現實脈絡中，大多數觀念保守的社會大眾多半已經不再看詩，轉而看言情、武俠小說，甚至從事電影、廣播等大眾傳播娛樂而不再閱讀。但詢問大眾對詩的意見，就可以發現人們仍然用過去看待古典詩的眼光要求現代詩。

　　詩人與讀者之間認知的落差又因為五、六〇年代國民黨政府的文藝政策推行而變得更複雜。原本在日據時代，古典詩就是日據臺人維繫與文化母國的象徵。到了五、六〇年代，古典詩又再次成為中國文化正統在臺灣的象徵，相對於大陸的各種破除古典運動，臺灣的古典詩因為政治力量的運作的大大興盛。

（二）古典抒情詮釋策略與現代詩場域的關係

　　慣看古典詩的讀者，對於現代詩的形式與音樂性表現都很不習慣，因此針對「看不懂現代詩」而產生了許多次論戰。過去關於現代詩的晦澀與大眾的接受程度之間有過無數次的討論，但以今天的眼光來看，問題可能並不出在詩的晦澀上。奚密的分析點出問題的核心：

> 現代詩要確立其地位，必須培養一個能夠接受和欣賞此新書寫形式的讀者群。……培養更廣大、更具欣賞力的讀者群的努力，並未完全成功。批評家——甚至包括一些詩人在內——將此情形歸咎於詩作的晦澀或詩人的唯我、唯美傾向。他們忽略了一個更根本的原因，那就是現代詩體現的是迥異於古典詩的新美學典範。一般讀者，尤

〔註250〕奚密，〈臺灣新疆域〉《二十世紀臺灣詩選》（臺北，麥田：2001 年 8 月），頁
　　　　28。

> 其是知識份子，比較熟悉，也因此比較易於接受的，是古典詩，而
> 不是現代詩。造成這種情況的一個主因是，不論是教育體制裡的統
> 一教材，還是廣泛的書寫語言和日常口語，其中包含了相當大量的
> 文言文（譬如人人能朗朗上口的古典詩詞和成語，大眾接觸到的古
> 典詩遠比現代詩要多得多。事實上，在七〇年代末以前，現代詩完
> 全被排除在臺灣各級正規教育之外。）〔註251〕

而這樣的前提正是古典抒情詮釋社群出現的重要背景。

一直要到了六〇年代末期，堅持現代詩獨特晦澀的美感以及要求現代詩
體現古典詩美感兩種力量的鬥爭終於得到解答。以余光中為首的一批創作者
試圖融合中國古典詩的美感並且兼顧現代主義詩作藝術要求的實驗逐漸有所
成果。在「天狼星論戰」之後，余光中毅然決定將現代主義的虛無影響拋去，
重新擁抱押韻以及中國的意象。大約同時，鄭愁予、蓉子所延續的中國古典
浪漫精神，周夢蝶詩中大量運用東方禪思來闡釋現代人的寂寞。這樣的策略
還影響日後洛夫、楊牧等人的轉向以及七〇年代以降如羅智成、楊澤等年輕
詩人群的仿效學習。

那麼現代詩場域中的古典抒情詮釋策略是否逾越了現代主義的風格，是
否破壞了前論現代詩場域中特有的邏輯？其實不然，古典抒情詮釋策略雖然
與現代主義詮釋策略十分不同，但是基本上仍然是透過現代主義的方式，轉
化中國傳統的抒情美感，以閱讀上的愉悅以及文字的美感來呈現詩人們想像
中的中國。因此必須透過熟悉現代主義表達方式的余光中、楊牧等人將現代
主義中善用意象暗示的創作手法進行了中國化的改造。日後本土寫實策略仍
然要面對同樣的局面，必須將臺灣本土的意象或者對社會的批判，以現代主
義的方式呈現出來，才會被承認是成功的現代詩，否則就被詩人所批評。如
果說古典抒情詮釋策略成功的符合現代詩場域邏輯的要求，那麼我們還要再
問的是，古典抒情詮釋策略與主導文化之間的關係。

（三）古典抒情詮釋社群的表現反應「硬性威權」轉向「柔性威權」的轉變

五〇年代初期在國府影響之下的主導文化，首先是以反共為最主要的訴
求，這是因為國府還沒有度過被中共併吞的危險期，因此除了鼓吹戰鬥，對

〔註251〕奚密，〈臺灣新疆域〉《二十世紀臺灣詩選》（臺北，麥田：2001年8月），頁
29。

抗中共之外，所有文學藝術都沒有創作的自由。但隨著韓戰爆發，世界冷戰局勢成形，臺灣取得國際的支持而相對安定下來，主導文化也隨著改變方向。主要的轉捩點可以追溯到 1956 年，張誦聖說：「我以為臺灣五十年代初的剛性威權主義（hardcore authoritarianism）在 1956 年就有了一個明顯的轉折，而到了蔣經國時代（七十年代中到八十年代末）更可以被稱之為一種『柔性威權統治』。」〔註252〕在 1956 年之前政治情勢緊繃，搭配壓迫性國家機器，亦即包括軍隊、警察、法院等國家機構的配合，凡是違背反共國策，甚至有通匪嫌疑、鼓吹失敗思想的作家作品都會被清算逮捕。在這種局勢下，現代詩作只能作為反共復國的宣傳品，絲毫不具備審美價值。但隨著臺灣在國際上能站得住腳，國內政經局勢終於穩定之後，主導文化形構便由之前的剛性威權主義轉化為柔性威權主義（soft authoritarianism）。不再以暴力威脅的方式來達到目的，反之透過文學、畫作、音樂乃至於戲劇等等藝術作品，以其柔性抒情的特質，吸引讀者興趣，藉以喚起凝聚對中國的想像，此一轉變也扭轉了現代詩可以發揮的方向。在這之前，現代詩只能有宣傳反共的口號，但之後鄭愁予、周夢蝶、葉珊等人富含古典抒情風格的作品，將反共復國口號的重複與膚淺，轉化為一種軟性抒情的口吻，吸引著讀者去感受那個令人眷戀的古老中國、去建構那個想像的中國，進一步驅使人們將對中國的特殊情感鎔鑄在當代的歷史正統宣示當中，使得作者與讀者都以身為中國人為榮，進而願意效忠這個處於臺灣海島上的國民黨政府。

這與之前「硬性威權」時期的威脅（不符合政治檢查的作家遭到逮捕、沒有通過政治檢查的作品遭到銷毀）與利誘（包含文獎會在內的多種政治文學獎勵）大大不同，這種作品搭配國民教育以及政府全面宣傳，深深的將主導文化所建立的保守、妥協、抒情與以及對中國傳統的仰慕，內化到臺灣大部分讀者的心中，這個影響到了七〇年代初到達最頂點，一直到八、九〇年代影響仍在。

向陽曾歸納五〇年代現代詩風潮的五個特色：「（一）迂迴突破政治迫壓，奠定詩人的自主獨立。（二）勇敢衝決傳統拘束，開發詩作的嶄新領域。（三）冷然面對社會質疑，強化詩學的美學基礎。（四）重新盤整詩壇結構，確立詩社的班底模式。（五）積極培育新生世代，活絡詩刊的交替現象。」

〔註252〕張誦聖，〈現代主義、臺灣文學和全球化趨勢對文學體制的衝擊〉《中外文學》35 卷 4 期，2006 年 9 月，頁 101。

〔註253〕從這五點歸納中我們可以看到五、六○年代現代詩人冷然以對政治與社會大眾的指責，勇敢奠定場域規則，開創日後長久受到關注的「現代派運動」。

　　透過這五次論戰，我們可以發現臺灣現代詩場域的生成與遊戲規則的出現，其實是因目前資本主義社會中，詩不再受到重視，以及五、六○年代國府主導的反共文學太過僵化而產生。透過數次論戰，臺灣現代詩的發展已經經歷詩人社群內部整合，而發展出具有共識的文類規範，現代詩的語言和形式，與小說、散文等文類間也有較明確的區隔。此後臺灣現代詩的發展大致都依循著同樣的共識發展，即使在風格上希望有所改變，其詩的語言也被要求必須合乎以上的共識。

　　而到了六○年代末期，符合主導文化形構而產生的古典抒情詮釋策略也逐漸成形。在這個時期當中，值得注意的是，由於國府的管制仍然嚴格，因此對抗主導文化形構的反對文化形構並沒有明顯表現，即使是代表日後反對文化形構所醞釀出來的本土寫實詮釋社群的笠詩社，在此時也仍然以提倡現代主義詩作為主。這個相對穩定的局面一直要到七○年代，臺灣的國際地位開始有了鬆動，才會改變。

〔註253〕向陽，〈五○年代臺灣現代詩風潮試論〉《靜宜人文學報》11 期（1999 年）。

第三章　論戰史第二階段：文化轉型的年代

　　從今天的角度重新回顧這十年間的變化，可以發現不管在政治、經濟、文化上，七〇年代都是文化轉型的關鍵時期。七〇年代正值蔣中正將權力交到蔣經國手上的權力交替時期。但同時接連發生退出聯合國、保釣運動、中美斷交等重大事件，失去美國的經濟與軍事的援助，臺灣的國際地位一夕之間崩盤。面對這些危機，國民黨政府不得不提出重用臺籍菁英，開放參政機會等名為「革新保臺」的政策以因應變局，這些因素都把臺灣帶入一個新的時代。

　　但更積極的因素是來自於 20 歲到 40 歲之間的「戰後世代」，他們多半在戰後的臺灣成長，在國民黨體制下接受完整教育，他們擁有強烈的中國國族認同，但卻受到退出聯合國、保釣運動、中美斷交等事件的衝擊，不得不反省過去國民黨所灌輸的歷史與思想，轉化為批判的行動，形成一股回歸現實的思潮。不管是重新挖掘日據時代的臺灣歷史，或是有意識的發展關懷中下階層的鄉土文學，都是這群「戰後世代」在七〇年代的新發現。不管是在政治上提出重視臺灣現實，要求實踐民主的黨外運動，或者在文化上努力發揚日據時期臺灣文學歷史的舉動，在在都成為八〇年代以後臺灣本土運動的重要素材，可以說七〇年代的發展樹立了日後政治、文化重大變遷的開端。如今回顧，不難發現七〇年代正好是一個分水嶺，劃分了臺灣文化發展的重要界線，因此中研院副研究員蕭阿勤借用德國哲學家雅斯培的說法，將七〇年代稱之為臺灣的「軸心時期」（the Axial Period）。〔註1〕

〔註1〕見蕭阿勤，〈臺灣戰後歷史的軸心時期與軸心世代：1970 年代的政治、文化變

在「軸心時期」的十年間所發生的論戰，在主題上也呈現彼此的關連性。這些論戰當中都重新反省臺灣現代詩發展的問題，更關鍵的是這些論戰中出現了回歸現實的思潮，本土寫實詮釋社群也就在這種背景中登場。其次這些論戰都提出要求現代詩的評論要有公平公正的標準，這顯示了臺灣現代詩邁入國家文學體制化的歷程。

第一節　七〇年代時代背景

一、外交困境與革新保臺

（一）退出聯合國

1966 年開始的文化大革命讓中共在外交上雖然有短暫的停頓，但隨著1970 年左右毛澤東已經取得文革的勝利，重新掌握國內政權，能夠回過頭來處理外交事務，展開一連串進入聯合國的外交攻勢。隨著中共國內局勢日漸穩定，臺灣的國際地位也相對的受到排擠。

七〇年代初期讓美國從意識型態的兩極對立轉向多元權力結構的世界觀，最關鍵的行動是重新評估中共的角色。從六〇年代後期開始，美國國力由於參與越戰損耗過渡而大不如前，美國總統尼克森（Nixon）開始思考如何顧全反共立場，又要能從越南光榮抽身，最後尼克森找到了解決之道，思考提倡「以談判代替對抗」的和解政策，在外交上則是「聯中制蘇」希望透過承認中共減低美國的負荷，並強調中華人民共和國並不像蘇維埃政權殘暴。1971 年 2 月 25 日尼克森發表第二次世情咨文，文中不但以「中華人民共和國」的國號稱呼中共，並且也暗示聯合國雙重會籍與兩個中國的思考架構。

美國為了落實政策，曾派遣前國務院次卿墨斐來傳達消息，與會的沈劍虹回憶：「墨斐從華府帶來的訊息是：由於不可能再阻止中共進入聯合國，華府想知道，如果美國提出允許北平進入聯合國大會，同時要求讓中華民國保有聯大席位的建議，我國的反應如何？」〔註2〕從同樣在沈劍虹的回憶錄中可以看到，蔣中正對於這個計畫雖不滿意，但勉強可以接受。只有一個條件，那就是至少美國不得支持中共入會。但是局勢的演變不如美國與國民黨政府

邊與回歸現實世代〉《中央研究院週報》1063 期（2006 年 3 月 30 日）。

〔註 2〕沈劍虹，《使美八年紀要》（臺北：聯經，1982 年 4 月），頁 52。

所料。1971 年 7 月 15 日尼克森宣布次年訪問中國大陸，此舉扭轉了世界的外交情勢，光在 1971 年當中，計有十五國承認中共，十一國與我斷交。情勢一面倒向中共，讓美國對於支持臺灣的立場越來越薄弱。眼見中華民國及將要被擠出聯合國，美國及某些友邦曾試圖提出「雙重代表權案」來保住中華民國的席次，但由於臺灣當局的遲疑不定讓友邦不知該如何配合，加上「漢賊不兩立」外交政策的僵化，讓我國與中共一起否定友邦的「雙重身份」的提案，最後導致退出聯合國的結果。

在 1971 年十月第二十六屆聯合國大會，以七十七對三十五票通過「排我納匪案」，我外長周書楷發表嚴正聲明，宣布退出聯合國。退出聯合國之後，外交處境更加嚴峻，1972 年 2 月 17 日尼克森赴大陸訪問，27 日發表「上海公報」，為彼此關係正常化奠下基礎。同年有十四個國家與我國斷交，與中共建交則有十七國。日本也趁此時與中共建交，對我打擊特別嚴重。而美國雖然準備與中共建交，但由於兩國內部的政治爭議不斷，一直拖到 1978 年 12 月 16 日，美國才正式與中共建交、與我斷交，同時在國內制訂「臺灣關係法」來規範將來面對臺灣的立場。

七〇年代的外交困境直接衝擊臺灣過去對西方文化的崇拜。五、六〇年代從西方留學回國學人的說法象徵著能帶給臺灣現代化的進步觀點。但眼見美、日列強霸道的行徑，使得戰後世代不能像過去認同西方文化，取而代之的是強烈的民族情感。

（二）保釣運動

1969 年聯合國亞洲經濟開發委員會發表報告釣魚臺列嶼蘊藏豐富的石油。隔年九月日本對外宣布釣魚臺主權屬於日本。美國國務院則宣稱釣魚臺為「琉球群島的一部份」歸還日本，此時國民黨當局正在為處理聯合國「中國代表權」危機而焦頭爛額，為了希望日本支持我國留在聯合國，因此僅以聲明抗議，而沒有其他具體作為。國民黨當局對日本的軟弱態度，引起留美學生與臺灣島內學生們的憤怒，因此都分別發起了保釣運動，但由於不同的時空背景，臺灣的保釣運動與美國的留學生保釣運動呈現出不同的風貌，最後也形成不同的結果。

美國留學生決定在 1971 年 1 月 29 日進行保釣的遊行。美國的保釣運動初期性質仍是單純的保護國土的愛國運動，因此當時主張留學生們不分共產黨、國民黨，訴求反對日本軍國侵略。但是這種遊行主要是基於情感的抒發，

沒有實質的訴求。因此保釣運動的性質也隨之而改變。

　　中國大陸在 1966 年發起的文化大革命，如今已被證實是一場慘烈的政治鬥爭，但是在當時卻普遍影響了各國的學生運動，郭紀舟說：「面對美國以及歐洲資本主義強勢的傾銷經濟與文化的消費生活，中國大陸的文革在實際的社會改造上以及理論基礎上，呈現出一套完整的運動理論及行動體系。因此包含著美國的反越戰、日本的大學鬥爭、法國一九六八年學生大革命、西德學生運動，將毛語錄、文革中的紅衛兵精神、知青下鄉等成了各國反體制運動最受歡迎的學習對象。」〔註 3〕文革所呈現出的革命進步形象，讓中國大陸受到海外留學生的歡迎，加上中國大陸政權開始受到美國的肯定，使得在國民黨教育主導文化教育下成長年輕學子們嚮往心目中理想的「祖國」。

　　相對於中國大陸的進步形象，國民黨無法正確判斷保釣運動的情勢，低估學生們愛國的熱情，而且不斷暗示北美的保釣運動有共匪統戰份子介入，甚至不惜以搔擾的方式妨礙保釣運動，引起保釣學生普遍的反感。保釣學生運動團體不斷呼籲國民黨政府要拿出具體的行動，包括不得打壓釣運，遣責美國國務院與日本，派兵進駐釣魚臺等等。但是國民黨政府一方面礙於擔心聯合國席次不保，希望尋求國際社會的支持，不敢有大動作；另一方面輕視學生運動的影響，一概視為共匪煽動。終於讓北美保釣運動徹底轉向回歸中國的方向。大批大批的留學生回到中國大陸，將中華人民共和國視為真正中國的代表。

　　島內的保釣運動雖然也隨著海外保釣運動被牽引著，但是國民黨政府一直壓制島內的保釣運動，因此 1971 年 1 月 29 日的海外保釣遊行並沒有對島內造成太大的漣漪，政府一方面安撫學生要體諒政府的苦衷，要信賴政府會做出適當處置，一方面也要求學生不要被共匪利用變成反政府的工具。就在這種被壓制的氣氛中，島內的保釣運動終於坐視釣魚臺拱手讓人以及我退出聯合國而一事無成。

　　但是被保釣運動所挑起的熱情並不會因為運動沒有成功而消逝，這股激盪當時大學生的熱情必須尋找出口，就像北美保釣最後轉型成為左傾運動，臺灣的保釣運動精神轉化成社會關懷的運動。郭紀舟說：「從保釣運動以來，藉著外交沈淪、學生運動開展出幾個左翼意識型態的跡象：學生運動轉向了社會服務運動，由民族主義挑起的反帝國主義意識，對政權強制性的反迫害

〔註 3〕郭紀舟，《七〇年代臺灣左翼運動》（臺北：海峽學術，1999 年），頁 18。

意識，以及進入到社會底層觀察的提倡。『鄉土』與『人民』的意義概念藉由『民族』與『社會』口號的拉高，影響了其他部門的民族性和社會性的挖掘工作。」〔註4〕因此重新關懷臺灣底層社會，重新發覺臺灣的歷史成爲當時年輕學生致力的目標，也成爲八○年代臺灣本土化運動的文化溯源的根據。

（三）革新保臺

蔣經國從 1969 接任行政院副院長後，開始積極培養自己的權力接班人馬。蔣經國從擔任反共救國團主任時，就經常接見年輕學者及學生領袖，而在自己準備接掌政權之際，蔣經國希望透過提升青年的政治位置，來建立青年對新政權的肯定。

在蔣經國擔任行政院副院長直到正式成爲行政院院長，也就是 1969 年到 1972 年的期間，這種政治與知識份子的合作關係是透過《大學雜誌》來完成。《大學雜誌》起初只是空談知識份子責任，但隨著蔣經國想要籠絡知識青年，《大學雜誌》的重要性也日漸增加。這種傾向以 1972 年 1 月大改組，納入一百零二位國內外青年學者到達最高峰，成爲新政權體制向舊政權體制爭取權力轉換的發言機制，此時《大學雜誌》正如張俊宏所描述是「權者與智者的結合」。

但是這種大聯合時期並沒有維持多久，因爲齊聚在《大學雜誌》底下的知識份子的來源屬性並不相同，隨著蔣經國接班態勢越來越清楚以及保釣與退出聯合國的刺激，不同知識份子遂引起不同的反應。陳鼓應將《大學雜誌》的組成份子依照其性質與日後發展分成四個部分。一、新保守主義派：關中、魏鏞、丘宏達、李鍾桂等。二、學院式自由派：楊國樞、王文興等。三、地方政治派：張俊宏、許信良等。四、社會民主派：王拓、王曉波、陳鼓應、王杏慶、高準等。〔註5〕其中能夠認同國民黨政府的新保守主義派順利的透過《大學雜誌》而被蔣經國遴選入政府或者國民黨政高層，學院派保持著與權力當局若即若離的距離，而地方政治派則想要爭取實際參政的權力，社會民主派則轉向社會主義運動。面對不能吸收的的地方政治派與社會民主派知識份子，蔣經國則以壓抑的方式來限制其影響力。就這樣蔣經國一方面將七○年代初期的保釣運動的熱情轉化爲體制內改革的動力，一方面壓抑具有社會主義理想的各種學生運動。1972 年 5 月，蔣經國通過立法院高票同意，成爲

〔註4〕郭紀舟，《七○年代臺灣左翼運動》（臺北：海峽學術，1999 年），頁 42。
〔註5〕轉引自郭紀舟，《七○年代臺灣左翼運動》（臺北：海峽學術，1999 年），頁 71。

行政院長，這一年蔣中正已經八十五歲，蔣經國六十三歲。身體狀況不佳加上高齡，使蔣中正交出統治權力，讓蔣經國成為實質上的政治領袖。蔣經國一上臺就面臨外交困境以及國內權力接班的複雜處境。為了面對內憂外患的困境，蔣經國喊出「革新保臺」的主張來回應。

革新保臺政策的第一步，是推行本土化、年輕化政策，蔣經國初任行政院長立即大幅度更動人事，且大量任用臺籍人士入閣，十六名閣員當中，有六名臺籍人士。其中副院長首度由臺籍人士徐慶鐘擔任。閣員中還有林金生、高玉樹、連震東、李連春、李登輝等臺籍才俊。此外，過去清一色都由外省人擔任的省主席也由臺籍的謝東閔出任。同時也從這年起，開始定期舉辦「中央民意代表增額選舉」以滿足臺籍人士參政的願望。蔣經國此舉讓願意配合國民黨的臺籍才俊進入體制，但相對地貶抑如張俊宏、許信良等，希望以地方選舉進入政治決策的人，在 1972 年底爆發的「臺大哲學系事件」則迫使王曉波、陳鼓應等人離開教學崗位。顯示出蔣經國政權已穩定，開始排除社會運動對其統治基礎的干擾。

此外蔣經國推行十項建設，並且改變新的經濟政策，讓臺灣從過去的農業、輕工業轉變成以重工業與高科技產業為主。最後開展「務實外交」，力求在國際夾縫中求生存。面對被逐出聯合國的處境，我國只好盡量以非官方名義下，通過經貿、文化、體育等各種管道，非邦交國家建立「務實關係」，並以民間機構名義向外派駐各種官方機構。蔣經國的努力創造了七〇年代臺灣經濟的快速成長，讓臺灣度過退出聯合國、中美斷交、石油危機等風雨飄搖的歲月。

蔣中正在 1975 年逝世，蔣經國面臨中美斷交、退出聯合國等等危急存亡的問題，過去對中國傳統文化的提倡已經失去其合理性，因此蔣經國必須思索新的文化政策方向。

1972 年 4 月 4 日到 9 日，《中央日報》副刊以連續六天的篇幅刊載署名「孤影」〔註 6〕投稿的長文〈一個小市民的心聲〉，文中以反對學生運動為中心，歷舉各國學生運動，以及使國民黨失去中國的四〇年代學生運動做為佐證。

〔註 6〕孤影本名敏洪奎，本籍新疆，當時三十五歲，任職於一家紡織工廠，〈一個小市民的心聲〉一文被認為充滿保守苟安心態，並為國民黨政權辯護，當時遭到黨外人士的強烈批判。事隔三十餘年，在 2004 年總統大選前夕，他再度撰寫「我為什麼選擇支持阿扁連任」小冊子，探討外省選民對於民進黨的敵視及疏離現象。近來不定期在自由時報上發表文章。

在這篇文章中，並不否認國民黨政權有不完美的地方，但是為了生活現況的安定，「孤影」希望讀者們能夠體諒政府，包容政府。〈一個小市民的心聲〉連載之後，深獲政府的青睞，將原文四萬字印成小書，並且規定各公務機關、行政系統學校軍隊必須購買，使此書的發行量達六十萬本。

這種訴求政局穩定以換取民眾對政府的支持的言論是一個很重要的轉捩點，這象徵了蔣經國與蔣中正領導之間的差異，雖然一樣透過國家機器宣傳，但是宣傳的理念從過去強硬宣傳反攻大陸，轉變成訴求中產階級尋求安定、迴避政治鬥爭的軟性訴求。〈一個小市民的心聲〉的寫作固然是為了反制當時日漸興起的左翼論述與學生運動，但這也代表官方立場不在文化層面上鼓吹中華文化的道統來獲得統治的合法性，因為代表中國的身份已經失去國際承認。官方立場轉而以務實的行政措施、經濟成就來獲得新的統治合法性。

另外〈一個小市民的心聲〉這樣的事件也可以看出蔣經國時代的文藝政策已經由過去積極鼓吹中國傳統文化，轉為消極抵制社會主義運動以及防堵臺獨思想。只要不挑戰國民黨的統治權力，基本上政府不太管制報紙與雜誌的內容。因此報紙副刊以及出版社的開始擁有自主性。

二、日漸重要的副刊與文學生態

從五、六〇年代開始，由於報禁的關係，報紙副刊吸引絕大多數的文學閱讀人口。由於戒嚴體制下政治新聞受到嚴格審查，每份報紙的政治新聞往往千篇一律，差異不大，因此各家報紙只好加強副刊的編輯來吸引訂戶。例如文學作品、連載小說等內容都受到普遍歡迎，某些報紙的篇幅甚至佔了整份報紙的三分之一，可見副刊的地位。而報紙的便宜與高度普及，也使各家報紙的文學副刊成為家家戶戶皆有的家庭讀物，種種因素都使副刊在臺灣文化領域中的發揮超乎尋常的作用。〔註7〕

到了七〇年代，經濟穩定成長以及國民教育的普及成功，都有助於文化領域的自主成熟，加上蔣經國政府文藝政策採取消極抵制左翼思想的態度，而不積極主導發展方向的背景下，副刊得到相當大的空間可以進行文藝推廣，進而成為足以左右文學生態的重要文學傳媒。張誦聖談到這個現象：「從

〔註 7〕關於副刊與政治社會變遷的關係可參考潘家慶，〈副刊內容傳統與新聞倫理的解釋能力〉《世界中文報紙副刊學綜論》（臺北：行政院文建會，1997年），頁90～92。

七〇年代中期開始大約十至十五年的光景，副刊取代了六〇年代的菁英同仁雜誌，成爲掌握『嚴肅』文學生產的主要文化體制。」〔註8〕

七〇年代的文學生態主要以《中國時報》和《聯合報》兩大報副刊爲核心：分別是中時的〈人間副刊〉與聯合報的〈聯合副刊〉而這兩大報的副刊主編，高信疆與瘂弦則扮演了關鍵的角色。

向陽談到副刊主編的重要性：「副刊守門人——主編，在整個華文報業傳統中，一向具有管制稿件的權威。他們在整個媒介組織運作中，以其掌握的文學資源，決定來稿『值不值得刊登』（價值判斷）、『要不要刊登』（權威選擇）、『該不該刊登』（社會控制）以及『如何刊登』（理念實踐），在在左右著文學生態與文學活動方向；同樣也顯露出副刊守門人的文學傳播者角色。」〔註9〕可以說正式副刊主編創造了副刊的風格，這點也充分反映在兩大報副刊主編及其創造出來的副刊風格上。兩相比較之下，受過新聞系專業訓練背景的高信疆在1974年主編〈人間副刊〉開始，一步步將〈人間副刊〉轉化爲公共文化論壇，容納許多在主流文化之外不同的聲音。向陽分析高信疆主編〈人間副刊〉的方向：「主編『人間』副刊十年間，高信疆使『副刊』的文學傳播功能彰顯到最大的極限。……在文學題材的開拓上，他透過強力專欄及綿密刊登的技巧，刺激文學生態的變化，如『現實的邊緣』重光報導文學文風，如刊登關傑明現代詩的文字，引燃七〇年代現代詩寫實主義的火花與新世代詩人的崛起，如舉辦文學獎，挖掘並培養戰後臺灣作家世代的出頭……等，均使得副刊的大眾媒介效果強力發揮。」〔註10〕由於高信疆的積極推動，廣受長期以來不耐煩於政府文化管控知識階層歡迎，使副刊的能見度大大提升。向陽認爲這是副刊發展史上由「文藝的」副刊走向「文化的」副刊的轉變。〔註11〕

這影響了中國時報主要的競爭對手聯合報，1977年聯合報延聘詩人瘂弦接編「聯合副刊」。從瘂弦接編「聯合副刊」的時間點來看，可以看出瘂弦「肩

〔註8〕張誦聖，〈臺灣七、八〇年代以副刊爲核心的文學生態與中產階級文類〉《臺灣小說史論》（臺北：麥田，2007年3月），頁282。

〔註9〕向陽，〈副刊學的理論建構基礎〉《書寫與拼圖——臺灣文學傳播現象研究》（臺北：麥田，2001年），頁36、37。

〔註10〕向陽，〈副刊學的理論建構基礎〉《書寫與拼圖——臺灣文學傳播現象研究》（臺北：麥田，2001年），頁39。

〔註11〕向陽，〈副刊學的理論建構基礎〉《書寫與拼圖——臺灣文學傳播現象研究》（臺北：麥田，2001年），頁39。

負鞏固《聯合報》親政府立場，與妥善處理鄉土文學論戰後遺症的使命。」〔註12〕相對於高信疆〈人間副刊〉聲援鄉土文學論戰，「聯合副刊」則成為攻擊鄉土派的主要平臺。但除了試圖彌合因鄉土文學論戰而分裂的文壇之外，瘂弦仍然顯現出配合國民黨政策之外，其個人意欲在文化生產層面突破的企圖心。例如配合日漸工商業化的忙碌生活步調，而提出「極短篇」的小說次文類寫作，或者提倡「全民寫作運動」等。相較於高信疆「文化副刊」的取向，瘂弦仍然堅持「文學副刊」的取向。

　　兩大副刊的影響還不止於此，由這兩大副刊所主辦的兩大報文學獎，更是戰後新生代作家步入文壇的重要關鍵，由於兩大報的普及率高，因此一旦得獎的年輕寫手可以說一夕之間擁有全國性的知名度，當然也受到文壇的重視，得獎之後的各種稿約，都是保證年輕作家進入文壇的保證。由於這些因素，使得兩大報副刊成為七、八○年代影響文學風貌的重要關鍵。

三、基於民族主義的左翼論述

　　從七○年代的另一個重大轉折是開始可以看到社會主義傾向的論述文字出現。這股社會主義思潮在七○年代出現是一件耐人尋味的事件。在國民黨政府有意識的掃蕩撲滅社會主義運動之下，臺灣的社會主義運動幾乎完全銷聲匿跡。經歷二二八事件以及五○年代的白色恐怖統治，從地下組織到外圍群眾，乃至於任何公開發表的言論，只要與社會主義有點關係的人莫不受到槍斃、牢刑的待遇。從 1950 到 1954 年間的白色恐怖逮捕行動，約四千人殉難，七千人受到監禁。社會主義不只是不能說的禁忌，甚至是構陷他人最重的罪名。在思想上，國民黨教育長期將社會主義與共產黨塑造成負面形象，接受國民黨教育成長的一代，莫不相信自己屬於中國文化的血統並且對社會主義深惡痛絕。長達 20 年的時間，臺灣幾乎都看不到左翼思想論述。

　　但在七○年代的國內外重大變革之下，蔣經國政府需要強烈的民族主義熱情來強化人民對政府的向心力，因此任何論述在愛國救國的口號之下，都可以獲得相當的正當性，逃避政府的檢查。其次在外國經歷保釣運動衝擊的部分留學生，即使不願意隨著左傾的學生認同中國大陸，願意回到臺灣來，但其思想畢竟受過社會主義的啟發，因此或多或少在自己強調民族主義的論

〔註12〕張誦聖，〈臺灣七、八○年代以副刊為核心的文學生態與中產階級文類〉《臺灣小說史論》（臺北：麥田，2007 年 3 月），頁 292。

述中，加入社會主義的思想，例如唐文標就是最好的例子。另外還有一些知識份子非常排斥美、日等西方帝國主義的行徑，進一步發現自己的認知侷限於國民黨化教育的世界圖像中，因此而站到西方資本主義的對立面，也就是社會主義這邊，希望進一步瞭解臺灣的中下階層，戰後世代的知識青年多半都經過這種幻滅與抉擇。此類左翼論述以《夏潮》為中心，旁及其他想法相近或相同的雜誌，一步一步影響臺灣日後的走向。

（一）首先提倡社會主義文學的《文季》

《筆匯》在 1957 年創刊，1959 由尉天驄許國衡接手，陳映真即在《筆匯》上投稿第一篇小說〈麵攤〉及〈我的弟弟康雄〉，但是《筆匯》仍然有濃厚現代主義的色彩。在《筆匯》結束之後。1966 年《文學季刊》由尉素秋任發行人，何欣任社長，尉天驄主編。《文學季刊》雖然仍有學院風格，但是其刊載作品的風格開始逐漸轉向關注現實與描寫鄉土，陳映真的〈唐倩的喜劇〉、〈第一件差事〉；王禎和的〈嫁妝一牛車〉、〈五月十三節〉以及黃春明〈看海的日子〉、〈兒子的大玩偶〉等鄉土文學小說名作都在《文學季刊》上發表。其中尤其是陳映真的兩篇文章〈現代主義底再開發〉和〈期待一個豐收的季節〉開始指出現代主義是一種次流的形式主義，脫離了實際的生活，唯有回歸到現實上建立豐富的思考才是文學應努力的方向。陳映真的主張源自他開始閱讀社會主義理論，後來他開始組織讀書會，希望擴大對社會主義的認識，但1968 年被讀書會成員出賣，入獄七年，同時有三十六人被牽連入獄。《文學季刊》於 1970 年 2 月因經費問題而告停，同樣由尉素秋任發行人，何欣任社長，尉天驄主編的《文學》雙月刊於 1971 年 1 月出刊，相較於《筆匯》《文學季刊》，《文學》雙月刊更清楚地說出藝術家應該將自己置身現實生活中的主張。

隨著七〇年代初期國內外情勢的風起雲湧，尉天驄主編的《文季》於 1973 年 8 月登場。《文季》的發刊詞直接宣告自己做為臺灣第一個現實主義文學團體，同時《文季》以猛烈而集中砲火攻擊現代主義，例如唐文標的〈詩的沒落〉以及尉天驄批評歐陽子與王文興的文章，同時黃春明〈莎呦娜啦，再見〉與王禎和〈小林來臺北〉一致批判臺灣的買辦經濟型態。《文季》雖然只維持了三期，但是作為臺灣第一個現實主義文學團體的《文季》繼承了保釣運動以來的民族主義與社會主義思想，日後也開啟夏潮對臺灣文學史與鄉土小說的關注。

（二）左翼論述核心的《夏潮》

《夏潮》雜誌從 1976 年 2 月 28 日創刊，至 1979 年 2 月被警總查禁停刊為止，每月一期，共出版三十五期。《夏潮》雜誌創刊號內容類似《讀者文摘》，以休閒文學為主，但經營並不起色，第四期開始由臺共份子蘇新之女蘇慶黎接手編輯，她不但將版面由原來的三十二開本改成十六開本大小，而且在內容上也有意識的想要辦一本「社會主義」的雜誌。

蘇慶黎為了完成要辦一本「社會主義」雜誌的理想，首先找上剛出獄不久的陳映眞，隨後在蘇慶黎一個一個拉人邀稿下，集結成一個《夏潮》作者集團。《夏潮》的撰稿人來自三個來源，首先是《大學雜誌》解散之後其中的社會民主派如王曉波、陳鼓應、南方朔、高準等，另外是現實主義文學的作家如陳映眞、尉天驄、王拓、楊青矗等人，第三種是受海外保釣運動衝擊的歸國學人如唐文標、蔣勳、王津平等。〔註13〕

初期的《夏潮》以報導臺灣本土的歷史以及日據臺灣文學為主，著眼於文化面的討論。之所以以臺灣本土歷史文學為論述對象，是有鑑於政府對於左翼論述管制仍然嚴厲，因此《夏潮》不得不以迂迴的方式偷渡左翼論述，通過臺灣史以及臺灣文學的整理，強調其中日據臺灣歷史與文學的抗爭意識，希望建立一套有別於國民黨所宣傳的史觀與文學觀。《夏潮》共介紹過蔣渭水、楊逵、吳濁流、楊華、賴和、張深切、吳新榮、張文環等人，《夏潮》特別重視這些作家的作品包括詩、小說、評論與作家的抗爭行動歷史的關係。隨著所介紹的日據抗爭歷史與文學作品越來越多，《夏潮》也試圖找尋更深刻的分析方式，除了對日本殖民的反抗之外，《夏潮》集團的作者們也開始思考經濟結構與社會階級的關係，透過「抗日」這樣的民族主義言論表述，來掩蓋實質上已經轉向社會主義的思考方式。

對日據臺灣歷史的重新挖掘整理是為了取得歷史變革的動力，而要掌握戰後臺灣的社會經濟的發展脈絡，就必須依靠戰後臺灣現代文學的重新討論。七〇年代初的「關唐事件論戰」引起廣泛的討論，而 1977 年又爆發了「鄉土文學論戰」，由於《夏潮》集團作者群許多人實際參與這些論戰，因此《夏潮》成了論戰中持社會主義論文發表的大本營。從 1977 年下半年討論鄉土文學論戰與現實主義文學議題。《夏潮》的作者群重新用經濟角度來看待文學，因此現代主義文學變成了從西方引進的舶來品，而介紹推廣的學者們變成了

〔註13〕見郭紀舟，《七〇年代臺灣左翼運動》（臺北：海峽學術，1999 年），頁 74、75。

在中外間低買高賣的「文化買辦」,《夏潮》則希望重新提倡具有歷史感與現實關懷的評論與作品。王拓、楊青矗、宋澤萊等人都常在《夏潮》上刊載作品,陳映真則時常發表對這些小說的評論。在詩的部分,留學回來的蔣勳以及土生土長的吳晟成了具社會關懷現代詩的發表主力,可以說《夏潮》從評論到作品的發表有完整的系統。

到了 1978 年底《夏潮》由於主要成員王拓競選國大,陳鼓應競選立法委員,因此雜誌的內容轉成對競選情況的種種報導,此為《夏潮》的政治實踐時期。《夏潮》的社會主義民主人士的國族認同仍然是中國的,包括陳鼓應、王曉波等人,他們與黨外人士的臺獨主張其實一直互相抵觸,只是當時兩種勢力的共同敵人國民黨政府太過強大,因此這兩種不同想法的力量才會團結在對抗國民黨的共同陣線下。

1977 年底爆發「中壢事件」,引起高度關注。《夏潮》成員中的以工人小說成名的作家王拓、楊青矗覺得文學作為社會改革的手段太過迂迴,想要尋求更直接的社會改革方式,因此決定參選。《夏潮》與黨外勢力的結盟也到達高峰。面對這種反國民黨的同盟,國民黨開始採取強硬的措施,《夏潮》最後在 1979 年 2 月被警總查禁停刊,但這種強硬的打壓方法只引來更多的反感,讓反國民黨的同盟更加穩固,終於在 1979 年爆發「美麗島事件」,一舉改變了臺灣日後的政治版圖。

《夏潮》合作的文學雜誌主要有《笠》詩刊與《臺灣文藝》,在鄉土文學論戰期間,一起提倡鄉土與現實主義文學作品,但是《夏潮》與《笠》、《臺灣文藝》之間對國族認同的議題卻是針鋒相對。而在一九七七年中壢事件之後,《夏潮》集團開始政治化,與黨外政治人士有越來越密切的交往,因此一九七九年創刊的《美麗島》雜誌,夏潮系統的蘇慶黎、陳鼓應、王拓等人亦列名其中,日後的「美麗島事件」,這些人也都同樣被捲入其中,從《笠》、《臺灣文藝》與《美麗島》與《夏潮》聯盟來看,一方面看出反對國民黨的勢力集結串聯,另一方面也印證了當時彼此不同意識型態互相對立與合作的的詭譎局面。

綜觀整個七○年代的時代背景,我們可以發現最重要的思潮就是民族主義與社會主義。呂正惠便指出這點:「左翼鄉土文學在思想上蘊含了兩種傾向:民族主義和社會主義。七十年代臺灣開始發生巨變的時候,這兩種傾向可以說是絕大部分知識份子所關懷的焦點。……也就是說,『回歸』運動是一

個包含眾多矛盾因素的含混的大運動。」〔註 14〕兩種思潮彼此間的交集與衝突構成了七○年代的文學思潮風貌。

第二節　招魂祭論戰與麥利堅堡論戰

　　時序進入七○年代，笠詩社的編務也從林亨泰等老一輩詩人手上，交到年輕一輩如趙天儀、李敏勇等人的手上。笠詩社的風格也隨著轉變。在七○年代一開始就有兩場論戰是「笠」詩社分別與「藍星」詩人羅門之間的「麥利堅堡論戰」〔註 15〕以及與「創世紀」詩人洛夫之間的「招魂祭論戰」〔註 16〕。

　　「招魂祭論戰」起因於李敏勇批判洛夫詩觀的轉變，論戰中雙方言語都很尖銳，稍涉意氣，因此歷來這場論戰都只被當作笠詩社與洛夫之間的私人恩怨。「麥利堅堡論戰」則是笠詩社合評羅門的名詩〈麥利堅堡〉，認為這首詩雖不是壞詩，但也算不上傑作。這使羅門很憤怒，在著文反擊過程中，批評趙天儀，引發趙天儀寫〈裸體的國王〉反駁，趙天儀後來還以此為自己詩論集的書名。但這兩場論戰由於規模不大因此都不常被人談及。

　　但重新審視這兩次論戰，我們可以發現「麥利堅堡論戰」顯示「笠」詩社對文學聲譽的審視。「招魂祭論戰」顯示「笠」詩社討論詩選的公平性。更重要的是，笠詩社創立初期，由林亨泰等繼承日據臺灣現代主義的詩人主導《笠》的走向。笠詩社在語言的問題上有自己獨特的看法，但是此時仍未廣泛被詩壇所接受。輪到戰後世代詩人崛起主編之後，不論是針對晦澀詩風的批判，或是關注臺灣現實，都顯現出戰後世代詩人影響《笠》的轉向。我們可以看到李敏勇針對洛夫《一九七○詩選》與趙天儀對羅門〈麥利堅堡〉所做的批判，所呈現出來的深層意義，就是笠詩社力圖走出西化現代主義以及中國古典抒情風格之外的第三種方向。

〔註 14〕呂正惠，〈七、八十年代臺灣鄉土文學的源流與變遷〉《文學經典與文化認同》（臺北：九歌，1995 年 4 月 10 日），頁 75。

〔註 15〕這場論戰雖然因趙天儀的反駁文章〈裸體的國王〉而聲名大噪，但是追根究底仍起源於對笠詩社〈麥利堅堡〉合評，羅門與笠詩社詩人對此詩的看法不同而導致論戰，因此此次論戰仍然以定名為「麥利堅堡論戰」。

〔註 16〕首先談到這場論戰的是解昆樺中大大學中文所碩士論文《論現代詩典律的建構與推移》，文中稱為「李敏勇〈招魂祭〉引發的兩詩社論戰」，頁 388。之後陳瀅州的成大臺文所碩士論文《七○年代以降現代詩論戰之話語運作》談到這場論戰稱為「招魂祭事件」，有鑑於〈招魂祭〉是引發論戰的文章，因此將此論戰定名為「招魂祭論戰」。

一、「麥堅利堡論戰」略論

羅門的〈麥堅利堡〉於 1962 年 10 月 29 日發表在《聯合報》副刊上，是羅門參觀馬尼拉麥堅利堡（Fort Mckinly）時所寫。麥堅利堡埋葬了二次大戰期間陣亡的無數美國士兵，壯觀的十字架排列讓羅門非常震撼。因此寫下以批判戰爭爲主題的〈麥堅利堡〉。這首詩在 1976 年獲得菲律賓總統金牌獎並且被譯成多國語言。獲得這種榮譽當然爲〈麥堅利堡〉帶來許多好評，連帶也爲羅門帶來相當高的聲望。例如張健如此評價〈麥堅利堡〉：「它正像『一幅悲天泣地的大浮雕』！作者在處理這首詩時，他的赤子之誠，他對於歷史時空的偉大感、寂寥感，都一一的注入那空前悲壯的對象中」〔註17〕張健的高度稱讚雖只是眾多詩評家的讚美中的一篇，但可想見羅門因爲此詩所獲得的聲譽。

但笠詩社詩人群覺得這些聲望與好評與〈麥堅利堡〉眞實的藝術成就並不相符合，因此笠詩社決定依循慣例爲〈麥堅利堡〉召開合評會，希望透過討論來釐清這首詩的原本該有的評價。笠詩社在創社之初就提出希望建立一套嚴正的評論標準的目標，而定期挑選詩作進行合評是實踐的方式之一。

〈麥堅利堡〉南部合評於 1970 年 8 月 16 日舉行，中部合評則於 9 月 6 日舉行。白萩說明舉行合評的理由是因爲這首詩的評價過於兩極：「一是作者自認爲和 T.S.艾略特的『荒地』一樣偉大；一種是葡萄園的評論，把它說得一文不值，形成一首問題詩。」〔註18〕因此白萩希望完全不管羅門的聲望、也不管羅門是否反彈，採取「認詩不認人」的態度來批評。

綜合中部合評與南部合評的意見，基本上笠詩社詩人群認爲這首詩仍然有許多缺點，因此這首詩算不上非常突出的傑作。阮美慧歸納笠詩社詩人們的評價，做出以下的總結：「普遍認爲在語言文字的運用上，有誇大、堆砌之感，其動人之處在於先天『死亡』、『戰爭』的題材之便，而語言的凝鑄，也可見失序跳接的缺憾，換言之，羅門以他對文字的嫻熟及認知，透過知識的了解去達成〈麥堅利堡〉一詩的意象。」〔註19〕但笠詩社詩人也不是全盤

〔註17〕張健，〈評三首「麥堅利堡」〉，《門羅天下》（臺北：文史哲，1991 年 12 月），頁 125。更精確的說，這場論戰的起因，應該是笠詩社詩人不滿羅門得獎之後的態度。因爲獲得國際單位文學獎的人多有所在，但是多半沒有大肆張揚。

〔註18〕〈作品合評：羅門「麥堅利堡」南部合評紀錄〉《笠》39 期，（1970 年 10 月），頁 22～26。

〔註19〕阮美慧，《臺灣精神的回歸：六、七○年代臺灣現代詩風的轉折》成功大學中

否定這首詩的價值，白萩總結說：「我想這首詩不能說是一首傑作，最多只能說在羅門的作品中較好的一首。」〔註 20〕錦連也談到：「充其量只是水準以上的詩，談不上傑出，更遑論偉大。」〔註 21〕笠詩社詩人群的含意很清楚，他們承認這首詩有其可觀之處，但是與詩人所獲得聲譽比起來是不成比例的。

面對笠詩社詩人群毫不客氣的批判，羅門在 1971 年《藍星》年刊「詩的博覽會」中發表〈從批評過程看讀者批評者與作者〉，文中除了細部回應合評所指出的缺點之外，還花了相當的篇幅批評趙天儀。這讓趙天儀又發表了在《笠》四十四期發表〈裸體的國王〉來回應羅門對他的指責。針對〈麥堅利堡〉的部分，趙天儀質疑羅門，不應該一廂情願自我肯定這首詩的價值。此外趙天儀也反駁羅門幫他扣的「社會化」的大帽子：「純粹就詩論詩，怎麼是『機會性的批評現象』呢？羅門先生別忘了你自己興致沖沖地以『麥堅利堡』去菲律賓應徵獎金的敲門磚，那才真夠是『社會化』哩？！」〔註 22〕而這場論戰也在趙天儀的反駁聲中劃上句點。

雖然這是場規模不大的論戰，但在論戰中我們可以清楚看到笠詩社詩人群要求詩內容寫實、思路清晰的特色，尤其是在詩語言上，笠詩社詩人群也開始強調用平實的語言、平凡的意象來寫詩的傾向。例如鄭炯明對〈麥堅利堡〉的批評最能看出這點：「單有偉大的企圖並不能造成偉大的結局，一定要在醞釀的過程中，加入某種異質的東西，這個異質的東西，我想就是遠離偉大的『平凡』。」〔註 23〕李敏勇也有類似的看法：「我常感到攀附龐大深刻的字眼並不等於詩的龐大深刻。」〔註 24〕想完成偉大的作品需要平凡的修辭才能完成，「麥堅利堡論戰」中我們可以看到笠詩社已經提出其獨特主張。

文所博士論文（2002 年 6 月），頁 160。

〔註 20〕〈作品合評：羅門「麥堅利堡」南部合評紀錄〉《笠》39 期，（1970 年 10 月），頁 26。

〔註 21〕〈作品合評：羅門「麥堅利堡」南部合評紀錄〉《笠》39 期，（1970 年 10 月），頁 22。

〔註 22〕趙天儀，〈裸體的國王〉《笠》44 期（1971 年 8 月），頁 66。趙天儀還花很大篇幅分析羅門的詩論，但與〈麥堅利堡〉沒有直接相關，因此此處暫且不論。

〔註 23〕〈作品合評：羅門「麥堅利堡」南部合評紀錄〉《笠》39 期，（1970 年 10 月），頁 25。

〔註 24〕〈作品合評：羅門「麥堅利堡」南部合評紀錄〉《笠》39 期，（1970 年 10 月），頁 23。

二、「招魂祭論戰」論戰過程概述

洛夫在 1971 年 3 月，出版了《一九七○詩選》，這本詩選是國內年度詩選的創舉。洛夫自陳編輯動機：「這本詩選不僅能為現代詩的讀者提供一個年度性的展覽櫥窗，同時也為今後編輯更長時間的詩選時（譬如「八十年代詩選」之類）事先做了一番收集資料的工作。因此，我自信這番辛勞並非浪費。」〔註25〕《一九七○詩選》收錄詩作的時間範圍以 1969 年 9 月到 1970 年 9 月為止，但為求內容充實又多收錄民國 1969 年 6 月出版的《幼獅文藝‧詩專號》若干作品。洛夫期許 1970 年 9 月以後的作品則收入《一九七一詩選》，言下之意頗有年度詩選將年年繼續下去的意思。洛夫在《一九七○詩選》的編者序中除了陳述了自己編輯的動機，另外也說明自己的詩觀。提出自己編輯的標準是建立在詩的語言上。對於詩的語言，洛夫提出三個看法，一、語言的有機性，認為應該以重視詩的有機性。二、散文基礎的重要，吸收了過去對於現代詩語言晦澀的批評，強調語言能力的重要。三、語言的彈性，認為與其寫失敗的長詩，不如寫精鍊的小詩。我們可以看到，洛夫的言論與之前余光中「天狼星論戰」時比較，想法已有明顯的改變。

過了三個月，李敏勇在《笠》43 期中發表了〈招魂祭——從所謂「1970詩選」談洛夫的詩之認知〉，非常尖銳地指責洛夫只選詩宗社同人詩作，選詩只以自己的口味決定，而做這件事的動機全是為了滿足自己在文學史上的虛名。同時李敏勇花了較多篇幅檢討洛夫對於詩語言的三點看法。李敏勇的意見歸納起來只有一個，就是對洛夫自己詩觀改變的不滿，李敏勇指出《1970詩選‧序》中的觀點都是過去洛夫所反對的，但現在洛夫卻反過來提倡這些看法。李敏勇認為這些說法笠詩社早就提過，詩壇風向轉變之後，洛夫如今卻堂而皇之的聲明這些看法，李敏勇對此十分不滿。而李敏勇尖銳的批評諷刺，可想而知引起了笠詩社詩人群與創世紀詩社詩人群的相互論戰。笠詩刊在接下來幾期中陸續刊載批判文章，當時創世紀詩刊已休刊，同樣由創世紀同仁所編的水星詩刊就成了創世紀詩人刊載反駁文章的陣地。

洛夫在水星第 4 期，以〈致張默管管〉回應李敏勇的批判，文中沒有針對自己詩觀改變的批評做出回應，並且以詩壇倫理為理由，強調自己的輩份高，李敏勇這些晚輩不應該對長輩不敬。洛夫迴避有關詩觀改變的問題，而

〔註25〕洛夫，《一九七○詩選‧洛夫序》（臺北，仙人掌：1971 年 3 月 15 日），頁 2。

把茅頭指向李敏勇沒有被選入《一九七〇年度詩選》，因生氣而報復。洛夫說對於李敏勇的批評，他感到可笑之外：「我也同情這位年輕人因未被選入『一九七〇詩選』而憤怒的心情。」〔註 26〕除此之外，洛夫更進一步說明，李敏勇之所以批評洛夫，是因爲洛夫與瘂弦受託主編《中國現代文學大系‧詩部分》，因爲不小心跟白萩洩漏了笠詩社選入十人之事，引起笠詩社反彈，認爲至少要再多選十人左右才夠，由於洛夫置之不理，才有後來李敏勇批評的事。洛夫猜測：「他們的目的有二：第一、迫使我接受他們的名額，第二、利用各種刻毒名詞以破壞我的聲譽，使此一詩選貶值。」〔註 27〕

這些說法在笠詩刊 44 期引來陳鴻森與李敏勇的反駁，對洛夫的顧左右而言他相當不滿。陳鴻森說：「如果二十年算一代，這正是時間嚴酷的裁決所賦予年輕這代的使命，對上代追求的認眞及既有的成就，我們有著『當然』的敬重，但在探討的過程裡，就必須站在水平的表面。沒有給予教益的力量，而空談著輩份，這是一種衰竭。」〔註 28〕李敏勇也澄清自己的動機並非沽名釣譽或者挾怨報復，單純只就事論事。

創世紀這方也不甘示弱，宋志揚在《水星》第五期發表的〈溫柔的感嘆〉引起新的爭議。宋志揚反過來批判笠詩社主導的《華麗島詩集》，批評選錄詩人詩作也是以笠詩社爲主，以此反擊李敏勇對洛夫的批評。對於宋志揚的批評，笠詩社在 45 期發表了〈編後記〉回應。表示創世紀編選詩選，長期以來都不公平，所以必須故意不公平才能加以制衡。原本笠詩社打算在 45 期之後就不再討論此事，讓論戰告一個段落。但是在《水星》六期，夏萬洲不但批評笠詩社的人才比不上創世紀，甚至說出「笠詩社除了當日本詩壇的殖民地之外，是永遠成不了大器的」這樣的話來。這樣過於激烈的說法將兩社之間對立的態勢升到最高。使《笠》在 46 期把相關人士信件都公布。在李敏勇寫給白萩的信中說：「我看您應當公佈因文學大系而和他往來的書簡，甚至把他們要和笠談什麼合作，更且要求笠採同一步驟，退出中國新詩學會的信，全部公佈。」〔註 29〕而在桓夫寫給張默中也澄清論戰的起因：「洛夫與白萩之間的書信來往，關於現代詩大系的編輯如何，是白萩與洛夫兩人之間的個人意見，笠同人都不知其書信

〔註 26〕洛夫，〈致張默、管管〉《水星》4 期（1971 年 7 月 10 日）。
〔註 27〕洛夫，〈致張默、管管〉《水星》4 期（1971 年 7 月 10 日）。
〔註 28〕陳鴻森，〈自覺〉《笠》44 期（1971 年 8 月 15 日），頁 77。
〔註 29〕李敏勇，〈笠書簡〉《笠》46 期（1971 年 12 月 15 日），頁 98。

內容，怎能把那些無關的兩回事拉在一起，並拖到『笠』和『創世紀』的爭執問題來。……洛夫以為『傅』文之發表是與白萩之間鬧意見的結果，這種無聊的推測太過份了。」〔註30〕由這些信件可以推知兩社之間詩人們在當時溝通協商的過程。最後《笠》以嚴重聲明的方式反駁夏萬洲的話。《笠》在〈本刊嚴正聲明〉中說：「我們要求說此話的夏萬洲，登刊此封信的水星編者，必須登報公開地向我們道歉！公開地向生於臺灣省的中國人道歉！否則我們絕不甘休地周旋到底！」〔註31〕這樣的言詞已有對被損害名譽，準備訴諸法律的傾向。

文友們擔心論戰至此會失控，之後在素來與兩社交好的瘂弦、白萩、葉泥等人居中奔走下，雙方各讓一步，論戰在笠詩社46期之後遂平息下來，文章多轉為闡述自己立場，雖然難免有互相挪揄諷刺的短文，但已沒有明顯的針對性。之後笠詩社刊載葉笛〈文化是純種馬嗎〉論理清晰，舉證有力，為整場論戰劃下句點。經歷了這場論戰，笠詩社戰後世代的詩人們凝聚了新的共識，在《笠》54期，李敏勇發表〈再出發〉一文中，明確指出，不論是依循中國文學傳統，或者背叛傳統，依循西方現代主義的兩條路都不是臺灣現代詩壇應該走的路線，笠詩社不應該徘徊在這兩種路線之間，而應該走出自己的第三條路，李敏勇所標出的第三條路，正是強調現代詩壇上本土寫實的反對文化詮釋社群的方向。

三、「招魂祭論戰」焦點分析

這場論戰聚焦在三個焦點上，每個問題各自有值得深思之處，以下分別討論之。

（一）基本詩觀的爭議

李敏勇對洛夫最重要的批判在於洛夫推翻了過去自己提出的主張，立場站到自己的對立面。過去即使是提倡「橫的移植」的紀弦，其創作仍是淺顯易懂。鼓吹超現實主義的洛夫正是帶動日後晦澀詩風的重要人物。如今洛夫反過來鼓吹詩不應該晦澀，應該講究有機性，實在是件諷刺的事。李敏勇針對洛夫出爾反爾這點說：「如果歷史有眼，歷史會給予這種荒謬帶來『嘲笑』和『哭泣』的。」〔註32〕

〔註30〕李敏勇，〈笠書簡〉《笠》46期（1971年12月15日），頁99。
〔註31〕笠編輯部，〈本刊嚴正聲明〉《笠》46期（1971年12月15日），頁102。
〔註32〕李敏勇，〈招魂祭——從所謂的「1970詩選」談洛夫的詩之認知〉《笠》43期

　　洛夫承認超現實主義的失敗，其實已有修正自己過去錯誤的意思，但是李敏勇仍然不能接受，認爲洛夫此舉實則侵佔了笠詩社論述的空間，因此李敏勇極力舉出洛夫前後言行不一致之處來批評洛夫。李敏勇說：「近年來現代詩發展過程中的一大威脅實際就是『有成就的詩人』，特別像洛夫之流的無知所招致的。而洛夫卻大聲疾呼地扮演殺人呼救的小丑角色。」〔註33〕而李敏勇更仔細針對洛夫〈1970 詩選・序〉中提出關於詩語言的三點看法一一提出反駁。

　　首先針對「語言的有機性」這點，洛夫說：「如果說某一首詩在語言上雖是東拼西湊，或陳腔濫調，卻能表現出一種深刻的思想或高超的意境，這是不可能的事。只要是詩，其本身無所謂晦澀不晦澀，詩的晦澀決不在於『不可解』這一點上，而是在於詩語言缺乏有機性上。」〔註34〕洛夫一改過去的看法，以有機性來替代過去主張超現實主義的論點。洛夫的新看法是詩的成敗不在易懂或晦澀，在於有機性，富含有機性的詩即使晦澀仍有可能是好詩，但是破碎不知所云的詩就一定是壞詩。這麼一來，洛夫等於放棄了過去的主張：「潛意識本身並不等於詩，超現實主義的自動語言已證明是一種失敗。」〔註35〕而這種體認正是笠詩社長期以來所鼓吹的觀念。李敏勇明白地說：「這個問題，這種簡單的認識是笠成立之初便一再強調的，笠詩刊大大小小的同仁恐怕沒有人不知的。」〔註36〕

　　李敏勇諷刺洛夫重提有機性，並不是眞的悔過，而是趕流行，李敏勇說：「雖然洛夫貌似體認了這種淺鮮的觀念，可是洛夫這種觀念是抄襲的，根本沒有眞正的了解。正如以往抄襲超現實主義沾沾自喜，如今視超現實主義爲洪水猛獸一般。如果詩壇有某些似新的觀念提出，洛夫也會踢掉目下掛在口中，不時吟吟自做的『有機性』。」〔註37〕

　　其次談到「散文基礎的重要」，洛夫說：「詩的價值與效果確不是存在於文法與邏輯之中，詩人枉顧文法，扭曲邏輯，旨在求得詩的更高效果，亦如禪家的話頭往往指鹿爲馬，旨在求得頓悟，但說句法不通，不合邏輯就是詩，

　　　　（1971 年 6 月 15 日），頁 56。以下簡稱〈招魂祭〉。

〔註33〕李敏勇，〈招魂祭〉《笠》43 期（1971 年 6 月 15 日），頁 56。

〔註34〕洛夫，《一九七〇詩選・洛夫序》（臺北，仙人掌：1971 年 3 月 15 日），頁 4。

〔註35〕洛夫，《一九七〇詩選・洛夫序》（臺北，仙人掌：1971 年 3 月 15 日），頁 5。

〔註36〕李敏勇，〈招魂祭〉《笠》43 期（1971 年 6 月 15 日），頁 56。

〔註37〕李敏勇，〈招魂祭〉《笠》43 期（1971 年 6 月 15 日），頁 57。

胡言亂語就是禪，豈非自欺欺人！詩人不必都是飽學之士，但能寫一手通順的散文，該是寫詩的起碼條件。」〔註38〕洛夫這樣的說法與六○年代蘇雪林等論者的意見不謀而合。洛夫認為以通順散文為基礎，加以精鍊濃縮就成為詩。但李敏勇反駁這點。李敏勇說：「以往使人感到錯將修辭上的技術當作語言革新的詩人，往往也以為詩就是濃縮。『散文→詩』，難道竟是濃縮得成詩嗎？」〔註39〕李敏勇與笠詩社的看法認為詩的語言應該與日常語言一樣，因此沒有什麼通順散文濃縮成詩的可能。

最後討論洛夫關於「語言的彈性」的說法。洛夫說：「某種句型或語式襲用既久，勢必日漸喪失其原有的機能與彈性，若干詩人在創作上難以超越，多歸因於對習慣句型或固定結構的眷戀，囚困其中而不自覺。」因此洛夫提倡「與其寫失敗的長詩，不如寫精鍊的短詩。」〔註40〕李敏勇質疑為什麼關於語言新鮮的討論，竟會得出應該創作小詩的結論，但他對這大方向是同意的，李敏勇說：「不管洛夫評詩文字中一再出現的論理是多麼的非技術性。能夠重視這個關於語言新鮮的問題說是不錯的。可是進一步的不能只知道語言要講求新鮮。詩想也要能夠新鮮啊！甚至詩想的新鮮比語言的新鮮才是更重要而不可忽視的。從這裡又暴露洛夫拜物論的行徑。」〔註41〕

歸納以上的討論，我們可以發現李敏勇與洛夫詩觀最根本的差距是關於詩語言的看法。李敏勇認為沒有特別的「詩語言」，只有語言在不同的脈絡下被使用的情形。既然語言不是最重要的考量，詩想當然比詩語言來得更重要，「詩想的新鮮比語言的新鮮才是更重要而不可忽視的」這句話一語道破了笠詩社獨特的看法。事實上，李敏勇根本不承認有所謂「詩的語言」，李敏勇說：「語言是詩人能力的指數，但語言絕不等於詩。也沒有什麼詩的語言能不由一首詩分析出來而主體性地能用以建立詩的。是因為在詩中的整體性得以成立，語言才有所謂詩的語言，沒有什麼詩的語言可以既成品一樣供詩人採用，除非是抄襲。」〔註42〕既然連詩語言都不承認，他當然也不認為詩人應當以語言的實驗為職志。李敏勇說：「倒因為果的洛夫更提到『在語言上求實驗本是現代詩人的職志』這樣的謬論。即使站在語言學立場的人，也不可能將語

〔註38〕洛夫，《一九七○詩選・洛夫序》（臺北：仙人掌，1971 年 3 月 15 日），頁 6。
〔註39〕李敏勇，〈招魂祭〉《笠》43 期（1971 年 6 月 15 日），頁 57。
〔註40〕洛夫，《一九七○詩選・洛夫序》（臺北：仙人掌，1971 年 3 月 15 日），頁 7。
〔註41〕李敏勇，〈招魂祭〉《笠》43 期（1971 年 6 月 15 日），頁 57。
〔註42〕李敏勇，〈招魂祭〉《笠》43 期（1971 年 6 月 15 日），頁 56。

言的改革當作語言學的最終目標。『在語言上求實驗本事現代詩人的職志』這一點恐怕臺灣詩壇尚不致都像洛夫這樣荒謬無知地盲目接受吧！」〔註43〕李敏勇將洛夫的看法推得太遠，洛夫的意思是詩人是為了尋求使用語言最大的可能性而不斷實驗。但李敏勇的「誤讀」也顯出笠詩社對詩語言的獨特看法。

　　之所以形成這樣獨特的詩觀，是因為笠的「跨越語言的一代」詩人們，由於失去了習慣的語言（日語），因此必須先有詩想，再進一步轉變成詩語言（中文），使用語言的不便，逐漸形成以詩想為先的理論。加上從日據時代以來，重視現實批判的日據臺灣文學傳統，長久薰習培養成詩人們對國家社會的強烈關注，這都使得笠詩社對語言所指涉的現實事物的關懷遠高過對詩語言本身的講究。這種理論也形成笠詩社的特色，喜好使用日常語言，而以獨特的詩想建構詩意。但這樣就不容易突出個人語言的特色。這也是洛夫等人所詬病之處。宋志揚說：「『笠』的大部分作者的詩，有一特色，就是『平實易懂』，彷彿是從現實生活裏取材，但是表現技巧則千篇一律，淡而無味，如果你不相信，不妨試試把兩位作者的名字塗掉，再把詩拿給第三者看，可能分不出誰是誰的詩了。」〔註44〕洛夫自己也說說笠詩社同仁的作品：「表現較為成功者僅一二人，其他多因未能有效控制語言，表現過於直接，而使詩落於言詮。」批評《華麗島詩選》時說：「『華麗島詩選』所選者甚眾，惜乎因部分作品素質較低，缺乏代表性。」〔註45〕

　　這場論戰是因為洛夫等人與笠詩社等人由於對詩語言看法不同而引起，如果大家就事論事，原本可以好好就詩語言的看法作深入討論，但是由於洛夫不願意面對這個問題，不願意回應自己詩觀反覆的質疑，而使論戰轉向，而使詩壇失去一個深刻思考詩語言的機會，殊為可惜。

（二）編選詩選的可信度

　　長久以來，由於創世紀詩社旺盛的活動力與企圖心，編輯各式各樣的詩選一直是創世紀詩社的工作。解昆樺指出編輯詩選正是創世紀詩社建立「典律」（canon）的方法。掌握選詩的權力，等於掌握了詩人進入詩史的關口，臺灣現代詩足供後代研究的依據，多來自這些詩選本。長期以來，都是由創世

〔註43〕李敏勇，〈招魂祭〉《笠》43 期（1971 年 6 月 15 日），頁 56。
〔註44〕洛夫，〈致張默、管管〉，《水星》5 期（1971 年 9 月 10 日）。
〔註45〕洛夫，〈中國現代文學大系詩卷序〉，《幼獅文藝》220 期（1972 年 4 月 1 日），頁 70、72。

紀掌握編輯選本的權力，這就難免令人質疑。李敏勇就說了重話：「從『六十年代詩選』以來，國內可以說沒有一部嚴肅而公正的詩選集。當然，對於這種萌芽時期的詩史缺憾，歷來扮演此類工作角色的創世紀詩社是無法恆久自我陶醉而免於時間仲裁的。」〔註46〕顯示出長久以來笠詩社對創世紀獨佔編輯詩選權力的不滿。因此論戰當中，創世紀詩社與笠詩社互相就詩選的公平性與技術性提出質疑。

引發論戰的原因來自洛夫獨自編選出的《一九七○年度詩選》。編選 1970年的年度詩選原爲詩壇創舉，在這之前還沒有類似活動。年度詩選名義上是一整年來優秀詩作的集結成冊，但是應該由誰來決定哪些作品是優秀作品，哪些作品可以入圍？由洛夫一人決定編成的《一九七○年度詩選》就難免受到質疑。李敏勇質疑洛夫自言「不以任何派別或詩社爲立場」，卻極端以詩宗社與相關人士爲班底，詩宗社成員詩作選入 37 首，超過其他社團成員。而笠詩社只被選入 6 首。這讓李敏勇忍不住抨擊洛夫全憑一己口味，爲宗派觀念與人情所左右。最後李敏勇說：「有一點必須提醒洛夫的是；臺灣現代詩的選集切切不是任何壟斷方式所能獨當一面的。漠視眞實的行爲只是令人感到無知而已，只是令人感到有所畏懼而已。」〔註47〕

李敏勇之後，鄭炯明也回過頭來檢討同樣是由洛夫主編的《七○年代詩選》，鄭提出《七○年代詩選》有四點問題，首先是爲何此詩選會在 1967 年就編輯出版，漠視剩下四年會出現的好作品。第二是《中國現代詩選》否認《七○年代詩選》的重要性，鄭暗示透過這樣的安排，洛夫更加凸顯創世紀詩人的重要性大過其他不同社團詩人。第三是洛夫刪掉王裕之的問題，最後引用李國偉的話，斷言洛夫的態度不夠誠懇。〔註48〕

被批評的創世紀詩社不甘示弱，由宋志揚出面反過來批評笠詩社主編的華麗島詩集也同樣的不公平，宋志揚說：「據筆者推斷，『笠』是同仁雜誌，既然要翻譯中國現代詩爲日文，這是大好機會，乾脆『笠』同仁一律入選，結果不忍卒讀，這本書出版後，『笠』的同仁沒有一個人挺身出來說話，既不褒也不貶，大概他們心裡有數，知道不對勁，乾脆沈默好了。……這本書選

〔註46〕李敏勇，〈招魂祭〉《笠》43 期（1971 年 6 月 15 日），頁 55。
〔註47〕李敏勇，〈招魂祭〉《笠》43 期（1971 年 6 月 15 日），頁 58。
〔註48〕鄭炯明，〈不能忽略的事實——從 70 年代詩選談起〉《笠》45 期（1971 年 10 月 15 日），頁 95、96。

入『現代詩』、『藍星』、『創世紀』的主要詩人而外，如果把上述三大詩刊的作者去掉，可能就是一本很差勁的『笠詩選』日文本。」〔註49〕從事實上看，笠詩社所偏選的華麗島詩選笠詩社同仁的確偏多。針對這點，笠詩社也有話說。笠的編輯後記批評詩選的小圈子主義是創世紀詩社始作俑者，創世紀所編輯的詩選例如《七十年代詩選》、《中國現代詩選》以及《MODER CHINESE POETRY》都是大部分以創世紀人馬爲主，面對這種狀況，《笠》坦言：「面對這種不公平的先例，任何詩社，都有權故意不公平的來調和這種偏差，創世紀諸人是無權閒話的。」〔註50〕言下之意很清楚的說，是創世紀詩社先不公平，所以笠才必須以刻意不公平來調和這樣的不公平。

（三）笠詩社與日本文化淵源的爭議

創世紀詩社在語言問題上與笠詩社對立，也就是現代主義對寫實主義的不同；而在文化認同的系譜上，也呈現出中國對日本的差異。由於批評《華麗島詩集》的緣故，宋志揚進一步抓住笠詩社與日本文化之間的關聯性深入批評。

宋志揚說：「『笠』選介的日本詩較多，但受日本詩的影響也是最深，而且近於『盲目崇拜』，所以本國作者發表在『笠』上的作品，幾乎三分之二以上是日本現代詩的翻版。」〔註51〕這樣的批評出自模糊的既定印象，而非眞正經過統計的結果。事實上《笠》也譯介許多外國詩人與文學理論，英、美、法等各國都有，也不是只譯介日本詩人作品。因此《笠》45期的〈編輯後記〉也馬上反擊宋志揚的說法，要求宋志揚清楚說出：「日本現代詩是什麼樣子？特質是什麼？刊在笠上的作品又和日本現代詩在哪些地方是相同的？」並且舉出實例反駁道：「在笠四三期上，譯有日本名詩人村野四郎、安藤一郎、田村隆一等對於『華麗島』詩集的推薦語，都表示出中國現代的詩是和日本現代詩不同味道的。想來日本詩人該比那個所謂宋先生更瞭解日本現代詩罷？那個所謂宋先生的硬逼人上架的行爲，只是證明他耳聾目瞎地在胡說八道。」〔註52〕《笠》的反駁有憑有據，但是《水星詩刊》第六期仍然刊出夏萬洲的言論。夏萬洲說：「只要『笠』能出一兩個像洛夫、瘂弦、葉維廉這樣的人才，不然，只有白萩、桓夫、趙天儀之流，除了作日本詩壇的殖民地之外，『笠』

〔註49〕宋志揚，〈溫柔的感嘆〉，《水星》5期（1971年9月10日）。
〔註50〕編輯部，〈編輯後記〉《笠》45期（1971年10月15日），頁87。
〔註51〕宋志揚，〈溫柔的感嘆〉，《水星》5期（1971年9月10日）。
〔註52〕編輯部，〈編輯後記〉《笠》45期（1971年10月15日），頁87。

是永遠成不了大器的。」（水星 6 期）夏萬洲說出這樣的重話，逼得當時筆名柳文哲擔任主編的趙天儀不得不宣示自己的民族立場而說道：「我們『笠』的同仁們，時時刻刻地自覺到自己國文程度不好，努力學習國文，我們曾經有過跟祖國斷了臍的五十年的悲哀，我們有著不能遺忘的歷史的教訓，難道我們還想被日本人譏罵爲『清國奴』嗎！？」〔註53〕

戰後臺灣把自己當成中國的正統，透過排斥共產中國以及日本以建立自己的文化主體，因此在許多愛國宣傳中，日本與中共始終是被醜化的對象。在這樣的文化歷程中，《笠》詩人特別介意這點，因此趙天儀仔細的說明笠詩社與日本文化的淵源，並指責夏萬洲等人的說法。趙天儀仔細反駁：「我們同仁之中，有一半以上是能夠使用日文的工具，我們是在異族統治之下所造成的『跨越語言的一代』，我們之所以能夠使用日文的工具，卻是用歷史的悲哀與民族的血淚換取的！把同胞所辦的詩刊誣爲『日本詩壇的殖民地』，實令人心寒！我們從沒說過『創世紀』是『美法詩的混血兒』，也沒說過瘂弦先生的異國情調不是中國的，更沒說過葉維廉的香港國語不是中國的！」〔註54〕

之後過了近半年，葉笛的〈文化是純種馬嗎？——對「溫柔的感嘆」的感嘆〉仍然回應著對笠詩社與日本文化關聯性的質疑，其中談到文化的特質正是互相交流溝通，並沒有不受其他文化影響的純種文化，但文化上或許有混雜異國文化，但在國族認同上卻是很明確的，葉笛嚴正地說：「在『笠』詩刊上發表詩的是道道地地的中國人，自然對外國（不單指日本）的文化，其態度也是『純中國式的』」〔註55〕。

除了分析文化的特質外，葉笛也有質疑：「我不知道宋、夏二位評論家用這個多音詞怒喝『笠是日本現代詩的殖民地』，其居心何在，也不知道他倆對『臺灣』淪爲日本帝國殖民地，同爲中國人的歷史意識如何？世界上，哪有一個母親不爲萬劫歸來的孩子欣喜若狂？」，甚至更進一步反問：「爲什麼『笠是日本現代詩的殖民地』？請舉出具體的事實來！」〔註56〕最後葉笛還以白

〔註53〕編輯部，〈疾風知勁草——代編後記〉《笠》46 期（1971 年 12 月 15 日），頁104。

〔註54〕編輯部，〈疾風知勁草——代編後記〉《笠》46 期（1971 年 12 月 15 日），頁104。

〔註55〕葉笛，〈文化是純種馬嗎——對「溫柔的感嘆」的感嘆〉《笠》49 期（1972 年6 月 15 日），頁74。

〔註56〕葉笛，〈文化是純種馬嗎——對「溫柔的感嘆」的感嘆〉《笠》49 期（1972 年6 月 15 日），頁74。

居易的詩〈上陽白髮人〉在日本古典文學中被大量引用的例子，來說明提出日本文學接受中國文學影響的具體佐證。應該包容不同文化的道理是明確的，但是當這樣的道理涉及國族建構的文化歷程時，就不容易被人正確地認識，從對日本文化的兩種態度，我們可以看出臺灣社會中文化認同的落差，這種縫隙在日後的臺灣越加劇烈。

四、第三條路線

在「麥堅利堡論戰」中，我們可以看到笠詩社詩人提出對於現代詩場域中的文學聲譽的反省。用布迪厄的理論來解釋，文學聲譽就是布迪厄所謂的「象徵資本」，是詩人的經濟、文化與社會資本的總和。現代詩作為深受西方文學理論影響的文類，能夠受到外國的肯定是現代詩人們重要的聲譽來源，羅門的〈麥堅利堡〉得到外國文學獎的肯定，自然身價百倍。但是笠詩社詩人不能輕易接受這種光環，他們認為現代詩人的成就必須經過到達高度藝術成就創作，也就是寫出不朽傑作才能得到。對笠詩社詩人而言，得到外國文學獎不能彌補詩作不夠好的缺點。文學的成就必須決定於文學作品的成功，而不是依靠外在的政治、經濟種種因素決定，這種現代詩場域邏輯在此時仍然發揮著影響力。

但更關鍵的是，笠詩社詩人群評價孰為不朽傑作的標準開始與其他詩社詩人不同。一種使用平凡語句來表現現實生活，卻又能表現出偉大涵義的作品才是他們所能肯定的傑作，以這樣的標準來評判，詩壇許多作品都不及格。

在「招魂祭論戰」中可以看到以洛夫為首的創世紀詩人開始改變自己的詮釋策略，開始不再堅持現代主義，慢慢靠近古典抒情詮釋社群。林亨泰指出「後期現代派運動」到 1970 年結束是一個很精準的觀察。因此李敏勇察覺到洛夫詩觀的改變，但誤以為洛夫是向笠詩社的詩觀靠近。其實洛夫的許多看法是接近於古典抒情詮釋社群的說法，也就是接近於「天狼星論戰」後的余光中。洛夫揚棄超現實主義，以中國詩與禪的文論來彌補超現實主義理論的不足，在創作上也呈現清新的風格，都是洛夫轉入古典抒情詮釋社群的證據。

但這兩場論戰更重要的意義不在於洛夫轉向古典抒情詮釋社群，而是笠詩社中戰後世代詩人群崛起，帶領笠詩社走向色彩更鮮明的一條路線。關於這點，宋志揚的觀察很明顯突出了笠世代交替的現象，首先談到《笠》詩評

專欄「笠下影」，宋志揚說：「該欄前幾期聽說由林亨泰先生執筆，頗能保持一貫批評之準則，但一到柳文哲的手下就大大變了掛。」又提到「最奇怪的是『笠』最近培植了一批專門會罵人的小傢伙。」〔註57〕這些批評都顯示出笠詩社風貌變得更有攻擊性，因為「笠」戰後世代的一批年輕人如趙天儀、李敏勇等人，已經不耐煩詩壇的現況，希望能走出自己的方向。李豐楙在考察七〇年代新世代詩人群崛起時，談到新世代詩人與詩壇前輩間的緊張關係，李豐楙說：「對於這些文學的新生代的叛逆，當時確實在兩代之間產生心理調適的問題。這些緊張的關係表現在上一代的詩人的反應中，可以洛夫為其典型，他在被叛逆的姿態激怒時，就會說：領中國未來風騷的自然有待另一批新的詩人，但他們決不是『今天詩壇上年輕的一代』。」〔註58〕但即使詩壇前輩不能接受，時代仍然往前邁進，新世代詩人仍然要提出自己的主張。這樣的想法，終於在論戰一年多後，由李敏勇明確地提出來：

> 反觀我們的詩學界，我們的現代主義，我們會發現充其量只是橫行霸道的超現實主義以及古典經驗主義而已，它意味著國際主義及國粹主義的惡性循環。……在這樣的惡性循環中，反傳統和回歸傳統只是一貫逃避立場的不同手段，只是標新立異媚取事功的雙重化名，而不具有本質上或認識上的意義。……讓全體不分老幼的真誠詩人們，共同進行詩學時代的奠基工作；讓我們凝視現實的真實，不再逃避；讓我們的救贖廣被；讓我們接受社會計量器的裁判；讓我們俯視我們民族的醜惡恥部。只有這樣，我們詩學界才能夠在社會的有機體中具有它存在的條件和價值；也只有這樣，我們詩學界才能夠在整個民族的有機體中具有它象徵的意義和地位。〔註59〕

李敏勇很明確地意識到，當時詩壇存在古典抒情與現代主義兩個最大的詮釋社群。但是不管是強調中國圖像與崇尚抒情的古典抒情詮釋社群；或者是重視語言，遠離群眾詩風晦澀的現代主義詮釋社群都不是笠詩社眾人希望繼續追隨的方向，唯有反抗這兩大詮釋社群，走出屬於自己的第三條路，才是笠詩社接下來應該邁進的方向，而這就標誌了日後本土寫實詮釋社群踏出第一

〔註57〕宋志揚，〈溫柔的感嘆〉，《水星》5 期（1971 年 9 月 10 日）。

〔註58〕李豐楙，〈民國六十年（一九七一）前後新詩社的興起及其意義〉陳大為、鍾怡雯主編，《20 世紀臺灣文學專題Ⅰ——文學思潮與論戰》（臺北：萬卷樓，2006 年 9 月），頁 227。

〔註59〕李敏勇，〈卷頭言：再出發〉《笠》54 期（1973 年 4 月 15 日），頁 1。

步的重要意義。

在這兩個論戰中，可以發現笠詩社詩人群有形成第三種詮釋社群的想法，但是他們所努力建構的本土寫實詮釋社群，此時還沒有進入臺灣本土化運動的階段，這兩場論戰中，我們可以看到笠詩社詩人不斷地強調自己是中國人，他們說明之所以批評羅門等人，是爲了「中國」詩壇的進步。同時他們嚴詞反駁「創世紀」詩人不愛國的指責。從這些地方可以看出此時的本土寫實詮釋社群的詮釋策略只是在詩語言以及題材上希望貼近現實生活。在國族認同上仍然維持中國認同。陳映眞曾談到這點：「七〇年代當時臺灣的作家和知識份子，絕大多數一仍深信臺灣和中國的歷史的、文化的、認同上的以及事實上的聯繫性和統一性。和中國文學對立的、分離主義的『臺灣文學』概念，在七〇年代幾乎是沒有的。……自新詩論戰以迄政治上蕭殺陰霾的鄉土文學論戰期間，今之臺獨派文學界大老、作家、詩人、評論家和理論家，幾乎沒有一個人有站在分離論的臺灣文學上出來發言的直接或間接的紀錄。」〔註60〕蕭阿勤則認爲對《笠》與《臺灣文藝》的作者群，1979年的「美麗島事件」帶來的強烈衝擊，才是他們在八〇年代國族認同轉向臺灣的關鍵時刻。

第三節　颱風季論戰

「颱風季論戰」〔註61〕發生在七〇年代初期，其起因於顏元叔在《中外文學》的創刊號上發表了〈細讀洛夫的兩首詩〉，隨之引來許多讀者投書，表示反對顏元叔解析洛夫文章的評論方式。於是顏元叔在《中外文學》的第二期中發表文章〈颱風季〉重申自己追求純正的批評的立場，表示即使「颱風季若果來臨，倒可坦蕩胸襟以迎抗之。」〔註62〕。之後在《中外文學》上，贊成顏元叔與反對顏元叔此舉的人互相爭辯，形成這場「颱風季論戰」。

這場論戰雖然日漸受到研究者的注意，但關於這場論戰仍有許多疑點沒

〔註60〕陳映眞，〈向內戰、冷戰意識型態挑戰——七〇年代臺灣文學論爭在臺灣文藝思潮史上劃時代的意義〉《聯合文學》14卷2期（1997年），頁64。
〔註61〕蔡明諺的碩士論文《現代詩論戰與龍族評論專號》是第一個談到「颱風季論戰」的論文。蔡明諺稱爲「颱風季事件」，之後陳瀅州的成大臺文所碩士論文《七〇年代以降現代詩論戰之話語運作》也沿用「颱風季事件」此一名稱，有鑑於〈颱風季〉是引發論戰的文章，因此將論戰定名爲「颱風季論戰」。
〔註62〕顏元叔，〈颱風季〉《中外文學》1卷2期（1972年7月），頁5。

有得到釐清。主要疑點之一是，顏元叔是不是基於現實主義的立場，批判洛夫、羅門的作品蒼白晦澀。蔡明諺的說法可爲代表，他說：「當時給予臺灣現代詩壇『第一擊』的是顏元叔，顏元叔敏感地（而不是刻意地）掌握到時代的氣氛。雖然他後來站到現實派相反的位置上去，替超現實主義詩人們辯護、發聲，但是我認爲，顏元叔和唐文標的差距，其實並沒有顏元叔自己所想像的那麼遙遠。」〔註 63〕如果眞如蔡明諺所說，顏元叔當時是基於現實主義立場而提出批判，又爲何要替超現實主義詩人發聲辯護？再者，唐文標發表完他極具爭議性的幾篇文章之後，第一個站出來批評唐文標的就是顏元叔。到底我們應該如何適切理解顏元叔反覆的立場，就成了理解「颱風季論戰」的重要線索。

　　因此本文希望透過論戰文本的耙梳，釐清上述疑點。本文認爲想要回答這個問題就必須更精確地釐清顏元叔的文學意見。首先必須區分顏元叔的意見隨著時間而改變，剛回國接掌臺大外文系不久的顏元叔，仍然比較偏好現代主義詩作以及新批評的分析方法，但隨著臺灣的社會變遷，到了七〇年代末的顏元叔也逐漸開始認同必須言之有物的本土寫實詩風。其次是必須區分顏元叔的主張、對作品風格的喜好以及批評現代詩的操作方法三者並不是一致的。顏元叔主張「文學是哲學的藝術化」因此只要言之以物的現代詩作他都喜歡，但是在現代詩批評的操作方法上卻鼓吹新批評。由於這些微細的差異，使得評論者不容易清楚描繪顏元叔的文學意見。而我們可以從「颱風季論戰」過程中觀察到顏元叔當時提倡「新批評」的歷史軌跡，而更重要的是我們可以在提倡與排斥新批評的論戰當中，理解當時臺灣現代詩準備邁入教育與研究體制的時代背景。

一、論戰經過概述

　　「颱風季論戰」基本上可以分成四個部分，即對洛夫的批判與洛夫的反駁，對羅門的批判與羅門的反駁，對葉維廉的讚美以及「中外信箱」上的讀者投書四個部分。以下一一討論。

〔註63〕蔡明諺是根據日後顏元叔發表，〈期待一種文學〉的言論，來判斷顏元叔是基於現實派立場批判洛夫、羅門語言晦澀的主張。見蔡明諺《龍族詩刊研究——兼論七〇年代臺灣現代詩論戰》清大碩士論文，頁 105。蔡明諺的說法有相當根據，並沒有錯誤，只是本文認爲對顏元叔的看法還可以補充更細膩的區分。

（一）關於洛夫的討論

顏元叔對洛夫的評價是很高的，他認為：「二十年來的自由中國現代詩壇上，洛夫是最有成就的詩人之一。洛夫的詩有才氣，有魄力；語言的運籌顯得大膽，刻意創新。」〔註 64〕正因為欣賞洛夫，所以才想以嚴肅的評論文章來分析洛夫的作品。因此顏元叔〈細讀洛夫的兩首詩〉中對洛夫的詩並非全面否定，而是比較〈手術臺上的男子〉以及〈太陽手札〉兩篇的優劣。顏元叔給予〈太陽手札〉較高的評價，而對〈手術臺上的男子〉極盡挑剔。顏元叔分析〈太陽手札〉成功的原因：

> 美國新批評家布魯克斯（Gleanth Brooks）曾說，詩是矛盾語言（Language of paradox）。洛夫在這裡使用的矛盾語極多。如上引之「樹都要雕塑成灰」，「鐵器都駭然於揮斧人的緘默」，「唯灰燼才是開始」等。矛盾語絕非晦澀語，亦非互相抵銷之語言。布魯克斯認為矛盾語把握了詩的真精神，甚至生命之奧義。〔註65〕

顏元叔的邏輯是「矛盾語把握了詩的真精神」，而洛夫又使用了許多矛盾語，因此〈太陽手札〉也就把握了詩的精神，成為一首較成功的作品。而相反的，〈手術臺上的男子〉則十足暴露了洛夫創作的缺點，那就是「結構崩潰」。什麼是結構？顏元叔解釋道：「是指字與字的關係，片語與片語的關係，意象語與意象語的關係，行與行的關係，段節與段節的關係，更包括語言與對象的關係。」〔註 66〕對於結構的定義，乃是顏元叔實際批評的理論根據，之後他批評羅門與葉維廉時基本上也根據相同的說法。顏元叔的評詩方式常是討論詩句的表現是否構成表現此一主題的較佳效果。例如討論到〈太陽手札〉的最後一句：「因為他在眼中留一個空格」時，顏元叔說：「此行不僅『小巧』，而且無力：它應該被寫成足以承受全詩的壓力，勾勒全詩的主題，喚醒讀者對全詩的回憶才是。」〔註67〕以閱讀效果作為評價詩句的考量。

因此，顏元叔認為〈手術臺上的男子〉之所以失敗，因其意象關聯性很低，無法讓顏元叔理解意象之間的關係，例如詩中這句：「手掌推向下午三點的位置」。顏元叔批評道：「有沒有任何必然的理由，說『下午三點』就是暗

〔註64〕顏元叔，〈細讀洛夫的兩首詩〉《中外文學》1 卷 1 期（1972 年 6 月），頁 118。
〔註65〕顏元叔，〈細讀洛夫的兩首詩〉《中外文學》1 卷 1 期（1972 年 6 月），頁 125。
〔註66〕顏元叔，〈細讀洛夫的兩首詩〉《中外文學》1 卷 1 期（1972 年 6 月），頁 118。
〔註67〕顏元叔，〈細讀洛夫的兩首詩〉《中外文學》1 卷 1 期（1972 年 6 月），頁 132。

示死亡？下午四點、五點又如何？如果缺乏必然性，也就是說，這個意象語
與對象本身（那個傷者），缺乏必然的關係。」〔註68〕從最初的這篇文章，我
們已經能夠感受顏元叔對詩作風格的特殊偏好。

　　顏元叔的文章原非全盤否認洛夫的成就，只是以嚴肅的學術論文來表示
對洛夫詩藝的欣賞，因此洛夫原本也不打算辯駁。但是許多支持洛夫的人反
駁顏元叔的意見，使顏元叔發表了充滿情緒的〈颱風季〉一文，讓洛夫覺得
有說明的必要，因此投〈與顏元叔談詩的結構與批評〉一文。洛夫首先是反
駁顏元叔時常以假設作為根據。洛夫說：「由於『細』文中使用很多假設，致
看出批評者稍嫌主觀與武斷。例如他說我請人把『手』詩譯成英文，就假定
我自認為傑作之一。」〔註69〕顏元叔認為洛夫之所以有結構崩潰的問題是受
了「超現實主義」的影響。洛夫也加以反駁，表示自己對「超現實主義」有
足夠的了解。最後洛夫也以細部解讀的解釋回應顏元叔對其詩的誤解。歸納
顏元叔的批評常是以「不合常理，無法想像及技巧低劣」這三點來批評，而
洛夫也分別以「用抽象語表示普遍狀況，以誇張語強調藝術效果以及當時創
作的心理狀態」等一一回應顏元叔指出的缺點。例如顏元叔批評〈手術臺上
的男子〉的結尾道：「十九級上升的梯子……十九個窟窿」道：

> 第一句大概表示他是十九歲，每一階梯算一歲：階梯互有連貫，形容
> 連貫的十九歲生命，也許還說得通。「十九隻奮飛的翅膀」呢？「十
> 九雙怒目」呢？難道說他每一歲的生命，可視為一雙憤怒的「眼睛」，
> 那麼一雙憤怒的「腳版」或「耳朵」又如何？「奮飛的翅膀」，也是
> 一樣。「十九個窟窿」完全是湊合上去的。他果真身上有十九個創口？
> 恰巧配合他十九個生日不成？我覺得這是不誠懇的命意措辭。〔註70〕

質疑意象使用恰當與否本無不可，但連男子身上是否真有十九個窟窿也要質
疑，可說近乎吹毛求疵，缺少了點欣賞文學作品應有的想像力。洛夫針對這
段結語的批評，回應道：

> 前四個「十九」以及最後的「十九個窟窿」都不能根據我們的實際
> 經驗去了解，而只能視為一連串的暗示，這些「十九」的數目本與

〔註68〕顏元叔，〈細讀洛夫的兩首詩〉《中外文學》1卷1期（1972年6月），頁120。
〔註69〕洛夫，〈與顏元叔談詩的結構與批評──並自釋「手術臺上的男子」〉《中外文
　　　　學》1卷4期（1972年9月），頁46。
〔註70〕顏元叔，〈細讀洛夫的兩首詩〉《中外文學》1卷1期（1972年6月），頁123。

他的年齡無直接的關係，乃強調他生前強盛的生命力和憤慨的情
感，「十九個窟窿」也只不過在強調其傷勢之重，必死無疑。全部使
用「十九」，旨在求得氣勢的一貫，決不是可以亂「湊合的」。詩，
但求想像之真而不重視實際的真，是否有「十九個窟窿」又何妨？
李白蜀道難有句「爾來四萬八千歲」……而顏先生是不是也要說李
白這些詩句都是「不誠懇的命意措辭」？〔註71〕

此處洛夫的反駁的確有理。顏元叔指出洛夫「結構崩潰」是根據他所學新批
評的理論，但落實在細部批評的操作時，卻常以不合常理、不合實際、無法
想像等理由來批評，這使詩人們難以接受。

（二）關於羅門的討論

在〈細讀洛夫的兩首詩〉引起軒然大波後，顏元叔不但沒有退縮，反而繼
續發表了〈羅門的死亡詩〉，繼續以新批評的方法檢討羅門的作品。而羅門也寫
了〈一個作者自我世界的開放——與顏元叔教授談我的三首死亡詩〉回應。

顏元叔首先點出羅門的詩作經常以死亡當作主題，在這些作品中，〈死亡
之塔〉、〈都市之死〉與〈麥堅利堡〉三首詩專講死亡，因此挑選這三首詩以
「細讀」方式加以評論。歸納顏元叔的批評，羅門的缺點有兩點，第一點跟
洛夫一樣是結構崩潰。顏元叔指出〈麥堅利堡〉既無佳句，亦非佳篇。而〈都
市之死〉則：「似乎未成格局。這一節跟那一節似乎有差別，又似乎沒有差別；
似乎有承屬關係，又似乎沒有承屬關係；似乎是重複多餘，又似乎不是。」
而最新的作品〈死亡之塔〉雖然比前兩首來得好些。但是：「縱觀這三首詩，
羅門的意象結構始終沒有進步，繽紛雜亂，依然如故。」〔註72〕

另外與討論洛夫時一樣，顏元叔仍然喜歡通過詩句的詳細分析，論證其
詩句的失敗而導致整體結構的崩潰。顏元叔在評論〈麥堅利堡〉此詩的開頭
兩句時談到：「戰爭坐在此哭誰／它的哭聲曾使七萬個靈魂陷落在比睡眠還深
的地帶。……『戰爭』被擬人化了，可是仍舊很難被具體想像出來：像一個
老太婆，一個少婦，一個巨無霸？還是一團朦朧的黑影？既然無法具體想像
『戰爭』的形狀或姿態，也就很難想像它哭泣的樣子了……『七萬個靈魂』

〔註71〕洛夫，〈與顏元叔談詩的結構與批評——並自釋「手術臺上的男子」〉《中外文
學》1卷4期（1972年9月），頁48、49。

〔註72〕本段引文見顏元叔，〈羅門的死亡詩〉《中外文學》1卷4期（1972年9月），
頁69、77。

也是抽象語，『七萬個頭顱』也許具體些。誰能想像靈魂是什麼樣子？」〔註73〕批評無法想像「戰爭」的樣子，以及「七萬個靈魂」不如「七萬個頭顱」具體，這些說法都顯得苛求。針對這點，羅門反駁：「在詩語言的要求上：顏常常止步於散文性的義涵，又困於常識的分析與推理，所以對現代詩的語言，他缺乏追隨力。……顏既把握不住現代詩語言轉化後的延伸之境，又如何去切切實實感評一首詩呢？」〔註74〕

但跟洛夫相比，顏元叔認為羅門更多了缺乏思想深度的缺點。顏元叔認為羅門討論死亡，但是對死亡以及宗教的看法卻是搖擺不定，沒有深刻的見解。例如顏元叔討論〈麥堅利堡〉中談到羅門對上帝的看法：「羅門似乎缺乏這種形而上的基本肯定，因而情緒的發洩上，顯得交錯雜亂。羅門的困難大概起因於下列各端：一他對基督教的神有部分的信仰；二同時也可能受到所謂上帝已死的說法的影響；由於上述兩端的衝突，他也許覺得美國大兵之死，顯得荒謬，無助，無意義。」〔註75〕顏元叔不能接受羅門沒有純正的基督教信仰思想，卻在詩中一直使用基督教詞彙。更重要的是羅門並沒有提出深刻令人動容的思想見解。顏元叔說：「羅門既然在這三首詩中探求死亡或生命之價值或意義，他應有些獨特的觀點或視景；卻是沒有。……當然這是一個思想問題，也許不應期望於詩人。但是當詩人企圖談論思想問題時，他既是詩人，也應是思想家。」〔註76〕

這樣的質疑對羅門而言並不公平。羅門對於生死以及文明發展的確有自己一套想法，羅門長久以來宣揚他的第三層次的理論，羅門說：「它既不是歌頌「永恆」也非歌頌「死亡」，而是透過兩者的對視力，發現人類常常存在著的那種茫然的困境……於存在的第一層次，我知道人活著，終於要被時空消滅掉；於存在的第二層次，我知道人被時空消滅掉後，仍可設想從紀念館、百科全書、銅像與天堂裡復活過來；於存在的第三層次，我發覺他死後，紀念館、百科全書、銅像與天堂安慰的是我們」〔註77〕從羅門的行文中，我們

〔註73〕顏元叔，〈羅門的死亡詩〉（臺北：《中外文學》1 卷 4 期，1972 年 9 月），頁64。

〔註74〕羅門，〈一個作者自我世界的開放——與顏元叔教授談我的三首死亡詩〉《中外文學》1 卷 7 期（1972 年 12 月），頁 39。

〔註75〕顏元叔，〈羅門的死亡詩〉《中外文學》1 卷 4 期（1972 年 9 月），頁 66。

〔註76〕顏元叔，〈羅門的死亡詩〉《中外文學》1 卷 4 期（1972 年 9 月），頁 77。

〔註77〕羅門，〈一個作者自我世界的開放——與顏元叔教授談我的三首死亡詩〉《中外文學》1 卷 7 期（1972 年 12 月），頁 43。

可以發現，羅門認為世界可分成三層次。第一層次是現實世界，有生離死別，人終將被時間消滅。羅門所謂的第二層次是形而上的世界，是宗教家與哲學家宣揚的世界。是人死後的去處。而第三層次則是藝術的世界，羅門特別標舉第三層次的世界強調其價值。在此世界中，人們可以透過藝術作品而永垂不朽，可以跟古往今來的偉大心靈溝通，寄託在藝術世界中，人不但能超越死亡，也能對抗物質世界慾望的墮落。羅門的想法還有討論的空間，但要說他毫無思想或是與「基督教調情」又不免過於武斷。

（三）標舉葉維廉作品以為批評典律

在兩篇批評洛夫、羅門的文章之後，顏元叔接著發表了〈葉維廉的定向疊景〉，在這篇文章中，顏元叔一反之前的作風，文中幾乎看不到對葉維廉的批評，甚至讚美許多葉詩的優點。顏元叔以「定向疊景」作為葉維廉的特色，什麼是「定向疊景」？顏元叔說：

> 「定向疊景」是我自己發明的一個批評術語，用以辨別晦澀詩與艱深詩。晦澀詩的情感思想，四方亂射，令讀者無所適從，結果感到迷失與迷惘。艱深詩的情感思想，則有一定的發展或投射的方向，讀者可以按照這個方向領略探討，越是往前走，越見情思的風景層出不窮。……要產生「定向疊景」第一要用語精確，第二要結構謹嚴；這兩者都是葉維廉的詩篇的特色。〔註78〕

直接以「用語精確」與「結構謹嚴」來評價葉維廉的詩作，我們可以看到顏元叔對葉維廉詩作的肯定。顏元叔自己批評現代詩的語言應該現代化，不應該混用文言文。但是葉維廉卻好用古典語言。顏元叔不但沒有批評這點，反而說：「葉維廉的古典迴響，只從字面上向古人汲取，而不從文義上向古人汲取，因此，他也許難以到達歐立德所要求的『同存結構』的境界。……當然，葉維廉借用古詩語言，至少是企圖豐富詩語言的途徑之一，而且也的確或多或少豐富了他的詩語言。」〔註79〕同樣是運用中國古典詩語言，評價卻明顯不同。

另外葉維廉的詩句相當晦澀難懂，比起羅門、洛夫可說有過之無不及，

〔註78〕顏元叔，〈葉維廉的「定向疊景」〉《中外文學》1卷7期（1972年12月），頁72。

〔註79〕顏元叔，〈葉維廉的「定向疊景」〉《中外文學》1卷7期（1972年12月），頁81。

但顏元叔卻沒有批判這點。例如討論葉維廉〈公開的石榴〉的詩句時，顏元叔說：

> 營營的日午用它倦倦的拍動
>
> 輪胎用它風箱的抽逼，向每一扇
>
> 敞開的門窗，可愛的石榴。
>
> 在這裡，字義、音響與意象共同勾勒了一個慵懶的時刻。我覺得，葉維廉的語言，無論意象或非意象語的其他措辭，都顯示出追求準確的努力。由於用語之精確，他的詩篇雖然常常不透露明顯的主題，卻提供一個確切的感觸方向——一個『定向疊景』。」〔註80〕

這些字句比起羅門、洛夫的詩，更加令人費解，怎麼說這些詩是更加精確而又結構謹嚴？我們也可以學顏元叔問道，爲何日午可以倦倦的拍動？門窗與石榴的關聯又何在？但是顏元叔都不質疑這些，只說這些字句提供了一個感觸方向。我們很難說葉維廉的詩作比羅門、洛夫更加精確，因爲精確在此是一個定義模糊的用詞。但是葉維廉詩作有一個很獨特的特色，就是使用意象之間的關聯性較高。顏元叔透過分析葉〈裂帛之下午〉來討論這個特點：

> 第一行「裂帛之下午披帶著」，緊接著的第二行「黃銅的氣息」。「聲息」與「裂帛」都是聲音的意象，互相呼應；「黃銅」是累加的新題意「motif」，但「黃銅的聲息」顯然呼應著「裂帛」的聲響。第四行的「旭陽之劍」，幾乎逸出已建立的意象格式，但「劍」與「黃銅」俱是金屬，有其關聯。「旭陽之劍」是光芒與金屬的結晶，於是第八行迴響著「星之金礫」。第九行「野蠻的銅鑼之一響」，把到此爲止的「音響」和金屬都呈現出來。〔註81〕

〈裂帛之下午〉想要表達的含意不容易理解，但其詩中意象卻很容易被看出分成「音響」與「金屬」兩個系統。比較羅門、洛夫、葉維廉三人的詩作，我們可以發現，葉維廉的作品不見得比洛夫、羅門更明白易懂，詩作的成就也不見得比較高，但是意象之間的關聯性比較高。所以三者之間並不是高下之別，而是各有不同特色。相較於羅門、洛夫，葉維廉詩的特色顯然更受到

〔註80〕顏元叔，〈葉維廉的「定向疊景」〉《中外文學》1卷7期（1972年12月），頁75。

〔註81〕顏元叔，〈葉維廉的「定向疊景」〉《中外文學》1卷7期（1972年12月），頁83、84。

顏元叔的喜愛。

（四）「中外信箱」上的論戰往來

在顏元叔的〈細讀洛夫的兩首詩〉之後，連續幾期的「中外信箱」中，有許多詩人投書批評顏的作法，於是對於顏元叔批評方式的支持者與反對者形成了對立局面。

反對顏元叔的人認為這種機械式的分析，似乎無法觸及詩感性的部分，例如阮德章說：「顏元叔先生一文有待商榷之處甚多，以學院眼光來批評現代詩是否允當？用美國新批評方法，逐字逐句解釋詩，勢必把一首詩割得支離破碎，面目全非。」〔註 82〕但是支持顏的作法的人則認為有理論有系統的評論方式是必要的。例如溫任平，戴成義都先後投書支持顏元叔的作法，戴成義說：「元叔兄的批評文章和路向，值得大力推薦。這是一個推陳出新的時代，繼承傳統，不若放眼後代，因為前者往往成了『懶蟲』的藉口。」〔註 83〕另外還有一些人贊成顏元叔的理念，只是對其批評的細節不以為然。例如劉菲雖然認同顏元叔「愛之深責之切」，但卻也不能接受顏在解釋字句時的批評，跟劉菲看法相同的人還有吳晟等人。

在顏元叔的贊成者中，郭楓的說法最激烈，已近乎人身攻擊的地步，郭楓說：「詩壇作偽成風，令人氣結！如碧果之流，應有大筆以撻伐之。」〔註 84〕，隨後郭楓又舉楊牧〈十二星象練習曲〉的例子，明白表示讓人讀不懂的詩就不是好詩。郭楓批評碧果的舉動引來大荒的反駁，他指出粗野的人身攻擊，實在令人氣結。後來郭楓、李揚與大荒在「中外信箱」中互相投書批評，引來管管、吳晟等其他詩人的不滿，覺得這種詩人互爭意氣的投書，格調不高不需要再登。因為討論已經失焦，最後中外編輯部發表〈編後按〉：「1. 擂臺能夠不擺，不擺，2. 除非強調我們的信念，『編後』不忍多佔篇幅」〔註 85〕。隨著《中外文學》這篇聲明，「颱風季論戰」也接近尾聲。

綜合以上的討論，我們可以發現顏元叔稱讚葉維廉的作品，是因其意象關係緊密。而顏元叔雖然批評羅門、洛夫是受了超現實主義的不良影響，卻不排斥他們語言晦澀之作。由此可見顏元叔並不像論者所說，是基於現實主

〔註 82〕阮德章，〈信件〉《中外文學》1 卷 2 期（1972 年 7 月），頁 193。
〔註 83〕戴成義，〈信件〉《中外文學》1 卷 7 期（1972 年 12 月），頁 190。
〔註 84〕郭楓，〈信件〉《中外文學》1 卷 2 期（1972 年 7 月），頁 197。
〔註 85〕見編輯部，〈編後語〉《中外文學》1 卷 8（1973 年 1 月），頁 195。

義立場批評洛夫、羅門的超現實主義詩作。因爲羅門的〈麥堅利堡〉及洛夫的〈手術臺上的男子〉剛好都是反省戰爭造成的傷亡，隱然表露作者反戰的思想，現實關懷遠比〈太陽手札〉或〈死亡之塔〉來得深厚，但顏元叔卻不以爲然。這不是很奇怪嗎？

就顏元叔的分析文字來看，我們可以斷言顏元叔並不站在現實主義立場批評現代詩，而是像老師一樣諄諄善誘，希望透過三位詩人詩作的分析，將「新批評」的理論以及實際操作方法教導給國內的現代詩評論界。更準確的說，顏元叔身爲臺大學人，繼承了殷海光、夏濟安等人的自由主義知識份子思想，所以思想中帶著崇尚科學、強調個人價值、追求獨立批判的理性精神等自由主義知識份子的特質。原本自由主義思想與國內現代主義文學的崛起有密切的關係，例如白先勇等人的《現代文學》是受夏濟安《文學雜誌》的啓發而誕生等等。因此顏元叔對現代主義並不十分排斥，更重要的是，他要透過對現代詩的分析，希望將一套有系統學理的批評方式引進國內現代詩評論界。但是顏元叔所提出的價值標準以及批評操作手法並沒有馬上獲得全面支持，有些人反駁批判，也有些人鼓掌叫好，遂兩派意見形成這次論戰。

但新的問題隨之而來，洛夫、羅門等人早年以其超現實主義詩風而馳名詩壇，而顏元叔希望以新批評的方法解析他們的詩作，在西方文學理論發展脈絡上來說，新批評與現代主義原本是關係密切的兩種理論，又爲何在七〇年代會發生這場「颱風季論戰」，想要理解這場論戰發生的原因，我們應該進一步分析論戰雙方的說法來思考解答。

二、論戰焦點分析

新批評（new criticism）起源於二十世紀初期的英國，理論開拓者是英國詩人艾略特（T. S. Eliot）與語言學家瑞恰茲（I. A. Richards）。一九二〇、三〇年代，美國新批評學派崛起，而在一九四〇、五〇年代達到全盛時期。之後隨著政經條件轉變以及各種新的思潮崛起的影響而聲勢下滑。首先將英美的新批評引進臺灣學界的人正是顏元叔，顏元叔在一九六九年一至三月號《幼獅文藝》上發表〈新批評學派的文學理論與手法〉是國內第一次有系統介紹新批評的文章，同時顏元叔也嘗試以新批評的手法來分析洛夫與羅門、葉維廉的作品。但卻引來詩人自己以及其他反彈的投書。既然論戰是因顏元叔引用新批評的理論與批評方法而引起，那麼我們應該檢視顏元叔如何應用新批

評的理論來進行批評。

（一）新批評的理論與實踐

新批評論者認為詩應該是獨立的，擁有自己的主體性，詩的分析不該討論詩人想法以及讀者感受。因此孟樊針分析新批評時談到：「專注於詩形式的分析，勢必要排除詩本身以外的東西，亦即在環境（包括歷史與社會）、詩人、詩作與讀者四個構成閱讀或詮釋分析的基本要項中，新批評將環境、詩人及讀者剔除了去。」〔註86〕這點我們可以在顏元叔對詩作褒貶中看得很清楚。

顏元叔所排斥的是羅門、洛夫作品中較為易解的作品，例如而羅門的〈麥堅利堡〉比〈都市之死〉、〈死亡之塔〉容易理解，洛夫的〈手術臺上的男子〉比〈太陽手札〉也更容易理解。相對於言，葉維廉的作品則比羅門、洛夫更晦澀一點。洛夫自己都說了：「至於『手術臺上的男子』，我必須再強調一句，它確不是一首由超現實主義手法處理的詩。在結構發展的動向上，句句都有脈絡可尋，是我詩中最為明朗的一首。」〔註87〕因此我們可以了解顏元叔並不是以詩語言明白或晦澀來批評詩。

更進一步分析，我們就可以發現，顏元叔所批評的兩首詩都是刻畫現實世界中具體事件。而顏元叔喜歡的詩則是抽象表示某種情境的作品，這是因為新批評強調詩的獨立性，若要討論以現實事件為背景寫成的詩作，則必然會落入對真實歷史事件或人物的討論，也必須牽涉對詩人創作歷程的討論，這些是新批評排斥的論說方式，正是立基於此顏元叔才會給〈麥堅利堡〉與〈手術臺上的男子〉較低評價。

但顏元叔自己也許沒有發現這點，他是以其他理由指出這些作品的不足，也就是透過批評其之結構崩潰。新批評論者認為詩應該是結構完整，顏元叔說：「最上乘的結構，應該全篇為一個完整的有機體，形成『一篇詩』或『一首詩』或一個『詩篇』，而非滯留於零星的優美詩行或詩句而已。」〔註88〕因此顏元叔所批評的缺點都是結構鬆散，正因為結構是新批評最重視的詩作特性。之所以重視結構與新批評認為詩應該自給自足的說法有關，如果我們不用詩人讀者以及環境的觀點來批評詩，就只能就詩論詩，那麼詩的字句

〔註86〕孟樊，《當代臺灣新詩理論》（臺北：揚智，1998 年 5 月），頁 87。
〔註87〕洛夫，〈與顏元叔談詩的結構與批評──並自釋「手術臺上的男子」〉《中外文學》1 卷 4 期（1972 年 9 月），頁 45。
〔註88〕顏元叔，〈細讀洛夫的兩首詩〉《中外文學》1 卷 1 期（1972 年 6 月），頁 118。

構造關聯，自然成爲新批評論者最關心的重點。落實在實際的細部批評操作上，就是分析意象之間的關連性。這使得顏元叔在批評時，強烈批判意象較爲跳躍的詩句，即使這些字句是不見得不能理解，相反的對葉維廉詩大加讚賞，只因爲葉維廉的字句在意象上有較多關聯性。

就是因爲只注意形式上的關聯性，忽視了詩句意欲表達的意涵，才使得眾多詩人群起反駁，游喚指出這個問題：「顏元叔評洛夫的兩首詩〈手術臺上的男子〉和〈太陽手札〉，斤斤計較前後意象關係，及文意的貫串。……新批評在顏元叔的運用，是導向技術性的，尤其是語言設計上的判斷的，並且以判斷爲唯一的評價。」〔註 89〕正因爲這種形式批評無法觸及詩豐富的內涵，忽略詩人想要傳達的意義，才會引來許多批評。

但這只是一部份的原因，想要進一步瞭解引發論戰原因，我們還得探討反對顏元叔援引「新批評」理論的詩人方面。

（二）早期現代詩批評理論及批評方法

七○年代以前，現代詩的領域裡並沒有專門的研究者，現代詩的批評與教學多半是由詩人自己來擔任。以詩人的身份來說，許多現代詩人的身份都不是專業的研究者，多半有自己的職業，因此多半沒有經過文學研究方法的訓練。例如創世紀詩社詩人的軍人身份就是一個顯著的例子。這些詩人多半以自修的方式大量閱讀古今中外的文學理論書籍，因此雖然高舉超現實主義而名著一時，但落在實際批評上，則多半還是以描述閱讀感受爲主的印象式批評爲主。學術界當中，中文學界對現代詩幾乎毫無接觸，而部分外文系學者，例如余光中、葉維廉等人，由於自己身兼詩人的身份，所以偶爾會寫一些評論文章。而這些外文系學者所進行的現代詩批評，雖然在研究方法上較爲嚴謹，但受限於自己出國的所學各自不同，彼此之間也沒有形成一套統一的系統。

就在這種沒有一套形成系統的批評理論情況下，現代詩批評從五○年代到七○年代，長期以來，都是由詩人憑藉自己的經驗嘗試而爲，他們根據自己閱讀的直覺感受，來對所評的詩作加以褒貶。孟樊則稱這樣的批評方式爲「印象式批評」〔註 90〕），游喚分析其共同的傾向：「就是主體性的自我認可，

〔註89〕游喚，〈顏元叔新批評之商榷〉《臺灣文學觀察雜誌》第 2 期（1990 年 9 月），頁 51。

〔註90〕孟樊命名爲「印象式批評」主要是強調其批評方法多本於印象而爲。而游喚稱之爲「主體性批評」則清楚點出此批評方式只根據主體經驗，少援引理論

每一位批評者皆以自身的文學經驗所熟知的文學傳統，進行最自由的反應描述，外加一點主體認可的優劣認可。」〔註91〕

　　相對於新批評論者認爲詩有其主體性，詩的討論應該就詩論詩。印象式批評的論者相信詩應該是發自心靈的聲音，詩是媒介，其作用應該要引發詩人與讀者共享的情感共鳴。因此討論詩句的優劣可以不用根據理論，重要的是作者與讀者是否能因爲詩句而感動。印象式批評論者往往服膺法朗士（Anatole France）的名言：「好的批評家只敘述其靈魂在傑作裡的冒險。」〔註92〕因此現代詩的評論就是應該表現出讀者因詩句而感動的程度，而這種再現自己感動的評論常常以描寫自己讀後印象來表現，因此孟樊將此稱之爲印象式批評。

　　洛夫正是以這樣的眼光看待顏元叔的批評。洛夫認爲顏元叔所提出的結構說法，太過機械化、形式化。洛夫因此提出「情感結構」來反駁顏元叔提出的「有機結構」，洛夫說：「我認爲詩的結構主要是一種『情感結構』，詩人即使要表達思想，也必須透過情感來表達，換言之，詩的結構就是情思融合所產生的一種有秩序的流動。」言下之意是指自己的作品並非沒有結構，而是有「情感結構」，這種情感結構不能單就字面上探求，因爲情感結構是作者與讀者心裡的活動，洛夫接著說：「詩的了解有時仍需要一些心理分析的工作，即對作者創作心理的探求，故有所謂『心靈探險』的批評，也需要一些對寫作當時背景的瞭解，並借助於想像力。」〔註93〕

　　羅門也有相近的看法，他指出：「顏強調近乎機械與外在局限性的要求；而現代詩往往是強調透過表象的相拒性與反邏輯所自然形成的結構形態，同時能將不同的單元與不同類型的場景，轉化融合成內在的相同性與統一性。……詩是憑直覺感知的，當顏圖將詩的自由的流動的生命，勉強納入他持信的機械的結構裡。」〔註94〕歸納洛夫、羅門的意見，也就是強調依循理

　　　　的特色。本文統一稱呼爲「印象式批評」。因爲所有批評或多或少都出自評論
　　　　家的主體經驗，難以區別主體性批評與其他批評的完全不同的地方。因此本
　　　　文不用「主體性批評」來指稱此一批評方式。
〔註91〕游喚，〈顏元叔新批評之商榷〉《臺灣文學觀察雜誌》第2期（1990年9月），
　　　　頁48。
〔註92〕轉引自趙茲蕃，《文學原理》（臺北：東大，1988年3月），頁344。
〔註93〕本段引文見洛夫，〈與顏元叔談詩的結構與批評——並自釋「手術臺上的男
　　　　子」〉《中外文學》1卷4期，（1972年9月），頁43、44。
〔註94〕羅門，〈一個作者自我世界的開放——與顏元叔教授談我的三首死亡詩〉《中
　　　　外文學》1卷7期（1972年12月），頁38。

論進行機械式的批評，將無法給予傳達內在情感的好作品正確評價。這是因為詩人們習慣使用印象式批評，基於這樣的立場來反駁顏元叔所提出新批評的理論與操作方法。

印象式批評的優點就在於能夠指出令人感動的好詩，而不至於因按圖索驥而忽略了文學作品的本質，但缺點是各說各話，沒有固定的標準，對詩的評價也常常陷入個人看法不同的爭議中，無法形成有效的學術研究成果。因此嚴格說來印象式批評本身不是一個能夠被研究者遵行的批評系統，它反應的只是五、六○年代詩壇內部不成熟的批評現象。

新批評的出現對習慣於進行印象式批評的詩人來說來說是相當大的威脅，這意味著沒有受過學術訓練的詩人們不能再隨意解詩。於是，雖然某些早就看不慣這種詩壇現象的論者對於顏元叔的動作大聲叫好，但更多的是詩人為了捍衛自己的發言權而批判駁辯新批評的說法。陳芳明特別發表了〈什麼是學院派〉來討論當時詩人與專業評論者之間的緊張關係：「當批評說到某人是學院派時，更寓有嗤之以鼻的意味；如果說某人是非學院派，則等於是在抬高某人的身份或地位，與作品本身無涉也。」〔註95〕研究者被戴上學院派的帽子，似乎就代表不具備感性，讀死書，不能夠感受文學作品的優美。但現代詩作為現代文學的重要文類之一，最終還是要進入學術研究的體制中，不可能長期置身事外，因此自顏元叔之後，現代詩的評論者仍然越來越走向學院派的方向。

但是到了七○年代，新批評在西方已經勢微，又為何到了七○年代，臺灣詩壇才開始引進介紹新批評的手法，這個理論遲到的情形我們得把它放回七○年代前後的臺灣社會脈絡中才能獲得理解。

三、遲到的「新批評」

新批評之所以遲到，可以從兩個方面談。首先就學者的個人經歷來說，新批評在四、五○年代盛行於各大學學院，當時到英美留學的留學生自然而然受到影響，顏元叔自然也不例外，他坦言：「我個人曾經深受新批評的影響；我的博士論文〈曼殊菲爾的敘事觀點〉，即是用新批評的手法寫成的。」雖然顏元叔也承認新批評有些問題，自己也是用批判的角度看待新批評，但是畢

〔註95〕陳芳明，〈什麼是學院派〉收錄在《詩與現實》（臺北：洪範，1977 年 2 月），頁 2。

竟「新批評學派的理論與手法，經數十年的傳播，已經深入文學研究的領域，變成一種理所當然的方法。」〔註 96〕，既然如此，將這種「理所當然」的方法應用在現代詩的評論上，對顏元叔來說，也是理所當然的事。但這對現代詩人來說卻不是理所當然。雖然早在 1956 年 10 月《文學雜誌》夏濟安發表的〈評彭歌的《落月》兼論現代小說〉已經被認爲是以新批評作爲分析方法的論文。現代詩場域中卻一直沒有人有系統的介紹並運用新批評來分析現代詩。顏元叔在 1963 年得到學位回國任教于臺大外文系，後升任系主任、教授。但將注意力轉向現代詩已經是六○年代末的事。不管是相對於西方或者是相對於臺灣小說的發展，臺灣現代詩對新批評的接受都算遲到了。

　　但更重要的是，在當時現代詩評論正面臨進入學術體制的轉型階段。七○年代臺灣經歷退出聯合國、保釣運動等重大打擊，社會上瀰漫著改革救國的氣氛。有識之士紛紛對過去政治、經濟、文化上的舊習提出改革的呼聲。以文學研究而言，中文學界針對中國古典以及現代文學兩種課程的孰輕孰重引起了許多爭議，越來越多大學開始開設現代詩的課程，社會上甚至有設立現代文學系，文學創作系的呼聲〔註 97〕。現代詩的研究與教學逐漸準備進入了研究教育體制的考量中，而印象式批評作爲學術研究方法而言便顯得不足，不能負荷科學研究所需要的標準一致性以及理論建構的要求，在許多文章中都可以見到現代詩評論需要有個公正清楚的標準的呼聲，而顏元叔在〈颱風季〉一文中就自言：「要求嚴正的文學評論，替二十年來的文學創作，做一番有價值有意義的評估，已是近年來臺灣文壇上的口頭禪。這類的呢喃出現在會場，亦出現在促膝之閒談，出現在長篇大論，亦出現在副刊之豆腐乾；而總以臺灣既有之文評，大抵皆吹捧咒罵者流感慨係之。」〔註 98〕把當時現

〔註 96〕顏元叔，〈新批評學派的文學理論與手法〉《幼獅文藝》1969 年元月號（臺北：幼獅文化，1969 年 1 月），頁 9。

〔註 97〕從一九七一年七月開始，由於教育部思考設置現代文學系引發各大學教授、學者專家紛紛針對中文系教學的名稱與實質進行檢討，立場保守者認爲萬萬不可，但立場先進者則直指當時中文系守舊泥古的弊病。論戰文章多登於《中央日報》副刊上，後來發行成將近四百頁的單書，相關過程可參見趙友培編，《大學文學教育論戰集》（臺北：中華日報社，1973 年）。由此可見現代文學準備進入中文系體制內的正反意見。而顏元叔也不止針對現代詩提出新的批評，在《中外文學》上，他與葉嘉瑩針對以西方理論研究古典詩所造成的爭議，也可視爲封閉的中文學界開始面臨西方理論衝擊的另一個例證。

〔註 98〕顏元叔，〈颱風季〉《中外文學》1 卷 2 期（1972 年 7 月），頁 4。

代詩批評稱之「大抵皆吹捧咒罵者流」當然過於嚴苛，但是這正凸顯當時現代詩批評論文，已經越來越不符合學術論文的要求。

舊的批評方法，也就是只將詩的閱讀感受翻寫成論詩文章，已經不能符合新時代的需求，使得有意建構一套有效的現代詩批評論述的論者，不得不另外援引新的理論，形成新的論述。游喚準確地觀察道：「因為新批評正好趕上臺灣現代詩慢慢由草根性江湖性走向專業化，準體制內的須求，總的說，就是臺灣現代詩要走向學術化的強烈渴求心理。」〔註99〕由於詩壇開始渴求一套體制化、學術化的批評方法，這使得越來越多研究者願意接受顏元叔的操作手法。游喚說道：「顏元叔寫的詩評，一篇一篇出來，引起很多討論，包括詩人作者的自我辯白。再加上七十年代新出來的一批文學學習者，很注意這種批評手法，並努力學習，於是有所謂『新批評典範』在臺灣出現。」〔註100〕越來越多年輕研究者願意採行新批評的批評方法來評詩，在當時也是事實。

在論戰中，我們可以看到支持洛夫、羅門的人包括阮德章、劉菲、管管等人多半是在詩壇已有一段時間的詩人；而支持顏元叔者包括溫任平等則是在詩壇較少露面的生面孔，這裡也顯出年輕一輩的學子準備接受新的研究方法的情況。不止是自己寫詩評，顏元叔也以自己身為《中外文學》編輯的身份，透過提攜後進的方法，來確立新批評的地位，例如他在《中外文學》一卷五期刊出溫任平的〈關於中外文學第四期的詩〉以及一卷九期刊出〈論林梵的失題〉二文，都是用新批評的方式寫成的詩評。

無論當時的詩人們對顏元叔的批評方式有多大不滿，之後的詩評家幾乎都受了新批評或多或少的影響。自陳不喜歡新批評的文論家蔡源煌也說：「自一九七〇年代以來，新批評幾乎是大家所熟悉的規範。雖然新批評在美國整個文學研究或是批評理論而言，或許已經死了二十年或三十年，在它消失或沒落後才把它介紹到國內來，至少有它的用處，如在詞語上提出什麼是『意象』，什麼叫『結構』等等的。最重要的是從新批評的尺度來看，作品必須要有結構，結構必須要有統一性（unity），這些觀念對於文學研究都算有用。」〔註101〕

〔註 99〕游喚，〈顏元叔新批評之商榷〉《臺灣文學觀察雜誌》第 2 期（1990 年 9 月），頁 48。
〔註100〕游喚，〈顏元叔新批評之商榷〉《臺灣文學觀察雜誌》第 2 期（1990 年 9 月），頁 48。
〔註101〕蔡源煌，〈西方文學給我的一點啟示〉《當代文學論集》（臺北：書林，1986

　　「颱風季論戰」後不久，由張漢良與蕭蕭合著的《現代詩導讀》當中就有許多文章是使用新批評的手法來評論。新批評的影響十分深遠，甚至於到九零年代初期林燿德等人編的《臺灣新世代詩人大系》中的評論都仍然有不少新批評的論點。

　　行文至此，讓我們回顧關於前文所提出的兩個疑問是否得到了解答。首先，顏元叔批評洛夫、羅門的原因，並不是他們的詩裡不具社會關懷，也不是為了批評超現實主義詩作蒼白的思想與晦澀的語言，而是為了展現一種具學術意義的現代詩評論方式。關於這點我們可以從顏元叔偏好葉維廉的詩，以及排斥羅門、洛夫具現實特質的詩得知。唐文標早在當時就已經發現這點，他一針見血地指出：「他的『細讀』的評文，不過是用『新批評法』對一首詩的文字分析，而並非藉通過批評文字來響應他的社會文學見解。我感覺奇怪，顏先生是玩耍著雙重標準的：一方面一個文學改革家大聲疾呼，期待社會文學出現，很使人振奮，另一方面卻又像一位老師上課，不說『微言大義』，卻諄諄善誘，細談文字結構等等，因此，批評是為藝術而藝術的。」〔註102〕因此，與其說顏元叔是進行現代詩的現實批判，不如說是希望引進一種更科學，更進步的評論方式來取代落後原始的印象式批評。嚴格說來，郭楓、李揚等人針對碧果、楊牧等人的批評，才真是站在社會批判的面向上，對現代主義詩作大加撻伐，而《中外文學》編輯群也能夠感受郭楓、李揚等人的批判已經偏離原本的主軸，所以才會有意識的停止「中外信箱」上的爭執。

　　其次，在討論中我們可以看到顏元叔之所以批評洛夫、羅門的作品，而讚美葉維廉的詩作，正是他所抱持的新批評理論所引導出的結果。顏元叔所提倡的新批評理論，在理論上與行動上都威脅到過去習慣於操作印象式批評的現代詩人們，但卻頗受新生代詩人與研究者的歡迎，因此兩批抱持不同理念的研究者就圍繞著顏元叔的評論而展開了論戰。

　　經過「颱風季論戰」後，現代詩論者不管是詩人或是新加入的研究者，都或多或少吸收了新批評的操作方式。時至今日，新批評的理論如今雖然式微，但操作方法卻仍然可見於大量的評論文章中。更重要的是，透過颱風季論戰，我們可以清楚看到七○年代臺灣現代詩壇期待體制化、學術化的需求。

年8月），頁28、29。

〔註102〕唐文標，《天國不是我們的》（臺北：聯經，1976年），頁249。

第四節　關唐事件論戰

　　「關唐事件論戰」〔註103〕是臺灣現代詩論戰史上，參與人數最多，涉及層面最廣的一次論戰。以日後詩壇的轉向來看，這次論戰也是影響最深遠的一次論戰。因此許多臺灣文學史都與之後展開的「鄉土文學論戰」相提並論。但是「關唐事件論戰」仍然有許多有待釐清的地方。首先是這場論戰的範圍問題。這場論戰過去都被認為是由 1972 到 1973 年之間。但今日我們有更多資料證明這場論戰一直延續到 1974 年，這些討論都在不斷醞釀對現代主義文學的不滿，而終於在兩三年後，在小說的領域裡爆發了更重大的「鄉土文學論戰」。

　　其次是名稱，文學史家們多半以「七〇年代臺灣現代詩論戰」來加以稱呼。但是七〇年代臺灣現代詩論戰不只一場，所以這樣的稱呼並不妥當。也有人稱之為「唐文標事件」，將關傑明的言論視為此次論戰的前導。這種稱呼顯示了一種普遍的看法，認為關傑明與唐文標的立場觀點是一致的。其實，唐文標與關傑明的觀點並不完全相同，唐文標的看法並不完全涵蓋關傑明的說法，也不應該完全只說「唐文標事件論戰」。第三種看法是由蔡明諺所提出，蔡明諺的碩士論文《龍族詩刊研究──兼論七〇年代臺灣現代詩論戰》是目前討論「關唐事件論戰」最深刻的一本著作，當中清楚的將「關傑明事件」與「唐文標事件」區分開來，視之為兩場分別的論戰。這種觀點遠較前人深刻的地方在於蔡明諺看到兩人觀點的差異性。但本文以為不應該將關傑明事件與唐文標事件分別看待。從葉珊將關、唐兩人留學海外的背景相提並論之後，將關唐事件合而觀之已成為一種普遍看法。更重要的是，除了關傑明、唐文標之外，在當時的時代背景下，仍有許多知識份子如李國偉、高準、顏元叔等人，基於民族情懷以及對現實的關懷而對現代詩提出批判，「關唐事件論戰」最重要的意義就在於七〇年代的知識份子如何回應時代的變革而對現代詩提出建議，差別只在於建議的不同，此一論戰最重要的意義即在於此。因此本文的立場是將「關傑明事件」與「唐文標事件」視為同一場論戰中的

〔註103〕這次論戰有的人稱為「現代詩論戰」，例如李癸雲，〈詩與現實的理想距離〉陳大為、鍾怡雯主編，《20 世紀臺灣文學專題 I──文學思潮與論戰》（臺北：萬卷樓，2006 年 9 月），頁 243。但此名稱含意太不明確。另也有人分別稱為「關傑明事件」與「唐文標事件」，但本文認為這個事件彼此關聯，不應該分開來看。因此本文將此次論戰定名為「關唐事件論戰」。

兩個不同部分。故將名稱訂爲「關唐事件論戰」。

一、論戰經過概述

在「關唐事件論戰」之前，詩壇已發生過洛夫與顏元叔之間「颱風季論戰」，以及洛夫與笠詩社詩人之間的「招魂祭論戰」，這些論戰都反映了臺灣正邁入一個新的時代，上至政治下至文化都呈現出意欲革新的企圖。在這樣的背景下，海外關傑明的投書正觸動了詩壇緊張的氣氛，引發一場論戰。「關唐事件論戰」的發生與高信疆息息相關。在當時高信疆接手中國時報的「海外專欄」。

高信疆自述其編輯「海外專欄」的用意是希望記錄海外華人的心聲，：「希望透過文字的力量，一點一滴的做起，建立起一座聯繫海內外中國人的『橋樑』，一方通往世界各地、各種心靈的『窗戶』。」〔註104〕作爲此一專欄的主編，我們可以看到高信疆有意識的選取了具有民族意識和批判特質的文章。因此關傑明和李國偉對現代詩的批判文章就這樣在中國時報「海外專欄」上登場。

（一）關傑明事件

1972 年 2 月 28、29 號，關傑明在中國時報高信疆主編的「海外專欄」上發表了〈中國現代詩人的困境〉，關傑明的這篇文章首先談到他的一個研究生誤把葉維廉所翻譯的《中國現代詩選》當成了完全用英文寫作的英文詩選。這讓關傑明尷尬之餘，也不得不思考其背後的原因何在。關傑明指出五四運動以來的中國文學活動莫不以西方典範爲基準，但這樣對歐美文學照單全收的結果是喪失了自己的文學傳統。因此關傑明說：「創造傳統的眞諦應該在於能繼承但不沿用過去，同時能以此啓發未來，也就是將現在視爲與過去和未來同是等於整個文學中的一部份。」〔註105〕

關傑明的文章發表之後，最明顯支持關傑明看法的是周寧〈一些觀念的澄清〉，詩壇之所以反應平淡，主要是除了葉維廉以外，關傑明沒有嚴厲批評個人，只針對普遍現象陳述，因此除了洛夫去函與關傑明討論「現代詩與傳

〔註104〕轉引自蔡明諺，《龍族詩刊研究——兼論七〇年代臺灣現代詩論戰》清華大學中文所碩士論文（2001 年），頁 131。

〔註105〕關傑明，〈中國現代詩的困境〉上，《中國時報》副刊「海外專欄」，（1972 年 2 月 28 日）。

統的問題」之外,並沒有引起太大的注意。但是關傑明並沒有停止思考自己
對現代詩的看法,關傑明在 9 月 10 號再次在海外專欄上發表〈中國現代詩的
幻境〉,更進一步的討論他對現代詩的看法。

這次關傑明直接點名洛夫、白萩、葉維廉、商禽、鄭愁予、葉珊、紀弦
等人的作品是「極端缺乏大眾化和明確的內涵」。其中批評洛夫與葉維廉的詩
最為嚴厲。他批評洛夫的詩像是「一頁頁、一行行記載吞服迷幻藥後迷離經
驗的劇本」,葉維廉的詩則是:「刻意營造,矯揉做作,用過份琢磨並且孤芳
自賞的華麗辭句,把很多本可直接傳達給讀者的感覺,度上一層誇張不實的
外衣。」〔註106〕

不同於上一篇文章的冷淡反應,〈中國現代詩人的幻境〉引起了詩壇的軒
然大波,唐文標以史君美的筆名發表〈先檢討我們自己吧〉來支持關傑明。「海
外專欄」也繼續登出李國偉的〈詩的意味〉,唐、李兩人都支持關傑明的言論,
但卻不約而同的覺得關傑明的說法稍嫌不足。李國偉說:「雖然關先生省略了
社會性理由的討論,但是他很嚴肅的要求詩人尊重群眾,要勇敢地站出來,
接受那些未曾收過文學偏見或知識獨斷所左右的大眾的常識判決。」〔註107〕
而唐文標也認為:「關先生的文章雖然很簡單,許多內容還有需要發揮和澄清
的地方。」〔註108〕從兩人的文章中,我們可以發現李國偉與唐文標的想法比
較接近,都認為現代詩不只是應該回歸傳統,更重要的應該是反映現實。除
了〈詩的意味〉刊登在「海外專欄」之外,李國偉於論戰期間在《中外文學》
上陸續發表了〈文學的新生代〉與〈略論社會文學〉,李國偉的著眼點是現實
如何形塑現代詩的風貌,因此他說:「『前行代』具有一個特點,就是與真正
實存的社會生態與心態發生疏離的現象,在外省籍作家的作品裡尤其顯明。
這種疏離的現象在時間座軸上若非超前便是落後。所謂落後是指對舊有的景
象與情緒久久不能解脫,……至於在時間上產生超前現象最突出的部門就是
現代詩。超現實主義(或廣義超現實主義)儼然是詩壇的主要風貌。這是一
條極強韌的鎖鍊,新生代有整個困死的可能。……無論懷古也好,超現實也

〔註106〕關傑明,〈中國現代詩的幻境〉上,《中國時報》副刊「海外專欄」,(1972 年
9 月 10 日)。

〔註107〕李國偉,〈詩的意味〉上,《中國時報》副刊「海外專欄」,(1972 年 11 月 17
日)。

〔註108〕史君美,(唐文標)〈先檢討我們吧〉,《中外文學》1 卷 6 期(1972 年 11 月),
頁 4。

好，轉入內在也好，歸根結底，有意無意都是政治現狀制約的成果，也似乎是近二十年來文壇發展必然的趨勢。」〔註109〕從此我們可以看到李國偉更貼近唐文標而不同於關傑明的地方在於，他不認為「懷古」是正確的，而且直言現代詩的疏離是由於政治現狀的制約，都可以看出李國偉相對於關傑明更貼近唐文標的左翼思想傾向。雖然李國偉的文章比關傑明更具有左翼傾向，但由於他鮮少提到具體的詩人評價，因此諷刺地並沒有受到詩人們的注意。由此可見論者知名度對論戰發展的影響。

　　相對於支持的文章，關傑明引起的反彈也不小，《創世紀》原本打算籌畫「中國現代詩總檢討」專輯，來回應關傑明的批判，但因為許多人認為關傑明的說法不過是老調重談，了無新意不值一駁，因此取消了此一專輯，只在「創世紀書簡」這個專欄裡刊登了葉珊、林綠、王潤華、翱翱、藍苓、羅門等人批評關傑明的信件作為回應。創世紀編者統整了眾人的意見，在〈關於「中國現代詩總檢討」專輯〉中做出總結回應：「關君自幼僑居海外，接受西洋教育不僅對祖國現代詩的發展甚為陌生，且由他以異國文字表達意見而其批評又多引據西洋觀點這一事實來看，更知他對中國傳統與現代文學均極為隔膜，他連五四時代新月派之徐志摩都難以接受（見關君另一文章『中國現代詩人的困惑』），我們又哪來興趣與他詳說中國現代詩發展的背景與淵源。……關君主要論點並無新鮮之處，十餘年前即累經各報章雜誌討論，關君昧於袖裡，重彈舊調，我們實無陪他舊調重彈之必要，以免浪費篇幅。」〔註110〕

　　相對於李國偉之於唐文標，顏元叔立場則較傾向關傑明。在〈中國現代詩人的幻境〉發表之後，顏元叔在《中外文學》2卷1期上也發表〈期待一種文學〉，顏元叔提出他的主張：「寫社會意識文學的人要勤於觀察，勤於分析，他應是一個社會批評家；然而，僅止於社會批評是不夠的，他必須以永恆的人性應證當代的表現，顯露出一些今朝再現的人生永恆的矛盾與難題。……所謂哲學，在這裡的含義便是作家對人生的洞察。作家必須對當前的社會，當前的人生，抱懷著深入的體驗與反省，然後以文學的手法，將體驗與反省戲劇化（廣義的）而成文學作品。」〔註111〕顏提出「文學是哲學的戲劇化」

〔註109〕李國偉，〈文學的新生代〉，《中外文學》1卷12期（1973年5月1日）。
〔註110〕創世紀社，〈關於「中國現代詩總檢討」專輯〉，《創世紀》31期（1972年12月1日），頁13。
〔註111〕顏元叔，〈期待一種文學〉，《中外文學》2卷1期（1973年6月1日），頁6。

的口號，要求作家要對現實生活有相當的省思之後發爲文學作品，這樣的呼
籲正與關傑明的想法不謀而合。即使受到許多批評，關傑明仍然沒有停止他
對現代詩的反省，過了將近一年，關繼續在高信疆主編的《龍族詩刊評論專
號》上發表了第三篇文章〈再談中國現代詩〉，但是基本的看法並不脫離前兩
篇文章，不同的地方在於關傑明以細部解讀的方式，分析現代詩人方莘的〈熱
雨〉等詩作的含意。這也是關傑明的最後一篇文章，之後到論戰結束爲止，
關傑明都沒有再發言。但因爲「唐文標事件」的爆發，使得關傑明不斷被拿
出來與唐文標相提並論而備受批評。

　　在關傑明、唐文標、李國偉等人接連對奉行現代主義而產生的晦澀詩批
評之後，詩人固然極力辯護，但不滿現代詩遠離群眾的聲音卻不絕於耳。陳
芳明描述當時的情況：「特別是在民國六十一年，這是對晦澀詩全面揭發的一
年，從詩刊到報紙到雜誌，無論是新詩的創作者或是新詩的旁觀者，都紛紛
爲文予以徹底的檢討。」〔註112〕在這種氣氛之下，剛好受邀參與龍族編務的
高信疆與龍族詩社等人決定收集這些批判現代詩的意見，編輯成一本專門討
論現代詩問題的「龍族詩刊評論專號」，這本專號收錄的文章面向廣博，而且
在一本專號內，正反意見並存，同時這本專號也收錄關、唐兩人各一篇文章，
可視爲「關唐事件論戰」的第二個階段。

（二）龍族詩刊評論專號

　　高信疆討論到決定編輯「龍族詩刊評論專號」當時的情境：「也就在這一
年，春雷乍驚般的，我們忽然聽到了來自不同層次，不同方向的批評與檢討
之聲；大家像是一夜之間醒轉過來了，正視現代詩的面貌與內涵。不論學術
界、文藝界，甚至詩人自己，都引發了一次長久而普遍的討論。」〔註113〕由
於這些廣泛的討論，讓擅長編輯的媒體人高信疆打算利用「龍族詩刊評論專
號」來好好表現自己對現代詩的看法。

　　從「海外專欄」一直到龍族詩刊「評論專號」我們可以看到高信疆一貫
的理念。也就是現代詩不應該孤芳自賞遠離群眾，高信疆說：「以往多少年來，
我們的現代詩曾經流行過一項嚴肅的神話：詩是少數貴族階級的享樂，他不
應也不能與社會大眾結合。……今天，沒有哪一個詩人比他同時代的人更高

〔註112〕陳芳明，〈檢討詩的晦澀性與時空性〉《鏡子與影子》（臺北：志文，1978 年
　　　　10 月），頁 224。
〔註113〕高信疆，〈探索與回顧〉《龍族》9 號「評論專號」（1973 年 7 月 7 日），頁 4。

貴、更超然、更偉大。以群眾沒有鑑賞力來喝斥我們的社會，以沒有詩的才情來貶抑我們有心求知的讀者，這不僅不是倡導文學、倡導詩，簡直是扼殺了詩的一切可能了。的確，藝術並不是一種唬嚇的工具，藉著它來壓低別人以抬高自己；相反的，它是一種共同的提昇之力，一種關懷一種愛。」〔註114〕想要讓現代詩成為社會大眾普遍可以接受，是高信疆關鍵的想法。因此「評論專號」的總標是「揭發現代詩的困境與危機，引導大眾進入現代詩的世界」。那麼高信疆認為現代詩應該要如何改變才有可能讓社會大眾接受現代詩，進入所謂「現代詩的世界」，高信疆與龍族編輯原本打算規劃現代詩的建樹、反省、新詩傳統的回歸（包括古典詩、五四運動以及日據臺灣三方面）、訪談、問卷五個部分。而最重要的趨勢是：「讀者、作者都要求現代詩的『歸屬感』。就時間而言，期待著他與傳統做適當結合；就空間言，則寄望於它和現實的真切呼應。」〔註115〕

　　高信疆很明確地知道現代詩「不應該怎樣」，所以高信疆幾乎將「關唐事件論戰」期間批判現代詩的聲音都收錄進來，包括關傑明、唐文標、李國偉、劉紹銘等人。但高信疆卻不知道現代詩「應該怎樣」。他並無法定義什麼是好的詩，因此他只能從壞詩的對立面思考什麼是好詩。但是不重視群眾，孤芳自賞，語言晦澀的現代詩的對立面就有各式各樣的可能性，因此《龍族・評論專號》當中有各式各樣不同的論點。

　　就以時間與空間的歸屬感而言，究竟現代詩該如何結合傳統，在「評論專號」中各種說法南轅北轍莫衷一是。另外，現代詩應該如何關懷現實，這個部分除了唐文標、關傑明之外，其他人談得更少。更重要的是，現代詩真的做到結合傳統、關注現實之後，就能得到社會大眾的肯定嗎？這些問題高信疆都沒有具體的答案。而這樣的困惑也就反映在「評論專號」內容與思想的駁雜上了。因此「評論專號」收錄各式各樣對現代詩的建言與批判，但卻沒有任何結論。

　　高信疆憑藉的是知識份子民族感情，提出感性的建言，高信疆充滿感情地說著：「當我們看到溫和良善的中國人民，如何在歷史的重壓下跌倒了，又站起來；如何默默的流血淌汗，不著一語的建設了我們這個民族延續千年的文明時，我們心裡的感受是什麼？當我們進入瑞芳的媒坑，走過蚵寮的鹽村，

〔註114〕高信疆，〈探索與回顧〉《龍族》9號「評論專號」（1973年7月7日），頁5。
〔註115〕高信疆，〈探索與回顧〉《龍族》9號「評論專號」（1973年7月7日），頁6。

面對雲林的海難時，我們又當如何慚愧而又警惕於自己筆底的表現呢？」〔註 116〕因此「評論專號」呈現出與他理念相似的民族情感關懷的傾向。全刊談得最多，還是現代詩與民族情感的關係。現代詩應該結合傳統當然是許多人談到的重點，但討論現代詩應該反映什麼樣的現實，許多人仍然認為應該反應中國人特有處境的感受，說到底，仍然是民族主義的表現。不管是對當時臺灣政經情勢的反省，或者對臺灣中下階層的關懷在「評論專號」都顯的單薄。蔡明諺觀察到「評論專號」中有著：「有類似高信疆的『改革派民族主義』，以余光中為代表的『右傾民族主義』，也有強烈反對西化、擁護舊詩傳統之類保守的民族主義，例如史紫忱、鄭世璠等人。當然，也有向左傾到社會主義路線的李國偉、唐文標式的知識份子，更有企圖以超越的（或者說更為保守的）民族主義以及美學觀點，在站在現代詩陣營，反駁現代詩論戰的評論者，例如柯慶明、黃進連等人。」〔註 117〕但其中像李國偉、唐文標這種左傾知識份子畢竟不多。無論如何，龍族「評論專號」仍是對現代詩一次重要的批判，這也使得現代詩人感到不悅。

（三）唐文標事件

　　早在關傑明發表〈中國現代詩的幻境〉一文時，唐文標就以史君美的筆名發表了〈先檢討我們自己吧〉來聲援關傑明。在這篇文章中，唐文標已經顯露出他的社會主義思考方向，唐文標認為作家們把人的生存問題抽象成哲學問題，以為解決了這個問題就不用再擔心。唐文標呼籲要作家要體認自己身為社會的一份子，要了解自己「只有在一千四百萬人的社會中去尋找，去了解，也只有在了解同時代的所想所生活所存在的環境中才能了解自己。」〔註 118〕即使唐文標在這篇文章中的後半段針對現代詩一連質疑了十三個問題，但由於沒人知道史君美是誰，所以詩壇也沒有太多反應。

　　到了 1973 年的七、八、九月間，唐文標的四篇文章陸續刊登出來，引起詩壇極大震撼，首先是〈什麼時候什麼地方什麼人──論傳統詩與現代詩〉發表在七月《龍族》「評論專號」上，接著〈僵斃的現代詩〉發表在 8 月的《中外文學》2 卷 3 期，同時〈詩的沒落〉分成上、下部分，刊登《文季》第一期

〔註 116〕高信疆，〈探索與回顧〉《龍族》9 號「評論專號」（1973 年 7 月 7 日），頁 7。
〔註 117〕蔡明諺，《龍族詩刊研究──兼論七○年代臺灣現代詩論戰》清華大學中文所
　　　　　碩士論文（2001 年），頁 146。
〔註 118〕唐文標，〈先檢討我們自己吧〉《中外文學》1 卷 6 期（1972 年 11 月），頁 197。

與第二期上。最後唐文標自述自己由現代主義迷思醒悟過來的歷程的〈日之夕矣〉登在 9 月的《中外文學》2 卷 4 期。這四篇文章不但批評的火力十足，而且陸續刊登，使得詩人難免有遍地烽火的感覺，引起相當大的震撼。

　　之所以同時刊登出來實在是因緣際會，唐文標自述〈詩的沒落〉與〈僵斃的現代詩〉都寫於 1970 的冬天。〈詩的沒落〉本來投稿到《中外文學》1972年 3 月號葉珊主編的「詩專號」，不料葉珊考慮再三，終於決定不予刊載，甚至也沒把稿件退還唐文標，這讓唐文標大為光火。後來〈詩的沒落〉在 1972年 4 月寄給籌辦中的《文季》，不料《文季》難產，足足拖到 1973 年 8 月才出刊。無獨有偶，〈什麼時候什麼地方什麼人〉則是應高信疆等龍族成員的邀稿，在 1972 年 11 月寫成。但是剛好遇上《龍族》「評論專號」也發生印刷廠倒閉的事情，《龍族》「評論專號」也足足拖到 1973 年 7 月才出刊。正好一連串的巧合使得唐文標的文章在短時間內大量曝光，形成論戰的局面。

　　〈什麼時候什麼地方什麼人──論傳統詩與現代詩〉是應高信疆等龍族成員的邀稿而寫成的，因此唐文標特別針對中國古典傳統的問題深入剖析。唐文標先依據詩經、楚辭，試著建構一套反映平民生活，批判社會問題的「中國古典詩的寫實傳統」。然後以這套傳統來審視七〇年代以古典抒情風格聞名的三位詩人，周夢蝶、余光中和葉珊。斥責他們是舊詩的固體化、液體化和氣體化。第二篇〈僵斃的現代詩〉篇幅較短，文中唐文標指出現代詩是精神的麻醉劑，詩人的作為：「達則借重詩，賣身投靠，作為應酬奉承的工具，消遣了上層的閒話階級。窮則利用詩發洩自瀆，以為傾吐出個人不幸的遭遇，便立言了。」〔註 119〕唐文標用近乎形容毒品的口吻來形容詩，無怪最後唐文標厲聲呼籲：「它傳染到文學的各種形式，甚至將臭氣閉塞青年作家的毛孔。我們一定要戳破其偽善的面目，宣稱它的死亡，而希望中國年輕」〔註 120〕

　　但是唐文標構思最久，規模最龐大的文章是〈詩的沒落〉，這篇文章已經底定了他對現代詩的看法，其他篇章可以都是從這篇文章衍生而來。〈詩的沒落〉分成上下兩篇，上篇批判藝術至上的理論。這點很獨到，長久以來批判現代詩的論者多半把現代詩的隱晦歸罪於詩人自己的故弄姿態，認為是詩人掩飾自己語言能力不好的藉口。但是唐文標很清楚體察到現代主義文學背後的唯美主義思想，因此唐文標直指本源，強烈的批判這種藝術至上的理論。

〔註 119〕唐文標，〈僵斃的現代詩〉《中外文學》2 卷 3 期（1973 年 7 月），頁 143。
〔註 120〕唐文標，〈僵斃的現代詩〉《中外文學》2 卷 3 期（1973 年 7 月），頁 144。

唐文標劈頭先討論這種藝術至上的理論遍佈港、臺的詩壇。接著唐文標用了
幾乎半篇的篇幅檢討夏濟安的《文學雜誌》對現代主義文學的影響。今天我
們已經有足夠的討論認識到夏濟安與現代主義文學的關聯性，唐文標的批判
不但準確而且頗有先見之明。可惜之後他的洞見只被同時代的學者詩人理解
爲偏見。〈詩的沒落〉的下篇由現代詩史談起，唐文標認爲五、六〇年代的幾
場重大現代詩論戰之後，「新詩人就在這兒拐彎」，轉入逃避現實的方向。最
後唐文標將現代詩人的心態分成「個人的、非作用的、思想的、文字的、抒
情的、集體的」等六種逃避。

　　唐文標與李國偉可說是整場論戰中立場傾向社會主義的兩個代表，但是
李國偉的文章並沒有受到太多批評。原因在於唐文標的文學思想十分極端，
把當時臺灣現代詩的作者、作品乃至於讀者都批判了一番。他所試圖建立的
「中國古典詩的寫實傳統」只保留了詩經、楚辭，二者以降的所有詩詞作品
全部視爲貴族階層的遊戲作品。批評洛夫等「創世紀」詩人也就算了，甚至
把臺灣學術圈中地位甚高的夏濟安，以及頗受大眾讀者歡迎的余光中、周夢
蝶等人都批評光了。可以說唐文標是以一個人對抗整個臺灣詩壇，甚至是中
國文學傳統。正因爲這種過於激烈的姿態，才使得唐文標受到長達一年多的
龐大規模批判。

　　顏元叔率先跳出來反駁唐文標，而最激起顏元叔義憤的莫過於唐文標的
極端。顏元叔說：「唐文標在文學的領域裡，是十分霸氣的。我就是爲了他這
種偏狹的霸道作風。要說幾句反駁的話。」〔註121〕過於極端固然令人難以忍
受，但是顏元叔討論「唐文標事件」行文中最深層的恐懼，仍然是對左翼社
會思想的反感。顏元叔說：「唐文標是從社會裡看文學——而非從文學看社會
——因此他的觀點背後有一些先行的的肯定：譬如，平民優於貴族，群眾優
於個人，農工優於知識份子，多數壓倒少數重人頭不重頭腦：這是搞社會群
眾運動心理者的看家本領，唐文標卻拿來應用在文學裏。」〔註122〕

　　向來對社會思想很反感的余光中更是直接將唐文標與中國共產黨的行徑
劃上等號。余光中不留餘地的指責：「滿口『人民』『民眾』的人，往往是一
腦子獨裁思想。例子是現成的。不同的是，所謂文化大革命只革古典文化的
命，而『僵』文作者妄想一筆勾銷古典文學與現代。這種幼稚而武斷的左傾

〔註121〕顏元叔，〈唐文標事件〉《中外文學》2 卷 5 期（1973 年 10 月 1 日），頁 4。
〔註122〕顏元叔，〈唐文標事件〉《中外文學》2 卷 5 期（1973 年 10 月 1 日），頁 6。

文學觀，對於今日年輕一代的某些讀者，也許尚有迷惑作用，可是對於一九
四九年以前曾經在大陸讀過大學的我這一代中年讀者，可說早成了『僵斃』
的妖怪，已經無所施其術了。」〔註123〕國民黨政權失去大陸所造成的時代動
盪，對余光中這一輩的人來說有著難以抹滅的恐懼，對左翼言論的反感也最
直接反應出來，余光中的這種傾向一直維持到後來都沒有改變。以顏元叔、
余光中等重要論述者所指出的批判方向被後來的批判者所接受，幾乎所有批
評者莫不批評唐文標的霸道、社會思想以及身爲數學教授的身份。較重要的
幾次批唐活動有《主流》詩刊第十期的「評論專輯」，《中外文學》3 卷 1 期「詩
專號」及《創世紀》37 期的詩論專號。在這麼多的文章當中，除了李佩玲與
彭瑞金有試著反駁余光中的說法之外，輿論幾乎一面倒地批評唐文標。論戰
到《中外文學》3 卷 1 期「詩專號」當中，葉珊〈致余光中書〉才算開啓了一
個新的階段。

（四）葉珊暴民說之爭議

　　相對於其他批唐的文章，葉珊的〈致余光中書〉造成兩個影響。首先〈致
余光中書〉是第一篇將關傑明與唐文標並稱的文章。葉珊說：「像那位英國文
學教授，中文顯然不太懂，居然不知謙卑地在英文文章裡大談現代詩的語言
問題，即頗有暴民之跡象。又如那位數學教授，寫詩不成，退稿多了，老羞
成怒，發而爲咄咄之勇，不但打人，又收集遭退之稿，輯印成書，更在書前
自剖自瀆，我覺得此人之暴，殆近於狂。」〔註124〕

　　在〈致余光中書〉中，像這樣鄙視關唐兩人的言論隨處可見，可說已失
了批評的風度。葉珊與唐文標原本是柏克萊留學就熟識的好友，也因這次論
戰而交情絕裂，不相往來。猜測葉珊反應如此激烈，一來唐文標是舊識，因
此格外生氣。而關傑明推崇余光中、周夢蝶卻獨獨針對葉珊窮追猛打，批評
的一文不值，葉珊也有他的情緒反彈，因此將關、唐兩者合而稱之。但葉珊
不是不知道關唐兩人的差異，只是這種差異對葉珊來說不過兩種不正確的兩
個極端。葉珊舉馬修·安諾德（Matthew Arnold）的說法，把關傑明形容成「用
英文批評現代詩，強不知以爲知，高談語言問題而不見語言之眞面目的新加
坡人士」，視爲上流社會的「野蠻」（Barbarians）；把唐文標形容成「文筆不通，

〔註123〕余光中，〈詩人何罪〉《中外文學》2 卷 6 期（1973 年 11 月 1 日），頁 5、6。
〔註124〕葉珊，〈致余光中書──代跋中外文學詩專號〉，《中外文學》3 卷 1 期「詩專
　　　　號」（1974 年 6 月 1 日），頁 227。

聲嘶力竭，胡說八道，扭曲文學史……確實有些像是『群眾』的代言人了」。而葉珊自己則以能夠寄託社會文明化的所謂「非利士丁人」（Philistines）自居。認為詩人「不必冒充野蠻，在虛偽的學術名詞裡繞圈子，更不必譁眾取寵，想把詩就此普羅起來。」，更重要的是盡到自己的本分，試著溝通上層階級（野蠻）與下層平民（群眾）。

此文產生的第二個影響是這篇文章改變了過去一面倒對唐文標的批判，激出了許多反彈的聲音。首先是針對關傑明的批評，引來劉紹銘為關傑明辯駁。劉紹銘在中時副刊上發表了〈漢魂唐魄──為「關傑明事件」致葉珊書〉，文中仔細介紹關傑明的身世背景，強調關傑明之所以寫這些文章完全是出於對中國文化的熱愛，而不是葉珊所猜測的自大傲慢。劉紹銘的態度也凸顯了他認為關傑明與唐文標的事件完全是兩回事，不能相提並論。因為劉紹銘也很不能認同唐文標的說法，他在中外文學 2 卷 8 期上的投書，痛斥唐文標，說：「萬一臺灣出了一文化局長，只要顯出三分唐文標的霸氣，那麼全臺灣搖筆桿的人，除了寫『為人民服務』的兵農工文藝外，再無其他出路。」〔註125〕劉紹銘不能理解為何葉珊會將兩人相提並論。劉紹銘舉起民族歸屬的大旗，這逼得葉珊又寫了〈孤兒與暴民──答劉紹銘書〉來回應。文中一方面要表示對民族的認同，另一方面葉珊仍然不願意承認自己的批評有錯誤。

由於葉珊對唐文標的態度過於輕蔑，許多人看不慣葉珊的語氣，紛紛投稿在《中外文學》3 卷 3 期，讓這期中外文學成為關唐論戰最後一波反彈的聲浪。首先唐文標的〈實事求是不作調人〉詳細回應各種對他的指責，另外唐文標也以〈致顏元叔先生〉質疑自己的立場與顏元叔提出〈期待一種文學〉時提倡社會意識文學並無不同，為何顏元叔卻要大力抨擊。另外包括蔣勳、葉崑山等人都對葉珊有失風度的文章提出不滿。在《中外文學》3 卷 3 期熱鬧的反彈聲浪之後，這也已是關唐事件的尾聲。

二、論戰焦點分析

就討論論戰的議題而言，關傑明與唐文標同樣都批判臺灣的現代主義，但是抱持的立場卻不相同，但是所遭遇的反駁卻不足以回答他們的質疑。以下分別就兩人不同的來看這場論戰的爭議論點。

〔註125〕劉紹銘，〈中外信箱投書〉《中外文學》2 卷 8 期（1974 年 3 月 1 日），頁 192。

（一）關傑明基於民族主義對現代主義的批判

關傑明很明確的指出，他所不滿意的是臺灣現代詩過度西化，關傑明寫這篇文章的原因是他的學生把英譯的臺灣現代詩選誤以為英文寫作的現代詩。這正凸顯了臺灣現代詩西化的嚴重性，因此關傑明嚴正的說：「只要中國仍然使用中文，仍然使用這種與任何一種歐美語文都不相同的語文，那麼作家們忽視傳統的中國文學，只注意現代歐美文學的作為，就是一件愚不可及而且毫無意義的事。不幸的是目前我們許多的作家卻正是如此。」〔註126〕關傑明進一步分析，一味的學習模仿西方歐美現代主義詩作，使臺灣現代詩看起來像西方歐美現代主義詩的中文翻譯，而失去了自己的風格，結果讓臺灣現代詩看起來：「都屬於世界性的現代主義的一部份，你可以從地球上任何一個大城市的任何角落裏撿到它———一種沒有風格的中性詩。」〔註127〕

關傑明批判現代詩之餘，也試圖找出這種現象背後的原因，他在〈中國現代詩的幻境〉裡更進一步分析現代詩人的心態：「簡單地說，現代詩人缺乏道德整體性的觀念，更因此使得他的文字運用發生了缺陷。他以他個人的方式去使用語文，反映出他那種疏離的性格；只追求一種不負責任的生活，以求能專注於他自己的偏好所在；只不斷地製造出一個自我崇拜、自我壓榨、自我限制的個體，而終於又回到他自我去的一些象徵性的東西。」〔註128〕由於五、六〇年代現代詩人奉現代主義中唯美主義中「為藝術而藝術」的理念為圭臬，因此他們相信現代詩的創作可以純粹無涉於現實，就算表現現實也必須透過藝術的手法表現，將特定時空背景事件人物轉化為人生的普遍象徵。既無涉於現實，也難免在文字的世界中自我指涉。

但是關傑明所說的現實，不是李國偉、唐文標等人所強調的關注社會底層民間疾苦的現實，而是表現中國文化的現實。關傑明想要追求是表現出中國文化傳統，因此他心目中理想的現代詩是要能閱讀之後獲得中國文化上的歸屬感的詩。關傑明對臺灣現代詩的了解並不全面，因此在第二篇文章〈中國現代詩人的幻境〉當中，他更清楚的點名他理想的現代詩應該如何，關傑

〔註126〕關傑明，〈中國現代詩的困境〉上，《中國時報》副刊「海外專欄」，1972 年 2 月 28 日。

〔註127〕關傑明，〈中國現代詩的幻境〉下，《中國時報》副刊「海外專欄」，1972 年 9 月 10 日。

〔註128〕關傑明，〈中國現代詩的幻境〉下，《中國時報》副刊「海外專欄」，1972 年 9 月 10 日。

明說：「現代詩，就像我們的日用語文一樣，不再把道德的眞理和對生活的的態度當作一種自然的天性。而這種氣概的喪失，正反映出我們文化所面臨的危機。現代詩所需要的，不僅是一種語文上的改革，更重要的是精神上的革命，就有如從前的十多個世紀一樣，使世代相傳的中國語文，藉著感覺的自由抒發，藉著欣愉的共鳴，大大的豐裕了他的潛力。今天的現代詩中，除了余光中、周夢蝶和極少數幾個人外，很少能讓我們獲得讀李白、杜甫等人作品的那種滿足感。」〔註129〕

在這篇文章當中可以看到關傑明的轉變，他認爲余光中、周夢蝶等人的詩作是他心目中理想的現代詩，一種運用現代語言卻能表現出中國傳統精神的現代詩作，但關傑明所要求的現代詩並不是套用古典語彙就好，關傑明期許能表現中國文化傳統中的深沈複雜，這個面向只有周夢蝶能達到，他說：「一般人談起傳統來，大多指的只是形式，格律及規矩，很少有人能了解它是個人心裏特殊的歸屬感。一個擁有傳統意識的現代作家，應該要能具備這種認識。而且要想到如何創造或推進某種風格，期能容納紅樓夢或那些傑出中國小說家筆下人物性格、心理，或周夢蝶作品中一些很複雜的不同內蘊，以及詩經或其他古典作品的典雅厚實，並且對它們同等的眞摯。」〔註130〕透過關傑明指出他心目中的現代詩典型，可以清楚看出他與唐文標的不同。

關傑明的論點很單純，同時關傑明也找到他理想現代詩的典型，但是信奉現代主義的現代詩人們面對關傑明的質疑，卻不願意在現代詩的理論上好好討論，反之卻用迴避問題的方式來批評關傑明。首先以「創世紀」爲首的現代詩人們批評關傑明身爲華僑與英國文學教授的身份，葉珊直言：「關君讀中國詩，談中國文字語法，卻閃躲於英文修辭之內。以洋文寫作，嚇唬些怕洋人的人，卻不能嚇死我們。」〔註131〕此外翱翱也說：「我深知此種香港學院出身之人的背景，此人在外國文學方面也許有些成就，但對中國文學傳統則一竅不通，又怎可與之細論中國現代詩的源流？」〔註132〕現代詩人們多以關傑明身爲華僑，以英文寫作當作關傑明不適合討論現代詩的理由。但事實上，

〔註129〕關傑明，〈中國現代詩的幻境〉下，《中國時報》副刊「海外專欄」，1972年9月10日。

〔註130〕關傑明，〈再談中國「現代詩」〉《龍族》9號「評論專號」（1973年7月7日），頁63。

〔註131〕葉珊，〈創世紀書簡〉，《創世紀》31期（1972年12月1日），頁115。

〔註132〕翱翱，〈創世紀書簡〉，《創世紀》31期（1972年12月1日），頁117。

這種質疑與關傑明提出的論點無關。身份問題並不能當作反對關傑明質疑現代詩西化的理由。

　　因為正是關傑明的華僑身份，使他如此認真追尋古典風格，強調中國文化傳統的重要。關傑明的父母是秘魯華僑，但關傑明卻是在香港長大，後來在新加坡大學任教英文。因此關傑明曾經跟洛夫介紹身世：「我同家人和朋友說廣東話，閑時則閱讀中文。有時我也讀法文，必要時用法文寫作（我的祖母為法國人，現僑居國外）。我的父母為中國人，但在南美出生，長大與受教育，他們能說不太流利的廣東話。」〔註 133〕。這種文化錯亂的背景生長背景激起關傑明對自己身份認同的危機，就像許多留學外國的詩人後來往往會因身份認同的危機而激發自己文化尋根的歷程，關傑明也想更確認自己的文化身份，因此劉紹銘介紹關傑明的文化背景時說他：「自己上了三十多歲的年紀，還『偷偷地』（可能是自覺不好的意思）請家教，讀論語孟子。他研究的是法國詩，教的是英文，自己『偷偷讀的』，卻是中國古詩和近代詩。……但他樂此不疲，此無他，一個『中國孤兒』對母體文化一點飲水思源的孝思而已。」〔註 134〕諷刺的是，此時譏評關傑明的葉珊、翱翱等人，在八〇年代之後，也紛紛循著關傑明曾走過的軌跡，回歸到中國文化傳統的路線上。

　　另一個批評關傑明的重點，是強調關傑明的質疑早在之前的「現代派論戰」、「新詩閒話論戰」中都討論過，沒有再一次討論的必要。葉珊說：「關文立論動機似乎是為了驚世駭俗，所論諸點多不能成立；稍有意義的數點，二十年來大家都已喧喧嚷嚷談過了。今天的現代詩可以說是以是整體文化和社會『同意』了的一種文學形式和內容，二十年來的批評鍛鍊，意義在此。關君遽爾介入，言論落在十年前的老套裡，為他浪費筆墨未免痴傻了些。」〔註 135〕林綠也覺得關傑明的質疑是過去早就討論過問題，實在沒有重提的必要：「何況他是泛談，太 general 了，就像從來沒有接觸過現代詩的人對其發出一連串的『為什麼？』，也正因為如此，要反評他的文章，難免要牽涉問題，我是說，等於得有耐心地為他上一課有關現代詩的發展。」〔註 136〕言下之意是這些問題早在五、六〇年代都已經討論過，而且也有了標準答案，不需要再

〔註 133〕關傑明，〈關傑明致洛夫〉《創世紀》30 期（1972 年 9 月 1 日），頁 86。
〔註 134〕劉紹銘，〈漢魂唐魄——為「關傑明事件」致葉珊書〉《中國時報》副刊（1974 年 8 月 9 日）。
〔註 135〕葉珊，〈創世紀書簡〉，《創世紀》31 期，1972 年 12 月 1 日，頁 115。
〔註 136〕林綠，〈創世紀書簡〉，《創世紀》31 期，1972 年 12 月 1 日，頁 117。

討論了。但這種答案並沒有正面回答關傑明的質疑，其次，現代詩人們也忽略了關傑明在此時提出這個問題的時代意義。關傑明所提出強調民族性、明朗化的主張，的確與門外漢、言曦等人的要求相近，但關傑明發問的時空環境與當時卻大不相同了。

高信疆策劃「龍族詩刊評論專號」時，也思考到關傑明的質疑是否重複，高信疆說：「問題產生在這次論爭的題目上。許多辯難應早已解決了的，許多又根本不該成為爭論的重心；為什麼它們竟會被人提出，且能廣泛的引起注目和討論呢？難道二十年來的現代詩人們，從未深入過這些最根本的問題，作一實質的解決？還是時遷勢易，一切的意義都有所轉換，需要重新考慮與詮釋了。」〔註137〕關鍵正是「時遷勢易」這句話，由於臺灣的國際處境日漸艱難，現代詩人已經不能再以與世界文學同步，促進社會進步的理由來說服社會大眾接受現代詩，因為十幾年來的「現代派運動」沒有證明臺灣的文化進步，接踵而來的各種外交困境只讓人不禁懷疑一味西化對不對。在此時關傑明提出的問題，其實是時遷勢易之後，臺灣現代詩必須重新找尋定位的呼聲。

（二）唐文標基於左翼思想對現代主義的批判

相對於關傑明要求一種能給予讀者民族歸屬感與閱讀快感的現代詩，唐文標所要求遠不止於此。更準確的說唐文標是要求一種符合他社會主義左翼思想的現代詩。

唐文標以馬克思主義來詮釋詩的存在，他直接將詩視為精神的麻醉劑，但是有進步思想的二十世紀人更應該摒棄詩：「二十世紀人摒棄時，當然也因摒棄了這種為了物質匱乏而禁欲，這種為了保存社會秩序──就是保存封建帝王思想──而倡導形而上的逃避的教條。」唐文標很明顯是引用馬克思主義關於文學做為上層建築的理論來解釋詩，面對作為精神的麻醉劑的詩，唐文標的主張很清楚：「我們明白人的慾望來自社會，也由於社會不公而產生慾望。這個嚴重的問題不能以逃避現實的詩和宗教疏散『別生他界』去，這世界有許多事根本不能昇華到虛空的。」〔註138〕也就是說，唯美主義所主張的

〔註137〕高信疆，〈探索與回顧〉，《龍族》9號「評論專號」（1973 年 7 月 7 日），頁 4、5。

〔註138〕本段引文皆見唐文標，〈僵斃的現代詩〉《天國不是我們的》（臺北：聯經，1976年 5 月），頁 144。

「爲藝術而藝術」在唐文標眼裡只是一種逃避現實的精神麻醉劑，因此爲了解決慾望就必須要回到現實世界當中去努力、去解決。

但是當時臺灣仍然壓抑左翼思想的出現，因此爲了強調自己理論的合法性，唐文標透過重新建構中國文學史的方式，試圖以中國傳統來強化自己論述的正當性。唐文標回顧中國古典詩的發展，他認爲想要糾正臺灣現代詩的弊病，就必須回歸中國古典詩中的寫實傳統，來抵抗唐朝以後日漸頹廢的抒情傳統，也就是標舉詩經、楚辭的地位來對抗唐文標所謂的貴族詩。唐文標說：「中國詩在詩經和楚辭中開拓一個在社會蓬勃生長的詩，紮根在最深的現實中。然而，在秦以後兩千年的專制帝國裡，卻被一些挾持知識的貴族文人把持，成爲他們的自瀆品，個人逃避現實的洞天福地，他們既然失去了社會代言人的責任，詩也成爲裝飾品，奢侈遊樂的玩具，我們讀舊詩時一定要把這些頹廢思想剔出來，恢復詩經和楚辭的眞傳統。」〔註139〕

除了批判舊詩之外，唐文標還特別討論五四運動。向來臺灣當局都不願意面對五四運動之後，批判現實的言論高漲影響共產黨崛起的事實，因此在臺灣五四運動都被形容爲白話文運動而已，但唐文標卻特別重新挑起五四運動與社會主義思想之間的關連性，唐文標說五四運動是人民要求參與政治的行動，在語言上改革成白話，則是把文學從貴族大夫手中搶回平民百姓的手中，因此五四運動正是繼詩經、楚辭之後，另一個社會文學的高潮。唐文標說：「如果說中國文學有二個生命環圈，第一個從詩經開始，經過屈原的轉向，到魏晉六朝徹底改形，一直到清末革命，五四運動方始它正式告終。『五四』開始了另一個生命環。因爲它精神上是『外抗強權，內除國賊』，實質上是判死了形式主義的文字、聲韻、封建思想、山林主義等等，而建立了全民的、自由民主的白話國民文學。文學不再是幾個貴族士大夫手中玩弄其文字遊戲。」〔註140〕唐文標所強調五四運動的社會主義傾向，剛好與五四運動當中右翼的自由主義份子的想法互相抵觸，五四運動中自由主義份子以胡適爲首，他們所強調的自由理性，無法挽回大陸人心，因此只好隨國民黨政府來臺，而來臺後以雷震爲首的政治改革失敗，使得臺灣的自由主義份子只得在不直接關係政治的文學領域倡導現代主義。但抱持社會主義思想的唐文標不

〔註139〕唐文標，〈什麼時代什麼地方什麼人〉，《龍族》9 號「評論專號」，1973 年 7
　　　　月 7 日，頁 220。

〔註140〕唐文標，〈詩的沒落〉《天國不是我們的》（臺北：聯經，1976 年 5 月），頁 158。

願意理會這個轉折，而直接批判自由主義份子在文學場域中的影響。唐文標說：「夏濟安的『文學雜誌』，在當日無疑類似古代的隱居之士。他們的愛好屬於歐美古典文學那一派。靜態的，非激情的，反浪漫的；他們反『反理性』，好似士大夫自居，爲士大夫辯護。」〔註141〕

但唐文標眞正不滿的仍然是現代詩晦澀風格。但是與關傑明不同之處在於，唐文標不但不能接受創世紀詩人群所實驗的超現實主義詩，甚至連在七〇年代廣受歡迎的藍星詩人群創作的帶有中國古典風味的現代詩也一併排斥。唐文標說「現代詩社」以「小市民」居多，非作用的形式上的遊戲。說「藍星詩社」是「中國的波希米亞人，今天的是大夫貴族」，而根據「創世紀」的軍人背景是「他們的社會較特殊，對普通人的生活形式有點隔膜，所以他們反抗社會的約定俗成借西方的利器、異國的情調來做現世的逃避。」〔註142〕尤其特別是余光中、周夢蝶、葉珊可說是擅長中國古典抒情風格的三個代表性詩人，唐文標不但不肯定，甚至更嚴厲的批評，唐文標說周夢蝶的詩是「舊詩中傳統文人的悲哀，野狐禪，和一些零碎的殘句舊詩放在一起」。說葉珊的詩是「一個錦衣公子所做的超脫，灑洒，浪漫，水仙式的自憐自惜的各種情感而已。」說余光中的詩語言是「單口相聲，連感情也是附庸風雅的那一種」，還說他的詩「看得出來是一個浪漫『聰明』人去做一些無聊的事情。」〔註143〕。唐文標對這幾個詩人的批評受到很大的批判，但唐文標所要表達的是中國抒情古典風格的詩作，並不是解決現代詩西化晦澀弊病的正確解答，而他所期許理想的現代詩，在當時的詩壇幾乎完全看不到。

唐文標在文章發表之後，受到廣泛的批判。首先許多人不滿唐文標的態度，唐文標如果只批評早被詬病的創世紀詩人還不至於受到這麼強烈的批評。但是批評當時頗受歡迎，被認爲是足以取代西化晦澀詩風的余光中等人詩作，就眞的觸怒了許多發自內心喜愛這種風格的讀者。更不用說唐文標偏激的中國文學史觀，以及有系統地從《文學雜誌》到《中外文學》批評臺大學人，更直接激怒許多外文系學人。之所以激怒眾人是因爲這些論點顛覆傳統的幅度過大，當時的時代還無法接受唐文標的說法。

〔註141〕唐文標，〈詩的沒落〉《天國不是我們的》（臺北：聯經，1976年5月），頁153。
〔註142〕唐文標，〈詩的沒落〉《天國不是我們的》（臺北：聯經，1976年5月），頁167。
〔註143〕見本段引文見唐文標，〈什麼時代什麼地方什麼人〉，《龍族》9號「評論專號」（1973年7月7日），頁216、224、255。

　　歸納前述討論，我們可以發現關、唐所希望看到理想的詩的典型並不一樣，但是他們同樣批判現代詩的語言問題。關傑明不能接受現代主義詩人使用語言的方式，他期許詩人能創造出能給予中國歸屬感的新傳統詩作。因此關傑明能夠接受余光中與周夢蝶的作品。並且將之與紅樓夢詩經等作品相提並論。唐文標也不能接受這樣的語言，但唐文標希望現代詩能夠為平民百姓喉舌，能夠描寫社會大眾的生活。對關、唐而言，語言不是目的，重要的是想要表達的內容。即使關、唐兩人想要現代詩傳達的內容是不同的。從兩人論點的同異，我們可以更進一步發現這場論戰更深沈的涵義。

三、回歸中國傳統或重視社會現實

　　關傑明很清楚是追求一種民族性的文學作品，回歸傳統是他最主要的目標，其次才是現實。他自己也說只想追求一種閱讀之後的歸屬感，一種閱讀後的愉悅。關傑明說：「詩人不但要找出最適合的語文形式來表達他對現實的感受，而他表現的方法也必須能使我們──也就是他的讀者──可以在一種全新的經驗中體認出一些熟悉的感覺，因而感到由衷的欣悅。……在詩的領域裡，共鳴只有在自然欣愉的氣氛裡才能增長擴大。」〔註144〕唐文標則反是，他追求的是關注現實，對社會能夠有影響力的文學作品。關注現實是主要，回歸傳統是只是強調自己論述合法性的手段。

　　從關、唐論點間的差異，我們可以發現當中弔詭的權力關係。關、唐雖然都批評創世紀詩人群的超現實主義詩作。但是關傑明的看法與龍族、主流等年輕一輩詩人的意見相接近。也就是晦澀、西化的現代詩應該被余光中、葉珊、鄭愁予、周夢蝶等人充滿中國古典風味的作品所取代。因此關傑明的言論只是啟發了陳芳明等人年輕詩人批判「創世紀」的言論。陳芳明就曾很清楚畫出超現實主義詩人與新古典主義詩人的差別界線：「民族型詩人以余光中、白萩、葉珊、鄭愁予為例，世界型詩人以葉維廉、洛夫、張默、碧果為例。民族型的作品繁複，表現的題材富於現代性，創作以明朗為其特色；世界型的作品的作品整齊劃一，表現的題材富於超現實性，創作以晦澀為其特色。民族詩人關心中國的命運，關心鄉土，關心現實；世界詩人關心人類的命運，藉自我的心理意識，超越到任何時空之外，這方面以『超現實主義』

〔註144〕關傑明，〈中國現代詩的幻境〉下，《中國時報》副刊「海外專欄」（1972 年 9月 10 日）。

為其主流，是集體行動的詩派。」〔註145〕而從關傑明到陳芳明，其實都支持所謂「民族型詩人」的作品。這是因為當時的臺灣正處於外交情勢不利的危機，由國民黨政府面對執政困境，轉而激發人民的民族情感，透過各種教育宣傳方式，使社會各個不同階層的人充滿強烈的愛國情感。從六〇年代末期轉向中國古典風格的余光中，剛好趕上這波風氣的轉變，成為詩壇最受到重視的詩人代表。

但是唐文標除了批評創世紀等人的超現實主義詩作之外，唐文標更批判陳芳明、關傑明等人所承認的「民族型詩人」。這是因為唐文標覺得這些詩人的作品固然富有中國色彩，但是詩的本身仍然不帶有社會改革的意義。唐文標與李敏勇討論到這點，在他寫給李敏勇的信中說：「你談及應批評『抒情』，這當然是。但這與晦澀是完全不相同的。是晦澀也有抒情，（葉珊詩也相當晦澀而抒情）抒情的壞處正在他們那種士大夫殘留的高人一等之個性。」〔註146〕

實則唐文標的批判帶著教育大眾意味，為此唐文標特別提出「集體的逃避」來批判喜歡余光中、周夢蝶等人詩作的讀者大眾：「文學上的逃避最初屬於作者個人的事。但是讀者還是擁有相當傳統的欣賞態度，以為詩能造出一個境，自己能因讀之而相應生情；這就因此而生出集體的逃避了。……瓊瑤、武俠小說所產生的問題，並不只在文學本身，更值得批評的即在讀者如何接受方面。作者的逃避連鎖反應到讀者集體的逃避，就是新詩最應檢討的地方。」〔註147〕唐文標批判從現代詩人一路批判到讀者身上，他所謂的詩人應該「為大眾而寫」，其實是為了「教育大眾而寫」，而不是指「寫給大眾看」，因為余、鄭、周等人的作品都很受到社會大眾的歡迎，銷售量很好，只是其中缺乏了社會批判性。

回顧五、六〇年代以來批判現代詩晦澀、遠離大眾的質問，余光中等人的詩實質上已經解決這個問題了。由此可知，唐文標對主導文化與另類文化影響下所產生古典抒情詮釋社群與現代主義詮釋社群都不滿意，當時臺灣反對文化尚未形成足以與主導文化抗衡的力量，唐文標所期許的正是在這兩種詩選項之外，開出關懷現實的第三種可能。為此，唐文標幾乎把所有現代詩壇的人都批評光了。尤其批判新古典主義詩人受到反擊尤烈。在許多人心目

〔註145〕陳芳明，〈剪掉批評的辮子〉《中外文學》1卷12期（1973年5月），頁97。

〔註146〕唐文標，〈唐文標致傅敏〉《笠》57期（1973年10月15日），頁70。

〔註147〕唐文標，〈詩的沒落〉《天國不是我們的》（臺北：聯經，1976年5月），頁189。

中，余、周等人的詩折衷古典，象徵著文化中國，在當時被認為是現代詩最理想的表現方式。對他們的批判實則會受到比批判創世紀更多的反擊。但唐文標以一人獨擋整個詩壇的反擊，為日後反對文化爭取了更多與主導文化形構抗爭的空間。整場論戰當中，除了李國偉、唐文標以外，包括笠詩社詩人群、彭瑞金等人都沒有直接挑戰這創世紀的超現實主義論述與新古典主義論述，但卻透過這次論戰慢慢匯聚起來。〔註148〕

「關唐事件論戰」表面上參與人數眾多，刊登論戰文章的刊物也多，但詳細深究雙方論點就可以發現，現代詩人們幾乎沒有正面的回答關、唐提出的問題。關傑明質疑現代詩在閱讀後不具備民族歸屬感以及閱讀愉悅感，唐文標想要建構一套中國寫實主義文學的脈絡來回應臺灣國際社會上所遭遇的巨變。但是現代詩人們多半挑剔關、唐兩人身為數學、英國文學教授的非專業身份、過於霸道的評論態度或者問題不合時宜。

關傑明、唐文標等人外文、數學系教授的身份，雖然一直被批評是詩壇門外漢，被認為沒有資格發言，但這種詩壇外的身份卻不失為一個觀察詩壇弊病的好角度。李豐楙針對這點指出：「由於詩壇的傳承與活動，兩代之間的關係，其實是處於又緊密又緊張的狀態……這一錯綜複雜的情結，確使新一代的叛逆有了不徹底、不深入之處。而關傑明、唐文標與陳映真的批判，則是與臺灣的詩壇有一段距離，因此，反而能從另一個角度指陳其中的癥結所在。」〔註149〕相較於與詩壇前輩理不清關係的詩壇新生代，關、唐兩人，乃至於高信疆、顏元叔、李國偉等詩壇外的人文學者，提供思考現代詩的新視角。

從這場論戰可以看出七○年代現代主義詩飽受批評的原因有很多。首先，過去五、六○年代，由於世界冷戰的局勢，臺灣理所當然作為中國的代表，世界局勢讓詩人相信自己正在努力促進臺灣的進步，關傑明所批評沒有特色的中性詩，正是詩人們所相信自己與世界同步的證據。但是七○年代世界局勢的劇烈變化，突然之間臺灣不再代表中國，詩人們的現代主義詩作不再是中國的世界現代詩代表，取而代之的是，不知自己身處何處的失落感。

〔註148〕笠詩社詩人群私下與唐文標有通信往來討論詩壇風氣，他們彼此間的想法比較接近，雖然沒有直接文章參與論戰，但從書信可以看到端倪。可參考唐文標，〈唐文標致傅敏〉《笠》57 期（1973 年 10 月 15 日）。

〔註149〕李豐楙，〈民國六十年（一九七一）前後新詩社的興起及其意義〉陳大為、鍾怡雯主編《20 世紀臺灣文學專題 I──文學思潮與論戰》（臺北：萬卷樓，2006 年 9 月），頁 227。

更進一步地說，現代主義的流行是由於美國的文化輸入，如今美國拋棄了臺灣，轉而支持不民主的中國。這也難怪臺灣的知識份子會氣憤的轉向批判現代主義。其次，現代主義詩失去了政經條件的支持，又不像主導文化所影響的古典抒情詩作那麼具有閱讀的美感與民族歸屬感，被讀者所鄙棄也是難免。最後在思潮轉向關注現實、重視本土的七○年代，仍然堅持菁英小眾讀物的身段，或許這才是現代詩在七○年代受到普遍而一致批判的原因。

第五節　這樣的詩人余光中論戰

「這樣的詩人余光中論戰」〔註150〕發生 1977 年到 1978 年間，那正是在「鄉土文學論戰」正在進行的時候。過去普遍認爲「鄉土文學論戰」期間，現代詩壇似乎毫無動靜。原因可能有很多，向陽認爲鄉土文學論戰討論重心在小說，而參與者多半是小說家、評論家，因此與現代詩壇關係較少〔註151〕。或者在七○年代初期現代詩壇就已經爆發「關唐事件論戰」這種大型論戰，對於相關的問題已經有了初步的討論，所以詩人不再參與「鄉土文學論戰」。這些說法都呈現了一定程度的實際情況。但卻忽略了「這樣的詩人余光中論戰」這場圍繞在余光中個人藝術成就與定位的小型論戰。

這場論戰起因於陳鼓應連續發表了批判余光中詩藝與人品的文章，引來正反兩面的評價，有人聲援余光中，也有人對陳鼓應的說法拍手叫好。之後，陳鼓應將第一篇與第二篇文章集合起來，由大漢出版社出版成一本小書《這樣的詩人余光中》。這是一次耐人尋味的論戰，涉及高準與其《詩潮》與陳鼓應及其背後的《夏潮》集團。同時余光中在現代詩壇的聲望頗高，爲何陳鼓應要這樣厲聲批判余光中，這些問題是本文意欲討論之處。

一、論戰過程概述

在鄉土文學論戰其間，剛從香港回到臺灣回來的余光中馬上發表了〈狼

〔註150〕這場論戰雖起因於〈狼來了〉一文，但正反雙方實際爭議的焦點是在余光中的評價上。因此論戰名稱仍定作「這樣的詩人余光中論戰」。此外陳澄州的成大臺文所碩士論文《七○年代以降現代詩論戰之話語運作》則將此論戰的前半部份，命名成「詩潮事件」，但論戰本身與《詩潮》卻沒有直接相關的證據，故不以「詩潮」來考慮命名。

〔註151〕向陽，〈七十年代現代詩風潮試論〉《康莊有待》（臺北：東大，1985 年），頁77。

來了〉來批評鄉土文學。余光中直接將「鄉土文學論戰」其間具有社會主義思想的文學主張，統稱之爲「工農兵文學」，文章上半段詳細列舉毛澤東「在延安文藝座談會上的講話」，然後余光中說：「以上引證的幾段毛語，說明了所謂『工農兵文藝』是個什麼樣的『新東西』。其中的若干觀點，和近年來國內的某些『文藝批評』，竟似有些暗合之處。」〔註152〕言下之意暗示鄉土文學論戰期間具有社會主義思想的言論是中共授意。余光中毫不避諱他對社會主義言論的反感，他說：「北京未聞有『三民主義文學』，臺北街頭卻可見『工農兵文藝』，臺灣的文化界眞夠『大方』，說不定，有一天『工農兵文藝』還會在臺北得獎呢！正當我國外遭逆境之際，竟然有人內倡『工農兵文藝』，未免太巧合了。」〔註153〕

由於長期與社會主義人士論戰的結果，余光中也意識到發生論戰的可能，於是先說：

> 那些「工農兵工作者」立刻會嚷起來：「這是戴帽子！」卻忘了這幾
> 年來，他們拋給國內廣大作家的帽子，一共有多少頂。「奴性」、「清
> 客」、「買辦」、「僞善」、「野狐禪」、「貴公子」、「大騙子」、「優越感」、
> 「劣根性」、「崇洋媚外」、「殖民地文學」……等等大帽子，大概凡「不
> 適合廣大群眾鬥爭要求的藝術」，每個作家都分到了一頂。〔註154〕

這些似曾相識的詞彙，許多都是曾在「關唐事件論戰」中出現過的詞語。

余光中發表了〈狼來了〉的時間剛好是「鄉土文學論戰」最高潮的時候，而余光中的這篇〈狼來了〉則被認爲是指控鄉土派最嚴厲的的批評之一。在當時懷抱著強烈民族情感以及社會主義理想的高準所創辦的《詩潮》，剛好就符合所有對鄉土派的指控。在《詩潮》創刊號中，可以看到「工人之詩」、「稻穗之歌」、「號角的召喚」、「歌頌祖國」等專欄。種種觸及政治禁忌的舉動，讓《詩潮》很快就被查禁了。高準認爲余光中的〈狼來了〉就是針對他來，加上洛夫分別有兩篇文章旁及對工農兵文學的批判，因此高準在《夏潮》上發表了〈聯合報是這樣的排斥異己——敬答洛夫與余光中〉，這一段經過，陳

〔註152〕余光中，〈狼來了〉收錄於彭品光編《當前文學問題總批判》（臺北：青溪新
　　　　文藝學會，1977年），頁24。
〔註153〕余光中，〈狼來了〉收錄於彭品光編《當前文學問題總批判》（臺北：青溪新
　　　　文藝學會，1977年），頁27。
〔註154〕余光中，〈狼來了〉收錄於彭品光編《當前文學問題總批判》（臺北：青溪新
　　　　文藝學會，1977年），頁27。

澄州稱之爲「詩潮事件」〔註 155〕。

但是仔細分析余光中的文章，可以發現並沒有直接針對《詩潮》而發的文字。比較有針對性的反而是洛夫的文章。但高準的民族傾向與社會主義思想都與《夏潮》等對立於政府的方向相近，由此可見余光中發表了〈狼來了〉這篇文章之後，左翼知識份子對於余光中的言論很不能諒解，余光中將左翼言論貶斥爲「工農兵文藝」，用類似國共內戰鬥爭的言論來描述鄉土文學引起許多人不滿。這才引起陳鼓應對余光中詩作的注意。

此時的陳鼓應，因「臺大哲學系事件」〔註 156〕而被解聘。雖然被解職，但陳鼓應仍然關心社會思潮的脈動，陳鼓應也說明自己之所以會寫這幾篇文章正是因爲反感余光中的〈狼來了〉而做：「他寫這種文章顯然不是出於討論問題的態度，而是向作家拋『血滴子』。這件事已普遍地引起讀者們對余光中產生新的評估。我也是在看了『狼來了』後，才對他的作品發生興趣。」〔註 157〕因爲不滿余光中的言論，陳鼓應確實地讀過余光中十一種詩集，統計共三百多首詩。之後寫了〈評余光中的頹廢意識與色情主義〉列舉余光中好色敗德不愛國等罪狀，刊登在 1977 年 11 月 172 期的《中華雜誌》上。

陳鼓應的文章一出，剛從越南逃回臺灣的詩人吳望堯，由於受過余光中的幫助，因此馬上在《中央日報》、《中華日報》副刊上加以反擊陳鼓應的批評。吳望堯直接將鼓吹鄉土文學的人都當成共產黨，厲聲批評這些言論，吳望堯說：「當我們的一位著名詩人，在香港遭受左派猛烈攻擊的時候，想不到，在臺灣的一小撮『痲瘋文學』的患者竟和香港的共黨道具聲氣相通，遙相呼應，其目的是要把這位看透共黨眞面目的詩人，把他『搞臭』、『搞爛』！」〔註 158〕吳望堯的文章首先把共產黨比喻爲「痲瘋病」，後來因爲痲瘋病會導致皮

〔註 155〕陳澄州，《七〇年代以降現代詩論戰之話語運作》成大臺文所碩士論文（2006 年 6 月），頁 66～71。

〔註 156〕1972 年 12 月 4 日，臺大大學論壇社舉辦「民族主義座談會」，哲學系副教授陳鼓應強力反駁《一個小市民的心聲》論調，遭到哲研所學生馮滬祥發言反對，雙方發生爭論。1973 年 2 月 13 日警備總部搜索陳鼓應住處。陳鼓應與哲學系講師王曉波隨後遭警總拘留，罪名是「爲匪宣傳」。之後陳鼓應及王曉波雖獲保釋，但陳鼓應在學期結束後便未獲臺大聘書，王曉波也於 1974 年 6 月以後不再續聘。一直到 1997 年，臺大哲學系事件獲得平反，陳鼓應與王曉波復職重回臺大授課。

〔註 157〕曾心儀，〈訪陳鼓應談近況——從批評余光中的詩談起〉《這樣的詩人余光中》（臺北：臺笠，1989 年 9 月 1 日），頁 136。

〔註 158〕吳望堯，〈快刀斬亂『痲』〉《中央日報》（1977 年 11 月 29 日）。

膚潰爛，因此又把共產黨員比喻爲穿戴人皮的鬼怪「畫皮」，最後則比喻爲傳染瘋病的瘋狗。而且說：「我是個逃回娘家的村民，而且曾經被瘋狗咬得遍體鱗傷，故認爲對於瘋狗是不能不打。打狗，不要用肉包子。木棍不夠，就用鐵棍！誰怕他回頭一口，我先來！」〔註159〕

除了吳望堯激動的反駁之外，當時還是文化大學研究生的李瑞騰發表比較中肯的意見，李瑞騰在協助岩上主編《詩脈》第六期時，發表了〈駁斥陳鼓應的余光中罪狀〉。在李瑞騰的文章裡指出，陳鼓應的批評是對人不對事，是專爲批評余光中而寫。李瑞騰說：「陳先生顯然是要批評余光中的『人』，卻以他的詩作爲唯一的內證，這種孤證縱使沒有問題，實不足以證明余光中具有『頹廢思想』，是一個『色情主義』者。」〔註160〕吳望堯與李瑞騰的反駁並沒有平息論戰，相反的，支持陳鼓應的人也紛紛爲文批判余光中。例如孔無忌在《夏潮》22 期發表〈一個歷史的對照〉，文中以百年前留學生的心態，學成多半想回國服務，而感嘆「今天的臺灣」確有人將自己降在外人腳下。田滇也在《中華雜誌》上，發表〈我也談談余光中〉論述與陳鼓應十分一致。田滇說：「自從鄉土文學在文壇上提出討論之後，那些霸佔文壇不肯放手的買辦們恐懼了。他們恐懼失去控制權。」〔註161〕田、陳等人都認爲反對鄉土文學的人都是爲了利益考量，害怕自己的名聲利益地位受到威脅。雷公雨則在《臺灣日報》上發表了〈一廂情願〉，以詩人女士想要嫁入權力老爺豪門的對話，嘲諷余光中取媚於權力人士。一直批評現代詩不遺餘力的寒爵，也在《文壇》上發表〈床上詩人頌〉譏諷余光中寫情色詩。但是這些文章多半只是譏諷余光中的敗德與不愛國，並沒有深刻的見解，因此本文不詳細討論。值得注意的是，余光中享譽詩壇近數十年，陳鼓應如何批判余光中才會引起大眾的注意呢？歸納陳鼓應的批判，可以歸納爲三個焦點。

二、論戰焦點分析

陳鼓應的評論方式很特別，他預設詩中的第一人稱敘事主角就是余光中本人，因此所有詩句在陳鼓應加上前後鋪排之後就成爲現實生活中余光中的自述。這樣的批評方式並不對詩句本身做出評價，而是拿詩句來評價余光中

〔註159〕吳望堯，〈漫談打狗〉《臺灣新生報》副刊（1978 年 1 月 7 日）。
〔註160〕李瑞騰，〈駁斥陳鼓應的余光中罪狀〉《詩脈》6 期 1977 年 10 月 25 日，頁 5。
〔註161〕田滇，〈我也談談余光中〉《中華雜誌》175 期 1978 年 2 月，頁 33。

的思想、人品。但問題是余光中接受過現代主義的影響，在詩中並不避諱肉體情慾的描述以及頹廢沮喪的人生態度。因此陳鼓應所編排的余光中自白，也就格外不堪。依據陳鼓應對余光中的批判，主要分成民族意識與個人道德標準以及藝術成就三個部分。

由於當時左翼社會運動的進行是在強烈的民族主義底下運作，因此中國作爲一種身份認同的符號，廣泛的被鄉土文學論戰的雙方使用。陳鼓應也不例外，他批評余光中最重要的批判之一，就是批評余光中蔑視「中國」。陳鼓應這樣描述余光中：

> 他遂頹傷地說：「中國中國你是不治的胃病」、「中國中國你令我傷心」、「中國中國你令我早衰」、「中國中國你令我昏迷」、「你已經喪失貞操服過量的安眠藥，說你不名譽，被強姦輪姦輪姦，中國啊中國你逼我發狂」、「我的顏面無完膚，中國中國你是一場慚愧的病，該爲你羞恥？自豪？我不能決定。」他遂由羞慚而痛苦地叫喊著：「不快樂啊頗不快樂啊極其不快樂不快樂。」這就是他對中國的全面態度。〔註162〕

相對於蔑視中國，陳鼓應將余光中描寫美國生活感受的詩句解讀爲余光中對美國的仰慕。陳鼓應：「美利堅的一切使他沉醉。在那大學紛飛的日子，天寒地凍，他忽而想起臺灣；臺灣『到冬天，更無一片雪落下／但我們在島上並不溫暖。』（在冷戰的年代）本島四季如春，但在余光中心中，『卻並不溫暖』。雖然島上的人們給他的溫暖可不小；然而臺灣指示的跳板，跳到美國之後，不順意了。當他登上美國的高樓時，不由自主地說：『比起來臺北是嬰孩。』（望鄉的牧神）」〔註163〕

除了批評余光中不愛國之外，陳鼓應也批評余光中的頹廢心態。陳鼓應強調余詩中無聊悠閒的部分，他說：「余光中說：『我們很閒，伏在左舷晒太陽。』（天狼星）在我們這社會裡，無數人投入投入工作隊伍裡勞心勞力，像他這樣『閒』著，實在顯得很突出。……在實際上和思想上都脫離社群的孤懸生活，因而導致他在情緒上的無聊感。他說：『我總是無聊的。』（萬聖節）

〔註162〕陳鼓應，〈評余光中的流亡心態〉《這樣的詩人余光中》（臺北：臺笠，1989年9月1日），頁55。

〔註163〕陳鼓應，〈評余光中的流亡心態〉《這樣的詩人余光中》（臺北：臺笠，1989年9月1日），頁41。

『我的觸鬚觸及無聊的邊境』（五陵少年）一個無聊的人，除了感嘆空虛憂鬱之外，就很容易遁入酒色的漩渦裡。」〔註164〕現代主義強調人在現代生活中的喪失意義，因此余光中詩中有些詩句會質疑人存在的意義，但陳鼓應都解釋爲是故作姿態。

　　除了態度的頹廢之外，余光中大膽嘗試描寫身體與情慾的詩句，也被陳鼓應大做文章。陳鼓應說：「『吐魯番』是他而立之年慾火尙旺時期所寫的一首詩。詩中以『吐魯番』來形容女性盆狀的下體，內容在寫一對男女『衣著洪荒，交換體溫』，『在屋頂下製造潮濕』。余光中在描述兩性的情狀時說：『用你的潮濕證明你是雌性的動物』、『企圖先酖死對手，然後自酖』，這充分暴露了他潛在的誨淫意念。」〔註165〕現代詩敢大膽討論肉體情慾的主題，早從五、六〇年代的現代詩論戰中就常被人批評，到了六〇年代末，現代詩人們已經有共識，肯定不必用泛道德角度來批判情慾主題。但到了七〇年代由於社會場域的劇烈變動，使得現代詩中的情慾主題再度被批判。余光中的幾首情慾詩有相當的藝術成就，這點陳鼓應也承認，但他反而說：「不過，就詩論詩，從他的全部作品看來，倒是他的色情詩寫得最爲『出色』；這類作品，列入金瓶梅之內並無愧色。他要是朝此方向繼續努力，假以時日，寫一本『現代肉蒲團』的詩集出來，是可以預期的。」〔註166〕

　　除了批評不愛國與好色敗德之外，陳鼓應也嚴厲批判余光中自大自誇。陳鼓應拼貼余光中的詩句說：「他不住地喊空虛、叫茫茫，以此而贏得不少同好者或一時找不到出路的青年之共鳴；因共鳴而掌聲，掌聲多，名氣大，他因而陶醉了。余光中陶然地說：『凡我至處，掌聲必四起如鴿群。』他咀嚼回味這四起的掌聲：『歷久不散，令人亢奮且失眠。』」〔註167〕說到好色、自誇自大畢竟都是私德，與文學成就並沒有絕對的關係，陳鼓應自己也辯論到：「也有朋友指責我不該攻擊余光中的『私德』，實際上我的文章裡所討論的，只是余光中在作品中所呈現的意識型態，並沒有提到他的私生活。同時也請大家

〔註164〕陳鼓應，〈評余光中的頹廢心態與色情主義〉《這樣的詩人余光中》（臺北：臺笠，1989年9月1日），頁26。

〔註165〕陳鼓應，〈評余光中的頹廢心態與色情主義〉《這樣的詩人余光中》（臺北：臺笠，1989年9月1日），頁27。

〔註166〕陳鼓應，〈評余光中的頹廢心態與色情主義〉《這樣的詩人余光中》（臺北：臺笠，1989年9月1日），頁30。

〔註167〕陳鼓應，〈評余光中的頹廢心態與色情主義〉《這樣的詩人余光中》（臺北：臺笠，1989年9月1日），頁32。

想一想，私生活是一回事，將私生活寫出來又是一事。文學是傳達的，這傳達對於年輕人的影響不是私德問題。」〔註168〕

　　在連續兩篇討論余光中私德的文章之後，陳鼓應換個方向，在〈三評余光中的詩〉裡集中討論余光中詩的藝術成就的缺失，陳鼓應分析余光中提出「新古典主義」的口號，分析西方所謂古典主義的含意是指西方以學習希臘、羅馬文學傳統爲古典。而陳鼓應更根據法國評論家勃郎提爾（F. Brunetiere）的說法，認爲「古典主義的第一個特色就是『社會性』。在古典主義者看來，文學不是某一個作家表現個性的工具，而通過社會的關係，作爲表現理想的、一般的、人間性的工具。」〔註169〕

　　陳鼓應也像唐文標一樣企圖拉出中國古典文學的寫實傳統。不同於唐文標只尊詩經楚辭，陳鼓應則完整列舉詩經、楚辭、「緣事而發」的漢代樂府民歌，乃至杜甫的三吏三別，宋代陸游、辛棄疾的愛國詩詞。陳鼓應說：「上述這一系列偉大的詩歌文學的傳統，全部被余光中所排除。他所讚賞的，只是晚唐唯美派『嘲風雪，弄花草的作品，以及五代花間詞派嬌弱浮靡的詩風』。而他所謂的『新古典』，不過是齊梁以來綺豔詩風在新的社會條件下的產物。」〔註170〕最後陳鼓應下了總結的評判：「余光中所謂的『新古典主義』，既違背西方『古典主義』的基本要件，也不合中國古典的傳統主流思想。他只是在古詩裡摘幾個句子或語詞套在自己的作品中作爲點綴，就這樣如兒戲般地自稱爲『新古典主義。』」〔註171〕

　　除了不滿意余光中的「新古典主義」之外，陳鼓應還找出許多余光中模仿與因襲的例子，想要證明余光中創造力不足，由於余光中本身長於英文，因此有許多中文詩句，是脫胎於外國現代詩而來，此外也有許多題材是從西方文學作品中取得。陳鼓應說：「葉慈寫過一首『當你年老』，余光中竟在壯年期就學著寫題爲『當我年老』的詩篇。他曾以『時常我發現』作爲題名，這種西化的中國語句也抄自英詩「Often I find」，又如『海棠紋身』一詩的題

〔註168〕陳鼓應，〈三評余光中的詩〉《這樣的詩人余光中》（臺北：臺笠，1989 年 9 月 1 日），頁 80。

〔註169〕陳鼓應，〈三評余光中的詩〉《這樣的詩人余光中》（臺北：臺笠，1989 年 9 月 1 日），頁 83。

〔註170〕陳鼓應，〈三評余光中的詩〉《這樣的詩人余光中》（臺北：臺笠，1989 年 9 月 1 日），頁 91。

〔註171〕陳鼓應，〈三評余光中的詩〉《這樣的詩人余光中》（臺北：臺笠，1989 年 9 月 1 日），頁 92。

意，即從威廉田納西的劇作『玫瑰紋身』而來。凡此種種，都顯示出他的創作經驗的貧乏，唯有向別人的書上去找點題材來塗鴉。」〔註172〕陳鼓應的三篇文章將余光中批評的一文不值。

三、反對文化下本土論述與寫實論述的相容與相斥

重新思考這場論戰的起因，都必須歸因於余光中的〈狼來了〉一文，爲了這一篇文章，余光中可說受盡批判。論者莫不認爲這是鄉土文學論戰中用語最直接、最強烈的一篇文章。余光中不惜以五、六〇年代國共慘烈鬥爭時的詞語來答覆鄉土派和民族主義者所指控的罪名。就余光中的生命歷程來說，經歷國共內戰來到臺灣的余光中，內心自然有恐共情節，而從余光中的文學發展軌跡來看，經歷了現代主義的洗禮，又回到中國古典抒情的世界，文學和社會的關係從來不是余光中思考的核心，所以鄉土派與左翼民族主義者所提倡的現實主義文學訴求對於余光中而言，其實是一種根源於美學信仰體系的根本抵觸。

有趣的是到了1988年，莊金國發表文章檢討余光中更改自己詩作以呼應當權者的情形，相關的討論又引起注意，最後由臺笠出版社收集1978年與1988年兩個時段間關於余光中的討論，重新出版了《這樣的詩人余光中》。在八〇年代重新引發對余光中評價爭執的起因，是因爲莊金國在1987年8月18日在《臺灣時報》副刊上發表了〈驀然，一片光〉批評余光中修改詩作的情形。

莊金國發現〈鵝鑾鼻〉原收錄在民國五十八年五月三民書局出版的《天國的夜市》中，詩末附寫作日期爲民國四十二年十二月九日。這是一首描寫詩人站在鵝鑾鼻四顧茫茫，遂升起絕望之感的詩作。原詩最後兩句「像一張垂死，蒼白的巨臉／閉上了眼睛，再沒有任何表情。」後來此詩經國立編譯館選入國中課本。最後帶有悲觀色彩的兩句詩，改成這樣的結尾：「遮斷渺渺的眺望，眺望崑崙——／驀然，看，一片光從我的腳下，旋向四方，水面轟地照亮；一聲歡呼，所有的海客與舟子，／所有魚龍，都欣然向臺灣仰望。」收入課本的這個版本並沒有說明爲何更改，之後這個版本也就直接收入洪範版《余光中詩選》，沒有交待經過更改，仍然附上寫作日期民國四十二年十二月九日。莊金國質疑〈鵝鑾鼻〉原本是首灰暗消沈的詩，爲了收入國中課本，

〔註172〕陳鼓應，〈三評余光中的詩〉《這樣的詩人余光中》（臺北：臺笠，1989年9月1日），頁124、125。

硬改成光明的結果並不適當。莊金國一方面批評國立編譯館，另一方面也調侃余光中：「我仍然想不通，國立編譯館爲何會看上它；還要求作者扭曲原意，把灰黯變成一片光明；結果，作者整容的技巧並未能遂其願；使得整篇前後矛盾，無法呼應。這種作法，不僅強姦詩人的靈魂，亦顯示當事人太無原則；對自己的作品不誠實，對讀者也留下欺瞞的污點。」〔註173〕

後來余光中在一次座談場合被人問及改寫詩作的問題。余光中自己說明當初寫的時候的確是因爲向西看到大陸，陰天遮住落日，心有所感而寫。但後來因爲要選入國中課本，自己覺得結尾太陰暗，對孩子的心理不好，所以才改寫。余光中說明之後改寫的脈絡是強調因爲敘事者站在燈塔上，因爲燈塔的燈亮了，所以四周的魚龍舟子才會望向燈塔，也就是臺灣的方向。余光中說：「他們還說詩人怎麼可以隨便改自己的詩，那不是迎合政權嘛！我對臺灣有信心，包括國民黨也包括臺灣每個同胞，以及臺灣的生活方式；這有什麼不對的，這就是意識型態的問題。自己的詩，我覺得有權利改的，我覺得既要給全國的中學生讀，就應該讓他們奮發一點。」〔註174〕

莊金國對於余光中不願意坦承不誠實而憤怒，因此才再次寫了第二篇文章〈改寫自己的歷史〉來批評余光中的言論，相見於前篇，這篇文章更顯得尖銳。莊金國批評余光中：「余氏在別人就詩論詩，發現他不誠實改寫的證據之後，竟然企圖以其政治立場來強固自己的虛僞，企圖將改寫的後遺症，擴及政治分野。不僅如此，他向官方靠攏，又包括了臺灣每個同胞；好像『鵝』詩經他這麼一改，無論官方與民間都會認同他改寫的很有『道理』了。」〔註175〕

莊金國與余光中的一問一答，引起笠詩社詩人的注意，因此收集了陳鼓應相關完整的資料，加上笠詩社詩人群相關的資料，集合成一本風格明顯分成兩部分的論集。

代表《夏潮》左翼知識份子但認同中國的陳鼓應、高準等人與代表臺灣本土運動的笠詩社，雖然對余光中都進行批判，所抱持的想法與批評的重點卻各自不同。而這場論戰的意義也在於此。

〔註173〕莊金國，〈蕭然，一片光——比較余光中『鵝鑾鼻』的不同結局〉《這樣的詩人余光中》（臺北：臺笠，1989年9月1日），頁198。

〔註174〕莊金國，〈蕭然，一片光——比較余光中『鵝鑾鼻』的不同結局〉《這樣的詩人余光中》（臺北：臺笠，1989年9月1日），頁200、201。

〔註175〕莊金國，〈蕭然，一片光——比較余光中『鵝鑾鼻』的不同結局〉《這樣的詩人余光中》（臺北：臺笠，1989年9月1日），頁200、201。

　　論戰的意義在於呈現出對立文化霸權下左翼份子與本土論者在現代詩場域中佔有同樣的位置。嚴格說來，本土運動論者與左翼運動論者抱持著不同的身份認同，各自有自己的意識形態，但在七、八〇年代，面對國民黨所建構的主導文化霸權，這兩批人所擁有的場域位置卻是相似的。他們都位於權力場域的邊緣位置但卻積極挑戰主流文化霸權。我們在這場論戰可以看到這種狀況，陳鼓應與《夏潮》、《中華雜誌》與李敏勇與笠詩社這兩批人有共同的敵人，也就是余光中及其背後代表的主導文化，因此這兩批人的批評，有相異也有相同之處。

　　他們的相異之處首先在於身份認同的不同。陳鼓應與其他立場相近的左翼知識份子，基本上並沒有拋棄中國此一身份認同，因此陳鼓應對余光中的不滿很多時候是批評余光中侮辱中國，質疑余光中官方肯定的崇高地位可能不代表他真實的內心認同。由於國民黨與美國的合作關係破裂，七〇年代的知識份子興起一股國民黨與美國勾結出賣中國的論述，提倡新古典主義，而又具備留美歸國學人的余光中，此時成為被批判的對象。陳鼓應談到這樣的轉變：「六十年代的青年多傾向西化，誤認美國為維持世界正義的力量，這時大量的西方文學橫的移植到臺灣，其中又以存在主義文學為主；我個人就曾經用心介紹過存在主義……但到了七十年代以後，臺灣的思想界有了一個很大的轉變，釣魚臺運動是個轉捩點，青年人這時才開始認識到，自己的領土為什麼又要被人強佔去。美國以幫凶的態度把我們的國土轉贈給日本，這時大家才認識到以往所信賴的美國原是帝國主義；它用政治、經濟、文化各種方式來控制臺灣。」〔註176〕陳鼓應的說法是把「國民黨」與「中國」劃分開來，不好的「國民黨」不妨礙陳鼓應對中國的認同。

　　但是這兩批人即使立場不同，仍有相同的地方。首先兩批人都批判余光中的官方色彩，這點不管是左翼運動者與本土運動者都一樣。另外，這兩批人都試圖提出寫實主義取向的文學風格，希望能夠替代過去現代主義與中國風格的詩作，除了笠詩社的人長期以來就是這樣的主張，左翼運動者也提倡相同風格的詩作，例如陳鼓應特別推薦他心目中理想的現代詩：「最近我看到『夏潮』、『雄獅』雜誌、『詩潮』和其他的一些詩刊已出現了一些好的詩作。在反帝的民族主義思潮沖激下，我相信不久的將來，一定會產生一種新形式

〔註176〕曾心儀，〈訪陳鼓應談近況——從批評余光中的詩談起〉《這樣的詩人余光中》，頁 142。

的民族詩作。」〔註177〕這些雜誌所刊登的詩作多半都是語言淺白，以批判現實社會問題爲主，陳鼓應是希望這樣的文學風格能夠成爲新的「中國民族」的詩作，只是強調關注現實、關注本土這樣的文學風格仍然被一種民族詩作來加以提倡，卻可能不再是中國的了。

在這場論戰裡，可以看到八〇年代末期，反對文化形構的影響力已經從左翼社會運動，轉向臺灣本土化運動，這樣的影響力遍及不同層面，在政治上，反對國民黨的黨外勢力已經得以正式成立爲民主進步黨，臺獨不再是不可說的禁忌，反而成爲一種積極鼓吹的主張，而臺灣本土化運動也受到越來越多文化工作者的支持。此時反對文化已經逐漸取得與主導文化競爭文化霸權的局面。

陳鼓應說：「由余光中在一種流亡心態與崇洋意識的支配下，從未把臺灣作爲他的第二個故鄉；以致不能在任何一塊中國的領土上落實下來生根墾殖，這樣他對我們這社會同胞自己親手栽植的東西自然不會產生任何喜悅感。」〔註178〕這句話裡可以看到許多耐人尋味的部分，余光中從大陸來臺，接著留學美國，之後分別在臺灣、香港、美國居住任教，沒有長期居住在臺灣的生活經歷讓他受到許多批評，七〇年代的左翼運動者說他不愛中國，八〇年代臺灣本土運動者則說他不愛臺灣，時代的變遷似乎比余光中個人的選擇來的更加戲劇性。

第六節　論戰史第二階段的整體意義

七〇年代是臺灣文化轉型的「軸心時期」（the Axial Period），而我們在七〇年代論戰史中也可以看到影響臺灣文學的三種文化，也隨著時代改變而調整。

一、古典抒情詮釋社群的演變

七〇年代所產生的文化變革，乃至於日後本土寫實詮釋社群之所以可以取得主導文化地位，都源自於七〇年代臺灣外交困境所帶來的身份認同的失

〔註177〕曾心儀，〈訪陳鼓應談近況——從批評余光中的詩談起〉《這樣的詩人余光中》，頁140。

〔註178〕陳鼓應，〈評余光中的頹廢心態與色情主義〉《這樣的詩人余光中》（臺北：臺笠，1989年9月1日），頁39。

落與重建。在二次世界大戰後，美俄兩大強權冷戰局勢下，國際間分成資本世界與共產世界，既然德國可以分成東西德、韓國可以分成南北韓，中國當然也可以分成自由中國（當時臺灣常見的自稱）與共產中國。擁有聯合國席位，獲得世界上多數國家外交的承認，當時以「中國」作為臺灣人的身份認同並沒有任何問題，同時中共的種種破壞中國傳統文化的施政也讓國民黨政府更肯定自己作為中國代表的正當性。

　　但隨著中國國內局勢日漸穩定以及美國決定拉攏中國作為對抗蘇俄的戰略伙伴，臺灣作為中國代表的合法性逐漸喪失，即使過程中國府當局不斷抗議，但仍然無法挽回頹勢，最後失去聯合國席次以及世界各國的斷交終於讓臺灣完全失去作為中國代表的合法性。呂正惠談到當時人們心理感受：「二十多年來臺灣人民一直習慣於在這樣的觀念下生活：臺灣的中華民國是世界五強之一（聯合國安全理事會的五個常任理事國之一），是中國惟一合法的政府。……這樣的神話在幾年之間突然破滅，現在的人很難想像當時一般人心理所受到的衝擊：臺灣似乎一夜之間從世界強國的位置上被拋棄，不知該處身於何地？」〔註179〕

　　過去二十年來在自我身份認同上所做的一切努力完全落空。突然變成國際孤兒，失去中國歷史正統繼承權的臺灣，知識份子不得不痛苦地思考國家定位。即使國府當局仍然掌握臺灣政治上的統治優勢，在經濟上也有亮眼的表現，但是「如果我們不是中國人，那我們是什麼人？」的疑問卻無法被回答，如何回答這個問題決定了日後臺灣文化的走向。

　　主導文化面對這個問題仍然堅持「身為中國人」的答案，對於四九年後跟隨國民黨政府來臺的新住民而言，他們帶著遷徙過程中所銘刻的苦難回憶，根深柢固的相信政治領導人信誓旦旦的復國神話。而在戰後出生的年輕人，從小到大所接受的教育，都是不斷強化臺灣才是中國正統的思考。因此面對這個喪失身份的問題，許多文學家都試圖建構具有濃厚中國風味的文學作品，透過想像中的古典中國完成對身份認同的自我肯定。

　　黃錦樹為朱天心的《古都》所寫的序，〈從大觀園到咖啡廳〉當中談到三三集團的文學風格，黃錦樹點出朱天文等人所建構中國是：「以國家政戰系統文藝政策兼以改良胡蘭成式的『中國禮樂文明為血肉的哲／美／神學體系

〔註179〕呂正惠，〈七、八十年代臺灣鄉土文學的源流與變遷〉《文學經典與文化認同》
　　　　（臺北：九歌，1995 年 4 月 10 日），頁 68。

中，隱匿的其實是一種小資產階級雅痞的遊藝玩賞的文化品味』兼雜著張愛玲式的對『舊中國的感傷情懷』和融合『中國古典詩詞』所蘊含的深度和力度所營造出的『抒情效果』。」〔註180〕事實上，強調我們身為中國文化的特性是當時臺灣文學家們面對變局的第一反應，在小說方面有司馬中原、朱西甯等人所建構的中國鄉野傳奇，在散文方面，張曉風和王鼎鈞的散文，這些作品不但暢銷，同時也是國高中教科書必讀的課文等。在現代詩方面，在六○年代末轉向古典抒情詮釋社群的余光中、楊牧、周夢蝶等人所創作具有古典抒情美感的詩作更是當時最受歡迎的現代詩作。原因無他，因為七○年代中國神話幻滅後，讀者透過這些雖然遙遠卻又無比熟悉的中國文化符碼，悼緬想像自己的中國身份，古典抒情詮釋社群的影響力在此時才到達最高峰。

鄭慧如指出在七○年代所興起的回歸傳統詩潮背後真實的意義，她說：「整個七○年代有一個清楚的趨勢，便是過去中國賴以支持的柱腳一一傾倒。而在文壇上，五、六○年代的論戰中，本來中國或中國文化並不是爭議、討論的話題，但是進入七○年代，『中國』概念卻成了重要的爭議對象。浮上意識表層的是其實就是：臺灣形成的社會及生活形態究竟算不算『中國』？以前用以代表歷史、地理象徵的鄉愁副產品似乎是空洞無根的，只有回頭掌握當下切身，才能掌握『中國』。然而正視史實，卻是破碎中國的發現，家山萬里，身世飄零，只得借古人古事寄寓幽憤。這樣的概念貫串當時主要的文學論戰，從一九七二、一九七三年關、唐事件引發的現代詩論戰，以至一九七七、一九七八年的鄉土文學論戰無不如是。」〔註181〕

但是文學作品所建構的想像世界，不能回答政治現實所拋出的問題。強調我們是中國人，不見得就能改變臺灣在現實世界中的處境，因此在七○年代後，古典抒情詮釋社群的影響力便日漸消退，不得不讓位給本土寫實詮釋社群。

二、現代主義詮釋社群轉向後現代主義

現代主義對臺灣現代詩影響深遠，但是長久以來還沒人把現代主義與臺灣現代詩的關係解釋清楚，因為現代主義原本就不是一個有清楚理論的運動，嚴格說來現代主義是二十世紀初許多不同國家的不同理論家，為了面對

〔註180〕朱天心，《古都》黃錦樹序〈從大觀園到咖啡廳〉（臺北：麥田，1997 年）。
〔註181〕鄭慧如，《現代詩的古典觀照》，政治大學中文所博士論文，1995 年，頁 63。

劇烈變化的世界，而做出種種抵制的論述，雖然被統稱之現代主義，但是中外論者莫不承認現代主義還沒有一個確定的解釋。但是我們可以發現現代主義中的不同流派有一個共通的比較相近的價值觀，那就是強調文學藝術的獨立價值，即使信奉現代主義的創作者有其對現實關懷，也必須透過作品來表達。

現代主義創作者的唯美主義論述與特立獨行的創作，使得現代主義在二十世紀初期的世界各國都遇到了許多保守論者的攻擊與輿論的批判。現代主義在臺灣由紀弦所宣導，後來得到詩壇的共識成為臺灣現代詩的特有風貌，也一樣經歷西方現代主義論者類似的接受過程。

但是臺灣詩壇到了七〇年代之後，瀰漫著對現代主義的反省檢討，似乎現代主義的影響就消退了，取而代之的是淺白詩風以及更多的社會關懷。為什麼在五、六〇年代風行一時的現代主義，在七〇年代不堪一擊的沈潛。奚密認為原因是：「臺灣的現代主義缺少獨立美學的基礎和積澱，它在文化裡的合法性還沒有充分建立起來。而它面對的阻力一方面來自歷史悠久、基礎深厚的『文以載道』觀（在當時以『反映社會、擁抱本土』的面貌出現），另一方面是同樣具有合法性、現代中國所苦苦追求的『民族性』。」〔註182〕由於東方文化長久以來對西方文化的排斥與不信任，社會大眾不管是普羅大眾還是關、唐這種高知識份子對於現代主義都沒什麼好感。相反的，主張文學要擁抱群眾關懷鄉土的這種「文以載道」論述很容易獲得支持。但這當中弔詭的是，如果說現代主義是由西方傳入的思潮，那麼寫實主義又何嘗不是西方傳入。既然如此為何寫實主義就比較容易被接受？邱貴芬提出合理的解答：「我認為『外來』的寫實主義之所以被賦予較高的評價，未被視為文化帝國主義侵略的產物，主要因為（社會）寫實主義的概念與詞彙可以順利地嫁接到中國現代文學從晚清以來逐漸發展出來的一套中國式的歷史敘述與修辭。」〔註183〕又尤其在七〇年代的臺灣，退出聯合國，被美、日、中等強權出賣的恥辱感，更強化了這種感受。

我們還能從現代詩人的觀點看待這個問題。隨著創世紀詩人日漸取得社

〔註182〕奚密，〈臺灣現代詩論戰──再論「一場未完成的革命」〉《國文天地》13 卷10 期（1998 年 3 月），頁 74。
〔註183〕邱貴芬，〈翻譯驅動力下的臺灣文學生產〉《臺灣小說史論》（臺北：麥田，2007年 3 月），頁 212、213。

會地位，由「創世紀」所繼承的「後期現代派運動」日漸失去其衝撞體系的活力，王浩威談到詩人們心境的轉變：「這些原本『困在沈悶的環境之下，只能用象徵語言來表達內心的情感』的詩人們，逐漸佔領了政治、文化政策、學院等領域的位置而日益爬昇。」〔註184〕從六○年代中期以降，「創世紀」詩人也相當自豪於自己的成就，因此到了七○年代初期，才會與「笠詩社」有多次論戰衝突。

由於社會地位提昇，創世紀詩人也開始循著余光中曾走過的軌跡，開始轉向符合官方與多數人民期待的古典抒情詮釋社群。這點可以從洛夫詩風的轉變看得出來，而洛夫的詩論也從過去超現實主義的提倡，轉向尋思以中國古典詩中的禪境來解釋現代詩，這些改變我們都可以在「招魂祭論戰」與「颱風季論戰」中看到。連林亨泰的回顧也把一九七○年當成「後期現代派運動」的結束，臺灣的現代主義詮釋社群在七○年代似乎一度消失。

但本文認為現代主義的影響力並沒有消失，只是必須轉化，重新以「後現代主義」方式出現在臺灣。張誦聖曾指出現代主義與後現代主義二者在臺灣文學場域中有非常接近的場域位置：「在廣義的文化領域裡，早期的現代主義潮流和晚近的後現代主義有很高的同構性。它們同樣提供了外來思潮激發的另類文化視野，其所持的以美式自由主義或基進意識型態為本的文化主張，對臺灣保守的主導文化造成衝擊，卻不直接威脅到統治階層的政治基礎。同時由於其組成份子多為社會上的精英階層，兩種思潮都很快地被主流吸納。」〔註185〕

後現代主義與現代主義這兩種文學思想事實上有其承繼與背叛的緊密關聯性，更重要的是，現代主義與後現代主義在臺灣文化場域當中佔據著相同的位置，布狄厄說：「諸多位置所構成的空間，而位置的性質取決於這些位置在空間中的所在之處，而非取決這個位置上的佔有者之特性如何（這些位置的佔有者是由其所在之位置局部地制約）。」〔註186〕他們都是由受西方文學理

〔註184〕王浩威，〈一場未完成的革命〉《臺灣文化的邊緣戰鬥》（臺北：聯合文學，1995年），頁 29。王浩威的說法稍有錯誤，瘂弦在一九六九年主編團部刊物，在一九七一年退伍。

〔註185〕張誦聖，〈文學體制、場域觀、文學生態：臺灣文學史書寫的幾個新觀念架構〉，《現代中文文學學報》6 卷 2 期（2005 年 6 月），頁 215。

〔註186〕布迪厄、華康德著，李猛、李康譯，《實踐與反思——反思社會學導引》（北京：中央編譯出版社，1998 年），頁 134。

論所形成的論述，比相較於強調抒情與中國傳統美感的古典抒情詮釋社群以及強調反映現實的本土寫實詮釋社群，現代主義與後現代主義都更重視文本的表現，孟樊分析道：「嚴格說，後現代主義也是一種形式主義，它很強調詩的文本性（textuality），但它的文本性和現代主義的形式頗爲不同，它不講究象徵、張力、意指或符旨（signified）那一套反倒是著重文本本身的物質性（materiality）。」〔註187〕。沈寂了幾年之後，後現代主義悄悄接替了現代主義的位置，並在八〇年代後期開始崛起。

　　論者指出後現代主義在臺灣出現的時間是以羅青開始提倡後現代主義爲起點。陳義芝認爲後現代成爲臺灣詩壇標榜的口號始於 1986 年 4 月羅青在中山大學的演講，之後他又陸續發表了許多有關後現代的文章。而 1986 年 12 月四度空間詩社合出《日出金色》詩集，羅青則以〈後現代狀況出現了〉一文作爲該書的總序。〔註188〕後現代主義與現代主義之間關聯性千絲百縷，某些論者所謂的後現代主義其實正是另一些論者口中的現代主義。例如孟樊討論後現代主義時，標出碧果、白萩等人以爲他們是後現代主義的先行者，但他們興起詩壇的時代卻是五、六〇年代。孟樊在分析後現代詩到最後之後，也不得不承認：「臺灣的後現代詩仍承襲了不少現代詩的手法與精神，同時也自西方吸收不少概念與理論。」〔註189〕而以後現代主義聞名的詩人包括夏宇、陳黎等人，其某些詩作雖然淺白並且帶有嘲諷，但是還有許多詩作仍然呈現如現代主義詩作一般晦澀難懂的風格。

三、本土寫實詮釋社群的出現與演變

　　整個七〇年代現代詩論戰史中最重要的意義，在於對立文化形構下影響下的本土寫實詮釋社群出現，但是這個過程不是一蹴即成，而是經過許多微細的轉變才逐漸成形。

〔註187〕孟樊，《臺灣後現代詩的理論與實際》（臺北：揚智，2003 年 5 月），頁 160。
〔註188〕陳義芝，《聲納——臺灣現代主義詩學流變》（臺北：九歌，2006 年），頁 163。
　　　　陳義芝也認爲後現代主義是現代主義詩學流變的一環。關於後現代主義興起的時間點，不同論者有不同看法，羅青、孟樊等人認爲是 1986 年，但向陽認爲是 1990 年，中間差距四年。但文學思潮的轉變關係整體社會條件的轉變，可能無法精準推斷哪一年。加上具有後現代主義風格的詩作往往從八〇年代早期，甚至更早就出現了，因此本文認爲從八〇年代開始，後現代主義就逐漸發揮影響力。
〔註189〕孟樊，《臺灣後現代詩的理論與實際》（臺北：揚智，2003 年 5 月），頁 279。

在五、六○年代，國府在臺灣高壓管制左翼論述，以致於臺灣看不見任何左翼思想言論，能與國府主導文化形構相抗衡的只有自由主義知識份子所代表的另類文化形構，但此二者的關係也不是截然二分對立，彼此間仍有互相支援應和的地方。完全站在主導文化形構對立面的對立文化形構在五、六○年代可以說並不存在。既是如此，七○年代風起雲湧的左翼運動是從何而來？王浩威的觀察剛好可以作為解答：「文學的主流意識型態（dominant ideology）往往成為該時代的唯一聲音，教人們的視域中不容易容下的其他可能。而真實的場景卻是更多浮浮沈沈的隱流，在不同的社會條件下，隨著情境的改變而可能被選擇浮現，甚至躍為主流。」〔註 190〕在乍見完全沒有雜音的臺灣戰後五、六○年代，在國民黨政府掌握所有文教資源的情況之下，與國民黨政府對抗的想法，像一股潛流等待著重見天日。蔡詩萍談到當時反抗主導文化的潛流：「在六○年代，整個文學的支配性（宰制性）典範，仍以官方的文藝政策居優勢，但反支配的論述卻悄悄各自築起陣地，除《現代文學》獨領風騷外，1964 年創刊的《臺灣文藝》和《笠》詩刊，以及 1966 年 10 月創刊的《文學季刊》都隱然埋下日後文學論戰和文學抗爭的歷史引線。」〔註 191〕

到了七○年代，在臺灣遭遇一連串外交困境的重大挫折後，終於浮上臺面。但是這股反對文化形構並不是一開始就以臺灣本土論述的形式出現，而是在中國民族主義之下，以社會主義左翼論述的方式出現。

七○年代是臺灣對立文化形構的成形的關鍵時刻，但其出現卻是步步曲折。由於美國轉而支持中共，使得過去因為接受美援，而連帶受到重視的由美國所引進的思想開始受到質疑。連帶使得長久以來雖然不受到大眾喜愛的現代主義，則受到更嚴厲的批評。在「保釣事件」中，中共的強硬立場使得年輕知識份子認識到國民黨政府的軟弱與美國的偽善，轉而對中共所代表的左翼思想頗有好感，因此許多年輕知識份子轉而研究左翼思想，希望尋求在過去國府與美國共同安排的思考之外新的思考途徑。

左翼論述在此時透過海外留學生的引介被引進臺灣，由於當時民族主義

〔註190〕王浩威，〈國家機器對臺灣文學的宰制〉《臺灣文化的邊緣戰鬥》（臺北，聯合文學：1996 年 10 月），頁 96。
〔註191〕蔡詩萍，〈一個反支配論述的形成〉，林燿德、孟樊《世紀末偏航：八○年代臺灣文學論》（臺北：時報，1990 年），頁 462。

高漲，社會主義左翼論述被包裝在在救亡圖存的口號裡，被包裝在中國的符號下，由於政府也需要透過民族主義來動員人民面對眼前的難關，因此對這些隱藏在民族主義當中的左翼論述並沒有如五、六〇年代一般的大肆撲滅。唐文標就是一個值得注意的例子。蔡明諺耐人尋味的提問：「如果唐文標的左傾色彩真的那麼明顯，那為什麼釣運學生後來長期被放逐海外，而唐文標竟然能夠通過檢驗返臺客座？甚至唐文標 1975 年第二次返臺還是到『政治大學』數學系，並在 1977 年取得政大的正式教職。如果唐文標所寫的文章，在當時看起來真的充滿了革命的姿態，那為什麼完整收錄唐文標事件所有文章的《天國不是我們的》，還在 1976 年獲得『中山學術獎金文藝創作獎』？」〔註192〕也許唐文標思想的確帶有強烈左翼色彩，但我們不能忽略唐文標也展現了強烈的愛國色彩，這些左翼思想的出現固然大大牴觸國府所建構的主導文化，但是國民黨政府也需要這些文章來鼓吹國族認同。對於中國身份的肯定仍然是唯一的標準。即使是日後宣揚臺灣本土意識最用力的代表人物們，如葉石濤、王拓、巫永福、李魁賢、南方朔、黃春明等人在當時也是言必稱「中國」的。〔註193〕

　　「關唐事件論戰」則是另一個很好的切入點，關傑明、還是唐文標都沒有批評對「中國」此一文化符碼。在關傑明的說法中，我們可以發現關傑明排斥現代主義文學風格，要求一種純中國的閱讀美感。而唐文標呢？楊曉琪分析得很好：「唐文標企圖將臺灣的文學場域經歷了六〇年代力圖建構的藝術本位的興趣和文學自主的次場放置在七〇年代社會場域的知識份子對於家國的責任意識當中加以檢驗，臺灣文學場域必須參照工具性目的要求，而受到空前的挑戰。」〔註194〕唐文標更在意是現代詩能否喚起知識份子負起拯救國家的責任，而不是現代詩是否關懷鄉土。唐文標甚至還試圖建立一個關懷現實、貼近平民的左翼中國文學傳統，希望將臺灣現代詩納入他所建構的左翼中國文學傳統中。

　　在五、六〇年代寫實主義文學一直不受到重視，因此臺灣七〇年代文學

〔註192〕蔡明諺，《龍族詩刊研究——兼論七〇年代臺灣現代詩論戰》清華大學中文所碩士論文（2001 年），頁 179。

〔註193〕可參見陳映真，〈向冷戰、內戰意識型態挑戰〉《聯合文學》14：2，1997 年 2 月，頁 57～76。

〔註194〕楊曉琪，《七〇年代鄉土文學論戰暨文學場域的變遷》暨南大學中文系碩士論文，2001 年，頁 128。

場域特別標舉兩類作家作品作爲標舉寫實主義文學的文學資源。首先是日據時代作家和跨越語言一代的省籍作家中，透過分析他們對抗日本政府的打壓，來宣揚其中凸顯的民族意識和反抗精神。其次是由於左翼思想興起，當時的左翼知識份子們特別重視臺灣是否因爲資本主義的興起而導致城鄉差距拉大與貧富不均的問題，因此他們特別重視當時有一批新生代小說家的作品，如黃春明、王禎和等，認爲他們的小說反映出一種在現代化進程中都市發展和鄉村衰退過程中，眞實的鄉土存在的窘境，並以此作爲抗議國家政經措施的符碼。雖然懷抱著左翼思想的知識份子們是爲了救亡圖存才挖掘日據時代作家與新生代鄉土小說家，試圖透過這些作品來宣揚左翼論述，進而改變國民黨政府右翼政經政策。但是這些挖掘卻無心的造成「臺灣本土意識」的崛起。

到了七〇年代末鄉土文學論戰的末期，在鄉土文學論戰中對抗國民黨政府文藝政策的陣營開始分裂成兩批人，即使在文學的主張上同樣肯定寫實風格、批判主題，但是在國族認同上開始產生分歧，分裂成把中國作爲身份認同以及把臺灣作爲身份認同的兩派。奚密分析這段發展：「七〇年代初期，本土意識清楚地意味著中國意識，但在七〇年代接近尾聲之際，浮現了『中國結』和『臺灣結』的分岐現象。先前現代詩論戰的雙重焦點——中國傳統和社會現實——在八〇年代逐漸被『臺灣現實』此單一焦點所取代。」〔註195〕在這段敘述裡，奚密很清楚的指出七〇年代的詩運重點其實是文化上的中國傳統和臺灣的社會現實兩個部分，這兩部分或多或少是爲了回應臺灣所面臨的重大外交困境引發的身份認同危機，而七〇年代的論戰史也反應出這些情形。

這樣的分裂到了八〇年代越來越明顯，兩者之間的鬥爭也越演越烈。最後回過頭來看，雖然到了八、九〇年代，兩種身份認同之間的爭鬥越演越烈，但是認同中國的左翼知識份子與認同臺灣的本土派論者在當時的文學場域中的位置是接近的。張誦聖分析這兩派的人的場域位置：「70 年代的鄉土派和80 年代的本土派在當時都佔有反對文化形構的結構位置，儘管兩者對主導文化的挑戰側重在不同的面向——鄉土派的左翼批判主導文化的右翼意識型態，戮力撻伐以此發展出的政治迫害；而本土派主要從不同民族主義的角度，

〔註195〕奚密，〈臺灣新疆域〉，馬悅然、奚密、向陽主編《二十世紀臺灣詩選》（臺北：麥田，2001 年 8 月），頁 65。

抗議主導文化的基石，具有強大族群歧視性的『中國中心意識』
（Sinocentrism）。」〔註 196〕他們都站在國民黨政府主導文化的對立面，對抗
文化霸權的宰制，批判甚至企圖取得改革的權力。他們不願意與主導文化妥
協，但是對於另類文化形構所形成的現代主義詮釋社群也非常不以爲然，李
魁賢很明確的說出，在中國古典以及西方虛無兩種風格之外，他們希望能走
出第三條路線，笠詩社詩人群與臺灣文藝作家群，以及七○年代左翼知識份
子群的結盟對抗政府的嘗試，聚集形成本土寫實詮釋社群。

　　但是到了八十年代，本土運動開始崛起，本土論者銜接寫實主義論者的
言論，將之視爲臺灣本土論述的特質。但是性質卻有了極大的不同，本土運
動是社會運動、政治運動，而臺灣文學的提倡則是其中不可或缺的一環，如
何排斥國民黨政府所一手打造的主導文化，甚至將文化上異質的西方文化也
加以滌清，最終剩下以臺灣本土認同爲最高原則的臺灣文學論述成爲反對文
化詮釋社群的論述的重點。

　　向陽曾歸納七○年代現代詩風潮特色有五點：「其一，是反身傳統，重建
民族詩風；其二，是回饋社會，關懷現實生活；其三，是擁抱大地，肯認本
土意識；其四，是尊重世俗，反映大眾心聲；其五，是崇尚自由，鼓勵多元
思想。」〔註 197〕其中重建民族詩風反應了古典抒情詮釋社群影響力升高的態
勢。關懷現實生活、肯認本土意識則顯示出本土寫實詮釋社群開始出現的情
形。反映大眾心聲卻是針對過去現代主義詮釋社群訴求菁英文化的反動，從
向陽的歸納中，我們可以看出三種詮釋社群的權力態勢更迭。

〔註196〕張誦聖，〈文學體制、場域觀、文學生態：臺灣文學史書寫的幾個新觀念架構〉，
　　　　《現代中文文學學報》6 卷 2 期，20005 年 6 月，頁 216。
〔註197〕向陽，〈康莊有待──七○年代臺灣現代詩風潮試論〉《康莊有待》（臺北：東
　　　　大，1985 年 5 月），頁 80～84。

第四章　論戰史第三階段：文學詮釋權的爭奪

　　過去許多研究者傾向以把 1987 年 7 月 15 日宣布解除戒嚴的時間點當成文學史的分水嶺，認為國民黨的威權統治時間就是來臺的 1949 到 1987 年。這種看法當然有許多理由支持，首先，解嚴最直接的影響是言論得到真正的自由，各種主張因為解嚴而得以解放，同時黨禁、報禁也明確影響了臺灣的文化生態。其次九〇年代李登輝執政之下國民黨政權積極的傾向本土立場，李登輝所帶起的本土化風潮並不亞於反對黨長期以來的主張。乃至於政黨輪替之後，李登輝離開國民黨甚至反稱之為外來政權，這些現象都混淆了解嚴之後到政黨輪替之前這段時間的文化特質。

　　但無論如何，國民黨仍然擁有政權與國家機器，即使李登輝掌政以來，已經開始推行各種本土化政策，國民黨政權仍然有過去中國立場的包袱，最能夠證明的是例子是 1990 年 10 月在李登輝當黨主席其間仍然成立了「國家統一委員會」，之後 93 年的「辜汪會談」也暗示兩岸統一的可能性。即使這段時間中國古典傳統文化的影響力遠不如戒嚴時期，我們仍應該認真看待這段九〇年代過去的主導文化形構逐漸崩潰的過程。

　　此外在解嚴之前，反對黨也已經衝撞黨禁，直接宣布組黨，蔣經國選擇以不承認、不否認的方式來默許，加上八〇年代以來經濟的發展已經使臺北等大都會區的生活方式產生質變，早在解嚴之前，後現代主義開始已經有人提倡，認為臺灣已經進入後現代的時代。就這些例子來看想要劃分八〇年代是後現代主義流行，九〇年代是後殖民主義抬頭的說法還有可商權之處。

因此本文以為 1987 年的解嚴固然是影響臺灣深遠的重要事件，但是 2000 年陳水扁、呂秀蓮當選中華民國民選總統、副總統，民進黨首次取得政權是更值得注意的指標事件，在民進黨上臺之後，實際掌握了國家機器，其透過政治、經濟以及教育政策所推行的本土化運動不再是過去反對文化形構所能解釋含括，必須要以新的主導文化形構來加以理解。從 1979 年美麗島事件以來，本土化運動影響層面遍及社會、文化、藝術，乃至於最終支持反對黨取得政權。因此把八○、九○年代看成一個整體，正好呼應臺灣本土化運動從發端到成熟的歷程。

第一節　八○、九○時代背景

一、解嚴、政治本土化與後殖民主義

（一）反對黨的成立

1978 年的臺美斷交以及中共一連串「和平統一」的國際宣傳，激發國民黨內鷹派勢力的抬頭，對待各種黨外運動的態度越加強硬。相對於國民黨的態度轉為強硬，黨外人士也互不相讓，成立了《美麗島》雜誌，透過雜誌各地分社的名義，聯絡黨外人士，儼然是「沒有黨名的黨」。兩種勢力對立的態度不斷升高。1979 年 12 月 10 日《美麗島》未及申請通過，於高雄市強行舉行「世界人權紀念日」演講遊行活動，引發軍警鎮暴，隨後進行大規模逮捕行動，共一百六十餘人被捕，並且送交軍法大審，治安當局依叛亂罪嫌向軍事法庭控告施明德、陳菊等八位美麗島核心人物，司法法庭起訴楊青矗等三十二人，以及幫助藏匿施明德獲罪的高俊明、張溫鷹等十人。國民黨雖然極力想把此一事件塗抹成叛國暴動，但是由於美國的施壓使得審判過程全部攤在媒體上，反而使黨外人士的言論都攤在人民面前。美麗島事件成為一次影響深遠的公眾事件，反而讓黨外勢力獲得廣大民眾的同情，聲勢日上。

就在美麗島大審判決未定之際。1980 年 2 月 28 日，林義雄宜蘭家宅遭暴徒入侵，林義雄老母與雙胞胎女兒亮均、亭均都中刀身亡。1980 年 7 月留美學人陳文成遭警總約談之後，隔天清晨被發現陳屍臺大校園，由於陳文成擁有美國國籍，引起美國關注。這些事件扭轉了國民黨處理黨外運動的正當性，種種迫害反而形塑黨外運動人士為正義犧牲的形象，凸顯出國民黨的專制獨裁。呂正惠分析本土運動崛起的背景，他認為七○年代支持鄉土文學的知識

份子，一部份是長期受到壓制的反國民黨傾向，另一部份是懷抱對中下階層人道主義的同情，呂正惠說：「面對像高雄事件這種赤裸裸的政治迫害，基於最直接的現實利害，拋棄模糊的社會主義理想，而選擇省籍對抗，是不難理解的。」〔註1〕國民黨的動作獲得反效果，黨外運動越演越烈，黨外人士陸續在接下來幾次選舉中贏得勝選。

隨著黨外運動發展越來越壯大，組黨的呼聲也越來越高，1986年8月許信良在美國紐約宣布成立「臺灣民主黨」，打算在年底用遷黨回臺的方式來突破國民黨的黨禁。不料9月28日代表黨外行使提名權的黨外選舉後援會在圓山飯店舉行推薦大會時由費希平、尤清等人臨時動議建黨，當天下午決定組織「民主進步黨」，宣布正式成立，許信良等人也將「遷黨回臺」改為「回臺入黨」。面對反對黨的成立，蔣經國選擇「不承認不否認」的態度來默許。民進黨的創黨結束了國民黨一黨專政的局面，使得臺灣的政治正式進入政團對決的局面。

時序進入八〇年代後，在政治因素上，本省籍的政治精英藉著動員人口優勢的政治符號以及民進黨的成立，大量進入政治領域。在經濟因素上，長久以來的經濟環境培養了一批新興本省資本家與日益增多的中產階級，開始要求民主政治。在文化因素上，七、八〇年代以後國家機器的文化管制逐步鬆綁，本土文化成為社會傳播的新選擇，加上一批本土知識份子致力於建構本土文化。彭懷恩歸納：「總之，在族群存在的社會結構上，因著國家機關威權力量的減弱，在野精英掌握的政治、經濟、文化等三方面變化趨勢，開始挑戰國民黨的文化霸權。隨著民進黨的合法存在，其反映的臺灣意識亦逐步取得發言的舞臺。」〔註2〕

（二）解嚴與國民黨本土化

進入八〇年代的蔣經國已經七十多歲，身體健康已經亮起紅燈，在他晚年盡量啟用臺籍人士，試圖將權力結構轉向「非蔣化」，否定個人獨裁向集體領導轉型，由老年化轉向年輕化等等。而在文藝政策上，蔣經國也有意識地開放。鄭明娳觀察當時文化政治機構的演變：

> 一九八一年行政院文化建設委員會的成立，在首任主任委員陳奇祿的
> 策劃下，落實的工作偏重於在地方文化中心的創設和臺灣民俗文化的

〔註1〕呂正惠，《文學經典與文化認同》（臺北：九歌，1995年4月），頁79。
〔註2〕彭懷恩，《認識臺灣──臺灣政治變遷50年》（臺北：風雲論壇，1997年10月），頁161。

的保存、開拓，令人一新耳目，擺脫了六〇年代末期教育部文化局只
是用來執行國民黨文化政策的刻板形象；一九八三年，軍方高階層人
事劇烈更動，王昇將軍失勢，從總政治作戰部主任平調爲沒有實權的
國防部聯訓部主任，不久奉派爲註外大使，自此喪失參與內政的機
會，最後一波的政策文藝熱潮因而人去政亡；繼任的許歷農將軍以持
重著稱，使得總政治作戰部回歸國防部體制中應有的位置。臺灣的文
藝政策自此邁入無爲而治的時代，換言之，也可以說文藝政策的時代
隨著蔣經國繼任總統後一連串改革措施已經煙消雲散。〔註3〕

文建會的成立不再鼓吹反共與中國傳統文化，反而強調臺灣民俗文化的保
存，政戰部回歸軍事範疇，不再插手文藝事務。從這些地方都可以看到國民
黨文藝政策的改變。

　　但在八〇年代國民黨政府還有另一個重要的政策，那就是開放大陸探
親，此舉打破了過去對大陸的「三不政策」，並且設置「國統會」，改善與大
陸的關係。過去國民黨與中國共產黨勢不兩立的對立情勢被打破了，甚至開
始有和平統一的可能性。這使許多認同中國文化的人覺得是兩岸統一也許是
可行之道，但也迫使更多人認真思考臺灣與中國的關係。從國勢強弱、國土
大小各方面來說，如果要統一，當然是要由中國統一臺灣，國民黨政府長久
以來形塑中共罪惡的形象，如今卻可能透過和平統一的手段，成爲臺灣的主
人。這讓長期生活在排共恐共教育下的臺灣人民無法接受這樣的可能。

　　但這些舉止仍無法遏止八〇年代以來風起雲湧的各種社會運動。接踵而
來的各種社會運動帶來強大的壓力，國民黨當局終於在 1987 年 7 月 15 日宣
布「解嚴」，終止了長達 38 年的戒嚴體制，接著也解除了黨禁、報禁。蔣經
國在 1988 年去世，繼任的李登輝對臺灣本土化運動影響頗巨。

　　李登輝無疑是九〇年代臺灣本土化運動過程中最重要的政治領袖，他扭
轉國民黨既定兩岸和平統一的政策方向，開始提倡本土路線，他在總統及國
民黨黨主席第一任任內，讓資深國代全部退職、國會全面改選、修憲、推動
國際雙重承認，以及重新加入聯合國，各種傾向本土的舉動引發國民黨中不
滿李登輝的人紛紛出走成立新黨。李登輝很敏銳感覺到臺灣本土化的趨勢，
並試著透過將國民黨改造成本土政黨來確保政治權力。彭懷恩分析李登輝的

〔註 3〕 鄭明娳，〈當代臺灣文藝政策的發展、影響與檢討〉《當代臺灣政治文學論》（臺
　　　　北：時報，1994 年 7 月 1 日），頁 54、55。

舉措：「李登輝的民主化是依臺灣化的集體意識來推動的，即訴諸『臺灣人出頭天』的心理來對付原本優勢的外省統治精英，也就是所謂的『非主流派』。事實證明，李登輝是成功的，因為以臺灣人口結構分析，只要強調民主的多數原則，再加上『支持第一個臺灣人總統』的情結（complex），就構成李登輝邁向權力頂峰的利器了。」〔註4〕

李登輝毫不掩飾自己的本土立場，他於 1999 年提出「兩國論」，強調臺灣與大陸是特殊國與國關係，曲折地將臺灣定位為獨立國家，甚至在 2001 年李登輝還反過來批評國民黨是外來政權。由於李登輝位居總統，因此他推動本土化運動特別具有影響力。

（三）後殖民主義的提倡與爭議

在民進黨各種本土化主張以及李登輝所推動的本土化運動互相競爭之下，臺灣本土化運動日漸排擠中國文化傳統，取得主導文化的地位。原本特殊的歷史背景使臺灣一再被不同的殖民者殖民，從荷蘭、清朝、日本，臺灣文化不斷面臨轉變與適應。加上國民黨來臺初期高壓統治導致的許多對國民黨的憤恨不滿，使得臺籍人士認為國民黨是外來政權。在這樣的歷史背景下，開始有學者援引西方後殖民理論來解釋本土化運動，讓本土化運動擁有理論實質。這些學者有陳芳明、邱貴芬等人。

陳芳明建立了援引後殖民理論來解釋本土化運動的重要示範，之後的本土論者或多或少都依循著陳芳明的理論前進，陳芳明認為後現代主義是西方思潮的拼貼引用，相對於本土化運動的長期歷史淵源，後殖民主義更適合解釋解嚴後的臺灣時空。陳芳明以此立論，認為戒嚴體制下的臺灣社會是漢人中原心態男性優勢儒家思想所凝鑄而成的再殖民時期。陳芳明說：「居於優勢地位的中華民族主義，對於臺灣作家的鎮壓與欺辱，絕對不遜於太平洋戰爭時期的皇民化運動。……以『再殖民時期』一詞替代『戰後時期』的用法，應該可以較為正確看待一九四五年之後的臺灣社會。」〔註5〕這種說法一舉翻轉了過去長期居於主導文化中心的中國古典文化位置。也就是臺灣本土化運

〔註 4〕彭懷恩，《認識臺灣——臺灣政治變遷 50 年》（臺北：風雲論壇，1997 年 10 月），頁 165、166。

〔註 5〕陳芳明，〈後現代或後殖民——戰後臺灣文學史的一個解釋〉陳大為、鍾怡雯主編《20 世紀臺灣文學專題 I ——文學思潮與論戰》（臺北：萬卷樓，2006 年 9 月），頁 332、333。

動應該把國民黨以及其所宣傳的中國文化傳統視爲殖民者的文化影響。但是戰後臺灣的中國文化傳統居主導文化地位，影響戰後臺灣社會四十年，其影響深遠並非一朝一夕可以去除，因此種種有關本土化以及後殖民論述都遇到許多反駁，形成多次論戰。

首先陳映眞反駁陳芳明的說法，陳映眞以其特別的左統立場批評陳芳明，陳映眞指出依語言、族群、性別、性向等項目加以分別，已經混淆了後現代與後殖民理論，陳映眞更進一步說，援引西方的後殖民理論來解釋臺灣，其實也是一種文化上的殖民。陳映眞是將中國視爲自己的國族認同，但也有人認同文化上的中國，認爲即使推行本土化也不應該排斥中國文化，這樣的論戰可以以陳昭瑛與廖朝陽、陳芳明等人的論戰爲代表，陳昭瑛以新儒家青年自許，認爲本土化不必拋棄中國文化，陳昭瑛說：「中國文化就是臺灣的本土文化，在追求本土化的過程中，臺灣不僅不應拋棄中國文化，還應該好好加以維護並發揚。」〔註6〕陳昭瑛的言論引來廖朝陽等人的批評，認爲臺灣追求主體性就應該去除中國文化的影響。這些論戰證明時至九〇年代中國傳統文化並未完全讓位給後現代與後殖民思潮，而仍然有相當的影響力。

二、文學商業化、創作資訊化與後現代主義

七〇年代的經濟起飛，使得進入八〇年代的臺灣，在經濟上不虞匱乏，高度發展的資本主義以及經濟富裕下發展的各種多媒體視聽娛樂，都使臺灣文化面臨一波新的變革。進入八〇年代後，人口流動比例呈往都市集中趨勢，其中以臺北市、縣及高雄市的人口成長率爲最高，都市人口占全部人口之百分之卅五；而臺灣的家庭結構也從早期農業社會大家庭制度轉爲工業化、都市化下的小家庭制度；在教育發展上，以識字率爲例，到八〇年代達百分之九十，顯示教育普及，國民知識水準提高；就職業結構變遷言，農業人口大幅下降、工業人口上昇、服務業人口更是大幅上升；更顯著地表現在社會階層，八〇年代自認屬於中等階層者已約占總人口數之百分之六十五，客觀評估中產階級約佔百分之五十左右，中產階級的比例在八〇年代中葉已居社會階層首位。從這些社會層面的具體數據反映出臺灣社會已經「符合現代化理論所指陳的，都市化、小家庭、社會流動加速、教育普及、生活素質提升、

〔註6〕陳昭瑛，《臺灣文學與本土化運動》（臺北：正中，1998年），頁101。

中產階級崛起」〔註7〕的要素。

　　不管後現代主義是否能妥善分析臺灣文化的轉折，但臺灣社會進入高度商業化、資訊化的時代卻是不爭的事實。

（一）文學商業化

　　1980 年成立了消費者文教基金會成立，象徵臺灣的消費行為已經複雜到產生糾紛，需要保護消費者權益的單位。1987 年行政院主計處統計顯示，臺灣勞動力人口達七百九十四萬五千人，其中服務業人口首度超過工業人口，大約各佔百分之四一，而農業人口只佔其中百分之十七。羅青預測服務業人口將大幅提昇，而這正是後工業社會出現的重要指標。隨著服務業與各種商業行為的興盛，如何在這樣大量商業競爭的社會中獲取更多的利益，成為各種文化事業的新考量。

　　例如書店的經營就是很好的例子，進入八〇年代之後，書店的經營朝著品牌連鎖店與專業書籍店兩個方向分化，例如女書店、晶晶書店等以特別領域專業書籍為銷售取向的書店開始出現，但這種書店畢竟是少數，真正改變書籍銷售生態的，是品牌連鎖店的出現。1983 年金石堂成立，開啓臺灣連鎖品牌書店的新頁。1989 年誠品書店成立，進一步追求精緻與專業的品牌形象。誠品書店甚至成為臺北重要文化地景之一。有別於傳統書店，品牌連鎖書店走向更企業化的經營模式，因此行銷包裝成了更重要的課題，金石堂首次推出暢銷書排行榜，此舉間接以書籍銷售量來肯定書籍的價值。而在暢銷排行榜上又區分「文學類」和「非文學類」兩類，在「文學類」的部分，混雜嚴肅文學與通俗文學作品。加上解嚴後出版社與出版量都暴增，因此大量實用書籍與通俗文學作品充斥市場，可想而知，嚴肅文學作品上榜的機會不高。因此為了刺激純文學作品的消費，各出版社不得不採取資本主義行銷策略，例如作家照片包裝、新書發表會、報章報導、名家推薦等方式促銷。張誦聖：「金石堂連鎖書店在全省的出現，以及它所公布的暢銷書排行榜，標示著一個更為先進的，資本主義文學傳播和文學消費模式。和這些改變相互對應的，是『中高階層』（upper-middle class）文化的明顯擴張，造成雅俗文學之間界線的模糊，使得嚴肅文學喪失了它的優勢地位，而不得不與迅速繁衍的許多新興的文化類型爭地盤。」〔註8〕

〔註 7〕林嘉誠，《社會變遷與社會運動》（臺北：黎明文化，1992 年），頁 187～201。
〔註 8〕張誦聖，〈臺灣七、八〇年代以副刊為核心的文學生態與中產階級文類〉《臺灣

　　進入八、九〇年代，七〇年代末開始成為新生代作家晉身文壇指標的兩大報文學獎，影響力雖然持續到九〇年代末，但是崇尚多元文化的時代風氣，刺激了許多新的文學獎的成立。在兩大報文學獎，以及長期以來官辦的中國文藝學會文藝獎、中山文藝創作獎和國家文藝獎之外，代表本土派文學品味的吳濁流文學獎、吳三連文藝獎以及賴和文學獎紛紛開辦。在發揚區域文化特色的政府政策主導下，各縣市政府紛紛舉辦地方文學獎。除此之外，各種商業取向的文學獎，也在九〇年代陸續開辦，《自立晚報》在 1990 年舉辦一屆百萬小說獎，《中國時報》在 1994、1998、2000 舉辦三屆百萬小說獎，之後《皇冠》也舉辦百萬科幻小說獎，對作者而言，高額的獎金使得寫作不再是不只獲得高度的名聲，同時也獲得可觀的經濟回饋。對主辦者而言，文學獎成為造勢活動，是為了刺激作品出版之後銷售量的方法。對照早期文獎會以金錢希望凝聚人民對反共政策的認同，世紀末的各種各類文學獎反應出追求經濟利益以及推廣多元文化的新面向。

（二）創作資訊化

　　1988 年報禁解除，新的報紙以及大增的張數都稀釋了過去副刊的重要性，而狂熱的政治議題，影劇新聞都成為新的關注焦點，藉著文學作品消磨苦悶的時代已經不再。報紙的文化重要地位不再，相形之下電視與網路取代了過去報紙的位置。進入九〇年代以來，有線電視開始發展，新的電視臺林立，1993 年「有線電視法」通過，1995 年有線電視普及率達到百分之七十，電視成為臺灣人最重要的休閒活動。媒體為了收視率紛紛轉向綜藝通俗化。向陽討論電視所扮演的角色：「首先是以電視作為主要表徵的大眾媒體開啓了一個『多語義』（multisemantic）的文本，資訊與娛樂、教育與政令宣導、放鬆與催眠，都被一起攪進電視的語言之中，這使得文學的讀者與電視閱聽人之間產生了閱讀上的誤差，單向依賴文本的文學閱讀已經不能滿足習慣於控制電視文本的閱聽人。」〔註9〕如何挽回習慣電視感官刺激的閱聽大眾，成為許多文人作家討論的重點。

　　除了電視的影響力大增之外，網路的盛行也改變了世紀末臺灣的文學風貌，羅青早在八〇年代中就大膽斷言臺灣遲早要在九〇年代進入資訊化後工

小説史論》（臺北：麥田，2007 年 3 月），頁 282。

〔註 9〕向陽，〈迷幻的虛擬之城：初論臺灣網路文學的後現代狀況〉《書寫與拼圖——臺灣文學傳播現象研究》（臺北：麥田，2001 年 10 月），頁 196。

業社會。一九八〇年除了發生美麗島事件軍法大審之外，同時也是臺灣第一屆資訊展，蘋果個人電腦上市的一年，臺灣的資訊產業發展迅速，電腦開始出現深入每個人的生活，隨之而來的網際網路的出現，更改變了每個人獲取知識的方式。一九九〇年，教育部為了便利學術機構教學與研究，開始架設「臺灣學術網路」（TANet）。隨後，商業網路服務提供公司（ISP）的出現，大眾可以透過向ISP申請購買連線帳號，使用個人電腦進入網際網路世界中。到了一九九八年，臺灣的網路使用者已經突破二百萬大關，而時至今日，上網已經成了全民運動，網路的影響無遠弗屆。

　　須文蔚談到在網際網路影響下的文學傳播呈現以下特點：一、個人化媒介的出現，預示了「後資訊時代」的來臨。二、文學社群的重組，導致兩個變化趨勢：網路的去中心的作用力，將挑戰以副刊為文化主導權（hegemony）；隨著作者發表空間的大幅擴張，被文學副刊守門人企畫編輯所排擠的作品，無庸再擁抱副刊。三、新文類的出現，來自網路世界的多媒體文本無疑將成為一種新文類，這種整合文字、圖形、動畫、聲音的文本，就不再僅止於純文字的表現，還包括了互動的敘事結構。四、閱聽人閱讀習慣的改變，加上新興媒體的夾擊，文學副刊的讀者正在消退，漸漸不能吸引喜歡上網路、看電視、打電視遊樂器的年輕一代。〔註10〕網路的出現，成為發表作品的新媒介，不管是供人張貼作品的文學網頁，或是發表自己作品的部落格，都只需要很低的成本就可以讓很多人閱讀自己的作品，發表不再需要通過紙本出版的管道，相反的，許多年輕寫手都是在網路上成名已久，等到其名氣被研究者與出版者注意，才反過來出版紙本文本。在須文蔚所歸納的四個特色中，個人化、去中心、結合聲光圖畫的互動新文類、以及閱聽人權力提升，都是後現代特質的表徵。加上高度商業化的生活方式，透過後現代主義來詮釋這些現象似乎已是不可避免的趨勢。

（三）後現代主義的提倡與爭議

　　羅青是第一個暢言臺灣已經進入後現代的論者，他在〈詩與資訊時代：後現代的演出〉中提出：「所謂『後現代』（postmodern），對社會而言，是所謂的『後工業時代』；在知識傳承的方式上，是所謂的『電腦資訊』；反映在

〔註10〕須文蔚，〈邁向網路時代的文學副刊：一個文學傳播觀點的初探〉，瘂弦、陳義芝編，《世界中文報紙副刊學綜論》（臺北：行政院文建會，1997 年），頁254～258。

文學藝術上，則是『後現代主義』。」〔註11〕羅青歸納出後現代時代的特色包括「強大的複製能力」、「迅速的傳播方式」、「商業消費導向」、「生產力大增」、「內容與形式分離等等」。羅青的說法獲得孟樊的贊成，孟樊引用詹明信的話，將「後現代」定義爲時間分期，主要特徵是「現代化、後工業或消費社會；媒體或壯觀的社會，或者是跨國性的資本主義。」〔註12〕孟樊認爲西方後現代主義在六〇年代出現，而臺灣的社會發展落後歐美西方社會大約十到二十年，孟樊因此斷定八〇年代臺灣進入「後現代」並無不妥。

　　但是向陽不能接受羅青在八〇年代提倡後現代主義，向陽說：「不過，實際上由羅青主催、其後由林燿德鼓吹的「後現代主義」，究其實，也不過是個符號聲稱。……在臺灣尚未眞正邁入後工業時代的八〇年代，文學社群中的「後現代」呼聲，無疑是一種符號的遊戲。它沒有實際的社會政治、經濟、文化條件來作爲基礎；尤其缺乏對電子科技發展下大眾社會所生產的大眾文化的反擊。」〔註13〕向陽認爲八〇年代還不應該以「後現代主義」來指稱的理由有二，首先向陽認爲八〇年代的臺灣還沒有進入後現代社會，因此提倡「後現代主義」是名實不符。其次向陽認爲後現代主義包含著對資本主義社會的抵抗，而羅青、林燿德等人提倡的「後現代主義」卻屈從於資本主義社會邏輯，淪爲都市生活中的文化商品。因此向陽沈重的說：「對臺灣的文學社群來說，『後現代』的聲稱並沒有帶來生機，反而只是社群之間意識型態和文化霸權的分裂。」〔註14〕向陽的意見值得思考的地方在於，向陽自己也承認進入九〇年代後，臺灣就邁入後現代社會，與羅青等人提出1986年的界線不過相差四年，同時向陽也承認1987年的「解嚴」是臺灣進入後現代社會的關鍵。就時間點界定而言，向陽的批判稍嫌嚴苛。

　　但向陽批判的眞正理由並不是在時間點上，而是在向陽認爲羅青、林燿德等人提倡「後現代主義」仍然是屈從於資本主義社會邏輯的「臺北觀點」，與向陽所認同的「臺灣觀點」是有所出入的。因此臺北觀點下所提倡的後現代主義，不是眞正的後現代主義。向陽很清楚的指出：「後現代主義的眞正彰顯，在臺灣，

〔註11〕羅青，《詩人之燈》（臺北：光復書局，1988年2月），頁254。

〔註12〕孟樊，《當代臺灣新詩理論》（臺北：揚智，1998年），頁223、224。

〔註13〕向陽，〈迷幻的虛擬之城：初論臺灣網路文學的後現代狀況〉《書寫與拼圖——臺灣文學傳播現象研究》（臺北：麥田，2001年10月），頁202、203。

〔註14〕向陽，〈迷幻的虛擬之城：初論臺灣網路文學的後現代狀況〉《書寫與拼圖——臺灣文學傳播現象研究》（臺北：麥田，2001年10月），頁203。

反倒不是由『臺北』『後現代』」文學，而是由『臺灣的』臺語文學所實踐。此一後現代美學的建立，就臺語文學而言，是通過了對國語霸權的分裂，以及通過對『臺灣的』主體聲稱而獲得，既是語言的抵抗，同時也是意識型態的抵抗。」〔註15〕向陽的觀點很清楚是反對文化形構下影響的本土寫實詮釋社群，是對另類文化形構影響下的現代主義詮釋社群爭取霸權地位的論述。

劉亮雅認爲後殖民與後現代主義，二者都是決定八〇年代以後文學與文化風貌的關鍵性思潮。劉亮雅說：「臺灣的後現代主義朝向跨國文化、雜燴、多元異質、身份流動、解構主體性、去歷史深度、懷疑論、表層、通俗文化、商品化、（臺北）都會中心、戲耍和表演性；而臺灣的後殖民主義則朝向抵殖民、本土化、重構國家和族群身份、建立主體性、挖掘歷史深度、殖民擬仿，以及殖民與被殖民、都會與邊緣之間的含混、交涉、挪用、翻譯。由於臺灣內部的需求，解嚴以來兩者之一都並未形成主導，而是兩者的並置、角力與混雜形構了主導文化及文學的內在精神。」〔註16〕但這兩種思想之間，互相關連但又互相駁詰，劉亮雅說：「後現代的反本質、去中心有助於抵殖民，卻又不支持本土化、重構國家和族群身份；後現代的文化雜燴與後殖民的擬仿、含混看似雷同卻又不然。」〔註17〕因此我們可以看到向陽對羅青、林燿德的批判，正是建立與擔心後現代主義的宣傳會妨礙臺灣本土意識的建立。

後現代與後殖民主義思潮在現代詩的創作上反應爲本土詩、臺語詩與後現代詩的出現。而反映在論戰中則表現爲對於詮釋權的爭奪。單一的權威解釋受到多元詮釋的挑戰。

第二節　詩壇春秋三十年論戰

「詩壇春秋三十年論戰」〔註18〕起因於洛夫在 1982 年五月份的《中外文

〔註15〕向陽，〈「臺北的」與「臺灣的」〉《書寫與拼圖——臺灣文學傳播現象研究》（臺北：麥田，2001 年 10 月），頁 183。

〔註16〕劉亮雅，《後現代與後殖民：解嚴以來臺灣小說專論》（臺北：麥田，2006 年），頁 39、40。

〔註17〕劉亮雅，《後現代與後殖民：解嚴以來臺灣小說專論》（臺北：麥田，2006 年），頁 132。

〔註18〕陳瀅州的成大臺文所碩士論文《七〇年代以降現代詩論戰之話語運作》談到這場論戰稱爲「洛夫事件」，但洛夫所引發的論戰何其多，此名稱恐不夠精確。當時《陽光小集》爲這次論戰製作的專題叫「詩壇春秋三十年特集」，鑑於〈詩壇春秋三十年〉又是引發論戰的關鍵文章，因此定名爲「詩壇春秋三十年論

學》上發表了〈詩壇春秋三十年〉，紀念並回顧現代詩發展三十年。但在寫完之後，《葡萄園》、《秋水》、《陽光小集》、《笠》等詩刊分別表示對這篇文章表示不滿。雖然洛夫本人沒有回應其他論者的批評，但《陽光小集》鄭重邀集論戰中的各個主角來討論此一事件，其中還有因〈詩壇春秋三十年〉而牽扯出來「笠詩社」、「秋水」對蕭蕭的批判。

這場論戰的重要性在於這是首次因為「現代詩歷史」的書寫問題而引發的爭議。關於臺灣現代詩史的寫作一直到八○年代當時都沒有人真正完成，五○、六○年代的現代詩還沒站穩腳步，七○年代的關唐事件論戰以及鄉土文學論戰也鬧的沸沸揚揚。其間張默、瘂弦等人都有書寫詩史的企圖，但都一直遲遲沒有完成。到了八○年代，發展了三十年的臺灣新詩已經得到社會上相當程度的肯定，也已經被教育體制所接納，在此之際，洛夫等人商議借《中外文學》刊出「現代詩三十年回顧專號」，洛夫的這篇文章多少有著為現代詩發展三十年作史的企圖。但是現代詩歷史的寫作涉及對詩人詩社的價值評價，另外詩史的寫作方式是否嚴謹，都是詩史寫作的重要考量，而這次論戰正好突顯出詩人寫作詩史所呈現的價值評價衝突矛盾。

一、論戰過程概述

洛夫之所以會寫〈詩壇春秋三十年〉一文，是在詩友聚會中，有人提醒從民國四十二年紀弦創立《現代詩季刊》算起，到當時的七十二年，臺灣現代詩已經發展了整整三十年，為了紀念現代詩發展三十年，洛夫等人決定：「為歷史作證，為保留一份可靠的第一手資料，於是當晚便有借『中外文學』刊出『現代詩三十年回顧專號』之議。事經主編張漢良兄的同意，並由他著手策劃，分配各類稿件撰寫者名單。他派給我的工作是寫一篇算總賬的文章，回顧與檢討兼備。」〔註19〕

在〈詩壇春秋三十年〉一文中，洛夫分兩部份探討，先以「詩壇雜憶與省思」為標題，統攝「現代派的幾件公案」、「藍星的抒情風格」、「創世紀與超現實主義」「『笠』的語言問題」等子題，即以此四詩社為敘述主軸，分別

戰」。
〔註19〕洛夫，〈詩壇春秋三十年〉《中外文學》10 卷 2 期（1982 年 5 月），頁7。《中外文學‧現代詩三十年回顧專號》除收入洛夫〈詩壇春秋三十年〉一文，其餘文學評論還有林亨泰〈抒情變革的軌跡—由「現代派的信條」中的第一條說起〉以及林煥彰〈臺灣兒童詩的回顧—三十九年～七十一年〉。

論述各詩社之簡史。其次，「近十年來現代詩的新貌」部分，則著重詩壇新貌之介紹與評述。由此文整體架構觀之，洛夫原有清理五〇至八〇年代之詩壇概況的企圖，但考慮當時已有數篇簡述詩史的文章，對現代詩之發展歷程及其重要問題都討論過了，故「新鮮話題不多」，為求「儘量避免重複」，對民國六十一年前之詩壇大事，洛採取「雜憶和反省的方式來處理」。

此文刊載後，馬上引來許多反駁，引發八〇年代的第一場詩壇論戰。首先文曉村在 78 期《葡萄園》上發表了〈魔筆與暗劍──讀「詩壇春秋三十年」有感〉，文中指出臺灣最早倡導「現代詩明朗化」的詩刊就是《葡萄園》，但洛夫竟然隻字未提，分明是打壓《葡萄園》。而接著 35 期《秋水》也刊登了三篇文章批評先後洛夫的說法。其中涂靜怡的說法最嚴厲，她認為洛夫的寫作動機是：「好讓那些年輕人根本就不知道在這三十年當中，還有其他詩刊詩社的存在。」〔註 20〕，麥穗、魯蛟也都覺得洛夫的說法作為一篇嚴肅的詩史而言，是不夠公平公正的。

接著《陽光小集》第九期主動邀集「笠」、「秋水」、「葡萄園」等代表的說法，並收集其他不滿的讀者投書，以此為主題製作了〈詩壇春秋三十年〉特集，展現出主動策劃的企圖心。《陽光小集》於 1979 年 12 月創刊，到了第五期開始改變形態，一連串舉辦「十大詩人選舉」、「我所希望的現代詩」等專題，都展現出年輕世代詩人挑戰詩壇主流的旺盛企圖心。此外《陽光小集》也策劃了「關切現實」、「敘事詩」、「政治詩」等專輯，以提倡本土寫實的風格挑戰詩壇主流的現代主義詩風。種種勇於衝撞的舉動都讓《陽光小集》成為八〇年代最活躍的新興詩社之一。《陽光小集》的編輯群也敏銳抓到「〈詩壇春秋三十年〉論戰」的機會，適時加入戰局。

除了邀集其他各社意見之外，還有向陽專門評論此文的文章〈春與秋及其代序〉作為陽光小集本身的立場。其中，比較特別的是蕭蕭發表了一篇〈詩社與詩刊〉說明自己進入詩壇，參加過詩社、詩刊的經歷。蕭蕭進入詩壇的時間剛好是七〇年代新興詩社大量出現的時代，蕭蕭以自己現身說法，也有補足洛夫只重視四大詩社，輕忽新興詩社的用意。

蕭蕭的這篇文章可視為這場論戰中，代替洛夫回答的一篇文章。「詩壇春秋三十年論戰」中有一個小插曲。在這之前蕭蕭曾經寫了〈現代詩七十年〉

〔註20〕涂靜怡，〈給「陽光小集」詩友的一封信〉《秋水》35 期（1982 年 6 月 25 日），頁 21。

曾引起「笠詩社」群起批判。蕭蕭認爲笠詩社詩人在語言的訴求上未至圓熟，三代詩人普遍有這個缺憾。此文遭來笠詩社發表多篇文章批判蕭蕭的說法。洛夫在〈詩壇春秋三十年〉談到笠詩社的部分，談到：「此處我無意爲蕭蕭辯護，但願就詩的問題表示一點個人看法。」接著花了大篇幅來討論詩的語言問題。相較於過去洛夫對語言的看法已經沒有六、七〇年代時偏激。但是洛夫仍強調：「其實意象語言與生活語言（或鄉土語言）並不衝突，只是性質上與日常語言不同凡詩人實不應鄙棄它。」〔註21〕

面對洛夫的說法，《笠》在 110 期，以文章和座談會的方式來反駁洛夫對《笠》詩社語言的意見。李敏勇認爲洛夫的問題在於不能區別語言與文字，以文字寫詩，失去了語言表達的功用。郭成義則繼承李敏勇的說法，分析洛夫關於語言的看法是有問題的。郭成義則把蕭蕭、洛夫的前因後果連貫起來看待：「因爲蕭蕭曾說笠詩社『其缺點則在語言的訴求上未至圓熟，三代詩人均普遍存有這個缺憾』，因此爲了求證的客觀，故特別舉出三位，以向蕭蕭求教，……何況通觀『詩壇春秋三十年』全文，洛夫辯護的語氣躍然紙上，而且大聲討伐的對象，還不止筆者一人。」〔註 22〕笠詩社詩人認爲洛夫是幫蕭蕭辯護，因此在蕭蕭〈詩社與詩刊〉中也談到笠詩社對他的批判，而笠詩社在批評洛夫的時候，以不忘談到蕭蕭的問題。文章往來互相針對，形成論戰的情形。

雖然洛夫沒有回應各詩社對〈詩壇春秋三十年〉的批判。但 36 期《秋水》又出現了兩篇文章，批評蕭蕭的文章〈詩社與詩刊〉當中對《秋水》的評價不正確。蕭蕭在〈詩社與詩刊〉中說：「秋水詩刊早期有幾位名家作品出現，後來又匿跡不見……出版定期如『笠』，詩作平實如『葡萄園』。」這樣的描述引來批評，一信的〈詩壇春秋〉，文中批評蕭蕭不應只以名家作爲評判詩刊成就的重點，而魯蛟則實際統計了曾在《秋水》上發表文章的詩人，其中不乏羅門、蓉子、向明、商禽、洛夫等人的名字，魯蛟據以反駁蕭蕭的說法。至此論戰終告結束。

二、論戰焦點分析

歸納論戰焦點，可以分成三點：

〔註21〕洛夫，〈詩壇春秋三十年〉《中外文學》10 卷 2 期（1982 年 5 月），頁 23。
〔註22〕郭成義，〈貓和老虎魚和雪〉《笠》（1982 年 8 月 15 日），頁 10。

（一）詩史的寫作方式爭議

一般而言，歷史書寫與文學、哲學書寫最大不同在於追求眞實，客觀、立場超然，但是洛夫認爲臺灣現代詩史已有許多成績，基於不希望重複的前提下，洛夫大膽嘗試以「雜憶與省思」的方式書寫，並且自白道：「只是擔心怕自己難以做到像局外人那樣的絕對客觀，讀者也不要寄望我寫得深刻，唯眞誠是我的膽氣。」〔註23〕所謂以「雜憶」的方式書寫詩史，是指洛夫大量引用了與詩藝成就沒有直接關係的詩人生活交往回憶以及當時所聽聞的事件。而〈詩壇春秋〉在詩壇之所以掀起軒然大波，此即爲原因之一。

洛夫雖以「藍星的抒情風格」爲子題，但對藍星詩派之詩作特質鮮有描繪，多對其內部成員平日相處情形加以著墨，或有離題並探人私情之嫌。在「藍星的抒情風格」一節，洛夫直接挑明：「我與余光中也曾有小過節」，並陳述「以性格來看，『藍星』的同仁較爲理性，但也很富機心」費大篇幅剖露藍星的「內部矛盾」，洛夫說道：「社名藍星，而幾位主要份子則個個以太陽自居，故暗潮洶湧，頗不『穩重』。據說鍾鼎文曾在『藍星』的一次慶典去會中宣布退出詩壇，即與覃子豪攬事太多有關。」〔註24〕這些描述對於讀者認識詩史的角度來看，並沒有太大幫助。

又如洛夫以「有一事因與我有關」借詩壇春秋略加說明〔註25〕，回應余文，然卻暴露覃子豪與黃用、洛夫當年的私事恩怨，無論事情眞假，都以偏離討論現代詩歷史的主軸。這種以詩人交往的私事與現代詩歷史混淆的情形，使洛夫成爲眾矢之的。司馬運讀後嘗言：「這篇長文中涉及別人隱私，我想這是犯了最大的忌諱，何況逝者已矣，縱然斯人猶在，亦不可寫詩史寫到別人的隱私上去了。」〔註26〕

〔註23〕 洛夫說：「這篇文章之難寫，主要是因爲有關現代詩的發展歷程和重大問題，都已在十年前「現代文學」（四十六期）的『現代詩回顧專號』，我爲『中國現代文學大系』詩選所寫的序言，以及連年論戰的諸文中反覆討論過。」〈詩壇春秋三十年〉收入《中外文學》10卷2期（1982年5月），頁7。

〔註24〕 本段引文見洛夫，〈詩壇春秋三十年〉《中外文學》10卷2期（1982年5月），頁13、14。

〔註25〕 洛夫舉出當時黃用與洛夫開玩笑以綽號「猴子」在背後稱呼覃子豪，不料被覃子豪女友聽到，鬧的不愉快之往事。但洛夫強調：「其實那時我們三人都年輕任性，口沒遮攔，背後開覃子豪的玩笑有之，如何如何不敬，則非實情。」洛夫〈詩壇春秋三十年〉《中外文學》10卷2期（1982年5月），頁15。

〔註26〕 司馬運，〈旣無史識，又欠史實〉，收入《陽光小集》9期（1982年6月），頁11。

除了描寫私事以外，洛夫特殊的修辭，也引來許多批評，例如洛夫如此描寫羅門加入藍星的經過：

> 據余光中在〈第十七個誕辰〉（載《現代文學》四十六期，「現代詩
> 回顧專號」一文透露：四十七年夏，藍星頗多新聞，先有羅門戲劇
> 化地脫離現代派，投奔藍星（黃用曾戲稱羅門爲「反共義士」，另有
> 人則謔稱他「入贅」藍星，蓋羅門之投效藍星，蓉子不無遊說之功），
> 繼有「藍星週刊」二百期紀念集會及頒發「藍星詩獎」……這次獲
> 藍星詩獎者有吳望堯、黃用，羅門、瘂弦四人。吳黃爲藍星社員，
> 獲獎乃理所當然，而此獎頒贈羅瘂，則顯然有附帶意義。對羅門頗
> 有安撫之意，對瘂弦則志在拉角。〔註27〕

以「入贅、安撫」來形容羅門加入藍星的過程，使人無法忽略文中對羅門的負面評價暗示，羅門於〈「藍星」是這個樣子嗎？〉予以駁斥：「該文〈詩壇春秋〉把閒話故意當眞，並當做是余光中在四十六期現代文學中所寫的「十七個誕辰」一文中所說的，但在該期現代文學的文章裡，遍找不見，原來是他把閒話有意附加余文後邊，使讀者錯認是余說的。」〔註28〕比照余光中之〈十七個誕辰〉一文，其中確實無稱羅門，「反共義士」，入贅藍星等字。洛夫把閒話誤判爲余光中語，就文學史的寫作而言犯了史料不正確的過錯。

其次，洛夫表述用語以及自創之新穎詞彙，都容易導致閱讀者誤會，成爲論者攻擊箭靶。檢視現代派信條時，洛以「跟著起鬨」詞彙，形容加入現代派之眾多詩人，其後現代派醞釀復刊時，洛則以「廣發綠林帖」，描述詩派召集詩壇元老盛況。談及紀弦創社、結束現代派，亦出現「任性」、「老子高興」等語彙，大部分的論者對此均表示不滿，如麥穗所言：「我認爲洛夫先生對二位詩壇『前輩』紀弦和覃子豪似乎稍欠尊敬。……他（紀弦）既沒有封過『詩壇總管』，他的同仁們當然也不可能『廣發綠林帖』。稱紀弦是我國詩壇功臣應該當之無愧。所以不允許把他視爲江湖人物，現代派是有志於『新詩再革命』的詩人的集合，不允許被視爲『江湖綠林道上的幫派』」。〔註29〕

〈詩壇春秋〉之前言，洛夫提及撰寫此文的來龍去脈，對此文定位在「回

〔註27〕洛夫，〈詩壇春秋三十年〉《中外文學》10卷2期（1982年5月），頁15。
〔註28〕羅門於，〈「藍星」是這個樣子嗎？〉，《陽光小集》9期（1982年6月），頁13。
〔註29〕麥穗，〈讀「詩壇春秋三十年」有感〉，收入《秋水詩刊》35期（1982年6月），頁8。

顧與檢討兼備」的「總算賬文章」，乍見其見「為歷史作證」之企圖。然而，綜觀《中外文學》十卷十二期之「現代詩三十年回顧專號」其餘篇章，不難發現其他作者盡量以客觀及嚴謹角度，清理詩壇重大記事。據此，閱讀者期待撰文者，應秉持著史之超然態度，及無偏頗之持平觀點，耙梳並剪裁龐雜史料，統整詩壇過去三十年歷史。以此審視〈詩壇春秋〉，不免有所遺憾，因作者主觀意識介入，展列詩人私事，有違撰史之精神及其客觀立場，激起論者反彈：「執筆者要以處理『詩史』和『文學史』的莊嚴態度來寫，要有『向歷史交卷』的責任感，要本諸自己的文學道德和文學良知。而洛夫的作風恰恰相反，他的極端偏激，也是很多寫詩的朋友所一致公認的。」〔註30〕

（二）對於詩人詩社的詩史評價的爭議

　　除了寫作方式引發爭議外，洛夫對於各個人詩社在現代詩史上的評價也受到許多批評。洛夫全文以四大詩社的介紹佔大部分，接著也花了很多功夫討論七〇年代「關唐事件論戰」對於七〇年代以來新興詩社大量出現的風潮著墨不多。因此許多論者都不能認同對洛夫所給予文學史上的評價。

　　在這場論爭中，反應最迅速、激烈，言詞最犀利的莫過於《葡萄園》、《秋水》詩刊。在洛夫這篇有詩史性質的文章中，卻隻字未提這兩個詩社，也難怪二詩社的主要成員在氣憤撰文批評洛夫同時，也要不斷提醒讀者他們在詩壇的貢獻。多數論者如向陽、文曉村皆點明，洛忽略《葡萄園》詩社不遺餘力提倡詩風明朗化。民國71年8月，逢《葡萄園》創刊二十週年，《葡萄園》推出特刊，並重刊創刊詞，其中申明：

> 我們願意誠懇地指出：近幾年來，許多原本喜愛新詩的讀者，都是因為覺得現代詩「難懂」，因而對現代詩感到困惑、失望、甚而望詩生畏，不敢親近……我們希望：一切游離社會與脫離讀者的詩人們，能夠及早覺醒，勇敢地拋棄虛無、晦澀與怪誕；而回歸真實，回歸明朗，創造有血有肉的詩章。〔註31〕

當期刊物首篇，為文曉村之〈我們的道路—「葡萄園」二十年回顧兼序「葡萄園詩選」〉，文中回憶二十年前「葡萄園」創刊之初，現代詩的晦澀風雲像低氣壓般，籠罩著臺灣詩壇的天空，是故「葡萄園」提倡現代詩之「明朗化」

〔註30〕涂靜怡，〈給「陽光小集」詩友的一封信〉，收入《秋水詩刊》35 期（1982 年6 月），頁 21。

〔註31〕見《葡萄園・創刊詞》，收入《葡萄園》79、80 期合刊（1982 年 8 月），頁 12。

與「普通化」，並於第二期社論中，爲現代詩之「明朗化」作明確定義。《葡萄園》詩刊的確是臺灣詩壇首先以「明朗化」爲訴求的詩刊，但在〈詩壇春秋〉通篇未提及「葡萄園」，由此引來文曉村、向陽等詩人憤慨。

論者砲火猛烈攻擊，指出洛夫不正視詩壇發展史實，同時，爲長期耕耘詩壇之眾多詩刊、詩社發聲，論者爲文彰顯此等詩刊功績之際，亦予以正面肯定：「在眾多詩刊中能維持二十年不輟的像『葡萄園』詩刊，是值得敬佩的，在詩的歷史中應該有他一席之地。而『秋水』詩刊八、九年來從未脫期，而在女詩人涂靜怡的主持下，把一批『隱藏的星群』（林煥彰語）一顆顆擦亮，使他們在詩的夜空中重新放光、展現。實在是一本難得的詩刊。」〔註32〕

再者，〈詩壇春秋〉既爲詩壇之「總算帳」，應採寬廣視角，將近三十年以來，出現詩壇之詩社，納入討論範疇，並作簡單介紹，如《南北笛》、《今日新詩》、《龍族》、《大地》、《草根》等詩刊。但洛夫對詩壇蓬勃發展之新象，卻隻字未提，遭致諸多論者質疑：

> 洛夫爲文的立場顯然不夠客觀。……這麼長的一篇文章，只敘述了四個詩社的成長歷史，而對於其他具有歷史具有成就的詩社卻隻字不提，實在是有欠公允，像「葡萄園」，像「秋水詩刊」，它們都曾經努力過，而且，直到現在還在那裡努力著，遺憾的是，在兩萬多字的「春秋」裡，他們竟然沒有被列名。〔註33〕

> 近三十年來臺灣地區出版的詩刊大大小小約有七、八十種之多。（根據林煥彰編著六十五年出版的近三十年新詩書目刊載有七十二種）
> 洛夫先生卻只有提及一些處於「冬眠狀態」的詩刊。至於如創刊已二十年現在仍按期出版中的「葡萄園」。六十三年創刊沒有脫過期的「秋水」卻隻字不提，其他的當然更不要提了。〔註34〕

洛夫除了清理詩史外，亦論及年輕的詩創作者。洛首先肯定詩壇新血的努力，稱許他們從原有基礎上，汲取養分並另創新徑之嘗試，但仍不忘直指他們的弱點，及其力有未逮之處：

> 近十年來他們對新形式的創造雖未敢嘗試，但在歷史詩、敘事詩、

〔註32〕麥穗，〈讀「詩壇春秋三十年」有感〉《秋水詩刊》35 期（1982 年 6 月 25 日），頁 9。

〔註33〕魯蛟，〈詩壇風雲〉，《秋水詩刊》35 期，（1982 年 6 月 25 日），頁 4。

〔註34〕麥穗，〈讀「詩壇春秋三十年」有感〉《秋水詩刊》35 期（1982 年 6 月 25 日），頁 8。

方言詩等新題材上的探求，績業都很可觀。唯一遺憾的是，近年來
他們在鄉土主義的局限下，不僅詩觀受到限制，想像力也難以縱韁
馳騁，而對外國詩的譯介和研究工作，也告全面停頓⋯⋯新人是長
成了，但他們辦詩刊，推展詩運的熱情和執著則不如前人。他們老
成持重，大多缺乏前衛精神和實驗新形式新語言的勇氣。〔註35〕

年輕創作者及詩論者，以向陽爲例，便對此說提出回應。向陽以爲，不少青
年詩人在創作上，寧以詩爲宗，不願以「主義」劃地自限，洛所謂的「受鄉
土土義侷限」，事實上有進一步求證之必要，因詩風近於鄉土，並不代表詩人
持「鄉土主義」詩觀，而贊同「鄉土主義」者，其詩作亦不必和鄉土有關。
另外，詩人辦詩刊之現象如雨後春筍，投入現代詩園地者日眾，雖成績尚未
呈顯，然並不損其「熱情和執著」，向陽以《陽光小集》的勇於突破爲例，證
明青年詩人的策劃能力亦逐步成長中。〔註36〕

（三）對於詩語言看法的歧異

〈詩壇春秋〉以「『笠』的語言問題」一節，論述笠詩社之發展過程，與
其運用語言之特色。洛文一出，「笠」詩社於同年八月做出回應，計有李敏勇
〈洛夫的語言問題〉、郭成義〈貓與老虎魚和雪〉兩篇文章，以及兩次座談記
錄，討論「笠的語言問題」及「詩學與語言」之議題。〔註37〕

洛夫直述：「『笠』詩社一向執著於它的鄉土精神與即物觀念：也許他
們認爲，爲了表現這種精神與觀念，唯有採用一種直接傳達的語言才能有
效。」洛夫從語言及其延伸出的概念，爲立論基礎，發抒對詩語言觀之認
知，以爲語言可區分爲「說的語言」和「寫的語言」兩種，而語言、文字
之質性並非完全相異，若「語言及思考」成立，則文字何嘗不是思考，故
洛對白荻所謂的『人是用語言來思考，而不是用文字來思考」之論調，不
敢苟同〔註38〕。其後李敏勇對此說法並不認同，就他理解，洛夫犯了將「語

〔註35〕洛夫，〈詩壇春秋三十年〉《中外文學》10卷2期（1982年5月），頁26。

〔註36〕向陽，〈春與秋其代序——對洛夫先生「詩壇春秋三十年」一文的幾點意見〉
　　　　《陽光小集》9期（1982年6月25日），頁9。

〔註37〕「笠的語言問題」於民71年6月13日舉行，參與者包括錦連、李魁賢、白
　　　　荻、杜榮琛、陳千武；「詩學與語言」於71年5月舉辦，計有林佛兒、喬林、
　　　　羅青、李弦、羊子喬、張雪映、謝秀宗、郭成義、李敏勇等人出席。兩次座
　　　　談記錄，皆收入《笠》110期（1982年8月），頁11～23。

〔註38〕洛夫，〈詩壇春秋三十年〉《中外文學》10卷2期（1982年5月），頁26。

言」與「文字」混爲一談之謬誤,「笠」和「創世紀」因在語言層次上之著力點不同,前者重外向觀點(即:即物),後者重內向觀點(即「抒心」),兩者皆通過象徵手法展現,爲詩的表現手法之一,並無優劣之分。李從詩語言之表現上,評「笠」與「創世紀」之別,指出「創世紀」同仁,尤其是洛夫的詩作,反映出:若不依賴艱澀詞語,便很難寫出「深刻的詩」。

再者,洛夫以爲,「笠」同仁幾位傑出的詩人,過去皆著有深刻動人之作,但在語言上受現代主義影響,多少被視爲晦澀,發展至八〇年代,他們的語言觀雖有改變,但仍能維持一定程度的張力與純淨,至於更年輕的創作者,因一開始便接受直接語言的觀念,並未思及詩之語言須經由提煉,化粗糙爲精鍊,化散漫爲緊密等問題,同時舉「笠」同仁詩作,證明其語法清楚,語意未明,此點立即遭論者反駁,並舉洛夫詩作,反將對方一軍。

郭成義隨後於《笠》110 期,發表〈貓與老虎魚和雪〉一文,回應洛夫。他反駁在民國五十年初期,所謂的「意象語言」正瀰漫詩壇,而年輕作者並非如洛所言的「接受直接語言」,而是誘於「意象語言」之迷障中,然很快地便察覺,提煉詩的語言,並不等於將之提煉爲「神話」或不合邏輯的語言,而粗糙不見得不「美」,所謂的「緊密」,亦不完全是將自己鎖在房內,閉門造「字」,他們不能忍受洛夫等人的寫作模式,因此立志追求詩的新貌,郭成義說:「而他們所拋棄的,洛夫至今卻還捨不得丟掉!」〔註39〕

三、爭奪臺灣現代詩史的詮釋權

洛夫〈詩壇春秋〉之所以引起這麼多爭議有兩個原因,首先洛夫談到自己曾爲「中國現代文學大系」詩選所撰之序言,毋須重複贅述,故難免有疏漏之憾。由是,洛爲「中國現代文學大系」詩選撰之序言,或可視爲探論〈詩壇春秋〉之參照譜系。洛夫之所以以「雜憶和反省」方式來處理 1972 年以前之詩壇史事,是因爲顧慮當時已有不少現代詩論述。1972 年 3 月《現代文學》季刊推出「現代詩回顧專號」,邀集當時若干詩人及論者,就發展近二十年之現代詩歷程,提出觀察,檢討,其中收入洛夫〈中國現代詩的成長——「中國現代文學大系」詩序一文〉。因爲〈中國現代詩的成長〉在資料上有更完整的說明〔註40〕,因此洛夫才會以回憶雜談的方式來寫〈詩壇春秋三十年〉。

〔註39〕郭成義,〈貓和老虎魚和雪〉《笠》(1982 年 8 月 15 日),頁 11。
〔註40〕此文分「中國現代詩發展的回顧與反省」「中國現代詩的特質」兩大部分,前

但是無論如何，〈詩壇春秋三十年〉仍然具有簡略詩史的性質，因此大家仍然以嚴肅的文學史學術論文的眼光來審視〈詩壇春秋〉一文。以學術論文眼光來看這篇文章，最令人不能認同的莫過於洛夫描述現代詩史的語氣。這樣的例子在整篇文章中數不勝數，例如「暗潮洶湧」、「內部矛盾」、「招兵買馬」、「策反／戰國諸侯割據的情勢」、「投效」、「反共義士」、「五人派」、「第四勢力」、「扯角」等字眼，讓羅門都不禁感嘆這些是「連詩神聽了都做惡夢的非詩國的語彙」。但在譴責之餘，我們不妨更進一步了解洛夫使用這些非學術用語的原因。

重新審視〈詩壇春秋三十年〉我們可以發現，洛夫書寫現代詩歷史所根據的書寫方式與邏輯，並不是循學術論文體例，而是用了類似三國、水滸等武俠小說、歷史小說的書寫方式來寫這段回憶，會以「暗潮洶湧」、「內部矛盾」、「招兵買馬」、「策反」、「戰國諸侯割據的情勢」、「投效」等戰爭修辭，也是更直接呈現洛夫心目中的確把詩壇當成戰場來看待。在此文中，洛夫不甚重視現代詩史上重要的學術研究成果，也沒有客觀給每個詩人詩社下公允的評語，唯有高度重視現代詩壇當中權力演變關係，換言之，洛夫只在乎詩社在詩壇的影響力。就影響力來說，四大詩社當然是臺灣最具代表性的詩社，在八〇年代「秋水」、「葡萄園」以及日後的新興詩社如「陽光小集」還趕不上，因此洛夫忽略了他認為權力關係上不構成威脅的詩社，也忽略詩人的個人表現。進一步來說，洛夫詳細解說四大詩社，其實是要強調四大詩社之間的權力互動，因此洛夫特別重視羅門加入藍星、或者余光中等人要籌組新社團等這種會改變詩壇勢力均衡的事件。

反過來說，對洛夫的批評雖然都強調自己站在學術研究的立場，但是深究各社代表的發言，仍然是站在替自己的詩社爭取詮釋權，仍然是詩壇權力關係的角力的一部份。以「秋水」、「葡萄園」的來看，不願意自己在現代詩史上消失，因此不得不提出抗議。因為在七〇年代初期，他們的聲音仍顯微弱，正由於無法取得強勢媒體的資源，內在能量稍顯不足，是故急欲找尋有

者為當時詩壇詩社之「戶口普查」，後者則就詩之傳統／現代鍛接，現代詩之實驗傾向，及其語言特質三項，詳加論述。「現代詩回顧」一節，縱論「現代派」「藍星」「創世紀」「笠」「詩宗社」等規模較大、影響較廣詩社，旁及羊令野與羅行相繼主編之「南北笛」、以古丁為首之「葡萄園」、林綠及翱翱等領導「星座」詩社、以及以青 詩人為主幹之「龍族」「水星」「暴風雨」「主流」等詩刊。

效的戰鬥方武，讓讀者聽到他們的聲音，繼而壯大自我的文化產業。這可從
《葡萄園》和《秋水》所編纂的年度詩選一窺究竟，其中不免有與《創世紀》
年度詩選較勁的意味。

　　除了「秋水」、「葡萄園」之外，更積極的意義可從《陽光小集》的行動
中看出。從七〇年代開始新世代詩人勇敢的挑戰前輩詩人，因此七〇年代興
起一股新興詩社大量出現的風氣，李豐楙分析這些新世代詩人是因為眼見現
代詩的諸多弊病，企圖為現代詩注入新的活力，是一種現代詩領域的「振興
運動」（revitalization movement），而新世代詩人想注入的新的精神是什麼呢？
李豐楙說：「一言以蔽之，就是為了彌補前行代精神的晦澀、精神的貧困，而
有意建立一種表現中國的、民族的、現實的新風格中，可說是這一時代、這
一地方的入世精神。」〔註41〕

　　李豐楙所討論的七〇年代出現新世代詩人詩社的最後一個也就是「陽光
小集」。從這個角度才可以理解陽光小集有意識的邀集文章，其實為了「挑戰
威權」。身歷其境的向陽談到當時的情形：

> 八〇年代初期的現代詩風潮表現在具體的面向上，就是以《陽光小
> 集》為主力的「挑戰威權」模式。表現在該刊的專輯中〔如「每季
> 新詩評介」、「詩人的成績單」、「誰是大詩人」等〕如此，表現在該
> 刊對洛夫所撰〈詩壇春秋三十年〉的論戰處理方式也是如此。這些
> 相當具有企劃、企圖的行動詩學，標誌出了八〇年代第一階段「承
> 襲期」中現實主義詩人群的行動力，以及他們對於國民黨統治下的
> 現代詩壇威權的反抗。這方面，固然延續了七〇年代《龍族》、《主
> 流》、《大地》三誌向前行代詩人宣戰的精神，也顯示戰後代詩人群
> 爭取詩壇權力的主體性企圖。〔註42〕

相對於其他詩社只是單純抗議，「陽光小集」的行動顯示出新世代詩人挑戰前
輩詩人解釋詩史的權威，及其奪回詩史詮釋權的企圖。

　　孟樊曾指出寫臺灣現代詩史的四大迷思，分別是起源論、進化論、國族
論、作者論（包含詩社觀與世代說），以孟樊的觀點來審視洛夫的這篇〈詩壇

〔註41〕 李豐楙，〈民國六十年（一九七一）前後新詩社的興起及其意義〉陳大為、鍾
　　　　怡雯主編《20 世紀臺灣文學專題 I ——文學思潮與論戰》（臺北：萬卷樓，2006
　　　　年 9 月），頁 237。
〔註42〕 向陽，〈八〇年代臺灣現代詩風潮試論〉《臺灣史料研究》第九期（1997 年 5
　　　　月）。

春秋三十年〉，可以說這四大迷思幾乎都可以在這篇文章裡找到。只是相較於洛夫寫〈詩壇春秋〉的八〇年代，今天的臺灣現代詩史已有更多人投入，目前可以看到政大張雙英已經有第一本臺灣現代詩史，而孟樊、楊宗翰也有現代詩史的寫作計畫，相信日後一定會有更可信、更多元的臺灣現代詩史出現。

第三節　席慕蓉現象論戰

　　席慕蓉最早的兩本詩集《七里香》與《無怨的青春》分別出版於 1980 以及 1981 年。出乎所有人的意料，一出版就大賣。據孟樊的調查，《無怨的青春》從 1980 年至 1986 年為止共銷了三十六版；《七里香》從 1981 年 7 月至 1990 年 12 月共銷了四十六版；此外席慕蓉在 1987 年 1 月出版的《時光九篇》至 1990 年為止也銷到二十七版。這樣暢銷的紀錄，除鄭愁予的《鄭愁予詩集》與余光中的《白玉苦瓜》外，詩壇無人可以相比，這種暢銷的現象在詩壇既是空前，至今也沒人能打破這個紀錄。於是詩壇將此稱之「席慕蓉現象」。

　　席慕蓉詩集不但暢銷，也引起評論者的諸多意見。肯定者認為「席慕蓉現象」是種可喜的現象，代表現代詩終於被大眾接受，而席慕蓉功不可沒；反之，批評者認為席慕蓉的詩主題貧乏、矯情造作等等。甚至認為席慕蓉是故意創作此類「媚俗」詩作，來迎合大眾的胃口。這些負面批評最早是在 1984 年 4 月由渡也發表砲火猛烈的〈有糖衣的毒藥〉造成了密集的迴響，此後關於「席慕蓉現象」的評論不斷出現。布迪厄說：「文學競爭的中心焦點是文學合法性的壟斷，也就是說，尤其是權威話語權利的壟斷。」〔註 43〕席慕蓉現象引來鼓掌叫好的評論，也引發現代詩人的焦慮。到底席慕蓉的詩是不是「詩」，批評家與閱讀大眾圍繞著席詩展開了文學合法性的爭奪戰。

　　論戰焦點集中在席詩為何暢銷上，正反兩方互相批判討論。本文嘗試釐清整個論戰的脈絡，呈現整個「席慕蓉現象論戰」〔註 44〕的定位。除了呈現評論家們「如何」論戰外，本文更關注的是評論家們「為何」要爭議詩集暢銷的現象。「席慕蓉現象論戰」提供我們一個切入的角度，透過分析評論家們

〔註 43〕Pierre Bourdieu 著，劉暉譯，《藝術的法則——文學場的生成與結構》（北京：中央編譯出版社，2001 年 3 月），頁 271。

〔註 44〕席慕蓉的詩集暢銷的狀況，被稱為「席慕蓉現象」，這點楊宗翰與沈奇都分別提過。但還沒有人以論戰來看待。引發論戰的原因是「席慕蓉現象」，且渡也曾說他是批判「席慕蓉現象」而不是針對個人而來。因此將此論戰定名為「席慕蓉現象論戰」。

為何論戰的過程中，我們可以發現背後的問題是，現代詩生產體制是如何面對這個前所未見的變局。

一、論戰經過概述

　　最早注意到席詩並為之寫評論的是七等生，但最早注意到席慕蓉詩集暢銷現象，並且嘗試回應的卻是曾昭旭。曾昭旭的〈光影寂滅處的永恆——席慕蓉在說什麼〉中說：「當席慕蓉的第一本詩集『七里香』造成校園的騷動與銷售的熱潮，我同時也開始聽到一些頗令人忍俊不禁的風評。」〔註45〕由此可見當時關於席慕蓉詩集暢銷之事，已經開始有許多流言非議，只是沒有形諸文字表達，有所耳聞的曾昭旭才寫下此文，他希望說明席詩只是一種青春的象徵，「一種表示罷了！你又豈能當真認定執著看死了呢！」〔註46〕以此對席慕蓉是否故意言情媚俗的疑慮作個澄清。

　　之後在 1983 年，蕭蕭也寫下〈青春無怨‧新詩無怨〉，文中提到席慕蓉的詩集，「締造了詩集銷售的最高紀錄，而且，繼續累增中。」〔註47〕面對席慕蓉詩集的暢銷，蕭蕭持以肯定的態度「甚至於可以說，她是現代詩裡最容易被發現的『堂奧』，一般詩人卻忽略了。或許真是詩家的不幸！詩壇的不幸！」〔註48〕，同時蕭蕭解釋到，席詩暢銷是因為她詩中充滿現代詩人所不願意寫出的「情」、「韻」、「事」，因此席詩「是值得一探究竟的現代詩堂奧。」〔註49〕

　　蕭蕭與曾昭旭都對席慕蓉詩集暢銷現象給予正面的評價，曾昭旭肯定席的用心真摯，蕭蕭則點出詩學層面的優點，鼓勵大家學習探究。但這些說法在隔年四月由第一個批判席慕蓉詩集暢銷現象的評論家渡也所分別反駁。他在四月八、九日《臺灣時報副刊》上發表了〈有糖衣的毒藥〉猛力抨擊席慕蓉。

　　這篇文章首先列出席詩的優點，接著分列主題貧乏、矯情做作、思想膚淺、淺露鬆散、無社會性、氣格卑弱、數十年如一日等七項缺點批判席慕蓉。文中渡也批判蕭蕭的說法，首先說：「包括蕭蕭在內的某些詩評家皆認為席詩

〔註45〕曾昭旭，〈光影寂滅處的永恆——席慕蓉在說什麼〉《無怨的青春》（臺北：大地，1983 年 2 月），頁 198。

〔註46〕曾昭旭，〈光影寂滅處的永恆——席慕蓉在說什麼〉《無怨的青春》（臺北：大地，1983 年 2 月），頁 199。

〔註47〕蕭蕭，《現代詩學》（臺北：東大，1987 年 4 月），頁 485。

〔註48〕蕭蕭，《現代詩學》（臺北：東大，1987 年 4 月），頁 486。

〔註49〕蕭蕭，《現代詩學》（臺北：東大，1987 年 4 月），頁 494。

『締造了詩集銷售的最高紀錄』，因此『她的出現與成功，都不應該是偶然。』
筆者頗不以爲然，一個作家的『成功』或失敗如完全由掌聲的多寡來決定，
而非決定於作品的好壞優劣，實在可悲可笑。」〔註50〕

　　另外蕭蕭以爲席慕蓉敢於言情是她受歡迎的原因，渡也並不以爲然，渡
也說：「敢於犯諱犯忌而寫情詩者並非如蕭蕭所言僅有席慕蓉一人！蕭蕭以爲
席慕蓉敢於寫作情詩，值得褒揚，眞是笑話。其實問題不是敢不敢寫，而是
寫得好不好。」〔註51〕渡也雖然批判蕭蕭的上述兩點，但是渡也也承認席詩
的音樂性是成功的，由此可知渡也之所以批判蕭蕭，是因爲蕭蕭肯定席慕蓉
詩集暢銷。

　　此外，曾昭旭所說席慕蓉的詩，必須當作一種象徵，不能當成事實來看。
渡也也反駁曾昭旭的說法，說：「席詩假若僅是『意境的營造』，則虛無飄渺，
一點價值都沒有。看做事實的的陳述倒還好一點，雖然令人不舒服。」〔註52〕

　　渡也自述其寫作動機爲「希望能教沈醉於席詩者，大夢初醒；使席慕蓉
本人，痛改前非。」〔註53〕在渡也的批判範圍中，需要改正的，除了席慕蓉
之外，也包括喜愛席慕蓉的讀者。同樣抱持這種看法的人還有詩人非馬。非
馬在一九八四年八月十日發表了〈糖衣的毒藥〉這篇文章，文中除了認同渡
也的說法外，更點出席慕蓉詩的暢銷現象是整個社會的共犯結構所造成：「我
又想到那些評論家、出版家以及傳播界的人士，他們不好好利用他們的地位
與影響力，去爲改善社會與人群的工作出力，卻甘心淪爲惡性循環中的一環
──培養一批蒼白夢幻的作家，把他們的書吹捧上暢銷架，誘導易感的年輕
人去讀去做夢去無病呻吟，因此培養出更多蒼白夢幻的作家……」〔註54〕

　　渡也的言論一出，隨即在《臺灣時報副刊》引起一場小論戰。張瑞麟發
表了〈我讀「有糖衣的毒藥」〉，以一個不熟悉詩壇的一般讀者立場認爲，席
慕蓉的詩讓他能夠明白、感動，比起其他詩人而言好多了。羊牧的〈動聽的
眞話──爲「有糖衣的毒藥」喝采〉則回頭批評了蕭蕭與曾昭旭不該爲席慕
蓉說話，又再次舉了瓊瑤的例子比喻席慕蓉，並且說：「認爲這些作品就是

〔註50〕渡也，《新詩補給站》（臺北：三民書局，1995 年 2 月），頁 27。
〔註51〕渡也，《新詩補給站》（臺北：三民書局，1995 年 2 月），頁 29。
〔註52〕渡也，《新詩補給站》（臺北：三民書局，1995 年 2 月），頁 32。
〔註53〕渡也，《新詩補給站》（臺北：三民書局，1995 年 2 月），頁 26。
〔註54〕非馬，〈糖衣的毒藥〉，收錄於《新詩補給站》，臺北，三民書局，1995 年 2
　　　　月，頁 45。

『詩』，我認為有良知的文學工作者沒有沈默的權利。」〔註55〕接著，賈化的〈我讀「我讀有糖衣的毒藥」〉則批評了張瑞麟的大眾論點，把席慕蓉的詩比成黃色書刊，引起張又回應了一篇〈有害的迷幻藥〉。這些文章也許沒有深刻論點，但是也反映了閱讀大眾與詩人的兩派想法。正當副刊上的戰火猛烈之餘，《掌門詩刊》也發表了一篇社論〈也談有糖衣的毒藥〉，這篇文章的主要與非馬的說法類似，認為席慕蓉現象是詩壇整體長期以來存在的弊病，文中批評道：「放眼縱觀，目前有多少假冒作品被捧為珠璣，又有多少狗皮倒灶的庸俗宵小之徒，被奉為文壇祭酒，儼然活像祖師爺一般似的。這種黑白不非、是非莫辨，甚而本末倒置的無恥流風，已是由來遠久。」〔註56〕在這種大環境下，「席某深處其境，很難說不也是當中的受害者。」〔註57〕

　　自從《陽光小集》因「政治詩事件」休刊之後，身為主要編輯者之一的苦苓不甘寂寞，於是在 1985 年 2 月，苦苓個人發行了篇幅約 30 頁上下的《詩評家》月刊，第一期就以「席慕蓉現象論戰」為主題，收集論戰相關文章，並且詢問渡也、刊登〈有糖衣的毒藥〉的《臺灣時報》副刊主編吳錦發以及席慕蓉三方的意見，企圖為論戰的發展作一個歸納總結。在三方意見互陳的文章〈聽聽大家怎麼說〉當中，渡也重申自己完全是對事不對人，同時肯定席慕蓉也有寫的不錯的作品。吳錦發也期許能建立一個嚴肅的評論環境，能「容許多元的，民主的評論標準，在這個環境裡，沒有絕對不能批評的偶像。」〔註58〕。而席慕蓉只是回答：「對於這件事情，我一直以『沒有意見就是最好的意見』，我想我還是保持這樣的態度。」〔註59〕不願意反擊的態度也讓渡也稱讚席慕蓉的氣度。

　　在苦苓《詩評家》的統整之後，論戰的主體已經結束。但是隨著時代的轉變，論者看待「席慕蓉現象」的觀點也隨之轉變，不同的論述頗有可觀之處。到了 1991 年，孟樊在當代臺灣通俗文學研討會上發表了〈臺灣的大眾詩學〉一文，則以不同的角度來看「席慕蓉現象」。孟樊長期身處出版業的現場〔註60〕，

〔註55〕羊牧，〈動聽的真話——為「有糖衣的毒藥」喝采〉，《臺灣時報》，1984 年 4 月 23 日。

〔註56〕掌門詩社，〈也談有糖衣的毒藥〉《詩評家》1 期（1985 年 2 月），頁 19。

〔註57〕掌門詩社，〈也談有糖衣的毒藥〉《詩評家》1 期（1985 年 2 月），頁 19。

〔註58〕詩評家整理，〈聽聽大家怎麼說〉《詩評家》1 期（1985 年 2 月），頁 23。

〔註59〕詩評家整理，〈聽聽大家怎麼說〉《詩評家》1 期（1985 年 2 月），頁 23。

〔註60〕孟樊曾任，《中國時報人間副刊》編輯，《臺北評論》主編、時報文化出版公司主編、桂冠圖書公司及石頭出版公司副總編輯、揚智文化事業公司總編輯。

因此這篇文章援引許多出版的實際狀況來加以佐證，加上孟樊善於使用社會學理論，對於席詩受歡迎的社會面向有超越前人的深刻討論，是這篇論文的可觀之處。

尤其迥異於其他的評論文章，孟樊試圖用分析性、解釋性的文字來取代過去的論文中，評論家透過批判席詩所凸顯文化的理想與規範功能。這正凸顯孟文在「席慕蓉現象論戰」中的過渡意義。這篇文章已經將討論問題的焦點從個人詩藝的高下，是否具有媚俗動機等個人批判，轉移到「席慕蓉現象」的社會意涵上。

但即使如此，孟樊仍對大眾詩有輕微的否定傾向。孟文雖然希望能以不帶褒貶的立場來談席慕蓉現象，在行文中卻又可見對席詩帶有貶抑的字句，例如：

> 若不是有強大的傳播媒體為之造勢（包括廣告、宣傳以及演講等等），若不是由於進入暢銷書排行榜而能一砲而紅……則她的詩也很難成為獨樹一格的大眾詩。她是出版商的「詩的寵兒」。〔註61〕

> 席慕蓉如果繼續寫作這種類型的情詩，在出版商刻意的炒作下，不可能再進步，除非她敢於向生產機制反叛。〔註62〕

這些說法仍然暗示席詩的媚俗傾向。又如，孟文一開始即定義何謂「大眾詩學」，意指「被大眾所喜歡或接受的詩……它較一般的詩能普獲大眾的青睞，反映在詩集的銷售上，即表示其銷售成績不惡，不僅『不惡』，而且還能進入暢銷書排行榜內，連連再版。」〔註63〕，矛盾的是，符合這個定義的詩集，除了席慕蓉之外，還包括鄭愁予與余光中。於此孟樊花相當大的篇幅企圖證明只有席慕蓉的詩是所謂的「大眾詩」，而其他二者不是。諸如此類的說法，可以發現孟樊雖希望兼顧八○年代臺灣文化工業興起的背景，但是最大的問題是他武斷地把席詩與大眾詩與文化工業劃上等號，忽略（或者故意漠視）三者的差別。

楊宗翰正點出了孟樊的這個問題。二○○一年一月楊宗翰在《竹塹文獻》上發表了〈詩藝之外——詩人席慕蓉與「席慕蓉現象」〉，楊宗翰則認為文學史還可以透過暢銷、女性、蒙古、非詩社成員詩人的身份來看待席慕蓉，開

聯經出版事業公司企劃主任等。豐富的編輯經歷使他從出版角度討論席慕蓉現象有深刻的分析。

〔註61〕孟樊，《當代臺灣新詩理論》（臺北：揚智圖書，1998 年 5 月），頁 209。

〔註62〕孟樊，《當代臺灣新詩理論》（臺北：揚智圖書，1998 年 5 月），頁 221。

〔註63〕孟樊，《當代臺灣新詩理論》（臺北：揚智圖書，1998 年 5 月），頁 197。

拓新的視野有助於更全面的給席慕蓉較準確的定位。文中則檢討了孟樊對大
眾詩潛在的貶意。楊宗翰指出孟樊事實上套用了文學史家討論瓊瑤的模式來
爲席慕蓉下定位，事實上，席慕蓉本人並沒有涉及文化工業的生產設計，也
沒有打算刻意要求暢銷，把席慕蓉比附爲「詩界瓊瑤」的作法是失之武斷的。

　　二○○二年七月沈奇在《文訊》上發表了〈重新解讀「席慕蓉詩歌現象」〉，
這是最近一篇討論席慕蓉現象的文章。沈奇認爲現代詩的創作具有實驗性與
常態性的寫作態度兩種，席慕蓉正屬於後者，不應該因爲席慕蓉的詩作不具
有實驗創新的性質而加以忽視，甚至敵視。

　　總結以上，我們可以對「席慕蓉現象論戰」的經過有一概略瞭解，但在
事件的描述之外，我們更關心的是文章後面所透露的訊息，亦即評論者在現
代詩場域中的位置以及現代詩場域的轉變。

二、論戰焦點分析

　　慣習的形成是取決於作家個人在文壇中的位置以及這個文壇與臺灣社會
整個權力場域（field of power）的特定關係。布迪厄說：「分析這些位置的佔
據者的習性的產生，也就是支配權系統，這些系統是文學場內部的社會軌跡
和位置的產物。」〔註64〕從這些爭議的焦點以及論者如何證成他們論點當中，
我們可以更清楚看到論者的慣習如何在當中運作。雙方的論點雖然看起來分
歧眾多，但是爭議的焦點可以歸納爲三點：

（一）題材是否太單一

　　席慕蓉最常爲人詬病的地方是題材太過單一，在渡也的〈有糖衣的毒藥〉
提出的七項缺點中，嚴格說來，「主題貧乏、思想膚淺、無社會性、氣格卑弱、
數十年如一日」這五個缺點，事實上都是指責的是同一件事，也就是席慕蓉
長年只書寫傷逝傷感的抒情題材。渡也說：「她把自己關在象牙塔裡吐露『痛
苦』、『憂傷』，陳述的只限於個人生活的狹小圈子管他什麼『先天下之憂』。」
〔註65〕渡也點出的這個論點後來則被孟樊所繼承並加以延伸，由於題材的單
一化使得孟樊認爲席慕蓉的詩有情節定型化的問題，孟樊說：「大眾詩雖然不
像流行小說那樣具有豐富的情節，但其情節定型化則如出一轍，席慕蓉的框

〔註64〕Pierre Bourdieu 著，劉暉譯，《藝術的法則——文學場的生成與結構》（北京：
　　　　中央編譯出版社，2001 年 3 月），頁 262。
〔註65〕渡也，《新詩補給站》（臺北：三民書局，1995 年 2 月），頁 35。

套式情節即愛別離的故事。」〔註66〕

因為題材的接近，批判席詩的評論家們往往不願意去辨認不同作品之間的微妙含意，只是把席詩大量相同題材作品都當作粗製濫造的文化工業複製品。這樣做，是將席慕蓉看做流行文化工業的神話，當席慕蓉的全體詩作被視為一種象徵，一種作者與閱讀大眾一起墮落的一種象徵。於是所有席慕蓉的詩作的含意都全部變得空洞，沒有差別，都只是用來指涉愛別離的感傷詩而已。

但事實上，即使同一題材的詩，席慕蓉仍然有可能嘗試表達不同的想法或者更微妙的情感。例如曾昭旭的〈光影寂滅處的永恆〉中提到：「〈淚‧月華〉寫愛之沉埋，竟到了令人無以辨認的地步。〈遠行〉、〈四季〉與〈為什麼〉都寫的是人與愛之違隔。〈樓蘭新娘〉寫人們對愛的侮慢。只有〈自白〉一首，寫人們在殘缺中一點尚未灰的追尋之心，則總算還保存著一點希望。」〔註67〕由此可見，只要願意更精緻的深入探究，還是可以發現在席慕蓉詩中的不同含意。

肯定席詩的評論家並不批判席慕蓉題材的單一。這是由於中國傳統詩學中有「詩言志」的說法，受此影響的蕭蕭提及他對詩的看法說：「詩是人類因外物而激生的感情，又藉著外物來傳達的一種心聲」〔註68〕，作詩目的在於表達創作者內心的感情，因對席慕蓉來說，她只是誠實表達自己的心情，題材單一也是個人天生才具的表現，因此並沒有值得批判的地方。

（二）詩語言是否過於鬆散

除了題材的單純以外，批判席慕蓉的另一個焦點在語言的淺白。渡也批判席詩的缺點在淺陋鬆散。孟樊則說這種詩語言的淺白是大眾文學的重要特色，甚至說：「像席詩所使用的淺白易懂的語言，可能導致二種後果，一是使生活的豐富性（包括愛情的多采多姿）無由從簡單、稀少的詞句中顯現出來，二是正因為如此，反過來導致我們所能認識的現實會越來越少。」〔註69〕

諷刺的是，幾乎論者都認同詩語言的淺白是席慕蓉的優點，渡也先說明

〔註66〕曾昭旭，〈光影寂滅處的永恆──席慕蓉在說什麼〉《無怨的青春》（臺北：大地，1983年2月），頁203。

〔註67〕曾昭旭，〈光影寂滅處的永恆──席慕蓉在說什麼〉《無怨的青春》（臺北：大地，1983年2月），頁204。

〔註68〕蕭蕭，《青少年詩話》（臺北：爾雅出版社，1989年1月），頁7。

〔註69〕孟樊，《當代臺灣新詩理論》（臺北：揚智圖書，1998年5月），頁219。

了席詩的優點在於：「語言淺白平易，不咬文嚼字，適合大家胃口」〔註70〕。
如果說詩語言的淺白是席詩的優點，又為何也是她的缺點？

席詩語言淺白是她的特點，也是她非常與眾不同的地方，蕭蕭說：「她的
詩是一個獨立的世界，自生自長，自圓自誇，不知有漢，無論魏晉，是詩國
一處獨立自存的桃花源。」〔註71〕桃花源的文學比喻正說明了席慕蓉詩沒有
受到其他詩人的影響，在文字的使用上不像其他詩人一樣充滿實驗性。現代
詩在臺灣一向以開創文學潮流的實驗性與創造力見著。這樣的背景可遠紹大
陸現代派與臺灣風車詩社的超現實主義文學傳統。當席慕蓉違背了這個現代
詩傳統，以淺顯語言發聲時，便逼得其他評論家思考這個傳統的存在意義。
對大多數現代詩人而言，現代詩就是應該創新實驗是天經地義的事，因此評
論家們就必須在現代詩傳統與席慕蓉之間劃出一條界線來。布迪厄說：

> 當最「純粹」、最嚴格和最狹隘的定義維護者認定某些藝術家（等）
> 並不真正是藝術家，或不是真正的藝術家，並否認後者做為藝術家的
> 存在，他們就是從自己作為「真正」藝術家的角度，想在場中推行作
> 為場的合法視角的場的基本法則、觀念與分類的原則，這個原則決定
> 了藝術場（等）非如此不可，也就是讓藝術成為藝術的場所。〔註72〕

如果席慕蓉的詩違背了這個傳統，那麼評論家們只能「否認席慕蓉做為詩人的
存在」，因此包括渡也、非馬以及孟樊等評論家們必須用強烈貶抑的字句來批判
席慕蓉。透過將席慕蓉詩的意義掏空，忽視席詩的技巧的方式來否認他，進而
畫出詩人與非詩人之間的界線。那肯定席詩語言的評論家呢？席慕蓉詩中的古
典抒情氣質正好與蕭、曾等人的慣習契合，因此要他們接受席詩語言並不困難。
他們的文化薰陶，所受的古典詩詞訓練都告訴他們這樣的作品是好的，可讀的。
另外，身為老師的慣習也使他們認為現代詩普及是值得努力的目標。

（三）動機是否媚俗

除了題材單純與詩語言的淺白之外，批評席慕蓉的論者一再質疑席慕蓉
是有意的媚俗，迎合大眾的低俗品味來寫作。如渡也說：「以其具有迎合一般
青少年胃口的低級趣味，是以格外受歡迎，真是令有心之士痛心。席慕蓉一

〔註70〕渡也，《新詩補給站》（臺北：三民書局，1995 年 2 月），頁 27。
〔註71〕蕭蕭，《現代詩縱橫觀》（臺北，文史哲，2000 年 2 月），頁 246。
〔註72〕Pierre Bourdieu 著，劉暉譯，《藝術的法則──文學場的生成與結構》（北京：
　　　　中央編譯出版社，2001 年 3 月），頁 271。

定不會痛心吧，說不定還暗自慶幸成功。」或者「她似乎把矯情造作、博人同情，當作義不容辭之事。」〔註73〕

　　渡也猜測席慕蓉是有意識地創作這種會受歡迎的詩作，其背後的目的則是爲了「成功」。不止渡也這麼說，孟樊也說：「主要是《七里香》的成功，使詩人的『效益』已經確定，投資席書的風險降到最低，於是大地、爾雅、圓神等出版社，便『儘可能放手讓作者以既有手法繼續生產作品』，結果是席慕蓉的這幾本詩集，好像是同一個模子印出來的，同質性太高。」〔註74〕雖然不像渡也如此直接推斷席慕蓉是有意識的寫作迎合大眾品味的作品，但是孟樊也暗示席慕蓉的確知道自己的詩集是一種受歡迎的產品，因此可以大量複製生產，甚至古繼堂的《臺灣新詩發展史》也沿用此說法，將席慕蓉稱作「詩界的瓊瑤」，由此可見影響之廣。

三、現代詩場域的演變以及顛倒的經濟邏輯

（一）進入八〇年代的古典抒情詮釋社群

　　最早肯定席慕蓉現象的蕭蕭、曾昭旭，他們都是出身中文系研究所，而且兩人都是長期在學校教書的老師。老師的身份與曾、蕭兩人的場域位置有密切的關連。教育政策制訂是由國家主導，老師的身份則是教育的執行者，教育目標是使人民接受國家所期許的意識型態。因此身爲教師在文學場域中的位置便相對傾向政府，也較不具批判性。

　　以臺灣來說，在五〇、六〇年代，由於國家定位傾向是對立於共產中國的自由中國，因此由國家機器所形塑的主導文化（dominant culture）具有標榜正面價值，立場保守且崇尚抒情風格與中國古典傳統等特徵。在強調中國文化傳統的時代氛圍裡，中文系被賦予高度期待，並被視爲中國傳統文化的象徵。

　　因此出身中文系的老師們對詩的期待視野是一種經過選擇的抒情傳統。正如威廉士所說：「我們要檢視的其實不是一個傳統（a tradition），而是一個經過選擇的傳統（a selective tradition）：它是經由有形塑力的過去（a shaping past）與已預先被形塑成的現在（a pre-shaped present）刻意建構而成，在社會與文化之定義及認定上有強大的運作能力。」〔註75〕這個帶有中國傳統、保

〔註73〕渡也，《新詩補給站》（臺北：三民書局，1995年2月），頁34、32。
〔註74〕孟樊，《當代臺灣新詩理論》（臺北：揚智圖書，1998年5月），頁212。
〔註75〕張誦聖，《文學場域的變遷》（臺北：聯合文學，2001年6月1日），頁55。

守抒情傾向的文化品味，決定了他們評價文學作品的方向。但五○、六○年代裡現代詩並不是國文教育的一環，當時擁有較被重視的文類是古典詩、文言文之類的古典文類。一直要等到六○年代後期，現代詩才開始逐漸被編入課本，進入國文教育

奚密指出現代漢詩所面臨的基本問題就是建立不同於古典詩的身份，並且對抗普遍存在於社會文化中古典詩的影響。經過早期詩人們的努力，到了六○年代中期，現代詩已確立身份與在文壇的地位。奚密指出：「現代詩的新空間表現在三方面：第一，對詩的無功利性的追求；第二，對詩人所處的社會社會經濟弱勢的自覺以及對其他弱者的憐憫；第三，激進的個人主義與通俗文學文化對立。」〔註76〕正因為現代詩具有上述特徵，相對的參與現代詩的創作活動也變成一種前衛實驗的象徵，這往往代表配合不願意與商業以及政府主導的主流文化品味。

到了八○年代，現代詩已經逐漸被承認其重要性，中文系學者也開始嘗試以自己的文化背景去解讀研究現代詩。但是傳統中文系並沒有相關的詩學知識可以援引，中文系身份的現代詩評論家有兩種方式進行批評，其一轉化相類似的古典詩學理論來詮釋現代詩。不然就是接受已發展了二十年，混雜外國詩學與現代詩人自身體悟的現代詩學傳統。因此同樣是中文系出身的渡也、蕭蕭與曾昭旭，因為選擇了不同的文化傳統而導致立場的對立。

對蕭、曾而言，席詩與他們所熟悉的中國古典傳統相當的契合，蕭蕭這樣分析：「大學時代，席慕蓉已會作詩填詞，古典詩歌的含蓄精神、溫婉性格、溫柔氣質，自然從她的話中透露出來，不過，她運用的是現代白話言舒散感覺又比古典詩詞更讓人易於親近。同時，她不會浸染於現代詩掙扎蛻化的語言不似一般現代詩那樣高亢。」〔註77〕由此可見，蕭蕭在席詩中所看到的「古典詩歌的含蓄精神」，正是蕭、曾兩人接受的原因。

在那之前，現代詩在臺灣文化場域中位於邊緣位置。由於戰亂，早期現代詩人的教育背景複雜多元，其中軍人與外文學者身份居多，就算不是外文系背景，現代詩人們也都努力學習外國詩與外國文學理論。

相反的，在現代詩傳統的無功利性以及反對通俗文學的特徵，使得渡

〔註76〕奚密，〈導論：臺灣新疆域〉，馬悅然、奚密、向陽主編《二十世紀臺灣詩選》（臺北，麥田，2001年8月），頁56。
〔註77〕蕭蕭，《現代詩縱橫觀》（臺北，文史哲，2000年2月），頁246。

也、非馬等現代詩人完全不能接受席慕蓉的作品。首先，他們不能認同詩的受歡迎，因為詩是一種前衛、實驗、菁英文化的象徵，是不應該普遍化大眾化的。另外他們也不能認同席詩得到評論者的讚美，因為現代詩專業評論者的讚美，代表評論者承認這些「文字」是詩，這將使「詩的定義」混淆不清。最後終使渡也、非馬這些評論家以嚴厲語氣批判將席慕蓉與肯定席詩的評論者。

此外在《臺灣時報副刊》發表文章反對渡也的張瑞麟，可以說代表一般大眾對這個現象的看法〔註 78〕。的確，普羅大眾並不期待複雜難懂的文學作品，抒情風格容易接受都是一般大眾願意接受席慕蓉的原因。張瑞麟說：「只因為她的詩我看得懂，而且會受感動。我寧可要一個詩作平淺易懂的詩人，也不要十個寫些令人看了不知所云的艱難的詩人。」〔註 79〕

在這句話的背後隱含了大眾長期以來對現代詩的不能諒解與理解。長期以來，強調實驗前衛的現代詩不能被大眾所理解已經是臺灣現代詩史上爭議過無數次的話題，即使如此，現代詩人們仍然堅持著自己的定位，保持與大眾的距離，並且享受著現代詩所具有的較高的文化資本。能夠解讀並創作別人不能理解的現代詩似乎成為現代詩人們高人一等的理由。雖然有心之士不斷鼓吹現代詩不要晦澀，但大眾對現代詩的接受程度卻一直不高。

相反的，六〇到八〇年代間在國中、高中國語課本上出現的現代詩作，除了強調愛國的作品外，多半是抒情的小品。這使得被教育的大眾對現代詩的期待往往停留在楊喚〈夏夜〉、蓉子〈只要我們有根〉、余光中〈鄉愁四韻〉、渡也〈竹〉這類抒情、標舉正面價值、傾向採取中國象徵的詩作，這些傾向也正是席慕蓉的詩中的特色。再加上國文學習過程中會學到許多中國古典詩詞，這些古典詩詞所表現的抒情與古典詩詞特有的押韻方式都使得閱讀大眾感到熟悉，而得以欣賞席慕蓉作品。

時間到了九〇年代，文學場域開始有了轉變。首先，其次研究者開始重

〔註78〕大眾支持席慕蓉可以從二件事看出來，首先是席慕蓉擁有臺灣詩人中最高的銷售量，且屢屢進入暢銷書排行榜。其次，渡也自述：「然而，去年四月以後，我每到一處演講或開文藝座談會，往往有大量聽眾向我抗議，理由是他們非常喜愛《七里香》、《無怨的青春》。」見渡也《新詩補給站》（臺北，三民書局，1995 年 2 月），頁 42。張瑞麟本身不是詩壇中人，其意見多少反應閱讀大眾的意見。

〔註79〕張瑞麟，〈我讀「有糖衣的毒藥」〉，《臺灣時報》，1984 年 4 月 18 日。

視通俗文學的社會意義。各種國內、外有關通俗文學理論的興起，使孟樊能以有別於過去評論家的理論架構去討論席慕蓉現象，對孟樊而言，這已經是詩學現象，而不再是詩人個人的技巧或品格問題。但是孟樊仍犯了把席詩成通俗文學的問題。

到了最近，楊宗翰發聲時候，情況又不同於孟樊發聲的時候。隨著時間過去，席慕蓉已成名二十年，她早期成名的作品也已經被典律化，例如《時光九篇》得到民國七十六年的「中興文藝獎章」。作品而收入各大重要詩選，甚至近年來的高中、高職課本已將〈一棵開花的樹〉收入教材中〔註 80〕。而「席慕蓉現象」也已經成為臺灣現代詩史上的重大事件，是後來研究臺灣現代詩史者不能不處理的重要議題之一。

（二）現代詩場域中顛倒的經濟邏輯

關於席慕蓉是否自覺的媚俗，文化工業的形成分析在孟樊、楊宗翰的文章中已經有充分的分析，本文更關心的是，為什麼評論家們要如此深惡痛絕地批判「暢銷」這件事。我們可以這樣分析評論家的邏輯：席慕蓉的作品很暢銷，暢銷是罪惡的，所以席慕蓉是罪惡的。證諸渡也所說：「乍看起來以為是天使，細看之下原來是魔鬼，害人不淺。」〔註 81〕可以知道詩評家們的心中的確是這麼想的。

之所以會有這樣的思考，實則由於文學是以作為社會中的文化象徵方式來與經濟場、權力場互動，因此在文學表現上必須表現出對利益的排斥，越是如此，其作為象徵的代表性才越強。如同布迪厄的分析：

> 後者驅使最激進的捍衛者把暫時的失敗作為上帝挑選的一個標誌，把成功當作與時代妥協的標誌。……實踐的經濟如同在一場敗者獲勝的遊戲中，是建立在權力場和經濟場的基本原則顛倒的基礎上的。它排斥對利益的追逐，它不擔保在投資和金錢收入之間任何形式的一致；它譴責追求暫時的榮譽和聲名。〔註 82〕

由於強烈的排斥經濟利益，使得文學場的原則呈現出似乎與經濟場顛倒的特色，也就是越願意犧牲經濟利益，越賠錢的作家所獲得的名聲報酬也越高。這

〔註 80〕南一版高中國文課本第二冊及東大版高職國文第四冊都收錄了〈一棵開花的樹〉。
〔註 81〕渡也，《新詩補給站》（臺北：三民書局，1995 年 2 月）頁 32。
〔註 82〕Pierre Bourdieu 著，劉暉譯《藝術的法則——文學場的生成與結構》，頁 265。

樣的原則也常見於現代詩的傳統中，例如創世紀的洛夫、張默、瘂弦等人不惜典當棉被辦詩刊以及周夢蝶身無長物恆產，唯一心創作的故事不斷被傳誦，都是最好的例子。反觀席慕蓉：「她的家世良好，事業、學業均一帆風順，既不坎坷也不淒涼。比起某些寂寞、困頓的詩人，席慕蓉著實非常幸運、幸福。」〔註83〕於是她幸福生活背景便成她置身於文學場域中的原罪了，再加上詩集的暢銷，這一切都使得評論家誤判席慕蓉的動機，把她與故意媚俗劃上等號。

諷刺的是鄭愁予、余光中的詩集也有相當好的銷售成績〔註84〕。但鄭、余兩人卻在詩壇中聲望極高，因此孟樊只好採取將鄭、余與席區分開的策略，忽視了鄭、余詩集中與席詩相似的抒情與中國情調。這是因爲孟樊仍無法擺脫現代詩一貫的反通俗特質，而誤將具有獨特面目的席慕蓉詩看做了面目模糊大量複製的文化工業產品。

「席慕蓉現象」至今已近二十年，而砲火猛烈的指責也已不再，時至今日回顧「席慕蓉現象」，我們還可以知道什麼？誠如楊宗翰的大哉問：「我們應該還可以嘗試去追問：席詩既然如此暢銷與受讀者歡迎，它對『臺灣現代詩體制』（the institution of modern Taiwan poetry）究竟有沒有產生過影響？若有，此影響如何發生？影響的程度又是如何？若無，則爲何沒有發生影響？」〔註85〕。

本文試圖說明評論家們之所以會對席詩有正反兩面的評價，來自於其各自的場域位置，以及所內化的慣習所導致。透過「席慕蓉現象論戰」我們可以看到現代詩的場域轉變，由過去國文教育中所宣揚的中國古典抒情傳統如何影響大眾去喜歡席慕蓉。張誦聖說：「長期以來被創作者和讀者大眾所內化了的主流審美意識，即便在威權時代終結的時刻，仍然統欲著人們的情感結構。」〔註86〕

就大眾讀者來說，長久以來對於古典抒情風格的薰陶，讓群眾能夠更迅速接受席慕蓉的詩，但詩集大量暢銷的現象，卻反過來讓詩人們適應不良，這逼使評論家們對思考現代詩的雅俗抉擇。王浩威點出鄉土文學論戰之後詩

〔註83〕渡也，《新詩補給站》（臺北：三民書局，1995 年 2 月），頁 24。

〔註84〕根據孟樊的說法，《鄭愁予詩集》到一九八六年爲止銷了 28 版，余光中的《白玉苦瓜》到一九九〇年銷了 15 版，雖然比不上席慕蓉，卻也是其他詩人無法望其項背的成績。見孟樊《當代臺灣新詩理論》（臺北，揚智圖書，1998 年 5 月），頁 198。

〔註85〕楊宗翰，《臺灣現代詩史——批判的閱讀》（臺北，巨流，2002 年 6 月），頁 190。

〔註86〕張誦聖，〈現代主義、臺灣文學和全球化趨勢對文學體制的衝擊〉《中外文學》35 卷 4 期（2006 年 9 月），頁 100、101。

壇的轉向：「當鄉土文學論戰積極地要求現代詩的作者將鏡頭轉向外在、鄉村
和人群時，卻矛盾地遭遇到一個問題：要求用藝術舊的生產方式，來面對新
的生產關係。其結果只是達到短暫的政治價值，卻沒法與迅速成形的消費型
社會階級產生對話。鄉土文學對文學任務的要求，反而加速了文化工業的商
業性格。……在鄉土文學論戰以後，我們看到了席慕蓉旋風，看到了不斷自
我指涉和自我寫史的詩人，看到了許多企圖以輕薄短小而印刷精美來暢銷的
抒情詩集，都只是不斷地建構一個不可能的巴貝爾塔，而逐漸陷入資本社會
的商業邏輯。」〔註87〕

　　此外，我們還能把席慕蓉論戰的討論放在這樣一個更大的環節中來看，
也就是文學界長期以來雅俗文學的對立與爭執。在席慕蓉現象之前，現代詩
的多次論戰就是環繞著文學應該堅持藝術性還是應該擁抱大眾這個主題打
轉。此外證諸李敖、呂正惠等人對瓊瑤、廖輝英等人所謂「閨秀文學」的批
判〔註88〕，其性質與席慕蓉現象的論戰也都有相通之處。這幾個現象與論戰
之間的關係，還值得後來研究者來比較分析。

第四節　1983 臺灣詩選論戰

　　「1983 臺灣詩選論戰」〔註89〕起因於由吳晟主編、前衛出版社出版《1983
臺灣詩選》，此一詩選問市以來，即受到許多批評，一直延續到 1985 年。其
中以《葡萄園》與《秋水》詩刊詩人批評最烈，但是《1983 臺灣詩選》的編
輯部，以及幾位編輯委員卻都沒有公開反駁。直到當時的黨外雜誌《前進》
連續幾期刊登批判文章，才算是代表反駁立場發言。這次論戰歷來都被忽視，
幾次重要的詩史整理、大事紀要也都忽略了此一事件。

　　距今最近並且最詳細討論此一論戰的文章，是陳瀅州在國家臺灣文學館
主辦的「第二次全國臺灣文學研究生學術論文研討會」所發表的〈典範轉移
／場域爭奪──「1983 臺灣詩選」論戰〉，此篇論文詳細說明整個論戰的經過，

〔註87〕王浩威，〈詩人，你的國度不在臺灣──論詩的消費市場〉《臺灣文化的邊緣
　　　　戰鬥》（臺北：聯合文學，1996 年 10 月），頁 46。
〔註88〕關於李敖等人對瓊瑤的批判可參見林芳玫著《解讀瓊瑤愛情王國》（臺北：時
　　　　報文化）。關於呂正惠對閨秀文學的批評，可參見呂正惠著《小說與社會》（臺
　　　　北：聯經，1988 年）。
〔註89〕這次論戰起因於前衛版《1983 臺灣詩選》，同時研究者也多以「1983 臺灣詩
　　　　選」論戰來稱呼，因此文沿用其名。

並且找出許多前人未談及的資料，為其精彩之處。但是陳瀅州的論文仍有尚未解決的疑點。首先陳瀅州以孔恩的「典範轉移」概念來解釋此一論戰，但是孔恩的理論主要用在科學哲學上，在這次不太適用於這次論戰。更重要的是，陳瀅州文末說到典範並未轉移，革命尚未發生，既然如此，又如何能此一論戰視之為「典範轉移」。〔註90〕第二個疑點是文中談到同樣是本土派的笠詩社詩人不但沒有聲援吳晟等人，林亨泰和白萩甚至反過來批判「政治詩」此一現象，對此矛盾陳文也沒有提出解釋。

面對陳文尚未解答的謎困，本文認為布迪厄的場域與習態的互動來說明會更清楚。以場域的概念來看，「1983 臺灣詩選論戰」正是八○年代政治場域以及現代詩此一文學次場域之間互動角力的經過。因此與其說這次「1983 臺灣詩選論戰」是典範轉移的過程，不如說是一個可以讓我們觀察政治場域以及現代詩此一文學次場域之間互動的重要切入點。

一、論戰經過概述

「1983 臺灣詩選論戰」最早開始於前衛出版社在 1983 年開始推出一系列的年度選集作為創業書，由李魁賢主編《1982 臺灣詩選》，推出之後渡也首先回應這本詩選，客觀列舉其優點與缺點。之後前衛雜誌社在 1984 年繼續推出《1983 臺灣詩選》，這本詩選強調希望關懷「鄉土意識和現實生活」，因此政治批判、鄉土現實關懷主題的詩作佔了全書將近一半的篇幅。由於當中許多詩作直接批判政府施政，事涉敏感，因此時任臺大教授的朱炎在《中央日報》上發表文章批評這本詩集「惡意攻訐政府」，之後《文訊》雜誌則在十二期刊登「中國現代詩談話會」會議記錄。

相當與此同時，《陽光小集》在 1984 年 6 月推出「政治詩專輯」，從其中可以讀出兩種不同傾向的政治詩路線的分歧，一是泛指與政治有關的詩為政治詩，一是特定指批判當時國民黨政府體制的詩，兩種政治傾向反應了八○年代以來主導文化與反對文化之間的角力。這種認同的分裂也導致《陽光小集》的結束，向陽宣布因為某同仁「蓄意雜入不當之稿件」，為了維護創刊的

〔註90〕「典範轉移」主要解釋在科學研究領域，解釋範圍多集中在研究方法與實驗技術，想要解釋現代詩風格的轉變有不恰當之處。此論文講評人林巾力已經點出：「把這些原本用來描繪自然科學範疇的理論套用在文學的領域當中似乎是會造成一種隔閡的狀況。」《第二次全國臺灣文學研究生學術論文研討會論文集》（臺南：國家臺灣文學館，2005 年 7 月），頁 86。

精神宗旨與聲譽因此宣佈解散。日後論者將此稱爲「政治詩事件」。之所以在此處提出陽光小集「政治詩事件」，是因爲《陽光小集》「政治詩專輯」的社論，正是林野之後在《商工日報》上發表的〈不要污染詩的天空〉，文中痛陳：「如果詩人因政治的狂熱和衝動，淪爲政論雜誌搖旗吶喊的附庸，其失足和失身是可嘆復可悲，……非文學的政治詩污染了詩的天空。」〔註91〕對比向陽與林野的說法，可以發現兩種立場的角力由《陽光小集》延伸到「《1983 臺灣詩選》論戰」。

劉菲在《葡萄園》也發表〈讀詩感想〉。之後《秋水》詩刊主編也繼續在《商工日報》上發表〈維護文學世界的純潔〉，這些文章都統一口徑，認定《1983 臺灣詩選》的背後有政治動機，這些指責逼得《前衛》雜誌第三期發表〈前衛的嚴正聲明〉，強調該社沒有分離意識，希望讓政治歸政治，文學歸文學。

8 月 21 日，渡也在《商工日報》發表〈八〇年代臺灣純文學面臨的困境〉一文，乃屬論戰過程裡較爲中立的文章，其中對雙方產生的問題、現象皆有某種程度的批判。除了指陳部分政治詩流於膚淺、粗糙不堪，缺乏思考深度，甚至淪爲口號；另一方面也指責「朱、凃二氏這種不分青紅皂白地毀謗文章，這種是非不明的偏失淺見，委實也非『愛的，人性的』。對詩壇是一種『傷害』，談不上『幫助』。」、「筆者以爲攻擊，暴露社會、國家之瘡疤，只要出於誠心、善意，對社會國家之發展多少有助益，比虛僞地歌功頌德還要有正面意義。實話實說、直言不諱，難道就是有意刁難？就是不忠於國家？就是臺獨份子的同路人？這種說法未免強詞奪理、胡說八道，這算哪一門推理、邏輯？」〔註92〕此舉讓凃靜怡憤怒的寫文章回罵渡也。

之後一直有零星的文章批評《1983 臺灣詩選》，包括蘇雪林、侯吉諒、彭哥等人。1984 年 11 月《葡萄園》88、89 期合刊中特別針對這場論戰收錄四篇文章。讓這場論戰的批判到達一個頂點。艾旗與劉菲的文章仍然以政治動機作爲批判的核心。其中較特殊的是徐哲萍〈文學與法律之分際〉，文中指出林義雄、李師科等人的犯行確鑿，文學作品不應該不尊重法律判決。〔註93〕文曉村〈給一位青年詩人〉則對吳晟循循善誘，要求年輕詩人回到尊重國家政

〔註91〕林野，〈請不要污染詩的天空〉《商工日報》12 版，1984 年 6 月 17 日。
〔註92〕渡也，〈八〇年代臺灣純文學面臨的困境〉，《商工日報》，1984 年 8 月 21 日，12 版。
〔註93〕徐哲萍，〈文學與法律之分際——簡評一九八三臺灣詩選「關切現實」專欄〉，《葡萄園》88、89 期，1984 年 11 月，頁 23。

府的安全地帶來。在這過程中，《1983 臺灣詩選》的編輯群與前衛雜誌社都沒有回應各方的批評，讓論戰呈現一面倒的情況。

　　而到了 1985 年開始，政論性雜誌《前進》在 95、96、97 以及 100 期分別刊登文章反駁《秋水》、《葡萄園》的說法。文中將詩壇對《1983 臺灣詩選》的各種批評都解釋爲國民黨政治力介入詩壇，所有批判《1983 臺灣詩選》的論者都是國民黨的打手，並且暗示政府將會整肅這場論戰中強調鄉土現實立場的相關詩人、文人而與《前進》同時，苦苓的《詩評家》第二期也轉載《前進》上的文章，並且收集張雪映、何捷與苦苓的文章針對《葡萄園》的言論大加撻伐。面對黨外雜誌《前進》與《詩評家》的反擊，《葡萄園》詩刊 90、91 期又發表了四篇文章來回應，反駁《前進》與《詩評家》的各種指控。在《葡萄園》最後的抨擊之後，雙方都沒有接續的文章，論戰也就到此告一段落。

二、論戰焦點分析

　　關於論戰的焦點主要可以分成兩點，可以分成《1983 臺灣詩選》所選入的詩作品質與題材的爭議以及針對《1983 臺灣詩選》的政治動機批評。後來有關詩選政治動機的爭議鬧的很大，政治的爭議掩蓋了關於這次論戰中有關現代詩的文類特質、表現手法值得討論的問題。以下先討論《1983 臺灣詩選》的政治動機批評，再討論《1983 臺灣詩選》所選入的詩作品質。

（一）政治動機的爭議

　　吳晟在《一首詩一個故事》中曾感嘆此次論戰中關於詩學的討論相當少，吳晟說：「綜合起來，關乎詩學的探討，反而遠比『意識心態』的撻伐少之又少，是反共體制下的陰影重現」。〔註94〕吳晟的說法並沒有錯，對於《1983 臺灣詩選》的爭議多半集中在政治動機的批評與反駁。這些文章佔去最多篇幅。在這次論戰有關政治動機的質疑攻防可以分成保守與基進兩種立場。

　　在保守立場大部分的批評文章中，統一都強調一個重點，也就是質疑這些詩人作者不應該批評政府，而在這種質疑的背後，則懷疑對方的批評是爲共產黨服務的政治動機。當時臺大教授朱炎的說法是一個典型的例子：「毫無疑問，惡意攻訐政府，專門暴露社會的黑暗面，一心想破壞勞資雙方感情的

〔註94〕吳晟，〈詩選何罪〉，《一首詩一個故事》，臺北：聯合文學出版社，2002 年 12 月。

所謂寫實作品，都是三十年代牢騷文學的苗裔。往事不遠，記憶猶新，我們不能再容忍這些社會主義的符咒，把文藝界的夥伴蠱惑得神智不清，任其擺佈，做出傷害國民的事體而不自知！」〔註95〕前衛出版社所出版的《1983年詩選》不可能跟共產黨有什麼關係，但是由朱炎所奠定的這個論述基礎幾乎被所有後來批評者所繼承。〔註96〕例如涂靜怡在《商工日報》上發表的〈維護文學世界的純潔〉更加強此一論述的方向，涂靜怡談到：

> 從許多新近出版的作品，某些偏激的政論性刊物，藉文學性的作品，以達其政治性的目的，固不必說，即以純粹的文學刊物，例如某一年度詩選，我實在不明白，為什麼那些所謂新生代的「詩人」，竟然要標榜「關懷鄉土」、「關切現實」，而卻專門選一些竭力醜化政府，醜化執政黨，醜化我們社會，破壞、分化我們內部的團結的詩作呢？是想要繼承三十年代左派作家的衣缽，為中共「解放臺灣」效犬馬之力呢？還是不自覺地中了中共和臺獨對臺灣進行統戰和破壞的詭計？〔註97〕

文中我們可以看到，朱炎只是暗示這樣的風格與三〇年代寫實文學相接近，而涂靜怡直接懷疑這樣的編輯背後有中共統戰或者臺獨等政治動機。幾乎在涂靜怡之後，《秋水》與《葡萄園》上批評的文章都是依循這樣的說法，成為整個論戰中保守立場文章的主軸。包括劉菲〈關切現實之外〉甚至說：「某些詩人的作品經某本年度詩選編者解釋之後成為與原意相反的『統戰』作品，這是用文學搞政治鬥爭最高的手法」〔註98〕另外連蘇雪林雖然沒看過該詩選，但也說到：「但由過去對共匪陰謀的體驗，便知道寫這類文字的是些什麼人了。」〔註99〕文中的言外之意，都是指這些詩作編輯的動機是希望透過批

〔註95〕朱炎，〈真摯優美的道路〉，《中央日報》（1984年5月24日），10版。

〔註96〕朱炎，〈真摯優美的道路〉一直被後來的論者看做批評《1983臺灣年度詩選》的先聲，例如陳火土〈沒有土地那有文學〉中說「朱炎帶頭衝，文訊當中鋒」（頁37）。謝春馨的碩論也有相同看法，但朱炎原文中並沒有明指他針對何事，他只說寫此文是為了批判八〇年代文學界中兩種趨勢，即「社會主義的寫實主義和商業化的傾向」，他對文學商業化的批評更是不遺餘力。而是泛指八〇年代初期接連發生的寫實文學事件而言，並不是專門針對《1983臺灣年度詩選》。

〔註97〕劉靜怡，〈維護文學世界的純潔〉，《商工日報》（1984年7月27日），12版。

〔註98〕劉菲，〈關切現實之外〉，《秋水》44期（1984年10月），頁5。

〔註99〕蘇雪林，〈文藝界不容魔掌再伸進來〉，《商工日報》（1984年），12版。

評政府進而推翻政府的。

　　等到 1985 年年初《前進》雜誌連續幾期爲爲《1983 年臺灣詩選》反駁之後，更使保守立場諸君更堅定自己的看法。《葡萄園》90、91 期又登出五篇文章反駁《前進》的說法。有趣的是，針對不愛鄉土、不關心現實的批評，保守立場的眾人也不願意接受，說法的調整可以徐哲萍的〈沒有分離意識就好〉爲代表，徐哲萍說：「筆者絕對尊重言論自由與出版自由。拙文所論亦僅就法律觀點立論，絕無不贊成鄉土之意。不但贊成，而且非常贊成，人哪有不愛鄉土的。……且由所云有否認其具有分裂意識的含意，則筆者不但欽佩，也表示萬分敬意。」〔註 100〕

　　平心而論，這樣的指責對前衛版《1983 年臺灣詩選》的編選者來說，實在太過沈重。首先吳晟等編輯的動機應該與共產黨的統戰無關，這是可以肯定的。其次是否有挑戰當權者的動機，乃至於主張臺獨的想法，至少在《1983 臺灣詩選》的選詩以及編輯前言中，也沒有強烈的主張宣示。

　　除了質疑政治動機外，保守立場的論者另一個共通點是強調應該多創作歌詠光明面的詩作。例如愛、希望、美的主題等等。例如朱炎早就提出這樣的說法：「在文學上我們要『走向眞摯和優美的道路，』使我們的作品『都有其樸實的內容與眞摯的情調』。」〔註 101〕，而在朱炎之前，漢客就曾討論鄉土文學的議題，漢客最後說鄉土文學可以不只是描寫社會黑暗面，鄉土文學也可以：「描寫社會的光明面，愛心與和諧等具有建設性的現象。這些現象大部亦與鄉土結緣，亦是鄉土文學，且爲具有積極意義的鄉土文學。」〔註 102〕而文曉村在〈給一位年輕詩人〉中也期許吳晟：「把胸襟放寬，把眼光放遠，在這個旋轉乾坤的大時代中，爲國家爲民族，創作更多更美的詩篇。」〔註 103〕但從文中可以體會到，這裡保守立場論者所謂優美的、光明的作品，其實眞正的含義是希望不要描寫批判現狀，描寫批評政府施政的作品。

　　而支持《1983 臺灣詩選》的論者，抱持批判權威體系的立場，對此我們不妨稱之「基進」（Radical）立場。傅大爲認爲「基進」（Radical）是：「在權威系統之外的自主性空間。它是一個可以擾亂、打破這整個權威系統的戰略

〔註 100〕徐哲萍，〈沒有分離意識就好〉，《葡萄園》90、91 期（1985 年 5 月），頁 23。
〔註 101〕朱炎，〈眞摯優美的道路〉，《中央日報》，1984 年 5 月 24 日，10 版。雙引號內的文字是引用了前總統蔣介石〈民生主義育樂兩篇補述〉的內容。
〔註 102〕漢客就曾在 1984 年 2 月 6 日中央日報副刊上發表〈鄉土文學〉。
〔註 103〕文曉村，〈給一位青年詩人〉，《葡萄園》88、89 期，1984 年 11 月，頁 24。

位置。……它具有一主根深入地中，立足於一自主而獨立的空間。」〔註104〕
基進的立場就是針對權威體系做出質疑與批判。所謂的基進立場事實上是受
後現代主義去中心解構的思想特色而產生的思潮，這個思潮在八○年代成為
支持臺灣黨外運動重要的思想根據。王浩威曾詮釋臺灣當時居於基進立場的
知識份子：「大學生仍然可能是新思潮的前鋒，因為他們是既有社會結構的自
由游離份子也是沒有位置的人，只要他們對這個思想或文化的既有體制有了
徹底的質疑，必然會尋找新的思想出路，從而再生產出新的思想體系。這一
點，我們可以從歐洲和拉丁美洲六○年代學生運動中獲得舉證，也可以在《南
方》、《島嶼邊緣》雜誌上看到隱約的一絲微光。」〔註105〕

　　因此本文用基進立場代表相對於保守立場的言論。其實《1983 臺灣詩選》
的編輯者多少有一些質疑批判權威體系的想法，因為細看《1983 臺灣詩選》
我們可以在選詩以及編者導言的部分，發現一些支持黨外運動的聲明以及針
對政府無能的抨擊。在選詩方面，收入了悼念林義雄滅門血案、支持李師科
以及一些抨擊環境污染的詩作，再加上李勤岸在導言中直接指出：「一向被認
為是政黨政治中制衡角色的黨外民主運動，也一直無法在正常的軌道內運
作，政治事件仍然層出不窮。一九七九年底更爆發了震驚全世界的美麗島事
件，大部分的黨外菁英被捕入獄，使得許多認為民主政治是臺灣唯一出路的
知識份子，萬分沮喪，憂心忡忡。」〔註106〕這些詩作與言論都著實挑起保守
立場論者的敏感神經。

　　從《1983 臺灣詩選》出版之後，馬上引來保守立場論者一連串批評。但
面對這一連串的批評，包括吳晟在內的編輯委員們都沒有反駁的聲音，雖然
他們也頗為此事所困擾。吳晟說：「叫人疲倦，惱人厭唷。在法律而言，我可
以告他們，但覺無聊沒有氣力。如果不為自己澄清，是不是就『默認』了呢？

〔註104〕見傅大為《基進筆記》（臺北：桂冠，1990 年 5 月），頁 4、5。基進（Radical）
　　　　一般也翻譯成「激進」，傅大為最早將此翻譯引入臺灣，他自述：「把」Radical
　　　　詮釋成「基進」，一個社會位置性的概念，而非普通的「激進」一個單單表示
　　　　心理狀態的名詞，是我當年在美國一個臺灣地下左派雜誌中看到的。當時就
　　　　喜歡那種說法，以後也就一直沿用它。」，見《臺灣文藝》第十期（1995 年 8
　　　　月），頁 55。
〔註105〕見王浩威，〈國家機器對臺灣文學的宰制〉《臺灣文化的邊緣戰鬥》（臺北，聯
　　　　合文學：1996 年 10 月），頁 100。
〔註106〕李勤岸，〈「關懷現實」導言〉，《一九八三臺灣詩選》，臺北：前衛出版社，1984
　　　　年 4 月，頁 76。

越使他們兜得起來。」〔註107〕而前衛出版社則發表了〈前衛的嚴正聲明〉：「任何亂扣本社帽子，暗示本社具分離意識等等的作法是可比的卑鄙行爲，正可顯示其陰險和霸道心態」、「我們認爲：『關懷鄉土』『關切現實』正是一種文學新潮流，是反映現實，不是不滿現實」、「讓政治的歸政治，文學的永遠歸文學」〔註108〕。由此我們可以觀察到，前衛與編輯群不願意回應，這顯示顯示當時的政治氣氛的詭譎，另一方面編輯群也不希望現代詩的爭議演變成政治爭議。因此這次論戰中主要的反駁都由黨外雜誌《前進》所包辦。

　　《前進》在 95、96、97 以及 100 期分別刊登文章反駁《秋水》、《葡萄園》的說法。歸納《前進》的反駁文章，可以分成兩點。最主要的是強調《1983臺灣詩選》的編輯委員們被誤會抹黑，從詩選中能看到他們只有熱愛鄉土的心意，絲毫沒有不純正的政治動機。《前進》95 期，陳火水〈沒有土地那有文學〉中談到《1983 臺灣詩選》編委們時說：「他們都是三、四十歲的著名年輕詩人，而且在詩的領域中皆有所成，皆有所長，他們萬萬沒有想到這項編選年度詩選，居然惹來政治污帽的栽贓。」〔註109〕

　　除了強調編輯群沒有政治動機之外，《前進》的另一個最主要的反駁論點則是批評保守立場的論者懷有爲執政黨服務的政治動機，並且暗示就是執政黨在背後主導。陳火水的文章副標題是「臺灣一九八五年的文學整風即將進入暴風圈」，言下之意指執政黨準備整肅《1983 臺灣詩選》編輯群。同樣在 96 期還有林尚賢〈反對的力量是進步的泉源——訪文工會大將孫起明〉，文中孫起明想解釋這些是與執政黨無關，但《前進》97 期的由「臺灣文藝一同仁」發表〈沒有整風怎有訪談——對孫起明談話的質疑〉針對孫起明的說法提出質疑。到了 1985 年 3 月，《1984 臺灣詩選》出版後，《前進》還特別找了苦苓來談這次事件，其中苦苓表示：「所謂文學整風的攻訐，可能不是一種商業的打擊手段，而是對於『一九八四臺灣詩選』的遏阻作用。」〔註110〕。

　　從以上說法我們可以發現基進立場論者與保守立場論者的相似之處，雙

〔註107〕莊英村，〈小人到處有文壇特別多〉《前進》96 期（1985 年 1 月 24 日），頁35。

〔註108〕轉引自陳火水，〈沒有土地那有文學——臺灣一九八五年的文學整風即將進入暴風圈〉，《前進》95 期（1985 年 1 月 17 日），頁38。

〔註109〕轉引自陳火水，〈沒有土地那有文學——臺灣一九八五年的文學整風即將進入暴風圈〉95 期《前進》（1985 年 1 月 17 日），頁38。

〔註110〕浮志萍，〈如果詩壇像大植物園——與吳晟、苦苓談一九八三、一九八四臺灣詩選〉100 期《前進》，頁38、39。

方都否認自己有政治動機，但都同樣懷疑對方的政治動機。

（二）詩作主題與詩作品質的爭議

前衛出版社在 1983 推出李魁賢所主編的《1982 臺灣詩選》。渡也特別著文討論這本詩選。以今天來看，渡也對此書的褒貶是相當持平。渡也先指出此書的四項優點：包括作品具有共通性是「根」的母題，語言淺白，不以知名度選詩，詩後附上編者短評。而渡也也指出既然稱為「1982 臺灣詩選」是一本年度詩選，所選取詩作的角度應該以 1982 年全臺灣所有佳作為範圍，但是入選詩作呈現多半屬於鄉土、社會寫實。這種以偏蓋全的選法畢竟是種缺失，渡也說：「關心臺灣、鄉土，擁抱社會、現實，本無可厚非，但是臺灣、鄉土、社會、現實為一切，則無異井蛙觀天。所謂臺灣、鄉土、社會、現實也不過是無數的『主題』中的局部而已，誠非全部。」〔註 111〕第二個缺點是前衛版詩選只從《文學界》、《臺灣文藝》、《笠》詩刊中取擇了超過詩選半數的作品而其他《藍星》、《創世紀》、《現代詩》、《陽光小集》四大詩刊只選了六首，渡也直以「傲慢與偏見」稱呼。最後渡也此詩集認為選錄多首壞詩，有諸多佳作構成落網之魚。由於前衛出版社出版的方針沒有改變，因此渡也對《1982 臺灣詩選》的批評同樣也指出《1983 臺灣詩選》在文學討論上的爭議之處。我們可以從渡也的檢討中歸納出兩點，也就是題材的單一以及藝術成就不高的問題。這後來集中在文學上的討論也環繞這兩個議題，臺灣詩選的編者也坦承有兩個問題，而將正反意見合而觀之，則可以發現其中隱藏的意義。

首先要討論的是題材的問題。在《1982 年詩選》時，渡也就指出在題材上多半集中在鄉土以及根的主題上。到了《1983 臺灣詩選》也一樣。一開始吳晟自己並沒有強烈要求在選詩時集中在鄉土與批判現實的主題上。吳晟自己坦言：「我的原意是希望藉此呈現詩壇的多種風貌，盡量避免忽視了具有創意的詩家，票決結果卻放棄大半，和我的原先構想相去甚遠。」〔註 112〕但是為了尊重其他編輯委員的意見，所以維持原議。從吳晟的說法中我們可以發現，編委群有意識的選詩，就是希望能提高鄉土意識與現實生活的詩作比例，這是前衛版《臺灣詩選》的主要編輯方向。這個結果也實際反映在 1982、1983

〔註111〕渡也，〈淺論「一九八二年臺灣詩選」〉12 期《文訊》1984 年 6 月，頁 198。
〔註112〕吳晟，〈誠惶誠恐話編選〉，《一九八三臺灣詩選》，臺北：前衛出版社，1984年 4 月，頁 5。

兩本詩選上。侯吉諒統計過《1983 臺灣詩選》中題材的比例：「全書所選的六輯五十四首詩中，以鄉土為主的有『有情人間』一輯中陳家帶『盛開的稻穗』和苦苓『雲林來的孩子』二首，以及『關懷鄉土』全輯十一首共十三首，佔全書百分之二十四、五；以政治為主題的有『關懷現實』全輯十首佔百分之十八，兩者合計二十三首佔百分之四十二、五，幾近一半」〔註 113〕。由此可見題材的集中是這兩本詩集的特色。一如渡也的想法，侯吉諒也認為該書無法代表整個 1983 年的臺灣詩壇面貌，侯吉諒說：「這本書的最大特色和用意，恐怕不過只是在強調主編或幾位編輯的政治理念和鄉土意識而已。」〔註 114〕

　　年度詩選，顧名思義就是選出一整年中最具代表性的好詩。作為前衛版年度詩選，就名實是否相符的角度來看，1982、1983 臺灣詩選的確有收錄題材過於集中的問題。一如渡也與侯吉諒的質疑，這些題材並不包含所有 1982、1983 年的好詩，甚至有為了遷就題材，而引發挑選品質不好的詩的爭議。就編輯一本年度詩選而言，是有其可議之處。但是渡也所指出鄉土與批判現實題材是否可以視為詩的全部時，吳晟的編輯報告〈誠惶誠恐話編選〉可以作個回應：

> 鄉土意識和現實生活，正是文學創作的二大根源，這本是極為正常的現象，總比多年前沒有根，沒有立足點，但知小我的挖掘，不問今世何世，此地何地，卻奢言世界性、國際性的浮誇風尚更可親、更實在，緣何有人引以為憂，甚而大加譏諷。或許不少作品表現上有所欠缺，或失之於粗糙、或失之於浮淺，但我們實應以根植於鄉土而不囿於鄉土、開拓更寬廣的視野相期許，不該加以排斥；實應以從社會現實出發而不限於現實社會，更深刻體悟人生、不只停留於浮誇現象之描述相鼓勵，不該加以嘲笑。〔註 115〕

吳晟的話除了可視為自己詩觀的詮釋外，也不無說明自己與編輯群選出這些詩作的原因。就編輯理念來說，這兩本前衛版臺灣詩選，與其說是年度詩選，不如說是具有特定目的所編輯的特定主題詩選，就像編者可以編輯「女性詩選」，或是編輯「情詩選」一樣，編輯一本具有強烈鄉土關懷與批判現實主題的詩選亦無不可。以這樣的角度來看，渡也與侯吉諒對於名實不符的質疑也

〔註 113〕侯吉諒，〈關懷鄉土與放眼天下〉《創世紀》65 期（1984 年 10 月），頁 251。
〔註 114〕侯吉諒，〈關懷鄉土與放眼天下〉《創世紀》65 期，1984 年 10 月，頁 251。
〔註 115〕吳晟，〈誠惶誠恐話編選〉，《一九八三臺灣詩選》，臺北：前衛出版社，1984年 4 月，頁 4。

就不成立。

　　之所以編輯這樣的主題詩選，其目的何在？李勤岸提出他的解答：「逃避主義表現在文學上就形成了逃避文學。逃避文學不願意正視現實的缺陷，因此儘管寫些異國情調的流浪生活、夢囈自瀆的浪漫幻覺、艱澀難解的恍惚境界或睜眼瞎說的歌功頌德……新詩在臺灣三十多年來，大抵是這些逃避文學的展現。」〔註 116〕編輯群希望能以強調現實的詩作來代替詩壇流行的蒼白逃避詩作，因此才會大量選入此類詩作。李勤岸話說的很重，可以說推翻了從五〇年代長期發展的現代詩的所有成果。其所延伸的問題是，這種主張是否能被詩壇接受？由後來引起的風波來看，可以知道詩壇對此是有所爭議的。在文訊主辦的「中國現代詩談話會」中，瘂弦的第四點結論點出詩壇不能接受這種題材的原因：「我們詩壇表面上雖然看似興旺，但背後仍有其隱憂，這種隱憂繼續發展下去，很可能造成詩人的迷失；和詩的迷失，以非詩的標準來衡量詩，很可能使我們面臨很大的危機。」〔註 117〕而白萩更清楚的指出此危機為何：「目前部分人所主張的『第三世界』、『政治詩』，是我剛才提到的『笠』詩社『現實精神』所引發出來的負面影響，我擔心他們過度的衝力，已脫離詩的範圍。……至於『政治詩』的強調主張，也是過份有所偏向，個人的『現實』，又不只是『政治』而已，我對於這種『強制化』的主張，深以為憾。」〔註 118〕所謂的「非詩」的標準，其實也就是不願意詩成為承載特定政治目的工具。就文學上的批評，之所以反對 1983 臺灣詩選的用意，不管是不同詩社詩人（包含笠詩社的白萩、林亨泰），都是希望詩堅持其獨立，沒有其他目的性的超然立場。

　　《1983 臺灣詩選》的另一個爭議是所選入的詩作品質不好。關於政治詩、鄉土詩品質不好的質疑其實在八〇年代初期時常可以看到。其中可以白萩的意見做為代表：「新生代的專注意『寫什麼』，而忽略『怎麼寫』的現象。我個人認為現在的詩，尤其年輕一代的詩，所犯的毛病是太『寫實』，停頓在報導性的層面，缺乏技巧的處理，深入一層的去思考『現實』。因此『怎麼寫』

〔註 116〕李勤岸，〈「關懷現實」導言〉，《一九八三臺灣詩選》，臺北：前衛出版社，1984年 4 月，頁 75。

〔註 117〕《文訊》主辦「中國現代詩談話會」主席張法鶴、瘂弦，九位出席者有張漢良、張默、林亨泰、胡品清、上官予、羅門、張健、邱燮友、白萩。參見《文訊》「中國現代詩談話會」會議記錄，12 期，1984 年 6 月，頁 139。

〔註 118〕參見〈中國現代詩談話會：白萩發言〉，《文訊》12 期（1984 年 6 月），頁 137。

的訓練，是目前新生代詩人所應重新反省的首要課題。」〔註 119〕白萩的的看法中肯冷靜，同時也指出政治詩的問題。白萩的意見不是專指《1983 臺灣詩選》而發。但是《1983 臺灣詩選》的編輯委員之一廖莫白對於藝術性不高的指責卻有不平之鳴。廖莫白說：「有人藉『露骨』、『吶喊』等詞句，毫不留情地攻擊現實主義的作品，卻不敢正視社會眞相和文學潮流；不敢力除蒙蔽，反而愚昧地陷入一廂情願或認識不清的泥沼中，誠屬可悲。」〔註 120〕廖莫白的看法也是前衛版編輯委員們共同的意見。吳晟也爲《1983 臺灣詩選》中所收錄的詩作藝術技巧再次強調：「語言淺白、意象單純明朗又何罪之有？清楚準確的表現手法，總比意象混亂模糊，意義晦澀曖昧，語意大打啞謎的作品，更值得提倡；也比一味奉隱喻爲高明技巧，掩飾怯懦，以含蓄爲藉口，不願或不敢正視現實人生和社會的作品更值得賦予較多期待吧。」〔註 121〕吳晟與廖莫白反駁針對《1983 臺灣詩選》的批評是不公正的，他們二人都指出會批判的人是因爲抱持著不正確的詩觀使然。

　　《1983 臺灣詩選》的選詩與發言挑戰當時主流的現代詩觀念，因此引來包括大量的抨擊，其中攻擊最烈的尤屬《秋水》與《葡萄園》。對這兩本詩刊編者而言，吳晟等人的發言實在諷刺，因爲這兩本詩刊的創刊理念就是希望創作吳晟所謂「語言淺白、意象單純明朗」的詩作，長期以來也的確奉行這樣的信念。我們可以看到一樣針對現代主義晦澀詩風的不滿，卻分成關注鄉土現實與偏向抒情浪漫的兩種不同方向。在所有批評聲浪中，被攻擊最烈，莫過於《1983 臺灣詩選》選入了李敖的〈癬與屁〉以及羅大佑的〈亞細亞的孤兒〉兩首作品。這兩首與現代詩相差甚遠的作品似乎更落實了諸人對《1983 臺灣詩選》詩作品質不佳的批評。吳晟自己不是不知道這點，因此在編輯前言就已經先說明原因：「今年度選出來的詩家，最可能引起爭議的，可能是李敖和羅大佑二位先生，他們都不是以詩名聞於世，但我們認爲，他們二位的詩，亦不失爲多種可行的風格之一，無論大家將如何評斷，我只能說，選出他們兩位的作品，實有特殊而嚴肅的意義。」〔註 122〕

〔註 119〕參見〈中國現代詩談話會：白萩發言〉，《文訊》12 期（1984 年 6 月），頁 98。

〔註 120〕廖莫白，「關懷鄉土」導言，《一九八三臺灣詩選》（臺北：前衛出版社，1984 年 4 月），頁 28。

〔註 121〕吳晟，〈誠惶誠恐話編選〉，《一九八三臺灣詩選》（臺北：前衛出版社，1984 年 4 月），頁 4。

〔註 122〕吳晟，〈誠惶誠恐話編選〉，《一九八三臺灣詩選》（臺北：前衛出版社，1984

　　歸納以上關於題材以及創作技巧的爭議，我們可以在雙方互相辯駁中發現，立論的雙方其實各自依恃一套自己的詩觀，想要繼續闡明關於文學的爭議，就必需歸納出其各自的觀點，並且將它放在現代詩場域的變遷中才能有更完整的理解。

三、臺灣結與中國結：政治角力與情感結構

　　七○年代左翼論述高漲，但在國族認同上，基本上還是以中國為主。但是到了八○年代，一連串的政治事件讓黨外運動的能量匯聚，政治局勢也即將由一黨獨大走向兩黨政治，國族認同也開始一分為二，此一變革給許多人帶來不安，但是也使許多不滿意當時政治經濟現狀的人帶來革命的希望。雖然是一場現代詩論戰，但卻可以看到政治意識型態的角力。

　　克莉絲蒂娃在《恐怖的權力》一書中提出有關「賤斥」的理論，可以幫助我們理解論戰雙方強烈的情緒來源。克莉絲蒂娃談到在人的心理會特別對混淆界線的事或物特別反感，產生必除之而後快的想法。克莉絲蒂娃說：「使卑賤情境出現的，並非來自清潔或健康的欠缺，而是對身分認同、體系和秩序的擾亂，是對界限、位置與規則的不尊重。是一種處於二者之間、曖昧和摻混的狀態。」〔註123〕）臺灣的國族認同就是在這樣的情境中出現分歧，對認同中國與執政黨的人來說，無法避免面對臺灣土地上的一切現實。而對認同臺灣，批判執政黨的人而言，也同樣無法避免歷史上與中國文化千絲萬縷的關連。兩種國族認同雖然彼此排斥卻又無法分割。這種「身分認同、體系和秩序的擾亂」對兩種國族認同信仰者來說，都是很難忍受的「卑賤情境」。克莉絲蒂娃說：

> 「我」正以自身的死亡為代價，逐漸變成一個他者。在這條「我」
> 逐漸成形的道路上，我在哭號與嘔吐的暴力中，把「我」生下。症
> 狀的無言抗議、驚厥所引起的大肆喧譁，當然都在象徵系統中運作，
> 但是，無法、亦不願整合到這系統中的本我（ca），仍然以它自己的
> 方式做出反應，它發洩，它賤斥（abjecter）。〔註124〕

年 4 月），頁 6。

〔註123〕茱莉亞‧克莉斯蒂娃（Julia Kristeva）著、彭仁郁譯，《恐怖的力量》（臺北：桂冠圖書，2003 年 5 月），頁 6。

〔註124〕茱莉亞‧克莉斯蒂娃（Julia Kristeva）著、彭仁郁譯，《恐怖的力量》（臺北：桂冠圖書，2003 年 5 月），頁 5。

在克莉絲蒂娃的理論裡，之所以必須「賤斥」（abjet）正是為了建立主體的必經過程，通過將「他者」排斥出體內，主體才可以形成。失去聯合國承認的中華民國，究竟是要以中華民國還是要以臺灣的身份存活下去，成為無人能解的選擇題。為了國族認同的主體完整，兩種國族認同的信仰者都不得不用異常暴力的方式，試圖割裂彼此來保持自己的純粹性，保守論者用中共的陰謀來批評基進論者，這是他們所能想到最嚴屬的指責，而基進立場論者強烈的質疑國民黨在背後陰謀操控，強調《1983 臺灣詩選》編輯群是政治打壓的受害者。兩派立場的人都極力透過論述的方式，希望打壓對方的國族認同。無非是想將對方驅離自己的生活環境，讓自己的國族認同純粹無染。時至今日，這種兩種國族認同信仰者互相「賤斥」。（abjet）的情境仍然普遍存在目前臺灣的社會。

　　而回歸現代詩文學本質的討論，立論雙方的爭議其實是對於現代詩審美觀的差異。從題材與技巧的討論中我們可以發現，包括笠詩社等大多數的現代詩人的看法是，現代詩的題材應該是包容多元，不應該拘限在特定主題上，同時現代詩的美感來自於文字技巧，因此強調各種隱喻暗示的技巧，將想要表達的主題以意象的方式表現出來，這樣的作品才是屬於現代詩。這種看法是已經發展了三十年的現代詩壇的共識，現代詩應該要像這樣才算現代詩。從文類的角度來看，這種講究文字技巧的特色已經成為現代詩此一文類的文類成規，想要違逆打破這樣的成規，並不是短時間可以完成的事。

　　相反的，吳晟等人認為文學作品必需要使人感動，不管是詩、小說或散文，都必需要以使人感動為前提。如果連看都看不懂，這樣的作品更無庸說感動於否。而《1983 臺灣詩選》編輯群特別認為會使人感動的詩作不取決於文字技巧高超，更重要的是作品是否表達了對社會現實的關懷。吳晟等人之所以提出這種主張是為了他們認為矯正扭曲、不正常的現代詩成規。吳晟說：「有些人所以強調鄉土意識，實有其沉痛的背景和必要，批評者不能假裝不了解，猶如當年晦澀詩風的興起，或有其不得已的背景，何以唯獨要求別人諒解現代詩風的氾濫，卻不容鄉土意識的重建？為自己的作品或信仰的詩觀，提出有力的理論或詮釋或辯護，本極自然，但若因而全盤否定其風格的發展，未免太武斷。」〔註125〕

〔註125〕吳晟，〈誠惶誠恐話編選〉，《一九八三臺灣詩選》（臺北：前衛出版社，1984年4月），頁3、4。

　　而對雙方的爭執更關鍵部分在於現代詩應該是純文學或是可以不純？所謂純文學是指文學的創作應該只以文學創作爲唯一的目的，不應該爲政治、經濟或是其他目的而效力。林亨泰說：「詩中所揭開的不外就是一次嶄新的體驗，它包括詩人如果不寫，則任何人都無法在現實生活中能夠獲得的那種東西。詩藝術的價值，毫無疑問的，都沒有必要淪爲其他領域的既成價值的翻版或再版的。」〔註126〕所強調的就是這個意思。

　　吳晟等人卻認爲文學是社會生活的一部份，應該要更關切現實，關切社會。現代詩繼續留在純文學世界的希望，對《1983 臺灣詩選》的編輯群來說，就是一種逃避。但是現代詩作爲純文學來看待已經是現代詩此一次文學場域長久以來所建立的規則，大部分詩人都在此一場域中養成此一習態。因此想要打破這樣的習態，就必須另外建立一套新的典律。蔡詩萍曾談論過這種情形：「我相信唯有透過一個新興的『反支配』論述的形成予以把握，並深入比較它與原支配地位的『文化霸權』在做什麼程度的鬥爭後，我們才可能明白從一般評論角度是無法影響這個新興論述空間內的創作取向的。因爲它們已經擁有一套屬於自己的評論、詮釋與酬庸的邏輯體系，外人認爲好不好，已經是不重要的問題了。」〔註127〕

　　讀者們知道現代詩不只是純文學的，還可以是關注現實批判社會，富有社會功能。因此選入李敖以及羅大佑的作品，就是想鬆動現代詩的「典律」，把追求文字美感爲前提的典律換下，取而代之批判現實，關懷鄉土，抒情詩與實驗性質強烈的作品。吳晟等人不是不知道這樣做可能引起爭議，但是其另立典律的企圖以及背後的考慮仍然支持他們這麼做。這就是吳晟所謂「特殊而嚴肅的意義」。

　　回過頭來看看本文最初所提出的謎困是否得到解答。第一個謎困是以「典範轉移」的角度來看這場論戰是否適切？陳澄州說：「至於典範轉移了否？很遺憾的，典範並未轉移。在八○年代中期以後，都市詩、後現代詩的興起——現代主義典範趁機以另類形式出現，……在多音交響的表象背後，都市詩、後現代詩仍爲目前詩壇『主流』美學。」〔註128〕既然典範沒有轉移，那麼又

〔註126〕〈中國現代詩談話會：林亨泰發言〉，《文訊》12 期（1984 年 6 月），頁 108。
〔註127〕蔡詩萍，〈一個反支配論述的形成〉，林燿德、孟樊，《世紀末偏航：八○年代臺灣文學論》（臺北：時報，1990 年），頁 471、472。
〔註128〕陳澄州，〈典範轉移／場域爭奪〉《第二次全國臺灣文學研究生學術論文研討會論文集》（臺南：國家臺灣文學館，2005 年 7 月），頁 78、79。

怎能以「典範轉移」來看待這場論戰。如果不以「典範轉移」的角度來看待
這場論戰，那麼這場論戰的意義何在？我們在這場論戰中可以看到由七○年
代鄉土文學論戰後期，臺灣社會主義份子與臺灣本土運動論者開始在國族認
同上分道揚鑣，兩種國族認同之間存在著克莉斯蒂娃所說的「卑賤情境」，互
相恨不得去之而後快。兩種互相排斥的身份認同演變到今日已經越演越烈。

　　而回到現代詩場域來看，今日被視為本土派最重要代表的「笠」詩社詩
人不但沒有人用文章聲援吳晟等人，「笠」詩社的大老，林亨泰與白萩甚至反
過來批判「政治詩」此一現象。陳瀅州文中提到白萩認為：「這些作品是受到
笠詩社的『現實精神』影響，但是其不得要領而導致失敗。林亨泰則認為當
時問題在於『詩的迷失』，乃是因為詩壇有人企圖以『非詩標準』去衡量詩。」
〔註129〕我們該如何理解這個矛盾？

　　實則白萩、林亨泰以及笠詩社等人與大部分詩人長久以來的論戰辯論，
對於現代詩應該如何抒情、主知乃至表現現實都已經有了共識，這種共識就
是現代詩場域所生成的習態，也是一種文學成規。當吳晟以及當時編委等人
企圖衝撞現代詩場域固有典律，這不只是對現代主義的批判，更是對所有現
代詩成規的衝撞，因此白萩、林亨泰才會反過來說明不能接受的理由，而笠
詩社也才會相對沈默。

第五節　大陸的臺灣詩學論戰

　　《臺灣詩學季刊》創刊於 1992 年 12 月，創刊所策劃第一個專題就是「大
陸的臺灣詩學」專題。專題中由蕭蕭、白靈、向明、游喚四人分別討論大陸
學者選輯賞析臺灣詩作的問題，此舉引來被批評的大陸學者為文駁辯，甚至
是批評反諷，一直到 1997 年 12 月謝輝煌的總結文章出現為止，在這五年間
論文回應之間形成了一場隔著海峽的文學論戰。長期以來，這場論戰都沒有
人討論，一直到陳建忠〈尋找臺灣詩的航向──試論戰後多次現代詩論戰的
時代意義〉才首度有人討論。陳瀅州成功大學臺文所碩士論文的《七○年代
以降現代詩論戰之話語運作》則花了更多篇幅討論這場論戰。「大陸的臺灣詩
學論戰」〔註130〕所延伸出的問題卻還沒有得到詳細的討論與解釋，首先「大

〔註129〕陳瀅州，〈典範轉移／場域爭奪〉《第二次全國臺灣文學研究生學術論文研討
　　　　會論文集》（臺南：國家臺灣文學館，2005 年 7 月），頁 56、57。
〔註130〕陳瀅州的成大臺文所碩士論文，《七○年代以降現代詩論戰之話語運作》將此

陸的臺灣詩學論戰」到底討論了哪些問題，其次，這些問題是否得到良好的
解釋，而最後，我們應該如何理解這樣一場論戰在臺灣現代詩研究史上的位
置，以及其背後所透露出來的意涵，此為本文想要討論的問題。

　　本文的研究方法分成內部與外部研究兩個部分，先從論戰內部的討論焦
點開始談起，在雙方詩學交流更加深刻的今日，我們有更多的知識背景足以
解釋這些論戰焦點。但是這些內部的爭議其實是源於大陸新詩的研究背景與
臺灣的現代詩學研究是兩個不同的研究體系

一、論戰經過概述

　　《臺灣詩學季刊》創刊於 1992 年 12 月，創刊所策劃第一個專題就是「大
陸的臺灣詩學」專題。從 1987 年解嚴以及開放大陸探親以來，臺灣與大陸詩
壇交流的情況日漸普遍，大陸學者評論臺灣現代詩的情況越來越多，但是還
沒有人正式討論。例如大陸學者古遠清已經寫出《臺灣新詩發展史》，但除了
讚美之詞外，並沒有見到對此書的批判。因此身為編輯委員之一的學者李瑞
騰規劃這次的專題，並說明原因：

> 過去，基於詩壇的相互交流，臺灣一部份的詩人只顧得和大陸詩人
> 交朋友一些人只在意自己有沒有被選？如何被讚美？另有一些人則
> 滿含敵意，頗多譏諷。我們覺得現在已經到了應該『正視』的時候
> 了。一種『真正的對話』必須出現，否則已經出現了的臺灣詩壇上
> 空的薄霧，勢必更加模糊不清。」〔註131〕

另外李瑞騰也提到定名為「大陸的臺灣詩學」的考慮：「詩之成學，研究詩成
為一種學問，就稱為詩學，所以在此情況下，臺灣詩的研究成為一種學問，
在大陸發展起來，就叫『大陸的臺灣詩學』。」〔註132〕

　　這場「大陸的臺灣詩學論戰」歷時五年，在這期中討論的焦點其實隨著
時間的前進而隨之改變。分析這場論戰，我們可以把論戰分成兩個部分，第

　　　論戰稱為「臺灣詩學論戰」，但不容易讓人明瞭所指為何。因為這次論戰起因
　　　於《臺灣詩學季刊》的「大陸的臺灣詩學」專題，因此定名為「大陸的臺灣
　　　詩學論戰」。
〔註131〕李瑞騰，〈大陸的臺灣詩學前言〉《臺灣詩學季刊》第一期（1992 年 12 月），
　　　頁9。
〔註132〕見〈「大陸的臺灣詩學」討論會〉中李瑞騰的發言《臺灣詩學季刊》第二期（1993
　　　年 3 月），頁35。

一個部分以臺灣詩學季刊第一期到第六期爲止。第二個部分則是是以臺灣詩學季刊第十四期到第二十一期爲止。

（一）檢討「大陸的臺灣現代詩選」

1980 年第一部臺灣詩選的產生形成了大陸研究臺灣詩的潮流。但是其中缺乏嚴肅的詩學討論作品，因此形成許多弊病。在因此在「大陸的臺灣詩學論戰」開始的前期，討論的文本以幾本大陸學者的賞析詩選爲主，例如蕭蕭檢討《臺灣現代詩賞析》，向明討論古遠清的《臺灣朦朧詩賞析》等等。這些賞析的作品並不是嚴格的學術著作，因此以嚴格的學術著作標準審查其實是有落差的。

蕭蕭在〈隔著海峽搔癢〉中指出「因此，臺灣現代詩歌賞析，既無『臺灣』的現實感，也沒有『現代』」的時代意義，只剩『詩歌賞析』的文字追索而已。」〔註133〕蕭蕭的用語尖銳，直指大陸詩選的問題。白靈的〈隔海選詩〉則較爲含蓄，除了指出《臺港百家詩選》的一些技術性疏漏外，仍以包容的態度，表示這本詩集似乎以合乎大眾品味的抒情詩作爲主，不失爲讓大眾接受新詩的方法。向明〈不朦朧，也朦朧〉則順著廣州出版的《華夏詩報》上南鄉子所寫文章的觀點，延伸出對古遠清《臺灣朦朧詩賞析》的許多批判，包括臺灣現代詩能否稱爲朦朧詩，以及書中某些詮釋角度的差異。最後，游喚以〈有問題的臺灣新詩發展史〉表達對《臺灣新詩發展史》當中完全忽視漠視臺灣新詩主體性的史觀的不滿。

到了第二期，李瑞騰補充大陸出版有關臺灣詩的書目。臺灣詩學季刊還愼重的辦了一場討論會，邀請到洛夫、李魁賢、呂正惠以及大陸學者劉登翰來回應第一期所發表的四篇文章。由此可看出李瑞騰引導論戰發展的運作策略，透過策劃專題、邀請學者投稿、轉載論戰相關文章等有意識的運作，成功擴大論戰的範圍與議題。

在第二期中，游喚以〈大陸有關臺灣詩詮釋手法之商榷〉討論大陸學者對臺灣詩詮釋手法的問題。此文並不是全然對大陸詮釋手法的批判，其中夾述夾議有肯定也有批評，是立論持平之作。古遠清〈兩岸文學交流不應存在敵意〉以回應向明對古的批評。文中說明自己寫作的困難，以及大陸上對朦朧詩的看法。由於大陸學者不容易看到臺灣資訊，因此常常有過了很長一段

〔註133〕蕭蕭，〈隔著海峽搔癢〉《臺灣詩學季刊》第一期（1992 年 12 月），頁 12。

時間才回應的問題。到了臺灣詩學第四期，蕭蕭所批評的《臺灣現代詩賞析》的兩位作者紛紛回應蕭蕭的批評，章亞昕以為自己的賞析方式是刻意想跳脫學院派的包袱，且搬出自己的學歷來證明自己是「不為也，非不能也」。耿建華則對蕭蕭批評大陸學者選詩標準與詮釋結果提出抗議。除此之外，大陸讀者莫宏偉投書表達對臺灣朦朧詩的看法，來為古遠清說話。

第五期有徐望雲〈可能有問題的兩岸詩學交流〉作一回顧，歸納出幾點結論。首先徐望雲認為臺灣論者所選擇討論的大陸作品並不具有代表性，這是可議之處。但是徐也認為大陸學者不應該以資料取得的困難來迴避。最後徐指出兩岸詩學交流不應該因為政治因素與人情壓力而扭曲了對詩的正確評價。但是第五期轉載了《華夏詩報》上，南鄉子〈詩評家的邪路〉以及古遠清的〈關於「大批判情結」、政治敵意、詩的詮釋諸問題〉，南鄉子否認可以用「朦朧詩」來指涉港臺現代詩，同時批判古遠清的論點。古遠清則就南鄉子的身份以及許多大陸詩壇看法加以反駁。表現出這次論戰延燒到大陸詩壇的狀況。第六期另有大陸學者讀者葛乃福、沈奇、耿秋、楊光治等人投書發言，其中以沈奇〈誤接之誤——談兩岸詩界的交流與對接〉客觀分析大陸詩學者研究的侷限性，但也提出臺灣詩界同樣對大陸詩界的陌生與忽視。最後期許兩岸的詩交流能成為「大中國現代詩學論壇」的期許。在這點上，耿秋也有類似的看法。

首先由於資料取得的不易，因此時常有對詩人與臺灣時空環境不瞭解而產生誤解，例如白靈指出《臺港百家詩選》中的凡林、王娟娟兩人，不僅大陸編者不瞭解，臺灣詩人也沒聽過此二人，整本詩選的公信力也就不免打折〔註134〕。又例如席慕蓉指出大陸編者未徵得作者的同意，擅自將席慕蓉的作品出版，甚至連詩的編排段落都弄錯〔註135〕。由於這些詩選往往是在書商希望趕搭臺港熱的背景下完成的，因此並不達到嚴格的學術論文的要求。大陸論者也知道這點，紛紛抗議以此為「大陸的臺灣詩學」並沒有代表性。耿建華說：「蕭蕭先生以我們的小冊子作為『評鑑的選本』，認定大陸學者對臺灣詩壇的『有心與無識』，本身就是錯誤的。我們的這本賞析並不是對臺灣詩壇的全面分析評價……只是就詩說詩而已，況且我們幾個青年學子的識見，實在也代表不了大陸學者的水平。」〔註136〕古遠清也說：「《臺港朦朧詩賞析》並非我

〔註134〕白靈，〈隔海選詩」《臺灣詩學季刊》第一期（1992 年 12 月），頁 15。
〔註135〕席慕蓉，〈必要的原則〉《臺灣詩學季刊》第二期（1992 年 12 月），頁 53。
〔註136〕耿建華，〈搔到了誰的癢處〉《臺灣詩學季刊》第四期（1993 年 9 月），頁 110。

『最近的』作品，而是我初涉臺港新詩的『描紅』之作。」〔註137〕但是詩選不僅反映出對選者詩的品味，本身也是一種經典篩選的過程，仍然是現代詩研究的重要資料，因此大陸學者的反駁並不足以回應蕭蕭等人的質疑。但我們卻可從中看到大陸學者在開放初期取得臺灣現代詩資料的困難。

（二）檢討「大陸的臺灣現代詩史」

　　等到了第十四期，兩年之中大陸的古繼堂、古遠清等人陸陸續續出版了《臺灣新詩發展史》、《臺灣新文學理論批評史》、《臺灣當代文學理論史》等作品。另外包括《臺灣當代文學史》等，大陸研究者群策群力寫成的臺灣現代文學史的作品也相繼的出版，因此臺灣論者的討論方向也開始轉變。過去可以質疑詩選不是嚴肅的詩學著作，質疑當中的評論不夠嚴謹，但是當大陸學者拿出自成體系的現代詩史時，問題也變得更複雜。

　　第六期後，這場論戰看似沈寂，一直到1996年3月，臺灣詩學季刊第14期，再次推出「大陸的臺灣詩學再檢驗專輯」，分別有吳浩、文治、蕭蕭、孟樊、張健、尤七、張默、謝輝煌、游喚、楊平等人的文章。其中吳浩、文治、蕭蕭、尤七、謝輝煌、游喚分別指出大陸對臺灣詩的研究仍然有對臺灣社會乃至詩壇背景認識不足，以及對臺灣主體性的忽視。但楊平與孟樊卻開始反省，討論臺灣詩壇為何除了一再檢討大陸的臺灣詩學問題之外，本身卻有太多值得檢討的地方。這裡顯示出，對大陸作品的批判大概已有完整的討論，除非還有更新的論點提出，否則就應該反省臺灣詩學自身了。之後15期，古遠清提出〈蕭蕭先生批評大陸學者的盲點〉，歸納出問題包括一、臺灣新詩與中國新詩的關係問題；二、未看完大陸學者著作妄加批評；三、沒查原始資料憑印象亂加指摘；四、把自己的觀點強加給大陸學者；五、印象主義式批評。這五點當中第二、三點可以說是蕭蕭的誤差，但是其餘的其實是兩派觀點不同所導致。古繼堂的文章〈雨過山自綠，風過海自平〉則對張默的批評提出回應，文中先呼籲學術問題應平等對話，接著例舉大陸北京、中南財大、中南民族學院等教授的贊詞來作為自己作品價值的佐證，接著回應張默對《臺灣新詩發展史》的各種批評，包括詩人分類張冠李戴、關於高準三人之分類、對羊令野、羅門等創世紀詩人的評價問題、以及評價詩人標準不同等四個問題，以最後肯定張默校出的編排錯誤。有趣的是羅門與張健也紛紛跳出來為

〔註137〕古遠清，〈兩岸文學交流不應存在「敵意」〉《臺灣詩學季刊》第二期（1993年3月），頁41。

論戰中討論到兩人評價的地方說話，最後古繼堂〈回答蕭蕭兼談「新詩三百首」〉，除了回應蕭蕭的批評外，更花許多篇幅批評蕭蕭編著的《新詩三百首》，古繼堂的回應文章充滿情緒性字眼，在整場論戰中都顯得少見。

後期討論的大陸論著多是以文學史形式呈現的著作，受到最多質疑的就是對於詩人詩作的歷史評價是否公允，不同詩人的成就如何在臺灣詩壇內部自有一定的評價，但是大陸學者的定位卻往往與臺灣詩評家看法不同。例如蕭蕭指出古繼堂的《臺灣新文學理論批評史》中，以「現代」對「現實」二分法看待臺灣文學理論發展太過簡化，其中高上秦、李春生、文曉村等人，古稱之為「中國路線、中國詩學」代表人物，但其理由不足以說服臺灣論者。這類的批評也見於尤七、張健等人的文章。此外，在後期論戰文章中也看到較多篇總結與反省性質的文章，由此可見對於大陸的臺灣詩學，臺灣詩壇已漸有共識，同時進一步反省的自己的不足。

在這場論戰之後，在互相指責對方的認知錯誤與態度之外，我們還能知道些什麼？這場論戰雖然落幕，但是許多爭論的疑點仍然沒有得到充分的討論，以下將一一分析論戰中的焦點。

二、論戰焦點分析

如果不討論技術性的誤失，例如排版錯誤、錯字以及資料史料不正確等問題。這場論戰至少還有三個問題尚待釐清。

（一）朦朧詩問題

古遠清編有《臺港朦朧詩賞析》，並且在前言中提及臺港現代詩之所以可稱為「朦朧詩」的原因：「臺灣從 1953 年紀弦創辦刊物起，並未有過『朦朧詩』的稱謂，只有『現代派』、『現代詩』的說法，而『現代詩』在現代的大陸詩壇，被許多人認為是『朦朧詩』的同義語。所以這本小書叫《臺港朦朧詩賞析》，還不至於離弦走版。」〔註138〕向明對這樣看法不以為然，他在〈不朦朧，也朦朧〉文章中說道：「誰都知道『朦朧詩』在大陸根本就是一個對詩污衊的稱呼。……在大陸文學批評界早把『朦朧詩』作為『古怪詩』的同義字，並批判成為中國現實詩歌傳統的一股逆流。」〔註139〕。此言一出，不止

〔註138〕轉引自莊柔玉，《中國當代朦朧詩研究》（臺北：大安，1993 年），頁 26。
〔註139〕向明，〈不朦朧，也朦朧——評古遠清的《港臺朦朧詩賞析》〉《臺灣詩學季刊》第一期（1992 年 12 月），頁 17。

後來引來古遠清的辯駁，更引來耿狄、楊光治的說明。向明此文旨在說明大陸在資料不齊全的背景下編成的詩選有許多錯誤，另外也談到「臺灣現代詩」不應以「朦朧詩」來稱呼，因為兩者在概念上並不相符。古遠清在第五期反駁道：

> 把臺灣現代詩稱作「朦朧詩」，並不是我首創。在大陸詩歌界有許多人就是這樣看的。在臺灣，洛夫先生也認為：大陸的「朦朧詩」，且正名為「現代詩」。可見把臺灣「現代詩」看作「朦朧詩」也是可以的。「朦朧詩」的名詞本來就有些「朦朧」。沒有一定的界說，誰都可以借用。〔註140〕

在這段辯駁中，古遠清沒有區分清楚「朦朧詩」與「現代詩」的概念孰大孰小，只以「沒有一定的界說」輕輕帶過，並沒有把這個問題談清楚。向明雖沒有再發言，同是大陸詩人南鄉子卻為文再次反駁。南鄉子說：「如果不是玩弄文字遊戲的話，朦朧詩已是大陸詩壇特指的詩歌創作現象，你怎麼界定『朦朧詩』也好，總不會把它無限地延伸到一切較含蓄、較費解的詩中去。」〔註141〕

　　到了第六期葛乃福〈我們期待怎樣的交流〉則試圖說明「朦朧詩」此一名稱在大陸不完全是貶意，同時也肯定古遠清的詩的推廣有功。有趣的是葛乃福說：「他可能已意識到『朦朧詩』一詞替換『現代詩』欠妥，所以一九九一年他在河南出版的書就不用『朦朧詩』，而改用《臺灣現代詩賞析》的書名了。」〔註142〕如果葛也覺得欠妥，如此指出這種欠妥又有何不可？由此間接看出古的問題。第六期另外還有耿秋說明古遠清對朦朧詩並沒有貶意，也說古不自認為是專家，另外他不贊成將朦朧詩的概念無限擴大，但在當時大陸上為了經濟效益的考量，也不得不如此處理。同在第六期，楊光治則坦承：「古的書，是我出題，限時限刻請他完成的。」〔註143〕因為他認為朦朧詩：「古已有之（李商隱的作品就是），新詩則應該從李金髮起。」〔註144〕

〔註140〕古遠清，〈兩岸文學交流不應存在「敵意」〉《臺灣詩學季刊》第二期（1992年12月），頁43。
〔註141〕南鄉子，〈詩評家的邪路〉《臺灣詩學季刊》第五期（1993年12月），頁163。
〔註142〕葛乃福，〈我們期待怎樣的交流〉《臺灣詩學季刊》第六期（1994年3月），頁105。
〔註143〕耿秋，〈朦朧詩、現代詩與大中華詩歌〉《臺灣詩學季刊》第六期（1994年3月），頁117。
〔註144〕楊光治，〈朦朧詩、現代詩與大中華詩歌〉《臺灣詩學季刊》第六期（1994年3月），頁118。

　　歸納以上討論，必須釐清的地方包括這些，首先最重要的是，「朦朧詩」能否等於「現代詩」。「朦朧詩」此一名稱出現於 1970 年代末期大陸崛起的新一批年輕詩人的詩作稱呼。莊明柔的碩士論文《中國當代朦朧詩研究》整理出其定義是：「朦朧詩就是指中國當代文壇一個鬆散和非自覺性的詩歌流派的作品。」〔註 145〕

　　在時間上，朦朧詩在 1979 年引起激烈討論，到了 1985 年左右影響力開始減退，新一代的詩歌流派崛起，朦朧詩發展也告一段落。由此可見「朦朧詩」有其特定指涉，不當混用。莫宏偉說提出之所以命名為「臺灣朦朧詩」是為了經濟考量，他提到出版商的心態：「即追求一種少男少女所持有的朦朧的精神消費品。於是，不單單是臺灣詩人的作品，就連大陸許多詩人（包括已故）的作品也被莫名其妙地冠以『朦朧詩』之美稱。朦朧詩的原本涵義，亦就廣泛化和通俗化了。」〔註 146〕

　　另外，朦朧詩當中具有現代主義的詩歌特色，因此「現代詩」的概念範圍大於並含攝「朦朧詩」，所以洛夫才會說「朦朧詩」應當正名為「現代詩」。但是兩者之間仍然不應該混淆其定義。另外一個引起爭議地方是，向明認為朦朧詩在大陸詩壇是一個帶有貶意的詞語，這點也引來大陸學者許多抗議。嚴格的說，向明的認知來自批評朦朧詩的許多文章，而這正因為朦朧詩在大陸其實也是一個引起論戰的話題。不同於過去強調寫實、淺白的詩歌傳統，「朦朧詩」在大陸的出現帶給大陸詩壇極大的震撼，因此批評者不計其數，其中以謝冕、孫紹振、徐敬亞的三篇文章，被稱為「三個崛起」引起的爭議最多。在此背景下，向明當然看到許多批評文章，但是隨著時間過去，到了 1985 年，「朦朧詩」的存在已經日漸受肯定，甚至更新一代的詩派已經崛起，新的主張也被提出。之後的論者能持平看待「朦朧詩」的優缺，「朦朧詩」成為一個不牽涉價值判斷的中性概念。向明的說法也有需要隨時推移加以更新修正。

（二）批評方法的問題

　　除了朦朧詩的爭議之外，大陸的臺灣詩學論戰中另一個普遍提及的爭執點是批評方法的問題。大陸學者在賞析臺灣現代詩時喜歡用散文將詩的句子重新翻寫。游喚質疑這種論詩方式：「現代詩的語言不需要散文譯解，因為他

〔註145〕莊柔玉，《中國當代朦朧詩研究》（臺北：大安，1993 年），頁 26。
〔註146〕莫宏偉，〈我對「臺灣朦朧詩」的看法〉《臺灣詩學季刊》第二期（1992 年 12月），頁 112、113。

本身即已是與散文語言同一系統，只是在形式與結構技法上有別於散文。……
可惜大陸目前所作有關臺灣詩的詮釋手法，類似如此抬槓式，拉篇幅的散文
譯解手法卻很普遍。」〔註147〕這種批評方式其實在臺灣早期也很常見，只是
隨著研究方法的日漸發達，當時已經較少見，但除了將詩以散文譯解之外，
還有其他問題。首先大陸學者習慣將臺灣現代詩中具有普遍性的象徵視為特
定真實時空的描寫，如此落實來看，便鬧出許多難以想像的誤解，這點最被
臺灣詩評者所詬病。向明就難以忍受的說：「這種捕風捉影、無中生有式的賞
析在《臺港朦朧詩賞析》和《臺港現代詩賞析》兩書中偏處皆是，譬如把瘂
弦的詩〈傘〉賞析成『作者表現這個心臟病患者的寂寞心態異常傳神』；祇為
詩中出現了幾次「心臟病」的字眼。又把瘂弦的〈如歌的行板〉說成「題目
為『香港社會眾生相』（此詩作於香港），因為詩中的『暗殺、謠言、馬票、
溜狗、懶洋洋，揭露了香港社會污七八糟的虛偽庸俗的一面。』等等，都是
與原詩相去不知以道里計的謬誤。」〔註148〕之所以會有這樣的問題其實與散
文譯解手法都出自同樣的問題，那就是大陸詩評家對臺灣詩人的生平以及臺
灣的生活場景都十分陌生，但資料取得不易，只好望文生義，完全從詩句中
找賞析的靈感。針對這些批評大陸詩評家多半反駁是因為駁資料取得不易，
而對於感性散文發揮的部分，耿建華反駁道：「從另一方面看，『詩無達詁』，
詩歌的美學價值是由詩人和讀者共同創造的。尤其是現代詩，由於它留的欣
賞空間很寬闊，這就為欣賞者提供了更大的自由。」〔註149〕

但大陸的臺灣詩學最被質疑是大陸學者總是把回歸中國當成最終的解讀
目標。不管什麼詩，最後都被解讀為臺灣詩人渴望回歸中國祖國。游喚直接
指出：「由於在『臺灣文學』與『臺灣新詩』的定位上，歸屬上與形態，精神
路向上的唯『中國』主義，以至解釋任何的詩及評價任何詩人，都有『中國
化』的機械化約傾向，幾至成為一公式。」〔註150〕蕭蕭也討論大陸的臺灣詩
評，其基本論調就是不外乎「鄉愁，是臺灣現代詩的基本主題之一。」、「鄉

〔註147〕游喚，〈大陸有關臺灣詩詮釋手法之商榷〉《臺灣詩學季刊》第二期（1992年
　　　　12月），頁16、17。
〔註148〕向明，〈不朦朧，也朦朧──評古遠清的《港臺朦朧詩賞析》〉《臺灣詩學季刊》
　　　　第一期（1992年12月），頁17。
〔註149〕耿建華，〈搔到了誰的癢處〉《臺灣詩學季刊》第二期（1992年12月），頁111。
〔註150〕游喚，〈有問題的臺灣新詩發展史〉《臺灣詩學季刊》第一期（1992年12月），
　　　　頁26。

愁是臺灣詩歌中一個重大主題」、「這種努力回歸的意向，不正是臺灣同胞共同心態的寫照嗎？」等等。

蕭蕭還舉實例來說明，章亞昕分析白萩的〈樹〉完全不顧詩的內容以及詩人的背景，竟然解釋成將樹的意象解釋為人對傳統的掌握，並以此推斷「臺灣新古典主義詩潮以回歸傳統相號召是極自然的事」，蕭蕭對此清楚指出這種望文生義的的解讀方法謬誤：：「談到白萩時，章亞昕又說：『雖然白萩生於臺灣長於臺灣，他對土地的戀情是很感人的。』依其語意，白萩『雖然』生於臺灣，『但』對中國土地的戀情是很感人的；事實上，白萩這首〈樹〉是在顯示臺灣人的生命韌力與決志，任何外來政權的切鋸、驅迫、處刑、燒爛，臺灣仍要以頑抗的爪緊緊攫住立身之點。」〔註151〕蕭蕭基於對白萩的了解，詩中的言外之意，進而適切賞析詩的精彩之處。由此可對比出大陸詩評家忽視詩的語脈，將解讀結果統一成回歸祖國，這點可以說是引起臺灣詩人最大抗議的原因。

（三）詩史與典律認知的問題

典律（canon）又可翻譯為「規範」，原意指基督教的教規、行為準則，之後引申到文學研究上，成為「具有準則意義且必閱讀的文學作品」。以文學研究來說，不同的文學批評理論都會造成典律認同的殊異，這是因為每個理論之間的價值判斷不同，對不同文學作品自然形成不同的價值判斷，在同一價值判斷的體系內，則必形塑一套文學傳統的典律，以加強理論的邏輯強度，使其不至於產生悖論而使理論自我矛盾。因此典律的生成與文學歷史思考是息息相關的，文學家、評論家所共同所抉選的經典作品成為多數人必讀的典律，而這些典律作品之間的時間順序與演進解釋，就是文學史的具體實踐。

從大陸詩評家所挑選的臺灣現代詩選集，或許不能呈現臺灣現代詩壇所認同的典律作品，但卻可從中看出大陸所認同的新詩典律。臺灣現代詩壇歷經現代主義的影響，所認定的經典作品多半有現代主義的影響。而大陸以社會主義起家，強調寫實主藝文學傳統，在新詩語言上傾向偏好語言淺白、含意清楚的詩作。正因為這種詩作是普遍認同的典律，八〇年代崛起的含意不清、語意不明的朦朧詩才會受到眾多的支持與批評，成為大陸新詩當中獨特的次文類。因此大陸所挑選的臺灣現代詩選集多半以語言淺白涵義清晰的抒

〔註151〕蕭蕭，〈隔著海峽搔癢〉《臺灣詩學季刊》第一期（1992 年 12 月），頁 12。

情詩爲主。白靈觀察到這個現象：「本詩選整體看來，似乎以合乎大眾品味的抒情詩作，明白曉暢好懂爲主，這其實也卻了臺灣一般詩選專找有『特色』、『實驗性高』的詩作爲能事的作法。」〔註 152〕

而從典律進一步延伸出文學史，大陸的臺灣現代詩史也受到許多質疑。大陸學者對臺灣現代詩史的安排有許多複雜的考量，當然與臺灣現代詩論者看法差別很大。首先，大陸的臺灣現代詩史將現代主義的影響貶的一文不值，並極力強調臺灣的現代詩史是一段由西化晦澀走向回歸中國的歷程，這部分與臺灣六○到七○年代的發展乍見之下吻合，但是卻無法好好解釋現代詩史上反共文學與八○年代以後的本土運動的影響。此外對於日據時代臺灣現代詩的發展也很重視，因爲抗日的歷史符合回歸祖國主題，此外笠詩社等人的寫實詩作正好符合大陸詩壇的典律，所以也會被特別強調。整體而言，大陸的臺灣現代詩史的發展順序是由錯誤逐步走向正確，從遠離中國走向回歸中國的順序而發展。

在隔絕聯絡，各自有自己文化發展的兩地的文學史，想要以一個主軸貫串，自然問題百出，但最重要的問題仍然是希望將臺灣現代詩史納入中國新詩史中，導致臺灣現代詩與現代詩史的主體性被收編。游喚悍然反駁這種論調：「古繼堂這本詩史論述的最大問題，一言以蔽之曰：臺灣主體的失落。……等於說臺灣新詩是在臺灣的中國詩。至於臺灣新詩做爲獨立文類內在詩理詩道的發展之史實，以及臺灣新詩是臺灣文化臺灣歷史臺灣詩人之總交集的主體地位，立即被抹除改寫，或者，故意略而不談。至此至此吾人終於可認定這一部臺灣新詩史是從中國大陸的預設角度出發來編寫成的臺灣新詩史。它編的成分實在遠遠大於史實的層次。它宰制性建構的性質完全駕馭著詩史的評價與解釋。」〔註 153〕

對於這些抗議收編臺灣主體性的聲音，大陸詩評家態度也很強硬，例如古繼堂就說：「正是因爲有少數忘祖的不屑子孫要搞『西化』，要搞『臺獨』，才迫使中國的詩人、詩論家們憤怒而起，捍衛中國文學的主權和精神。」〔註

〔註 152〕白靈，〈隔海選詩——小評臺港百家詩選〉《臺灣詩學季刊》（第一期，臺北，1992 年 12 月），頁 15。

〔註 153〕游喚，〈有問題的臺灣新詩發展史〉《臺灣詩學季刊》第一期（1997 年 9 月），頁 124。

〔註 154〕古繼堂，〈回答蕭蕭兼談《新詩三百首》〉《臺灣詩學季刊》第二十期（1992 年 6 月），頁 25。

154）文中對於這些批評完全沒有任何同情或反省，這顯示出兩批人的看法除了技術性問題之外，其實有更深的歧見未能溝通，而這正是論戰發生的原因。

三、兩個詩學體系的釐清

謝輝煌在整場論戰尾聲發表〈熾烈的火花過後〉做出結論，以為兩岸之間之所以發生論戰，肇因於兩岸寫作動機的差異、兩岸年代的差異、兩岸作家處境的差異以及兩岸對「中國」的認知差異。謝輝煌的文章點出了整場論戰之所以出現的原因。簡言之，就是因為臺灣與大陸的現代詩學研究，各各自成體系，雖然彼此之間討論同樣的臺灣詩人作品以及臺灣詩史，但是由於各自的體系導致各自的討論方式，而站在不同體系的研究者也就會對方的評論有不滿意的地方。

我們可以從上述論戰過程與論戰焦點的討論中發現，臺灣現代詩學有其傳統、典律，有習慣的評論方法，同樣的大陸也有自己的一套標準、文學傳統。我們可以說臺灣現代詩的研究與大陸的新詩研究，其實是兩個不同的「詮釋社群」（interpretive communities）。

「詮釋社群」是美國學者史丹利·費許（Stanley Fish）所提出的概念。也就是說具有權威的研究者制訂了一套具有說服力的詮釋策略，在經由學術研究與教育體制將這種詮釋策略深植於每個讀者的心裡，讓多數人自然而然依循這種詮釋策略來進行對文本的解讀。因此現代詩的詮釋社群不但確立了如何認識現代詩的詮釋策略，同時也實際操作如何解釋現代詩。大陸現代詩的研究者與詩人，會擬定一套解讀現代詩的方法，而臺灣也有臺灣的。當這兩套迥異的詮釋策略交集時，自然會有許多看法不同。費什進一步解釋說：「文學批評史不會成為一種旨在對某一穩固的文本進行精確閱讀的發展史，而會成為一種由團體／體制所制約的參與者為把某一文本置於其觀照視野之內而不斷努力的歷史。」〔註155〕因此文本的解讀並沒有標準答案，只有不同的詮釋團體試圖將更多文本納入自己詮釋的視野中。在此次論戰中的情況即是大陸的詩學體系希望將臺灣納入他們的詮釋系統，而臺灣的詮釋體系則做出抵抗。要進一步了解雙方的差異，就需要了解雙方的詮釋社群建立的過程。

〔註155〕斯坦利·費什著、文楚安譯，《讀者反應理論：理論與實踐》（北京，中國社科院：1998 年 2 月），頁 2、3。

（一）大陸詩學體系的建立

　　大陸在 1976 年文革結束後進入鄧小平時期，鄧小平主張的兩岸「和平統一」決定了日後大陸對臺灣的政策方向。1979 年元旦「全國人大」常委會發表〈告臺灣同胞書〉，提出結束軍事對峙，促進探親觀光、學術文化經濟交流的實行項目。而大陸的臺灣文學研究就在這政治導向、大陸官方鼓勵的氣氛下蓬勃發展，在 1979 年「全國人大」常委會發表〈告臺灣同胞書〉之後，從事臺灣研究的機構大量成立，包括廈門大學「臺灣研究所」，中國社科院「臺灣研究所」、復旦大學的「臺港文學研究室」以及各省社科院的「臺灣研究所」等等〔註 156〕。在這種情況下，大陸的臺灣詩學研究難免有統戰的政治傾向。因此會有以回歸中國爲詮釋目標的詮釋策略。

　　組成臺灣研究的大陸學者，他們的成長、教育背景也都是構成大陸的臺灣研究的詮釋策略的一環，古繼堂自己闡釋自己的教育歷程：「本人在學校裡受的是系統的愛民族、愛祖國的教育；大學課堂上接受的是傳統的現實主義文學教育，批判和排斥的是現代派。這種思想根深蒂固。受的是哲學訓練是肯定辯證唯物主義和歷史唯物主義，反對的是唯心主義和形而上學。這成了我自身生命的一部份。並且我始終認爲，辯證唯物主義和歷史唯物主義是最科學、最可靠，無法取代的觀察和評價事物最犀利的武器。」〔註 157〕所謂「系統的愛國教育」當然難免讓古繼堂做出愛國的解釋，而「現實主義傳統與排斥現代派教育」則讓大陸學人傾向偏好寫實、語言淺白的詩作，「唯物主義」則讓大陸學者傾向喜好將詩句視爲特定時空的表現，不能接受唯心的普遍象徵。這是他們所根據的詮釋原則，他們不能理解在此之外，還有其他的詮釋可能，如果有，也必定是錯的。與其說大陸學者們是懷抱特定政治目的從事詮釋，不如說這是他們看待事物的方法，從他們眼中看到的臺灣現代詩就是這樣。

　　但是大陸的詮釋社群也不是完全統一，或者完全沒有變動的可能，隨著現實的情況變動，詮釋策略與成員也有改變的可能，在這場論戰中，我們也可以看到這種變化，例如筆名爲南鄉子的大陸年輕學者就猛烈批判古遠清，

〔註 156〕可參考陳信元，《大陸對臺灣文學的研究概況》，《從臺灣看大陸當代文學》（臺北：業強，1989 年 7 月），頁 12。

〔註 157〕古繼堂，〈雨過山自綠，風過海自平〉《臺灣詩學季刊》第十五期（1996 年 12 月），頁 113。

論點清楚、言語犀利，讓人感覺到大陸詩壇內部的世代交替的徵兆。孟樊也提出類似的看法：「臺灣對『大陸的臺灣詩學』的負面評價，其實一直存在一個很大的盲點，那就是臺灣批評的焦點僅限於對岸的「主流詩學」（包括詩史、詩論、詩評），其中又以『大陸雙古』（古繼堂、古遠清）為代表。」〔註158〕孟樊強調在主流詩學之外，還有一些非主流、邊緣的評論者，他們包括「（1）年輕一代的詩學研究者；（2）被忽略而作品較少的「其他」詩論家；（3）域外或流亡的詩論評家──他們提出的有時也會叮噹有聲、鏗鏘有力的評論，卻常為此間同是具有『主流』色彩的詩論評者予以有意或無意的忽視。」〔註159〕這些邊緣非主流的評論者往往能循著特定的學術體系進行解讀，所得到研究成果也較能被臺灣學者肯定，如果大陸的主流詩學體系真的換成這批人的話，那麼大陸的臺灣詩學研究可能就很有可觀了。

（二）臺灣詩學體系的轉變

相對於大陸學術體系的建立，臺灣的現代詩場域的建立是有較久的發展歷程，關於臺灣現代詩詮釋體系的建立，前文以提及，在這場論戰中可以看到的，則是在主導文化形構與反對文化形構爭取文化霸權的現象。

面對大陸學者所構建的臺灣詩學，大部分的臺灣現代論者都強調臺灣現代詩的主體性、獨特性，其中又以游喚的說法最強硬，但游喚也不避諱承認臺灣文學的研究有其獨特性，但也有與中國文化上的關連性，因此游喚說：「臺灣新詩如果真與祖國或中國有類屬比附的關係，則此關係必然是文化傳統與文化中國的詩關係，絕非政權與國家歸屬的中國關係。」〔註160〕臺灣詩學與中國文化只是文化傳統上的關係，而這不妨礙臺灣現代詩學擁有自己的獨特性。

但是這樣的說法卻不能被臺灣本土論者所接受，目前花最多篇幅討論「大陸的臺灣詩學論戰」的陳瀅州這樣描述這場論戰：「觀察論戰發展，本土論者幾乎不在場，取而代之的是，類本土觀點的『臺灣主體』論。」〔註161〕為什麼這場論戰中的論點是「類本土觀點」而不是真正的本土觀點呢？陳瀅州繼

〔註158〕孟樊，〈主流詩學的盲點〉《臺灣詩學季刊》第十四期（1996年3月），頁26。

〔註159〕孟樊，〈主流詩學的盲點〉《臺灣詩學季刊》第十四期（1996年3月），頁26。

〔註160〕游喚，〈有問題的臺灣新詩發展史〉《臺灣詩學季刊》第一期（1992年12月），頁26。

〔註161〕陳瀅州，《七〇年代以降現代詩論戰之話語運作》成大臺文所碩論（2006年6月），頁152。

續說明道：「臺灣現代詩在臺灣詩人、學者行文論述當中，雖然也強調自主發展的脈絡，但最後自己都不免自動扣上『文化中國』概念的影響成分，所以臺灣新詩就只能成為中國新詩的一部份了。」〔註162〕陳澄州言下之意就是要完全否認臺灣文化當中受到中國文化影響的部分，要強調臺灣主體的論述，才是真正的本土論述。這樣的說法顯示出本土論者高度排除中國文化的影響，希望建構一個完全屬於本土色彩的臺灣文化。

游喚的立場是希望學術研究能夠超然於政治影響之外，就詩論詩來說，面對本土寫實詮釋社群的質疑，游喚說：「我很反對的一點是今天中華民國、中華人民共和國，為什麼任何的文學都是政治家來決定。我不反對臺灣共和國，我反對臺灣共和國一建立以後會將文學變成他的國家文學，這情形也等於我反對中華民國將文學變成國家文學，同樣的我也反對中華人民共和國將整個大陸文學就變成中華人民共和國的國家文學。」〔註163〕游喚想強調學術研究應該要有自己的主體性，不應該被政治所決定。游喚的立場接近於另類文化形構，因此由於反對文化形構下的臺灣本土論述已經即將取得主導地位，因此游喚與本土論者的爭執與五○年代現代詩人與自由主義知識份子爭取文學與學術研究的獨立性有類似之處。

在這場論戰中，除了可以看到臺灣文化霸權之間的互換之外，還可以看到臺灣文學進入學術體制的緩慢。由於過去國民黨建構的主導文化影響，學術研究體制上偏重中國古典文學，而往往偏廢現代文學的研究，現代詩被當作研究學術論文主題一直遲到七○年代才有零星幾篇，而中國文學系所也沒有特別開立現代文學的部分，現代詩的研究過去往往是由現代詩人與外文系所學者擔任，沒有學術體制的支持，也導致研究方法不統一，研究成果零散的問題。孟樊就指出這個問題：「我們自己交出一張什麼樣的成績單？詩論、詩史都要交給對岸去寫之外，除了極少數人，在詩學方法上，還不是一樣抱殘守缺？……大陸雙古的臺灣詩史、批評史，我們既不滿意又不接受，卻又拿不出可被檢視的同等著作，這才是臺灣詩壇真正的悲哀。」〔註164〕但這樣的情況也隨著臺灣文學日漸被重視而改變。

〔註162〕游喚，〈有問題的臺灣新詩發展史〉《臺灣詩學季刊》第一期（1992 年 12 月），頁 26。

〔註163〕游喚，〈大陸有關臺灣詩詮釋手法之商榷〉《臺灣詩學季刊》第二期（1992 年 12 月），頁 16、17。

〔註164〕孟樊，〈主流詩學的盲點〉《臺灣詩學季刊》第十四期（1996 年 3 月），頁 27。

　　如果在基本認知，操作方法都實屬兩個不同的詩學體系，跨越了自己所屬的詮釋社群來詮釋另一個體系的文本，自然不會被另一個體系的詮釋體系所認同，之所以發生論戰的原因就在這裡。背後當然有政治、文化上許多現實複雜的原因。沈奇對兩個體系之間所存在的歧見有一針見血的分析，談到大陸詩學體系對臺灣的看法：「『臺灣詩美而小氣，就是那麼回事……』這是長期人云亦云、飄浮於大陸詩界的一種普遍誤識，也先入為主地迷惑了不少先鋒批評家們。但不管怎麼說，作為現代主義漢語詩學之雄心勃勃的拓荒者，如此幾乎是整體性、輕率而又長期地將八十年（至本世紀末）新詩史中一重要板塊棄之不顧，實在是一種歷史性的誤失！」〔註165〕而臺灣對大陸的詩學發展也有自己的偏見，沈奇說：「臺灣有實力的理論與批評家們，也一直鮮有人潛心對大陸現代主義詩潮從客觀到個人文本的研究而致『話語空落』。諸如『他們現在玩的我們早已玩過了』以及『先行者』自居的偏狹姿態也時有所聞所見（實不知這是從質到量都完全不同的兩段進程）其潛在的心理情結有待他解。」〔註166〕但從這場論戰中可以看到更多詮釋體系的衝突，更呈現出兩種詮釋體系的不同。

　　除了可以看出臺灣與大陸的的現代詩學體系不同之外，這場論戰也是臺灣現代詩研究者為了捍衛臺灣現代詩的詮釋權而引起的一場論戰。這背後仍須回歸到策劃「大陸的臺灣詩學專題」並主導論戰發展的《臺灣詩學季刊》編委李瑞騰身上。應鳳凰曾說過：「雜誌內容方針，全靠主編的構想與付諸實行，比喻地說，他才是『整套雜誌』真正的作者，卻因隱身幕後而少受到讀者注意。」〔註167〕這個說法剛好點出李瑞騰的角色。李瑞騰策劃「大陸的臺灣詩學專題」透過約稿，便有意識地批判大陸學者對臺灣現代詩研究的弊病，可以想見會得到論戰的結果。另一個證據是這場論戰的第一階段已經平息之後，李瑞騰又再次策劃第二階段的對話，讓論戰繼續下去。一如言曦不斷的著文批評現代詩人才會讓「新詩閒話論戰」持續延燒，如果沒有李瑞騰不斷策劃，這場論戰也不會持續這麼久，而留下許多關於大陸學者對臺灣現代詩看法的文獻資料可供研究。

〔註165〕沈奇，〈誤接之誤——談兩岸詩界的交流與對接〉《臺灣詩學季刊》第六期（1994年3月），頁110。

〔註166〕沈奇，〈誤接之誤——談兩岸詩界的交流與對接〉《臺灣詩學季刊》第六期（1994年3月），頁111。

〔註167〕應鳳凰，〈「反共＋現代」：右翼自由主義思潮文學版〉《臺灣小說論史》（臺北：麥田，2007年），頁131。

更進一步的說之所以策劃這場論戰，為了仍然是是釐清大陸學者對臺灣現代詩的錯誤看法，如果兩個詩學體系之間沒有對話交集，如果完全忽視大陸詩學體系如何看待臺灣現代詩不去更正其錯誤，那麼想要倡議臺灣主體性是更加困難的。回顧李瑞騰執筆的《臺灣詩學季刊》〈發刊詞〉仍可見其建立臺灣詩學的用心。

> 站在九〇年代臺灣的土地上，我們無可避免的選擇以臺灣為中心來建構現代詩學。所謂臺灣為中心，首先必須心中有臺灣，我們願以最大的誠信和熱情，從根本上清理臺灣詩之經驗。……我們所確立的編輯與活動之原則是：歷史與現實兼顧，理論與實踐並重；不割裂現代詩的任何一條史線，不隔絕臺灣以外任何一地詩壇。〔註168〕

第六節　臺灣文學經典論戰

1999 年三月由文建會主辦、聯合報副刊承辦的「臺灣文學經典」研討會引起文壇重大爭議。陳義芝強調舉辦此次活動的用意在於為了凸顯臺灣文學的主體性，而不被中國大陸作家所涵蓋，因此陳義芝提出文學經典的條件是：「具有代表性、有歷史意義的作品，讓作品真切、具體而微地反映我們的社會人情、文化關切及獨特的語言風貌。」〔註169〕

為了公平起見，評選分成三個階段進行，第一階段邀請王德威、向陽、李瑞騰、何寄澎、鍾明德、彭小妍、蘇偉貞等七人推薦五個領域一百五十三本名著。由聯副寄給九十幾位在大專院校教授臺灣文學的學者們票選，最後回收六十七份問卷，共票選出五十本作品。最後由決審委員討論從中決定出三十本「臺灣文學經典」作品。加上媒體造勢以及網路上票選十大作家的活動，此舉引起社會大眾廣大的注意，但批判聲浪也隨之而來。部分民間藝文團體與基金會聯合召開記者會抗議，同時多家報紙雜誌都刊載抗議此研討會的文章，最後擴及政界，引發立委質詢文建會主委的情形，論戰熱潮持續三個月，爭議到了六月才漸漸平息。

關於這場論戰有許多討論仍然不斷進行，在 2001 年一月楊宗翰編輯的臺灣文學雜誌還以「臺灣文學經典再辯」為主題，收錄許多年輕論者的見解。

〔註168〕李瑞騰，〈發刊詞〉《臺灣詩學季刊》1 期（1992 年 12 月），頁 9。
〔註169〕陳義芝編，〈關於「臺灣文學經典」〉《臺灣文學經典研討會論文集》（臺北：聯經，1999 年），頁 7。

到了 2002 年七月中央大學尹子玉碩士論文《「臺灣文學經典」論戰研究》完整整理此次論戰資料。此論文中已就論戰的來龍去脈作了基本的陳述。這場論戰是臺灣文學史上的重要事件，相信未來仍會有人繼續討論這場論戰。

但是，到目前為止的討論者，都還沒針對個別文類的爭議作進一步的分析，被選入「臺灣文學經典」的文類有五項，而被選入三十本文學經典的現代詩集就佔了七本，在數量上幾乎是全部文學經典的四分之一。因此本文將集中討論「臺灣文學經典論戰」中的現代詩部分，也就是被選為經典的七家詩人詩集的爭議來討論。透過本文討論，希望能呈顯出此一論戰對現代詩論戰史上的位置與重要性。而透過現代詩經典作品的討論，可以看到現代詩此一文類經過將近半個世紀的演變，已經由五、六○年代的邊緣位置，晉升至今日的經典地位。有鑑於這次論戰已有碩士論文處理，因此本文不再描述論戰過程，將直接討論論戰焦點與意義。

一、論戰焦點分析

雖然引發爭議的是最後決定的七本現代詩名著，但是從現代詩推薦人的推薦名單來看，更可以看到更多值得討論的焦點。現代詩領域經典的推薦人是向陽。向陽本身不但是相當出色詩人，而且有政大新聞研究所博士班研究的學歷，同時擔任過自立晚報總編輯、政大新聞系兼任講師與吳三連臺灣史料基金會秘書長。在現代詩領域中有後人不能不參考的許多重要論述文章。其本土色彩以及學術能力都相當出色。向陽提出他推薦經典名著的四個標準。分別是典範性、影響性、開創性以及藝術性。從向陽自己的解釋來看，其典範性指的應該是對日後現代詩的影響力，影響性指的是針對社會大眾的影響力，開創性是指是否具有特別的風格，藝術性當然是指該作品的藝術成就，美學價值。但是向陽最後自己感性地說：「看看書單，我也覺得其中懷念的味道非常濃厚，我們似乎也都在選擇自己、也就是戰後這一代人，年輕時候讀過，到現在仍懷念的書。」〔註170〕可見在理性的考量之下，這份推薦名單仍然有詩人感性的閱讀經驗以為後盾。

而向陽所選出的三十一本詩集書單，依照世代來區分，大致可以分成（一）、日據時期詩人詩集一本：張我軍《亂都之戀》。（二）、中生代詩人詩

〔註170〕〈臺灣文學第一份書單──「臺灣文學經典」決選會議紀實〉陳義芝主編《臺灣文學經典研討會論文集》（臺北：聯經，1999 年），頁 517。

集十九本：桓夫《媽祖的纏足》、白萩《天空象徵》、林亨泰《林亨泰詩集》、覃子豪《畫廊》、周夢蝶《孤獨國》、楊喚《楊喚詩集》、紀弦《檳榔樹甲集》、瘂弦《深淵》、鄭愁予《鄭愁予詩集》、余光中《與永恆拔河》、蓉子《蓉子詩抄》、羅門《死亡之塔》、商禽《夢或者黎明》、管管《荒蕪之臉》、洛夫《魔歌》、向明《青春的臉》、葉珊（楊牧）《傳說》、席慕蓉《無怨的青春》、敻虹《敻紅詩集》。（三）、新生代詩人詩集十一本：林彧《夢要去旅行》、羅青《吃西瓜的方法》、吳晟《吾鄉印象》、陳黎《小丑畢費的戀歌》、向陽《土地的歌》、蘇紹連《驚心散文集》、陳克華《我撿到一顆頭顱》、劉克襄《飄鳥的故鄉》、楊澤《彷彿在君父的城邦》、夏宇《備忘錄》、羅智成《光之書》。

　　首先就這份書單來看，古典抒情、本土寫實以及現代主義等不同風格的詩集都有選入。另外將席慕蓉選入可以看到向陽不只是考慮藝術成就，也把社會影響力納入考量。但特別的是，被選入推薦名單的日據時代詩人極少，只有張我軍《亂都之戀》上榜。日據時代重要詩人還有楊熾昌、楊華等許多人，人稱臺灣文學之父的賴和，除了小說，也有許多現代詩的創作，這些日據詩人不知為何都沒有進入向陽的推薦名單中。

　　將這份推薦名單交給六十七位票選委員的投票結果，選出十本參加決選，分別是鄭愁予《鄭愁予詩集》（50票）、瘂弦《深淵》（41票）、余光中《與永恆拔河》（39票）、周夢蝶《孤獨國》（37票）、洛夫《魔歌》（33票）、葉珊《傳說》（22票）、商禽《夢或者黎明》（20票）、夏宇《備忘錄》（20票）、楊喚《楊喚詩集》（17票）、吳晟《吾鄉印象》（15票）。這十本作品的前六本獲得決審委員的過半贊成而確定選入經典之列。最後決審時，向陽推薦商禽《夢或者黎明》。向陽之所以推薦商禽而不推薦吳晟，因為商禽是臺灣將散文詩此一次文類發揚光大的先驅，後來也影響羅青、蘇紹連等人的寫作。此推薦也獲得其他決審委員的投票認同。成為最後一本擠進經典的詩作。

　　對比推薦、決選以及最後的名單。可以發現以年紀來區分，新生代詩人無一人進入經典的範圍內，雖然夏宇、吳晟曾進入決選。而且在決選的時候，夏宇還獲得戲劇類委員鍾明德的推薦。但是最終還是沒讓新生代詩人進入經典範圍。再以詩的屬性而言，本土性格強烈的作品也沒有入選，包括桓夫、林亨泰、白萩，以及較年輕的向陽、吳晟與強調自然寫作的劉克襄，雖然吳晟《吾鄉印象》也獲得不少支持擠進決選，但最終也無法進入經典之內。整體而言，向陽的推薦公平地選出了戰後對現代詩發展有所影響的重要作品，

但卻排除了日據時代詩人的作品。就實際影響來看，向陽此舉是反映出日據詩人影響較少的事實。因為日據現代詩人對白話文的掌握能力還在嘗試摸索的階段。藝術表現由於時代限制無法與後來詩人相比，光看藝術成就則不容易被選入。同時日據詩人作品被人重視也是晚近十餘年的事，對現代詩壇的影響較少也是事實，這些都是向陽不推薦的可能原因。而後來六十七位評審票選出來的十本作品幾乎沒有本土作品，則顯示出大多數現代詩教學者對選擇現代詩經典仍然沒把本土性當作經典的第一考量。總之最後選出了此七本詩人詩集成為經典，但爭議也隨之而來。歸納互相論戰的焦點，可以分成因「臺灣文學」引發的爭議以及因「經典」引發的爭議兩個部分。

（一）因「臺灣文學」引發的爭議

主辦單位一開始是為了強調臺灣文學的主體性而辦此活動。陳義芝開宗明義地說，票選臺灣文學經典是：「為『臺灣』文學定位。強調『臺灣』，是為了讓往後西方文學界或海外華文學界，可以明顯區分臺灣和中國大陸的不同。」〔註171〕即使如此，這次活動還是受到極大的批評，批評的主要理由是對舉辦單位以及政治動機的質疑。由於文建會掛名主辦招來政府干預文藝發展的批評，承辦的聯副則受到「沒有本土意識」、「竊奪臺灣文學經典地位」等批評。

包括臺灣筆會、臺灣文藝、文學臺灣、臺文罔報、臺灣新文學、笠詩社等六個文學社團在臺灣文學經典研討會當天所共同連署發表的〈搶救臺灣文學聲明〉中嚴厲批判：「行政院公器私用，草率推舉『臺灣文學經典』，竟交由頗受爭議之報社副刊行之。該審查評定者偏於一隅——以反本土意識作取捨標準，本土評論家排除在外，選出多篇與臺灣土地人民絕緣；自賴和、鍾理和、林海音以降多數真正臺灣文學名作家被惡意遺棄。是以不知是誰之『經』？何人在『典』？……臺灣文學歷經『抹黑』不成而『扭曲』之，不逞而今搶奪竊據之，可笑又可惡。特此譴責之。」〔註172〕此聲明涵蓋了大部分針對爭論中反對一方的立場。

針對文建會掛名主辦這點在整場論戰過程中都不斷被抨擊。實際上文建會只是掛名，是由聯副主導所有評選以及研討會的舉辦，要說這是政府介入

〔註171〕〈臺灣文學第一份書單——「臺灣文學經典」決選會議紀實〉陳義芝主編，《臺灣文學經典研討會論文集》（臺北：聯經，1999年），頁511。
〔註172〕陳振淦報導，〈作家痛批文建會公器私用〉《臺灣日報》3版（1999年3月20日）。

其實並不確實。其次是〈搶救臺灣文學聲明〉中批評主辦單位沒有本土意識，選出了多篇與臺灣土地人民絕緣的作品。則說明本土派論者心中有自己對臺灣文學的定義，與主辦單位對臺灣文學的定義明顯不同。眞理大學臺文系林政華說明本土派論者認爲臺灣文學經典應該要具備以下條件：「在學術要求上來論，『臺灣文學經典』入選的作品，應是指：和『臺灣』有關係，最好是臺灣本土或認同臺灣，以臺灣爲主體思考、表現優秀的『文學』作品。」〔註173〕因此作品本身沒有談到臺灣，沒有以臺灣爲主題，甚至作者不認同臺灣，該作品都不算臺灣文學。依這樣的定義來看，入選的七位詩人，除了楊牧是土生土長的臺灣人之外，其餘六人都不在臺灣出生，因此彭瑞金點名批判：「只希望余光中、周夢蝶、洛夫、琦君、商禽、瘂弦、鄭愁予這些人能公開大叫三聲：『我是臺灣作家』而舌頭沒有扭傷，大家也就認了。」〔註174〕，另外這些詩集都具有現代主義色彩，因此作品中沒有清晰的臺灣時空描寫。從這些特色來看，這些作品都不能納入臺灣文學經典之列。林柏燕清楚指出這點：「鄭愁予的詩，是典型的過客詩；瘂弦靠一條鹹魚過一生。余、鄭、瘂三位之作，我都不認爲是什麼『臺灣經典』。相反的。我們看不到巫永福、李魁賢、李敏勇等這些長期努力，未有應得聲譽的臺灣詩人。」〔註175〕

在這七人中，又以余光中受到批評最烈，因爲余光中在七〇年代鄉土文學論戰中的一篇〈狼來了〉更是對本土派最嚴厲的抨擊。因此本土派論者強烈不滿余光中被選入臺灣文學經典。李魁賢意有所指的批評特定入選者：「反而不乏與臺灣社會集體意識扞格不入者，有的作者甚至身在臺灣，卻鄙棄甚至不承認臺灣文學存在之輩，如今卻都擠破頭搶佔臺灣文學經典的座位，這是公然篡奪臺灣文學的行爲。」〔註176〕林柏燕也繼續說：「余光中在臺灣活了大半輩子，想的是咸陽、并州。以『車過枋寮』一詩而言，這樣具有本土性的詩題，卻避談屏高的老農，專談西方的牧神。他曾是打擊臺灣文學的主力艦，而今一葉扁舟，游迴兩岸，還在『望美人兮天一方』；心中浩浩飄飄，仍然不知所止。」〔註177〕對於余光中的批評可見一斑。

〔註173〕林政華，〈由「經典」一名説起〉《笠》211期（1999年6月15日），頁10。
〔註174〕彭瑞金，〈什麼經典？誰的文學〉《臺灣日報》4版（1999年3月22日）。
〔註175〕林柏燕，〈經典之怒〉《民眾日報》19版（1999年5月11日）。
〔註176〕陳振涂，〈「經典」活動是場臺灣文學228〉《臺灣日報》4版（1999年3月19日）。
〔註177〕林柏燕，〈經典之怒〉《民眾日報》19版（1999年5月11日）。

　　但在本土派學者中也有人認為臺灣文學不應該用這麼狹隘的的標準來看待，陳芳明說：「與其爭論什麼『不是』臺灣文學，倒不如討論什麼『是』臺灣文學。包容力越大，文學史就越精彩。即使有作家不承認自己是臺灣人，他的創作既然都是在島上孕育的，自然就屬於臺灣文學。」〔註178〕因為即使沒有在作品中描寫臺灣風土民情，只要是在臺灣環境中獲得養分來寫作的作家作品都可以稱之為臺灣作家，其作品都可以是臺灣文學經典。彭小妍更進一步指出：「這樣的一個移民社會，如果有文學反映出移民心態（例如懷舊、無根與放逐的痛苦），應該也是反映了臺灣社會『現實』的一部份，反映出臺灣境內某一類族群的心聲。如果說反映少數族群的聲音就不算反映臺灣現實，那麼我們就是不願意正視臺灣的現實和歷史的這一部份。」〔註179〕以此觀點來審視，洛夫、商禽、瘂弦人的超現實主義其實正反映出五〇年代的時代背景。蕭蕭說：「瘂弦的詩沒有臺灣的臨場感，而那正是五〇、六〇年代的臺灣，茫茫然戀著老中國，惶惶然抓著新西洋，不知身在何處？……《深淵》，超現實主義的深淵，卻為我們展示了最殘酷的臺灣現實。」〔註180〕

　　除了部分論者認為應該包容更多作品進入臺灣文學的譜系之外，更重要的是，這次的活動展現出文壇對於「臺灣文學」此一稱謂的接受。例如論戰中，陳芳明、趙天儀、王拓等人都發言贊成活動本身，因為即使選入詩家沒有臺灣意識，詩作並沒有描寫臺灣的現實，但是願意接受自己是臺灣文學經典此舉，則反應出「臺灣文學」的地位已經取得主導地位。陳萬益清楚說明道：「基本上我對聯副在長期以『中國文學』化約『臺灣文學』而引起批評之後，首度以『臺灣文學』為名舉辦活動給予正面的支持。……這樣的觀點基本上承繼了八〇年代以來本土派的核心論述，而過去曾經長期被打壓，被指斥為分離主義。在這觀點底下選拔出來的作家，有幾位過去堅持不承認『臺灣文學』之名，此次也默認，這是不是表示臺灣文學與土地和人民結合的主體性觀點，已是當前文壇和學界的共識了呢？」〔註181〕

〔註178〕陳芳明，〈臺灣文學不再是政治禁忌〉《遠見》（1999年4月11日），頁198。
〔註179〕彭小妍，〈等待黑暗逝去，光明來臨的日子〉，陳義芝主編，《臺灣文學經典研討會論文集》（臺北：聯經，1999年），頁492、493。
〔註180〕蕭蕭，〈跌落在深淵裡的樺樹夢——論瘂弦《深淵》〉，收入陳義芝主編，《臺灣文學經典研討會論文集》（臺北：聯經，1999年），頁281。
〔註181〕陳萬益，〈主體性與歷史視野〉《笠》211期（1999年6月15日），頁13。

（二）因「經典」引發的爭議

不考慮臺灣文學的立場，而單純就經典來考量，這七本詩作的名單也並不是毫無爭議。浸淫詩壇多年的詩人辛鬱就不免懷疑道：「就入選『經典』的詩集來說，像周夢蝶《孤獨國》、洛夫《魔歌》、余光中《與永恆拔河》，據我與多位詩人的認識與理解，都不是三位詩人最具代表性的作品。怎麼會這樣呢？」〔註182〕馬悅然雖然認同七位詩人的詩集應該被選爲經典，但是瘂弦與洛夫應該可以選擇更又有代表性的作品，另外紀弦在創作以及現代詩的發展上都有重要貢獻，不應該遺漏。〔註183〕洛夫自己也認爲《石室之死亡》才是自己的代表作。向明雖然認爲商禽的《夢或者黎明》是現代主義詩集中最具代表性的作品，但向明仍保守認爲：「我並不把商禽的這本《夢或者黎明》當作一代經典看待。我想商禽也會同意我的看法。」（論文集 263）余光中自己認爲《白玉苦瓜》才算是他的代表作，同時經典研討會論文發表人趙衛民與講評人羅智成也有同樣看法。羅智成說：「和許多朋友一樣，我覺得《白玉苦瓜》更能凸顯余光中整體創作水平和風貌。」〔註184〕吳潛誠贊成楊牧應當列爲經典作家，但是：「如果讓我來選他的經典作品，而且只能選一本，我寧願挑選《楊牧詩集Ⅰ、Ⅱ》或者其他更晚期的詩集，不敢選《傳說》，因爲有些句子看不懂，或不太懂。」〔註185〕總而言之，除了《鄭愁予詩集》之外，其他六位詩人都被質疑找到更好的代表作。

而沒有被選入的詩人，包括本土派論者覺得向陽、吳晟落選不公平，而紀弦、夏宇也有人抱不平。陳義芝自己也坦承：「七本新詩經典的作者全是男詩人，蓉子、林泠難道不能相與頡頏？紀弦、楊喚……也難有一席之地嗎？……這麼說，日後實有必要做第二編、第三編之評選，方可稍補不足」〔註186〕但是所謂「臺灣文學經典」的票選是否應該再辦第二、三次，從這裡我們可以更進一步討論關於「經典」的爭議。

深究這次論戰之所以引發的原因，其實很大部分起因於對於「經典」認

〔註182〕辛鬱，〈經典疑惑〉《臺灣新聞報》13 版（1999 年 5 月 15 日）。
〔註183〕馬悅然，〈選代表作不是件易事〉《聯合報・副刊》三十七版（1999 年 2 月 12 日）。
〔註184〕羅智成，〈講評意見〉陳義芝主編《臺灣文學經典研討會論文集》（臺北：聯經，1999 年），頁 237。
〔註185〕吳潛誠，〈講評意見〉陳義芝主編，《臺灣文學經典研討會論文集》（臺北：聯經，1999 年），頁 313。
〔註186〕論文集 P7。

－273－

知的落差。主辦單位希望透過「經典」的討論而畫出文學與非文學的界線，引起大眾對文學價值的重視。陳義芝就說：「當前文學之名被通俗書寫品侵佔、借用的情形嚴重，一些實用的、文宣的文字，也假文學之名招搖，使得美學經驗、美學標準極度混淆。『臺灣文學經典』的產生，試圖還給大眾對『文學』的清楚認知，並明晰地呈現一種比較嚴肅、純粹的文學本色。」〔註 187〕在主辦單位的說明中，可以發現「經典」沒被賦予絕對崇高的地位，只是一條區分文學、非文學界線，並且可以被改變、重劃。可以說，主辦單位認為「經典」只是達成共識的手段，本身並沒有這麼高的價值。因此當遭遇強大的批判時，主辦單位也不能理解。陳義芝質疑為何大陸與西方世界都有類似這種「世紀之書」、「百大小說」的評選，「唯獨我們竟不能評選『以臺灣為中心的文學經典』？在語意多元、豐富、活潑的臺灣社會，何以『經典』竟是要『避忌』的一個聖名呀。」〔註 188〕

相反的，不管贊成或反對此次活動，大部分論者都把「經典」的意義看得極重，「文學經典」被等同於聖經佛典或儒家經典。以羅門的看法為例，他對文學經典作品的在內容上與藝術價值上都有很高的要求，羅門說：「確有淵博、卓越非凡的大思想與大智慧，能啟發人類的生命與心靈活動進入廣闊的精神世界，並在年代中對人類產生永遠非階段性的感動。……作品在藝術表現上，結構的完妥性以及語言的精鍊、精確、精純、精美度與技巧的運用，也都必須真的達到無懈可擊的地步。」〔註 189〕依羅門的看法，不僅目前被選入的七位詩人沒有資格，恐怕目前臺灣沒有人的作品可以承擔得起這樣的稱謂。羅門的看法並非特例，幾乎大部分論者都不認為應該以「臺灣文學經典」之名來辦活動。楊翠覺得應該改名「聯合報好書票選活動」；林瑞明、石弘毅認為應該改名為「臺灣地區文學名著選讀」；林柏燕認為此次票選完全沒有古典作品，再怎麼說也應該稱「臺灣近代文學經典」，而若改成「臺灣近代文學重要作品研討會」必可圓滿；林水福、鄭清文也覺得改作「臺灣文學名著」較妥當。朱炎、馬森、齊邦媛也都認為「經典」之名，太沈重了些。由此可

〔註 187〕〈臺灣文學第一份書單——「臺灣文學經典」決選會議紀實〉陳義芝主編，《臺灣文學經典研討會論文集》（臺北：聯經，1999 年），頁 511。

〔註 188〕陳義芝，〈關於「臺灣文學經典」〉陳義芝主編《臺灣文學經典研討會論文集》（臺北：聯經，1999 年），頁 5。

〔註 189〕羅門，〈詩眼看臺灣經典文學〉《臺灣新聞報》西子灣副刊（1999 年 4 月 13 日）。

知「經典」在許多人的心目中是多麼重要，擁有崇高的價值。

正因如此，每個人都在心中都有自己不容侵犯的經典。而這份不容侵犯的經典名單沒有得到認同時，遂引發十分強烈的反彈。而這種現象又以本土派論者最爲顯著。本土派論者心中對於哪些作品應該是「臺灣文學經典」有一套接近的看法。楊翠：「有多少人在課堂上講授過賴和、楊逵、鍾理和、呂赫若、張文環、張深切、龍瑛宗等人的作品？」〔註190〕李魁賢：「在新文學的領域裡，就有賴和、吳濁流、張深切、楊守愚、楊逵、吳新榮、張文環、龍瑛宗、呂赫若等一大串響叮噹的文學巨人。」〔註191〕蔡榮勇：「一輩子爲臺灣人民留下眞實聲音的作家，連橫、林幼春、賴和、張文環、張深切、楊逵、呂赫若等，反而不如張愛玲的上海鄉愁。」〔註192〕）除了吳濁流之外，以上所列舉的日據時代作家都沒有收入「臺灣文學經典」之中，對比兩派經典名單的落差，也就可以理解爲何本土派會如此強烈抗議這次的活動。但比對三位學者所列舉的經典作家，我們可以發現有趣的地方。

首先，抗議的論者爲什麼都只舉日據時代作家，而不舉其他入圍的本土派戰後作家？例如林亨泰、白萩對戰後臺灣現代詩的影響力也相當深遠，同時也是本土派詩人中輩份最高的詩人之一，完全不提這批詩人實在令人不解。其次，就算只以日據時代現代作家來看，大部分的論者幾乎都舉小說家，而完全不提日據時期現代詩人，例如楊華、郭水潭、張我軍等日據時代詩人。這一點也實在不公平，彷彿日據時代現代詩領域都沒有代表作家。

就本土派論者的言論試著回答這疑問。首先日據時代已經過去，這些作家已經跟當代文壇沒有利害關係，推崇這些作家比較不得罪人。同時，標舉日據時期作家也有建立譜系的意味，使戰後的本土派寫作具有歷史的根源，就這兩點意義上來說，標舉日據作家成爲經典是最可靠的選擇。另外本土派崇尚寫實風格以及對臺灣地理歷史的描寫，現代詩不如小說可以大量運用寫實技巧，並且以臺灣地理歷史爲題材，因此日據時代小說家又比現代詩人又具有更高的價值。從這點也可以看出本土派論者對文類的偏好。

〔註190〕楊翠，〈楊逵拒絕成爲被評選的客體〉《臺灣日報》4 版（1999 年 3 月 22 日）。

〔註191〕陳振塗，〈「經典」活動是場臺灣文學 228〉《臺灣日報》4 版（1999 年 3 月 19 日）。

〔註192〕蔡榮勇，〈文學暴力——論臺灣文學經典編選之草率〉《笠》211 期（1999 年 6 月 15 日），頁 12。

二、現代詩作爲當代文類的代表

（一）學術場域所呈現的現代詩經典樣貌

從這次入選經典的七本詩集來看，除了鄭愁予與余光中較具抒情風格之外，其於五本幾乎都是現代主義最盛行時期的代表詩作。這一點相當被本土派論者詬病。原本經典的崇高地位就是文學場域互相爭奪權力的目標。不同文學團體都難免根據自己的信仰而懷有自己的一套文學經典著作。因此楊宗翰說：「模型已先存在，事實則不再有屬於自己的軌道，而是在預先架設好的模型下形成。活動之主、承辦單位既已事先擇訂了規則、評審名單、呈現方式等等『模型』，自不難推知最後會鑄造出哪些經典；倘若當時是交由臺灣筆會籌辦，其理亦同。」〔註 193〕因此哪些作品能成爲經典並不重要，重要的是構成經典的文學場域，成爲經典只是結果，大多數人對文學的認知才是形塑經典的原因。以此來看，聯副所意欲建構的經典的風貌爲何？陳義芝解釋經典的定義：「晚近十年，從事文學研究的人隱隱有一趨勢，多採取符號學、心理分析、女性主義等偏重意識型態的理論來進行文本批評；許多學術論文援引作品，並不考慮其藝術成績，只要能夠作爲其理論佐證即可。傳統堅持的文學價值觀似乎有被毀棄的傾向。」〔註 194〕也就是說，活動主辦單位希望建立的經典，應該具有閱讀上的美感，而不是具有學術研究價值的作品，這裡呈現出目前現代文學場域與學術研究之間息息相關，但聯副希望維護的是較傳統的文學觀念，也就是以審美爲前提進行閱讀。

如果只以審美價值來審核，日據時代作家不容易上榜有許多理由。面對本土派的質疑，靜宜大學的年輕學子諸葛俊元對日據作家無法上榜的說明一針見血：「即便他們的作品曾影響過少數作家，但不論是質或量而言，都無法與來自中國大陸的文學傳統相比，只能在學術的殿堂中藉著意識型態的支撐奪得較多研究者的青睞。」〔註 195〕聯副強調審美閱讀，而日據時代作家獲得本土派研究者的青睞，兩者的落差足以看出此次論戰發生的原因。

這場論戰更深層的意義在於，由此名單可以看出當時文壇的狀況。首先

〔註 193〕楊宗翰，〈內爆臺灣文學經典〉《文學經典與臺灣文學》（臺北：富春文化，2002年），頁 15。

〔註 194〕〈臺灣文學第一份書單——「臺灣文學經典」決選會議紀實〉陳義芝主編《臺灣文學經典研討會論文集》（臺北：聯經，1999 年），頁 511。

〔註 195〕諸葛俊元，〈「臺灣文學」期待經典化〉《文學經典與臺灣文學》（臺北：富春文化，2002 年），頁 26。

向陽的三十一本推薦名單在前文中可以看出是具有相當開放性，沒有偏袒特定性格的作品。雖然最後是由決選委員七人投票選出最後經典作品，但是複審結果與決審名單相差不遠。六十七位複審委員的問卷回函可以說要負較大的經典爭議責任。

　　因此本土派論者不止對名單不滿意，也對評選方式以及複審委員的制度也不滿意。楊翠就慷慨陳言：「其所謂『公開、公平、公正』，充其量只表現在形式上，而不具實質意義。首先，推薦委員有權產生推薦書單，更有權票決最後的『經典』，然而，他們究竟如何產生？他們對『臺灣文學』的認知是否具有深度與廣度？誰來『評選』他們？至於第二階段針對各大專院校現代文學教授與少數媒體副刊編輯所發出九十一份問卷，更是以『公開』的假象，掩蓋不公平、不合理的內在事實。……然而，我們要問的是，這九十一為抽樣者當中，有多少人了解臺灣文學發展史脈？有多少人具有臺灣主體觀點？」〔註 196〕如果說各大專院校以及各媒體副刊主編都沒有權力選出這份名單的話，幾乎想不出來還有誰有權力來選。反過來說，本土派論者心中有權力選出經典的人必須是了解臺灣文學發展史脈以及具有臺灣主體觀點，但就結果來說，有這樣想法的人還不是文壇主流。

　　聯副想要提倡的文學觀念其實比較傳統，這與過去長久發展的文學場域環境息息相關，即使文學環境正隨著政治、經濟環境日漸改變中，但是長久以來發展所留下來的影響並不會馬上消失，林瑞明就直接指出：「目前在大學任教的文學教授也多是舊思維結構下的產物，多數人熟悉的是外省作家的作品，其中有臺灣意識的人很少，就算他們選出了臺灣作家的作品，也無法影響多數。……要改變這種現狀必須從改革教育體系開始。」〔註 197〕也就是說，如果本土派論者希望以這樣的方式選出他們心目中的「臺灣文學經典」，那就必須建構起一個以多數人具備「臺灣主體意識」的文學場域，並且以而過去只以審美閱讀為主要考量的也必須改變。

（二）確立現代詩的文類經典地位

　　如果跳脫何者堪稱經典的爭議，這場「臺灣文學經典論戰」還有更豐富的意涵值得注意。也就是現代詩此一文類已經完全取得社會所認同的重要地位。與五十年前現代詩運動剛開始提倡時相比，現代詩不再像過去受到強烈

〔註196〕楊翠，〈楊遠拒絕成為被評選的客體〉《臺灣日報》4版（1999 年 3 月 22 日）。
〔註197〕蔡美娟，〈臺灣筆會等團體發表聲明〉《聯合報》（1999 年 3 月 20 日）。

合法性的質疑。我們可以從兩件事看到現代詩此一文類經典地位的確立。首先，是現代詩場域與其他場域的互動日漸密切。就經濟層面來說，五十年代的現代詩印行販賣都只侷限於同好之間流傳，詩刊也常因經費拮据而宣布停刊。而就教育層面來說，現代詩進入國民教育的課本已經是七十年代，而大學開設現代詩的課程更是晚近十餘年的事。這些情況比對這次臺灣文學經典會議當中大家的看法，都可以看到已經與過去大大不同。陳義芝說：「在實際運用上，選出的這三十本經典，極可能成為大學公認的一份文學教材，同時我們也將洽請各大書店陳設專櫃，以擴大民間發行。」〔註198〕能夠成為大學的文學教材，也能在書店陳設專櫃發行販賣，這些處境都不是過去推行現代詩運動的人能夠想像。同時，這次決定經典界定篩選的複審、決審委員，多半具有高等教育學歷，甚至彭小妍具有中研院研究員的身份。即使論戰中有不公的爭議，仍然不能忽視現代詩正式進入大學教育，並且成為正式學科的宣示。

其次，我們還能從古典詩與現代詩之間的文類地位爭奪來看。五〇年代古典詩還儼然是文學場域中的正統文類。不但在報紙上有專欄，大學教育也無不把詩詞教育納入課程，古典詩社的集會也時有所聞。在五十年代還發生「文學雜誌新舊詩論戰」，要求現代詩要向古典詩學習，依循固定的格律創作。但隨著時代變遷，古典詩的欣賞與創作人口都日漸減少，到八十年代之後，古典詩已經成為弱勢文類。到了這次「臺灣文學經典」已經完全沒有古典詩此一文類的位置。對此，臺灣古典詩刊社總編輯邱閱南就大聲疾呼：「做為臺灣古典詩壇的園丁，有必要為臺灣古典詩壇爭一個發言角落，提醒國人、媒體與各級政府文化與教育單位，該是還給古典詩一個公道的時候了！其實被鳩佔鵲巢最嚴重的，是臺灣古典詩壇與臺灣古典文學！……新文學有提倡必要，舊文學也有存在價值啊！今後，請不要忘記，給我們留一個位子，好嗎？」〔註199〕然閱讀人口已經減少，但古典文學仍然有學術研究者的支持。靜宜大學年輕學子陳盈達也批評：「只有當代的文學才能影響大眾嗎？只有當代的文學才有年輕人讀嗎？只有當代的文學才能成為大學文學教材嗎？此次

〔註198〕陳義芝主編，〈關於「臺灣文學經典」〉《臺灣文學經典研討會論文集》（臺北：聯經，1999 年），頁 7。

〔註199〕邱閱南，〈臺灣文學經典古典詩不可或缺〉《臺灣日報》9 版（1999 年 4 月 13 日）。

文學經典評選中的『去古典化』，無疑是一種偏見，是一種對臺灣文學架構不清的謬誤。」〔註200〕以本土派論者的架構，以臺灣爲主體建構的文學譜系應該是從古典詩文到現代詩文都要包含在內。但即使如此仍然不能改變多數人已經不再閱讀古典詩的閱讀習慣。對比古典詩與現代詩的境遇，現代詩取代古典詩，得到當代最核心的文類之一的地位已經沒有疑問。

這次論戰引發的爭論遍及所有文學界，當然也包括現代詩，更重要的是將這場論戰中放到臺灣現代詩論戰史的脈絡中來看，相對於五〇到七〇年代詩人必需不斷高聲疾呼現代詩的重要性與合法性，1999 年的這場論戰顯示出現代詩此一文類在文學界以及社會認知上都已成爲擁有合法性以及正統性，成爲當代社會文學文類中最爲重要的文類之一。

第七節　論戰史第三階段的整體意義

徐望雲曾經以混沌理論試著歸納多元的九〇年代臺灣現代詩壇現象〔註201〕，從八〇年代到九〇年代，從不同媒介（紙本、聲光、網路）到不同題材乃至於百無禁忌的語彙，多元解構的特色似乎是詩壇的共同的面貌。但在這看似多元紛雜的混亂中，仍然可以歸納出某些共通之處。向陽在觀察臺灣八〇年代的現代詩風潮，拉出三條主要脈絡：

> 順著七〇年代而降的，是承襲現實主義而下的本土詩，在八〇年代前葉，主要的表現形式是政治詩的實踐，後葉是臺語詩的表意；而它的對向則是意圖翻新的後現代詩，自八〇年代中葉崛起，先是以都市詩的倡言與內容別闢於本土詩之外，其後則是通過後現代主義的揭櫫與形式區別於本土詩之外；在這兩條平行線之中，則是在聲稱上無聲無息卻又在市場中力道萬鈞的大眾詩的灰色地帶，它跳出臺灣現代詩壇的框架，與大眾社會接合，綿亙整個八〇年代，以大量的大眾讀者的觸及，左嘲本土詩作爲大眾心聲的言說，右批後現代詩作爲都市精神表徵的意理。這三個主要風潮，猶似三足，鼎立於臺灣八〇年代現代詩壇的興圖之上，看似牴角相抗，其實相反相

〔註200〕陳盈達，〈經典的迷失──臺灣文學經典票選的省思〉《文學經典與臺灣文學》（臺北：富春文化，2002 年），頁 37。
〔註201〕徐望雲，〈混「蛋」──多元而奇特的九〇年代臺灣現代詩壇〉《臺灣現代詩史論》（臺北：文訊，1996 年 3 月），頁 569～583。

生，構成了八〇年代臺灣現代詩風潮的三個色塊，強弱相間，浮現
了一個看似多元化的形貌。〔註202〕

這三條脈絡分別是本土詩、政治詩乃至於臺語詩等一脈相傳承襲現實主義的
本土寫實詮釋社群。其次是以都市詩繼而宣揚後現代主義的現代主義詮釋社
群。最後是結合大眾讀者以抒情方式表現的古典抒情詮釋社群。向陽三種脈
絡的的觀察到了九〇年代仍然可以適用。從中我們看到古典抒情詮釋社群逐
漸失去了主導文化霸權的地位，轉而趨近於大眾娛樂流行文化。

本土寫實詮釋社群則透過再一次國族至上的修辭方式，佔據成為新的主
導文化。八、九〇年代論戰正可看出這樣的過程。過去國民黨政府透過文藝
政策所形塑的文化風格，強調中國古典抒情風氣，對政治議題冷感的文學風
氣，轉而被凸顯臺灣本土文化，強調多元文化，更積極投入政治的新文化風
貌所取代。同時臺灣文學也從八〇年代「臺灣文學正名運動」的邊緣戰鬥性
格，逐步進入國家文學體制。

一、主導文化與對立文化互換霸權地位

在七〇年代臺灣遭遇一連串的外交失利以及世界各國與中國建交之後，
身份認同的失落以及重建，就成為文化工作者關注的課題。隨著七〇年代左
翼運動轟轟烈烈的展開之後，左翼運動並沒有達成目的，反倒是種種關注臺
灣現實的運動卻使臺灣本土運動日漸壯大，到了八〇年代，黨外運動的蓬勃
發展，美麗島事件，林宅血案等等戲劇性的發展都強烈刺激了臺灣本土運動
的進行，加上日後的解嚴，民進黨取得越來越多的政治資源，臺灣本土運動
成為另一個重要的身份認同的根據。

王浩威在 1993 年 7 月 30 日「民進黨文化會議」中所發表的論文，就已
經指出「本土化可能是新的或未來的主流意識型態國家機器」。王浩威說：「在
一個新的國家建立時，文學往往成為論述建構其形式的方式：新的歷史記憶、
新的人民史詩，新的人物典範等等接重建起來。如果這部分著力再更深，可
能是新的文學形式、美學和心理性格的繼續重建。這是一個涉及層面相當複
雜的現象，族群認同的建構往往是想像的過程大於事實。Benedict Anderson
在討論印尼蘇卡諾的建國歷程中，就以『想像的社群』（Imagined communities）

〔註202〕向陽，〈八〇年代臺灣現代詩風潮試論〉《臺灣史料研究》第九期（1997 年 5
月）。

爲書名，指出對被壓迫者而言，某種民族的理念（想像）有助於團結，從而發展出一套論述來支持這種幾近信仰的想像。這其中並非完全沒有事實的存在，只是想像的成分要比一般所以爲的要大許多就是了。」〔註203〕誠如王浩威所說，臺灣本土化運動之所以能夠蓬勃發展，臺灣文學其實發揮了很大的作用，就是因爲由笠詩社、臺灣文藝等詩人群、作家群以大量文學創作，來支持臺灣是一個獨立民族，應該成立一個獨立國家的文學想像。

　　隨著臺灣本土化運動的日漸進展，在九〇年代李登輝當選民選總統之後，國民黨的文化主張也緩慢的改變著。王浩威指出這種現象：「宰制之意識型態再次顯示了它強而有力的自我繁殖能力，隨時因應著整體之國家機器選擇性地吸納了相對地強於舊有國家機器的民間社會。將它加以結合重生，不斷地調整成新的意識型態國家機器而去統御新的生產關係。」〔註204〕當反對文化形構威脅到主導文化形構時，主導文化形構也開始試圖收編臺灣本土的意象。王浩威很清楚的分析過去的反對文化成爲新的主導文化：「解嚴前後，統獨論戰曾經喧囂一時，雖然目前已態勢分明，但當時兩種民族認同的專斷，所謂中國和所謂的臺灣不可共存的決裂，幾乎使文化工作者陷入了這種狂熱的認同建構工程。然而，正如前言，當本土認同成爲蛻變而出的新的主流意識型態，甚至連官方的文化機構也以『本土化』自居，一方面，某些舊有的反對文化工作者勢必被納括（include）到體制內，成爲新的代理人（agents）；另一方面，模糊掉的區隔界線也勢必造成前衛運動者的無力。」〔註205〕

　　2000年民進黨所推舉的總統候選人陳水扁、呂秀蓮終於當選中華民國第九任總統、副總統。過去對抗國民黨政權的反對文化終於取得國家機器，控制了軍警等暴力國家機器，以及教育等象徵國家機器，過去的反對文化形構終於成爲新的主導文化。反對文化形構仍然有其經過挑選的傳統，也同樣具有主導文化的排他性，王浩威說：「寫實主義將依然爲主流，日益商品化的社會實相依然沒法處理，差異／認同的問題（少數民族、女性主義、弱勢團體）依然一樣被整齊化而消音，性、道德、倫理方面的思考依然不變，前衛性／實驗性的作品

〔註203〕王浩威，〈國家機器對臺灣文學的宰制〉《臺灣文化的邊緣戰鬥》（臺北：聯合文學，1996年10月），頁104。

〔註204〕王浩威，〈國家機器對臺灣文學的宰制〉《臺灣文化的邊緣戰鬥》（臺北：聯合文學，1996年10月），頁97。

〔註205〕王浩威，〈前衛、顛覆與後現代〉《臺灣文化的邊緣戰鬥》（臺北：聯合文學，1996年10月），頁121。

（如果沒有本土的神聖光芒）依然被視爲一種秩序的擾亂，本土特性的泯滅……。本土化並非萬靈丹，甚至將在建構的同時也排除了許多異己的文學。這個情形，和所有的宰制之意識型態國家機器並沒有差異。」〔註206〕

　　我們可以透過「臺語文學論戰」〔註207〕來觀察古典抒情與本土寫實詮釋社群之間互換主導地位的情形。第一次「臺語文學論戰」起因於1989年廖咸浩於淡江中文系第三屆「文學與美學學術研討會」發表「『臺語文學』的商榷－其理論的盲點與囿限」一文。但主辦單位未經廖咸浩的同意，便將論文送交《自立副刊》刊登，並改題目爲「需要更多養分的革命」。此文一出陸續受到洪惟仁、林央敏、宋澤萊等人的反駁批評，成爲第一場臺語文學論戰。在第一場臺語文學論戰結束之後，李喬、彭瑞金各自針對「臺灣語文」發表意見，之後引來林錦賢的批判，由於論戰雙方剛好是閩南與客家籍，所以頗有閩、客語言論戰味道，但第二場論戰很快就被有人出來作「公親」，因爲這次論戰的雙方仍有共同奮鬥的目標，因此彼此都很克制，沒有爭執很久。從這兩次論戰可以看出，本土寫實詮釋社群對於文學有其特定的要求，對於不符合要求的意見開始透過論戰的方式來干預。

　　但「臺語文學論戰」之外，我們還能從「臺灣文學經典論戰」〔註208〕看到相同的發展。1999年文建會主辦、聯合副刊承辦的「臺灣文學經典」研討會引起文壇重大爭議。研討會邀請爲了公平起見，評選分成三個階段進行，第一階段邀請王德威、向陽、李瑞騰、何寄澎、鍾明德、彭小妍、蘇偉貞等七人推薦五個領域一百五十三本名著。由聯副寄給九十幾位在大專院校教授臺灣文學的學者們票選，最後回收六十七份問卷，共票選出五十本作品。最後由決審委員討論從中決定出三十本「臺灣文學經典」作品，但批判聲浪也隨之而來。部分民間藝文團體與基金會聯合召開記者會抗議，同時多家報紙雜誌都刊載抗議此研討會的文章，最後擴及政界，引發立委質詢文建會主委的情形，論戰熱潮持續三個月，爭議到了六月才漸漸平息。這次論戰的焦點主要集中在許多日據時期重要作家沒有被選進「臺灣文學經典」之列，但幾

〔註206〕王浩威，〈國家機器對臺灣文學的宰制〉《臺灣文化的邊緣戰鬥》（（臺北：聯合文學，1996年10月），頁105。

〔註207〕詳細論戰經過與作者、篇名皆見林央敏，《臺語文學運動史論》（臺北：前衛，1996年3月），頁52～70。

〔註208〕關於此次論戰可參考尹子玉中央大學中文所碩士論文《「臺灣文學經典」論爭研究》。

乎沒待過臺灣的張愛玲的《半生緣》卻被選入，這些都引起本土寫實詮釋社群不滿。其中尤為有趣的是陳芳明的看法，陳芳明認為說：「包容力越大，文學史就越精彩」，即使不承認自己是臺灣人的作家，乃至張愛玲，只要他們對臺灣文學真的有影響，那麼都不妨納入臺灣文學經典之譜。他自己這樣看待這次的活動「我寧願以文學慶典的態度來看待這次文學經典研討會。……更樂於看到不同的單位提出不同的經典書單與歷史解釋。原因無他，我終於看到臺灣文學不再是政治上的禁忌。」〔註209〕陳芳明這麼寬鬆的標準引來許多本土派的嚴厲批判。

　　但是我們可以從陳芳明的言論中看到文壇對於「臺灣文學」此一稱謂的接受。在論戰中除了陳芳明之外、趙天儀、王拓等人都發言贊成活動本身，因為此舉實質上反應了「臺灣文學」的地位已經取得主導地位。陳萬益清楚說明道：「基本上我對聯副在長期以『中國文學』化約『臺灣文學』而引起批評之後，首度以『臺灣文學』為名舉辦活動給予正面的支持。……這樣的觀點基本上承繼了八○年代以來本土派的核心論述，而過去曾經長期被打壓，被指斥為分離主義。在這觀點底下選拔出來的作家，有幾位過去堅持不承認『臺灣文學』之名，此次也默認，這是不是表示臺灣文學與土地和人民結合的主體性觀點，已是當前文壇和學界的共識了呢？」〔註210〕從這個角度來看，陳芳明寬鬆的入選經典標準，甚至願意把本土派認為根本不能算是臺灣文學經典的作品納入，其實是展現了主導文化霸權收編吸納的特質。威廉斯說過主導文化霸權不是固定不變的：「它要不斷地被更新，再制，辯護和修改。他也會不斷地受到來自於不僅是自己的壓力而產生的抗拒，設限，改變，挑戰。」〔註211〕陳芳明的解釋清楚展現出主導文化自我調整以求更能夠適應時空環境的特色。而這正是本土寫實詮釋社群取得主導地位的證據。

　　相對於臺灣本土論述取得霸權地位，古典抒情風格也變得不如過去重要。以現代詩場域來說，蔚為主流者是後現代詩（網路、多媒體詩）與本土詩（包含寫實、母語），古典抒情的中國傳統詩風開始沒落，但是古典抒情詮釋策略由於過去是教育體制當中偏好的風格，因此潛移默化了大眾讀者的期

〔註209〕本處引文皆見陳芳明，〈臺灣文學不再是政治禁忌〉《遠見》（1999 年 4 月 1 日），頁 198。

〔註210〕陳萬益，〈主體性與歷史視野〉《笠》211 期（1999 年 6 月 15 日），頁 13。

〔註211〕Raymond Williams, Marxism and literature（Oxford, Oxford University Press, 1977 年），p111.

待視野，使得古典抒情風格的現代詩，雖然失去了文學體制中的重要地位，卻成為市場寵兒。

「席慕蓉現象論戰」正好突顯出這個現象，五〇年代開始長期沒有市場，屢屢滯銷的現代詩集，從七〇年代開始，余光中、鄭愁予的詩集開始暢銷，到了八〇年代，「席慕容現象」更創造了現代詩集銷售量的新紀錄，至今尚未被打破。中國抒情古典風格的現代詩透過國家機器宣導（教育體制、宣傳等）而廣為人知，其抒情、迴避現實的特質也被不願意碰觸政治的中產階級所喜好，因此這種風格的詩作，雖然在詩壇影響力減弱，但是卻成為銷售最好的作品。

席慕蓉的詩集不是孤證，據孟樊的分析，銷售最好的第二、三名分別是余光中、鄭愁予，他們兩人都是中國古典色彩最被傳誦的詩人，現代詩集銷售前三名都是以中國古典抒情風格見著的詩人，由此可以看到過去的主導文化形構失去了主導地位之後，成為轉化為通俗消費文化的軌跡。年輕學子楊曉琪分析兩種詮釋社群轉換權力位置的過程：「在這裡我們彷如看到兩種反向的歷史敘述和建構的形成，一種是正統的瓦解和傳奇軼史、文化常識所組構的民族文化史的盛行，而另外一端，則是家族、個人回憶和口述歷史以充滿被遺忘的悲情姿態，成為大河小說中歷史的素材，甚至成為通俗臺灣史教科書的角色。我們看到一種朝向瓦解和衍生，另外一種則朝向正統鞏固和建構，一種傾向提供通俗消費和寄託文化懷鄉，一種則在嚴肅、正統中尋求象徵地位的典律化過程。」〔註212〕

二、知識與權力

在八、九〇年代現代詩論戰中，我們可以看到的另一個重要現象，就是現代詩的地位取得政治方面的高度肯定，現代詩作為臺灣文學的重要代表性文類，獲得高度的合法性，終於完全取代古典詩的地位。同時，現代詩的學術研究開始受到高度重視，也代表臺灣文學進入體制化的過程。應鳳凰在「臺灣新文學發展重大事件研討會」上發表的論文〈九〇年代臺灣文學的體制化——國家文學館及臺灣文學系所之設立〉分別透過臺灣文學研討會開始出現、臺灣文學系得以設系與國家臺灣文學館成立三件事來說明，臺灣文學在

〔註212〕楊曉琪，《七〇年代鄉土文學論戰暨文學場域的變遷》，暨南大學中文所碩士論文（2001 年），頁 149。

九〇年代正式進入國家文學體制的過程。過去重視中國古典文學的中文系所，所代表的文學體制重視詩詞等古典文類，但臺文系的設置、臺灣文學研討會的舉辦，都高度排除中國古典的影響，因此從日據時代以來延續不斷的臺灣現代詩，開始受到臺灣文學研究的高度關注。教育體制與研究體制的關注，代表現代詩的文化地位提高。

（一）現代詩作為臺灣文學的重要組成，獲得知識合法性

現代詩在五、六〇年代特別的氛圍中，並沒有獲得知識的合法性。在大學等教育、研究單位中，幾乎沒有現代詩的課程，而社會大眾欣賞現代詩的人也不多，不管在政治、研究、甚至閱讀市場，現代詩都是非常邊緣、小眾的文類。即使即使詩人們高聲疾呼，但並沒有辦法改變現狀。等到了七〇年代，由於各方面的巨大變革，使得文學成為知識份子寄託改革的場域，現代詩的重要性開始被人重新認識。而余光中等人順應時代潮流，富有濃厚中國風味的詩作，也開始使現代詩受到大眾歡迎。

到了八〇年代，本土派與左翼知識份子在國族認同上正式絕裂，重新建構的臺灣文學史當中，充滿了對中國文化的賤斥，本土派文學工作者相信必須將中國文化的一切排除，才能保有民族國家的本質。在這種背景下，日據時代表示反抗意識的現代詩背負了日據時代以來反抗強權的象徵，日據時代日本詩壇的影響，也給了現代詩不受中國文化影響的誕生背景，這些背景都使現代詩成為本土論述中不可或缺的部分。

本土運動論者回顧現代詩的歷史時，往往忽略五、六〇年代的官方影響，貶低反共文學，本土論者所建構的文學系譜往往跳過五、六〇年代，銜接日據時期到八〇年代臺灣本土運動之後臺灣文學的關聯性，他們相信這樣架構的臺灣文學史，才足以稱起臺灣獨立建國的理想，成為臺灣文化民族運動的基礎。因此建立一套「臺灣文學體制」以別於「中國文學體制」就成為本土派人士的目標。應鳳凰談到臺灣文學體制化的經過：「可從國家設立專門機構專司其責，臺灣文學的教育、推廣、規劃、管理、指導等工作，漸次由政府撥款資助或接受國家行政管理表現出來。臺灣文學系的設立，國家文學館的籌備開張，都是具體實例。」〔註213〕應鳳凰並列舉臺灣文學研討會開始出現、

〔註213〕應鳳凰，〈九〇年代臺灣文學的體制化——國家文學館及臺灣文學系所之設立〉聯合報副刊主編《臺灣新文學發展重大事件論文集》（臺南：國家臺灣文學館，2004 年 9 月 3 日），頁 277。

臺灣文學系得以設系與國家臺灣文學館成立三件事來說明。

其中又以臺灣文學系與臺灣文學研究所的成立，對於臺灣文學體制化的影響最大。1995 年開始「臺灣筆會」等十八個單位連署呼籲設立臺灣文學系。之後經過長久的爭執辯論，到了 1997 年淡水工商管理學院（今升級更名眞理大學）終於獲准成立臺灣文學系。成大則在 1998 年獲准成立第一個臺灣文學研究所。隨著 2000 年民進黨政府執政，臺灣文學設系的速度開始加快，應鳳凰說：「2000年 8 月以後，新政府發函十九所公立大學鼓勵籌設臺灣文學系所，於是設立的腳步加快：成大、靜宜、先後成立『臺灣文學系』，清華、國北師成立了『研究所』。至 2003 年，臺師大成立，2004 年臺大之外，中正、中興兩個『中字號』國立大學隨即跟上。政大即將加入，致使臺灣南北合計十家以上國立大學新設有臺灣文學系所，這還不包括師範體系裡的相關語文系所」〔註214〕若加上這兩年新設立的臺灣文學以及相關的臺灣語言系所，數目就更多了。

應鳳凰還記下教育部於 2000 年 9 月 13 日以第 89114635 號函指示：「配合九年一貫課程之實施，……有意增設臺灣文學系所者，教育部政策上將從優考量。」〔註215〕爲文學與政治之間的互動留下一個記錄。增設這麼多臺灣文學系所對現代詩研究教學有什麼影響呢？臺灣文學系所不必像中文系一樣需要教導經史子集等科目眾多的中國文學課程，一如前言，現代詩又是臺灣文學領域中十分重要的一部份。因此大量臺灣文學系所的設置，便引導許多年輕學子必須學習、研究現代詩這門專業課程，這直接促進現代詩研究與教學的風氣，使得臺灣現代詩受到前所未有的關注。這點可從下文研究現代詩的碩博士論文大量增加得到印證。

（二）現代詩研究成為學術建制的一部份

除了政治上的原因，到了二十世紀末、二十一世紀初，「現代主義」在世界各地都成爲重要的研究課題。在二十世紀初抵抗市場經濟而產生的現代主義，以其高度文化菁英色彩，深受知識份子青睞，不管是「堅持爲藝術而藝術」的理念，或是認爲這是反抗社會的方法，現代主義都留下許多深刻的議

〔註214〕應鳳凰，〈九〇年代臺灣文學的體制化——國家文學館及臺灣文學系所之設立〉聯合報副刊主編《臺灣新文學發展重大事件論文集》（臺南：國家臺灣文學館，2004 年 9 月 3 日），頁 282。
〔註215〕應鳳凰，〈九〇年代臺灣文學的體制化——國家文學館及臺灣文學系所之設立〉，頁 292。

題，供後來研究者研究。因此研究現代主義與唯美主義的美國學者貝維拉達（Gene H.Bell-Villada）談到這個轉變：

> 藝術裡的「現代主義」猶如它先決條件的唯美主義，在精神上是以
> 一種對抗市場社會的手法展開，這種市場社會是作家與藝術家感到
> 不滿而且準備戰鬥的對象。從 1914 到 1945 年，在吞沒中產階級的
> 恐怖政治、經濟、和軍事危機之後，藝術的「現代主義」在二次大
> 戰後的秩序下，後來居上成為最受獎勵的風格。終於在菁英的學術
> 機構中，擔當起基本標準角色，而且在媒體的「創意」（creative）
> 部門中，成為一種常見的名詞。〔註216〕

在臺灣的現代主義運動也有類似發展，當初現代詩人群憑著熱情，不計利害而進行的種種現代詩運動，日後由於政治經濟場域的改變，而使「現代主義」成為菁英文化的代表，重新在世紀末社會中被研究，甚至被商業化。貝維拉達（Gene H.Bell-Villada）接著說：

> 「為藝術而藝術」在它稍晚轉世成為學術化、商業化、「新古典主義
> 化」（neoclassicized）的「現代主義」階段，終於獲得成功。後工業
> 資本主義如同法國專制政治對待希臘羅馬遺產的方式，對待唯美主
> 義。少數「現代主義」的使徒、聖人、或殉道者可能對於其成功有
> 先見之明，但是，他們滋養今日中產階級社會高級文化研究的作品，
> 在中產階級社會較早期、較生澀的階段中，最多僅得到不情願的支
> 持。他們若地下有知，是否會因今日的榮景而感到高興，無人能下
> 斷語。〔註217〕

誠如貝維拉達所說，當初進行現代詩運動的幾位先驅詩人，紀弦、覃子豪、余光中、林亨泰、白萩、周夢蝶都紛紛成為臺灣文學研究領域中最常被研究的課題。在與臺灣現代詩研究的激烈現況來看，臺灣現代主義詩在學院當中獲得了極高的評價。

除了現代主義在西方學術研究體制中受到重視之外，臺灣現代詩研究在學術研究體系中也是在八、九〇年代以來才開始受到重視。根據羅宗濤、張

〔註216〕貝維拉達（Gene H.Bell-Villada）著、陳大道譯，《為藝術而藝術與文學生命》
（臺北：知書房出版社，2004 年 12 月），頁 225。
〔註217〕貝維拉達（Gene H.Bell-Villada）著、陳大道譯，《為藝術而藝術與文學生命》
（臺北：知書房出版社，2004 年 12 月），頁 225。

雙英兩人收集的研究資料來看，從 1988 到 1996 年為止，以現代詩為研究對象的學位論文，有九篇碩論與一篇博論。因此羅宗濤、張雙英質疑道：「大致而言論文數量並不多，而且僅出現一篇博士論文，作為現代文學相當重要的一種文類，新詩批評仍未受到學院應有的重視。」〔註218〕但是在潘麗珠類似的統計研究中我們可以發現，光是在 1996 年之後，現代詩研究的數量大幅增加。潘麗珠以 1981 年到 2001 年為區間，統計出碩士論文共 47 篇，博士論文共 10 篇。兩相比較會發現碩論增加三十篇，博論增加 9 篇。若更進一步對照，1988 年現代詩研究博士論文是臺師大韓國留學生所作《新月派新詩研究》，碩士論文則是政大林慧真《中、土兩國新詩興起背景之比較研究》，前一篇是韓國留學生研究大陸時期詩作，後一篇是與土耳其新詩的比較文學研究，都可以說與臺灣現代詩研究沒有直接相關，由此可見在 1988 年之前，臺灣學界幾乎完全沒有把臺灣現代詩當成嚴肅的研究課題看待。但是時序進入九〇年代、甚至西元兩千年後，臺灣現代詩的研究大量的增加。這也是現代詩正是進入學術體制的重要證據。〔註219〕

威廉斯談到教育、研究體制與文化霸權的關係，他說：「所有社會化的過程當然包括那些人類必須學習的事情，任何特定的過程都會將必要的學習連結到一個以被選取過的有範圍的意義，價值與實體上，在他們之間的聯結是相當緊密的情況之下，於是這過程成為霸權（hegemony）的基礎。」〔註220〕現代詩成為文學教育的重要科目以及研究的熱門議題，這都反映出臺灣文化轉型的過程。

由於政治與學術兩方面的高度推崇，臺灣現代詩與古典詩之間的地位，剛好與五、六〇年代時的地位相反，從論戰史的脈絡一路看下來，現代詩地位提昇的情形看得特別清楚。

〔註218〕羅宗濤、張雙英，《臺灣當代文學研究之探討》（臺北：萬卷樓，1999 年），頁 352。

〔註219〕本段資料見潘麗珠〈一九八一～二〇〇一年的臺灣現代詩研究略論〉《國文天地》19 卷 2 期（2003 年 7 月），雖然 1988 年臺師大韓國留學生所作《新月派新詩研究》在時間上較早，但研究主題與臺灣現代詩無直接關係，且非本國人所寫，臺灣第一本正式的學術研究博士論文仍應以鄭慧如政大博論《現代詩的古典觀照》為代表。

〔註220〕Raymond Williams, Marxism and literature（Oxford, Oxford University Press, 1977），p118.

第五章 結 論

　　曾經致力於書寫現代詩史的林燿德，討論過文學史的書寫與重寫：「一切的文學運動、創作潮流、學派與文藝團體的宣示乃至文學批評的消長遞嬗，它們所競爭的正是在某一特定時空創造歷史語境的權力，相對地獨立於『被決定者』的命運之外，也相對地被不斷繼起的讀者（特別是不斷改寫文學史的『當代』文學史撰述者所）重新定義。」〔註1〕從現代詩論戰史的歸納整理中，我們得窺戰後臺灣文學思潮衍生流變的樣貌。

第一節　現代詩場域的生成與論戰史的三個階段

一、現代詩論戰史的三個階段

　　臺灣現代詩論戰史的第一個階段，起於覃子豪與文學雜誌作者群發生的「文學雜誌新詩論戰」（1956～1957年）到洛夫與余光中之間發生「天狼星論戰」（1961年）。在當時，由於國民黨政府透過各個不同層面的文學體制，塑造面貌單一大量複製的反共詩，而在反共詩之外，則充斥著類似民謠小調的抒情詩作，兩種風格都不能被現代詩人所接受，因此由紀弦、林亨泰所發起提倡現代主義詩作的現代詩運動，試圖提出更嚴肅的現代詩創作。其間繼承現代主義前身的法國象徵主義的覃子豪，其一貫的唯美主義思想與紀弦等人的想法雖然表面上衝突，但精神上確有相通之處。因此在藍星與現代派兩大詩人團體爭辯協商之後，一種帶著期許國族進步意識的折衷現代主義獲得現

〔註1〕林燿德，〈導論〉《當代臺灣文學評論大系2・文學現象》（臺北：正中，1993年），頁25。

代詩人群普遍的認同，影響遍及現代詩史上重要的四大詩社現代詩、藍星、創世紀、笠詩社。而在現代詩壇內部取得文類一致性共識的同時，現代詩卻尚未取得詩壇外部社會大眾普遍的認同。

由於國民黨政府刻意提倡中國古典文化來強調自己在資本主義世界擁有中國代表此一身份認同的時代背景下，中國意識在當時作為主導文化，影響所及使得現代詩沒有取代古典詩所佔有的社會地位。現代詩具有前衛藝術本質，使其受到許多讀者的道德批判，而由西方文學接枝而來的特色也受到許多不愛國的批評，即使有自由主義知識份子們在學院鼓吹現代主義，現代詩人們還是必須一方面反駁道德批判，強調詩的無功利性，同時取得現代詩與民族意識的平衡，曲折地完成現代詩地位的辯護。因此這個階段論戰的焦點在於現代詩存在的合法性以及如何與中國古典詩傳統銜接。

第二個階段是顏元叔與洛夫等人發生的「颱風季論戰」（1972～1973 年）到陳鼓應與吳望堯之間的「這樣的詩人余光中論戰」（1977 年）此時由於臺灣面臨國際情勢劇烈轉變，中國大陸取得國際認同，臺灣退出聯合國，即使在政治經濟上，國民黨政府度過了難關，但這些巨大變化卻強烈衝擊著臺灣文化的發展。文化上的身份認同的重建，成為所有文化人共同努力的方向。因此六〇年代左右開始出現，強調中國傳統文化風格的現代詩作品則一躍成為為主流。相對於此，過去現代詩人所主張「為藝術而藝術」的理念已經無法繼續堅持，現代詩的發展受到左翼知識份子逃避、遁世、病態的批判。而在臺灣現代詩壇另一個巨大的變化是由於對美國以及西方文化的不信任，因此懷抱著救國理想的左翼知識份子，試圖引進左翼思想，透過對臺灣現實以及鄉土的關注，企圖扭轉國民黨政府所打造的文化風格。在反對國民黨統治的一方裡，混雜著臺灣本土運動人士與左翼知識份子，一直要到七〇年代末、八〇年代初，這些在文學風格上同樣崇尚寫實，關懷社會，但是在國族身份認同上卻相異的兩批人才正式決裂。因此這個階段論戰的焦點在於現代詩在於現代詩所應背負的社會國家責任以及不同於強調中國認同而出現的抒情柔美詩風以及現代主義所提倡的晦澀詩風之外，講求寫實文字風格，題材注重社會關懷的第三種現代詩風格的出現。

第三個階段是以渡也與蕭蕭等人發生的「席慕蓉現象論戰」（1981 年）到因界定孰謂臺灣文學經典引起的「臺灣文學經典論戰」（1999 年）。經過八〇年代黨外運動的蓬勃發展，臺灣本土運動成為文化民族主義重建重要的目

標，本土文化人士莫不致力於此，而在文化身份認同上由過去有遺留下來的
中國認同與在八〇年代新興崛起的臺灣認同，成為兩種對立且無法共存的意
識型態，同時本土文化人士也希望以新的本土寫實現代詩風格取代過去在現
代詩壇居於主流的美典風格。環繞著兩種身份認同與新風格的提倡，發生了
數次現代詩論戰。另一方面，現代詩經過三十年來的發展，已經有相當穩固
的社會地位，現代詩人無須再為現代詩的合法性辯護，教育體制也開始接納
現代詩。到了九〇年代現代詩甚至已經完全取代古典詩的位置，成為文學教
育中詩文類的代表。隨著現代詩納入國家文學體制的必要性也越來越明顯，
但誰有權力解釋詩史，誰的作品有權力成為經典，甚至是此一經典是中國的
或是臺灣的，在在成為現代詩場域中爭議的核心。因此第三階段現代詩論戰
的焦點在於現代詩進入文學體制的詮釋權的爭奪。

二、現代詩場域的生成與文化霸權的更迭

　　透過論戰史的耙梳，我們還能看到現代詩場域生成的經過，以及由於臺
灣戰後的社會中文化霸權的更替。由於必須與古典詩爭取合法性，現代詩以
晦澀的表現來強調自己作為現代藝術的一環有其值得鑽研的深度。在第一階
段的幾次現代詩論戰中，現代詩人之所以推行現代主義作品，是為了與詩歌
不分的抒情小調詩作區分，因為這些作品容易創作，不需要經驗，也不需要
文化的涵養都可以隨手寫出。因此現代詩人們認為必須推行一種能夠被肯定
重視其難度深度的詩歌風格，以面對當時的特殊時代環境。另一方面，有鑑
於古典詩與政府文化政策的緊密合作，現代詩人則提倡不計功利得失的創作
態度來應對。由於這些主客觀條件，使現代詩人們達成了對於現代詩此一文
類的共識，將現代主義（包含唯美主義）的思想內化為對現代詩的統一意見。
那就是現代詩是一種菁英文類，而不是通俗大眾文學，不需要普羅大眾的欣
賞，而現代詩在文類特質上則反映在必須講究意境的深度，意象的密度，知
性而非抒情的描寫，講究自然音韻而不刻意押韻等。即使要透過現代詩表現
對現實生活甚至於政治的批判，都必須透過詩歌藝術的高度成就才能完成。

　　由於詩人們達成了這樣的共識，也就形成了現代詩的場域，在這個場域
中，現代詩人們提倡唯美主義的生活方式，如同當時英國的唯美主義者一樣，
不計較功利得失，只追求一種符合美學的生活方式。因此周夢蝶這樣的詩人
能夠獲得極高的象徵資本，他代表著不慕名利、致力於詩的生活態度。另外

由於現代詩場域與現代主義的關係密切，因此許多留學外國的詩人，也往往在詩壇能夠獲得較高的重視。

到了七〇年代，現代詩場域的邏輯確實地受到了衝擊，由於國家、外交、經濟、社會等其他範圍較大的場域都受了重大的衝擊，因此作為文學場域中次場域的現代詩場域不得不也做出讓步，首先是余光中等人富有中國古典色彩的現代詩作受到高度注目，到了八〇年代，具本土色彩、批判現實題材詩作也受到更多的重視。即使如此，現代詩壇重視藝術成就，強調不涉入現實的非功利角度卻仍是深植於許多現代詩人們內心。

在論戰史中，我們還能看到臺灣三種文化其權力位置的更迭。在現代詩論戰第一階段，由於政府全面的推行之下，中國文化認同作為一種文化霸權，透過教育、傳播等方式，成為多數人接受的信仰體系。在此時，即使在另類文化影響下，有自由主義知識份子與現代主義作家透過特殊領域堅持自己的獨特性，抗拒主導文化的影響，但是並沒有正面對抗的反對文化。但看不見不表示不存在，反對文化要到現代詩論戰的第二個階段才出現，由於特殊的時空條件，反對文化在七〇年代是由左翼知識份子與臺灣本土運動者共同組成。到了八〇年代這兩批人就分道揚鑣，甚至在身份認同上成為對立的兩方。到了第三個階段，對立文化形構由於政治、文化等條件的配合逐漸成為新的主導文化，而過去居於主導文化地位的中國文化認同則蛻變轉進消費市場，成為大眾文化消費重要的一環。

第二節 現代詩作為文學體制的一部份

我們還能從現代詩論戰史中看到，現代詩與臺灣文學體制的關係。廖炳惠解釋何謂國家文藝體制：「文學的成規及其體制，包括美學的標準、出版、各種雜誌、文學教育、文學評論、文學獎助、文學社團、以及官方或半官方的文學團體，乃至翻譯，與各種書籍交換和領受，這些都構成一個國家文藝體制所提供的種種空間，以鞏固某種國家文藝的利益。」〔註2〕誠如廖炳惠所分析，文學體制與國家機器間有緊密的合作關係，但文學體制也有其自己的自主性，並不是完全都籠罩在國家機器的影響下，就臺灣的情況而言，如果文學體制完全籠罩在國民黨政府主導文藝政策之下毫無雜音的話，那就無法

〔註 2〕廖炳惠，〈母語運動與國家文藝體制〉，《中外文學》256 期（1993 年 9 月），頁 10。

解釋臺灣現代詩史上會發生那麼多次論戰，同時也不能解釋臺灣本土運動如何藉著反抗國民黨體制而獲得多數人認同，導致臺灣政黨輪替的結果。而現代詩在臺灣文學體制中也扮演了承載國族認同與作爲學術專業等兩個面向的作用。

一、現代詩與國族認同

　　廖炳惠討論到過去國民黨政府所建構的國家文藝體制如何鞏固其自身利益，例如推行國語教育、將平劇稱爲國劇並大力推行，其目的：「以這種方式，將正統的中國文化合法化，而透過其他的機關，包括國家文藝基金會，文化建設委員會，以及教育的機構如教育部等等來傳播有關文學的理念，使文學創作者對於文學成規與文學內容有固定形式的瞭解。而文學創作的出版，與所得到的獎助，以及各種方式的流通，都受到國家文藝機構的支配與控制。」〔註3〕但是國民黨所建構的國家文學體制，不能涵蓋所有文學活動，仍然有逸出國民黨控制的文學活動，自成一個在野的文學體制。王浩威指出在野文學體制存在的情形：「不同的文化團體其實可以看待爲中心不同但相互關聯的國家機器。對在野的文學團體而言，在國家機器內所扮演的角色還是存在的。譬如本土派文學而言，從《笠》詩刊和《臺灣文藝》，最近的《文學臺灣》等文學雜誌，再加上『臺灣筆會』等團體，以及鹽分地帶文藝營和新興的民間學院，都可以視爲某一淵源流長（雖然有時是潛流）之意識型態國家機器的整體再現。這和我們傳統觀念中的國民黨機器，在生態上並不見得有完全的割裂，（從來沒有封閉主義而可以生存的文化團體）功能上也有其類似之處，只不過彼此之間是主流和隱流的差異罷了。」〔註4〕

　　我們可以在現代詩論戰史上看到現代詩在這兩種文學體制間拉扯的情況。五、六〇年代的五場論戰，象徵現代詩抵抗國府要求的符合中國文學傳統的要求。「文學雜誌新詩論戰」討論新詩與古典詩之間的關係；「現代派論戰」是詩壇進入現代化的過程；「象徵主義論戰」檢討臺灣現代詩與西方文學流派的關係；「新詩閒話論戰」更是帶有主導文化色彩的雜文家，結合閱讀大

〔註 3〕廖炳惠，〈母語運動與國家文藝體制〉，《中外文學》256 期（1993 年 9 月），
　　　　頁 13。
〔註 4〕王浩威，〈國家機器對臺灣文學的宰制〉《臺灣文化的邊緣戰鬥》（臺北，聯合
　　　　文學：1996 年 10 月），頁 103。

眾要求現代詩放棄現代主義，回歸中國古典詩以及五四新月派以來的詩傳統；而後「天狼星論戰」可以看到余光中如何在結合現代主義理念又兼顧中國古典風格。這五場論戰的主題都是現代詩要求自己的獨立性，抵抗國家文學體制所期許的風格要求。

從七〇年代「麥堅利堡論戰」、「招魂祭論戰」、「這樣的詩人余光中論戰」開始，笠詩社開始發聲，期許走出在現代主義與國府主導古典抒情之外的第三條路。「關唐事件論戰」在其中顯現出七〇年代左翼運動批判國府，間接影響臺灣本土意識的出現。到了八、九〇年代，這第三條路與臺灣本土運動匯流，形成兩種政治意識形態對決，這點我們可以在「一九八三臺灣詩選論戰」、「大陸的臺灣詩學論戰」、「臺灣文學經典論戰」中看到臺灣本土意識影響力逐漸提升的軌跡。

二、現代詩與學術專業

而在現代詩論戰史中，我們還能看到臺灣戰後現代詩由在野的小眾文學活動，逐漸走向學術專業化的過程。五、六〇年代的幾場論戰中，我們可以發現現代詩還沒有獲得大眾肯定的合法性，不僅閱讀人口不多，詩集沒有銷售利益，詩人辦詩刊也常因經濟問題而停刊，教育體制與學術研究體制都沒有把現代詩納入，這樣的現代詩還在許多專欄作家筆下被調侃，詩人們堅持詩的「菁英文化色彩」，或多或少也是一種自我保護。

但隨著時代轉變，七〇年代開始，開始有研究者開始對現代詩提出學術體制化的呼聲。「颱風季論戰」中的顏元叔，試圖用「新批評」的方法論為現代詩批評定下一個批評準則。「關唐事件論戰」中關傑明、唐文標都是在大學教書的高知識份子，加上許多在五、六〇年代的詩人如余光中、葉維廉等，此時都已獲得中外博士學位，在大學或研究單位任教，現代詩開始在研究體系中獲得重視。加上七〇年代文化劇烈轉型，現代詩被要求背負不同國族認同的宣傳責任，現代詩或者在政論雜誌上批判執政者，或者在國、高中課本中宣揚中國文化的優美，現代詩的重要性獲得大幅度提升。到了八〇年代，詩集破天荒大賣的「席慕蓉現象論戰」顯現出臺灣大眾對現代詩的接受以及詩人們不習慣的焦慮。「詩壇春秋三十年論戰」表現出現代詩運動已經成為一段驕傲的歷史，究竟誰在這段歷史中可以留下記錄，詩史詮釋權成為「創世紀」、「秋水」、「葡萄園」、「笠」與「陽光小集」間爭奪的對象。而「大陸的

臺灣詩學論戰」與「臺灣文學經典論戰」更是臺灣現代詩獲得最高肯定的兩個象徵，做為背負中國大陸政治目的的現代詩詮釋以及誰的現代詩可以成為臺灣文學經典，都證明現代詩此一文類的備受肯定。這點我們也可以從現代詩的研究者在八○年代後期開始出現，九○年代日增，而西元兩千年後暴增的數據看到現代詩進入學術領域的歷程。

　　重新耙梳這些埋沒在知識地層中的論戰軌跡，會發現現代詩地位由邊緣緩步邁向核心，也可以看到現代詩的論述在自主性原則與他律性原則間擺盪的拉扯。而由論戰史歸納與整理當中，可以看到現代詩最重要的三種詮釋社群互相角力互動的過程，但更值得思考的是，不同詮釋社群所抱持的詮釋策略的差異，正呈現出臺灣多元混合的文化狀況，想要以特定的本質論限定活潑臺灣的多元文化彼此交鋒所激起的火花，恐怕反而將掩蓋了臺灣文學的精彩之處。

參考書目

（依筆畫順序排列）

一、詩集、詩選

1. 余光中，《天狼星》，臺北：洪範，1976 年 8 月。

2. 席慕蓉著，《無怨的青春》，臺北，大地，1983 年 2 月。

3. 馬悅然、奚密、向陽主編，《二十世紀臺灣詩選》，臺北，麥田，2001 年 8 月。

二、專書論著

1. 王浩威，《臺灣文化的邊緣戰鬥》，臺北：聯合文學，1995 年。

2. 丘爲君編，《臺灣學生運動一九四九～一九七九》，板橋：稻鄉，2003 年。

3. 古繼堂，《臺灣新詩發展史》，臺北，文史哲：1989 年 7 月。

4. 古繼堂，《簡明臺灣文學史史》，臺北，人間：2003 年 7 月。

5. 白少帆、王玉斌、張恆春、武純治著，《現代臺灣文學史》，遼寧：遼寧大學出版社，1987 年。

6. 向陽，《書寫與拼圖——臺灣文學傳播現象研究》，臺北：麥田，2001 年 10 月。

7. 向陽，《康莊有待》，臺北：東大，1985 年 5 月。

8. 朱雙一，《臺灣文學思潮與淵源》，臺北：海峽學術，2005 年 2 月。

9. 呂正惠、趙遐秋主編,《臺灣新文學思潮史綱》,臺北,人間:2002 年 6 月。

10. 呂正惠,《文學經典與文化認同》,臺北:九歌,1995 年 4 月。

11. 呂正惠,《戰後臺灣文學經驗》,臺北:新地,1995 年。

12. 李瑞騰,《文學的出路》,臺北:九歌,1994 年。

13. 李瑞騰,《臺灣文學風貌》,臺北:三民,1991 年。

14. 沈劍虹,《使美八年紀要》,臺北:聯經,1982 年 4 月。

15. 辛廣偉,《臺灣出版史》,河北:河北教育出版社,2000 年 12 月。

16. 周小儀,《唯美主義與消費文化》,北京:北京大學出版社,2002 年 11 月。

17. 孟樊,《文學史如何可能》,臺北:揚智,2006 年 1 月。

18. 孟樊,《臺灣出版文化讀本》,臺北:唐山,1997 年 1 月。

19. 孟樊,《當代臺灣新詩理論》,臺北:揚智,1998 年 5 月。

20. 孟樊,《臺灣後現代詩的理論與實際》,臺北:揚智,2003 年 5 月。

21. 林以亮,《林以亮詩話》,臺北:洪範,1977 年。

22. 林亨泰,《林亨泰全集》第五冊,彰化:彰縣文化,1998 年。

23. 林燿德,《不安海域》,臺北:師大書苑,1988 年 5 月。

24. 洪三雄,《烽火杜鵑城》,臺北:自立晚報,1993 年 1 月。

25. 洛夫,《詩人之鏡》,臺北:大業,1969 年。

26. 唐文標,《天國不是我們的》,臺北:聯經,1976 年。

27. 奚密,《現當代詩文錄》,臺北:聯合文學,1998 年 11 月。

28. 張誦聖,《文學場域的變遷》,臺北,聯合文學:2001 年。

29. 莊柔玉,《中國當代朦朧詩研究》,臺北:大安,1993 年。

30. 郭紀舟,《七○年代臺灣左翼運動》,臺北:海峽學術,1999 年。

31. 陳芳明,《詩與現實》,臺北:洪範,1983 年。

32. 陳信元,《從臺灣看大陸當代文學》,臺北:業強,1989 年 7 月。

33. 陳昭瑛,《臺灣文學與本土化運動》,臺北:正中,1998 年。

34. 傅大爲，《基進筆記》，臺北：桂冠，1990 年 5 月。

35. 彭瑞金，《臺灣文學探索》，臺北：前衛，1995 年。

36. 彭瑞金，《臺灣新文學運動四十年》，臺北：自立晚報，1991 年。

37. 渡也，《新詩補給站》，臺北，三民書局，1995 年 2 月。

38. 焦桐，《臺灣文學的街頭運動》，臺北：時報文化，1998 年 11 月 10 日。

39. 覃子豪，《覃子豪全集》，臺北：覃子豪全集出版委員會，1965 年。

40. 黃重添、莊明萱、闕豐齡、徐學、朱雙一著，《臺灣新文學概觀》，臺北：稻禾，1992 年 3 月。

41. 楊宗翰，《臺灣現代詩史——批判的閱讀》，臺北，巨流，2002 年 6 月。

42. 葉石濤，《臺灣文學史綱》，高雄，文學界：1993 年 9 月。

43. 萬賢寧、上官子，《五十年來的中國詩歌》，臺北，正中，1965 年。

44. 廖炳惠，《回顧現代》，臺北：麥田，1994 年 9 月 15 日。

45. 廖炳惠編著，《關鍵詞 200》，臺北，麥田：2003 年。

46. 趙茲蕃，《文學原理》，臺北：東大，1988 年 3 月。

47. 劉亮雅，《後現代與後殖民：解嚴以來臺灣小說專論》，臺北：麥田，2006 年。

48. 劉紀蕙，《孤兒女神負面書寫：文化符號的徵狀式閱讀》，臺北：立緒，2000 年 5 月。

49. 劉登翰，《臺灣文學隔海觀》，臺北：風雲時代，1995 年 3 月。

50. 蔡源煌，《當代文學論集》，臺北：書林，1986 年 8 月。

51. 黎湘萍，《文學臺灣——臺灣知識者的文學敘事與理論想像》，北京：人民，2003 年 3 月。

52. 蕭蕭，《現代詩學》，臺北，東大，1987 年 4 月。

53. 蕭蕭，《現代詩縱橫觀》，臺北，文史哲，2000 年 2 月。

54. 顏元叔，《社會寫實文學及其他》，臺北：巨流，1978 年 8 月。

55. 羅青，《從徐志摩到余光中》，臺北：爾雅，1978 年 12 月。

56. 羅青，《詩人之燈》，臺北：光復書局，1988 年 2 月。

57. 羅宗濤、張雙英著，《臺灣當代文學研究之探討》，臺北：萬卷樓，1999年。

三、論文集

1. 文訊主編，《臺灣現代詩史論》，臺北：文訊，1996年3月。

2. 包亞明主編，《二十世紀西方美學經典文本》第四卷，上海：復旦大學出版社，2000年12月。

3. 周英雄，劉紀蕙編，《書寫臺灣：後殖民、後現代與文學史》，臺北：麥田，2000年。

4. 林燿德，《觀念對話》，臺北：漢光，1989年，頁99、100。

5. 林燿德等著，《門羅天下》，臺北：文史哲，1991年12月。

6. 張忠棟等主編，《現代中國自由主義資料編選：什麼是自由主義》，臺北：唐山，1999年。

7. 陳大為、鍾怡雯主編，《20世紀文學史專題 I——文學思潮與論戰》，臺北：萬卷樓，2006年9月。

8. 陳義芝編，《臺灣文學經典研討會論文集》，臺北：聯經，1999年。

9. 陳鼓應等著，《這樣的詩人余光中》，臺北：臺笠，1989年9月1日。

10. 陳國球、王宏志、陳清僑編，《書寫文學的過去》，臺北：麥田，1997年3月15日。

11. 彭小妍編，《通俗文化與文學理論》，臺北：中研院文哲所，1999年12月。

12. 彭品光編，《當前文學問題總批判》，臺北：青溪新文藝學會，1977年。

13. 楊宗翰主編，《文學經典與臺灣文學》，臺北：富春文化，2002年。

14. 趙澧、徐京安主編，《唯美主義》，北京：中國人民大學出版社，1988年8月。

15. 趙遐秋、呂正惠主編，《臺灣新文學思潮史綱》，臺北市：人間，2002年。

16. 輔大中文系、古典文學研究會編，《建構與反思——中國文學史的探索學術研討會論文集》（上、下），臺北：臺灣學生書局，2002年7月。

17. 劉北成編著，《福柯思想肖像》，上海：上海人民出版社，2001 年 4 日。

18. 鄭明娳主編，《當代臺灣政治文學論》，臺北：時報，1994 年 7 月 1 日。

19. 瘂弦、陳義芝編，《世界中文報紙副刊學綜論》，臺北：行政院文建會，1997 年。

20. 成大臺文系主編，《第二次全國臺灣文學研究生學術論文研討會論文集》，臺南：國家臺灣文學館，2005 年 7 月。

四、碩博士論文

1. 尹子玉，《「臺灣文學經典」論戰研究》，中央大學中文所碩士論文，2002 年 7 月。

2. 阮美慧，《臺灣精神的回歸：六、七○年代臺灣現代詩風的轉折》，成功大學中文所博士論文，2002 年 6 月。

3. 侯作珍，《自由主義傳統與臺灣現代主義文學的崛起》，文化大學中文所博士論文，2004 年。

4. 陳瀅州，《七○年代以降現代詩論戰之話語運作》，成功大學臺文所碩士論文，2006 年 6 月。

5. 楊曉琪，《七○年代鄉土文學論戰暨文學場域的變遷》，暨南大學中文所碩士論文，2001 年。

6. 解昆樺，《論臺灣現代詩典律的建構與推移：以創世紀、笠詩社為觀察核心》，中正大學中文所碩士論文，2003 年。

7. 劉正忠，《軍旅詩人的異端性格——以五、六十年代的洛夫、商禽、瘂弦為主》，臺灣大學中文所博士論文，2001 年 1 月。

8. 蔡明諺，《龍族詩刊研究——兼論七○年代臺灣現代詩論戰》，清華大學中文所碩士論文，2001 年。

9. 鄭慧如，《現代詩的古典觀照——一九四九～一九八九‧臺灣》，政治大學中文所博士論文，1995 年。

10. 謝國雄，《文化取向的傳播研究——雷蒙‧威廉斯論點之探討》，政治大學新聞所碩士論文，1984 年 6 月。

五、西文著作、翻譯著作

1. Barthes, Roland 著，許薔薔、許綺玲譯，《神話學》，臺北，桂冠，2000年9月。

2. Bell, Daniel 著，趙一凡等譯，《資本主義文化矛盾》，北京：三聯，1989年5月。

3. Bonnewitz, Parrice 著，孫智綺譯，《布赫迪厄社會學的第一課》，臺北，麥田，2002年2月。

4. Bourdieu, Pierre.、Wacquant, L.D 著，李猛、李康譯，《實踐與反思——反思社會學導引》，北京：中央編譯出版社，1998年。

5. Bourdieu, Pierre 著，劉暉譯，《藝術的法則——文學場的生成與結構》，北京：中央編譯出版社，2001年3月。

6. Bürger, Peter 著，蔡佩君、徐明松譯，《前衛藝術理論》，臺北：時報文化，1998年。

7. E.Fish, Stanley 著、文楚安譯，《讀者反應理論：理論與實踐》，北京，中國社科院：1998年2月。

8. Foucault, Michel 著、王德威譯，《知識的考掘》，臺北：麥田，1993年。

9. Gene H.Bell-Villada 著、陳大道譯，《為藝術而藝術與文學生命》，臺北：知書房出版社，2004年12月。

10. Jauss, Hans Robert 著，張廷琛編譯，《接受理論》，成都：四川文藝出版社，1989年5月。

11. Kristeva, Julia 著、彭仁郁譯，《恐怖的力量》，臺北：桂冠圖書，2003年5月。

12. R. V. Johnson 著、蔡源煌譯，《美學主義》，臺北：黎明文化，1973年5月。

13. Rabinow, Paul. ed The Foucault Reader. New York：Pantheon，1984年.

14. T. S. Eliot 著、杜國清譯，《艾略特文學評論集》，臺北，田園出版社，1969年。

15. Thompson, J.B 著，高銛等譯，《意識形態與現代文化》，南京：譯林，2005年2月。

16. White，Hayden 著，陳永國、張萬娟譯，《後現代歷史敘事學》，北京：中國社科院出版社，2003 年 6 月。

17. Williams, Raymond. Marxism and Literature. Oxford：Oxford University Press, 1977 年.

18. Williams, Raymond. Problems in Materialism and Culture. London：Verso, 1997 年.

六、參考期刊論文

1. 何欣，〈三十年來臺灣的文藝論爭〉，《現代文學》9 期，1979 年 11 月。

2. 呂正惠，〈現代主義在臺灣——從文藝社會學的角度來觀察〉，《臺灣社會研究季刊》1 卷 4 期，1988 年 12 月。

3. 奚密，〈臺灣現代詩論戰：再論「一場未完成的革命」〉，《國文天地》13 卷 10 期，1998 年 3 月。

4. 徐望雲，〈與時間決戰：臺灣新詩刊四十年奮鬥史略〉，《中外文學》19 卷 5 期，1990 年 10 月。

5. 張誦聖，〈文學體制、場域觀、文學生態：臺灣文學史書寫的幾個新觀念架構〉，《現代中文文學學報》6 卷 2 期，2005 年 6 月。

6. 張誦聖，〈現代主義、臺灣文學和全球化趨勢對文學體制的衝擊〉，《中外文學》35 卷 4 期，2006 年 9 月。

7. 陳芳明，〈橫的移植與現代主義之濫觴〉，《聯合文學》202 期，2001 年 8 月。

8. 陳建忠，〈尋找臺灣詩的航向——試論戰後多次現代詩論戰的時代意義〉，《文學臺灣》36 期，2000 年 10 月。

9. 游喚，〈顏元叔新批評之商榷〉，《臺灣文學觀察雜誌》第 2 期，1990 年 9 月。

10. 廖炳惠，〈母語運動與國家文藝體制〉，《中外文學》256 期，1993 年 9 月。

11. 趙小琪，〈藍星詩社與西方現代主義〉（上、下），《藍星詩學》13、14 期，1992 年 3、6 月。

12. 劉正偉，〈戰後臺灣第一場現代詩論戰〉，《創世紀詩刊》140、141 期，

2004 年 10 月。

13. 蔡明諺,〈「現代」的用法及其相對意義──以五、六○年代詩論爲考察〉,《臺灣詩學學刊》4 期,2004 年 11 月。

14. 蕭阿勤,〈1980 年代以來臺灣文化民族主義的發展:以「臺灣(民族)文學」爲主的分析〉,《臺灣社會學研究》3 期,1999 年 7 月。

15. 蕭阿勤,〈民族主義與臺灣一九七○年代的「鄉土文學:一個文化(集體)記憶變遷的探討〉,《臺灣史研究》6 卷 2 期,2000 年 10 月。

16. 蕭阿勤,〈抗日集體記憶的民族化:臺灣一九七○年代的戰後世代與日據時期臺灣新文學〉,《臺灣史研究》9 卷 1 期,2002 年 6 月。

17. 應鳳凰,〈十五年來臺灣現代主義文學的再評價〉《文學臺灣》43 期,1992 年 7 月。

18. 應鳳凰,〈臺灣五十年代詩壇與現代詩運動〉,《現代中文文學學報》4 卷 1 期,1990 年 7 月。

19. 顏元叔,〈新批評學派的文學理論與手法〉,《幼獅文藝》1969 年元月號,1969 年 1 月。

附　錄

附錄一、臺灣戰後現代詩論戰年表

	名稱	發生時間	參與人物	爭議問題	文壇詩壇大事記	臺灣大事記
1	文學雜誌新詩論戰	1956～1957	覃子豪與梁文星等人	新詩與舊詩傳統之爭	※1954/3 藍星詩社成立。 ※1954/10《創世紀詩刊》於左營創刊，第二期起瘂弦加入。 ※1955/1/1 蔣總統昭示「戰鬥文藝」之後各種官方、半官方單位全力推動。 ※1956/1 張默、洛夫主編，創世紀出版《中國新詩選輯》，為臺灣戰後第一本詩選。 ※1956/9/20《文學雜誌》創刊，夏濟安主編。	◎1949/5/20 全省戒嚴。 ◎1949/12/8 中華民國政府撤退來臺。 ◎1955/1/29 美國國會通過「中美共同防禦條約」。 ◎1956/11/1《自由中國》出版祝壽專輯，要求民主改革、言論自由。

	名稱	發生時間	參與人物	爭議問題	文壇詩壇大事記	臺灣大事記
2	現代派論戰	1956～1958	現代詩與藍星等詩人	橫的移植與縱的繼承之爭	※1956/1/15紀弦創導「現代派」於臺北舉行成立大會。 ※1957/6「中國詩人聯誼會」成立，推舉紀弦、覃子豪等人為籌備委員。 ※1957/11/25《文星》創刊，新詩由余光中主編。	
3	象徵主義論戰	1959	覃子豪與蘇雪林等人	李金髮與象徵主義之爭	※1959/12/22「現代詩」改組，由林宗源任社長，黃荷生主編。	
4	新詩閒話論戰	1959～1960	言曦與余光中等藍星詩人群	詩的大眾化問題之爭	※1960/8/《文學雜誌》停刊。	◎1960/9/4 雷震案爆發，雷震等人被捕，組黨行動失敗，《自由中國》停刊。
5	天狼星論戰	1961	洛夫與余光中	〈天狼星〉評價與現代詩路線之爭	※臺灣第一本譯成外文的現代詩選《中國新詩選》由余光中譯，臺北美國新聞處出版。 ※張默、瘂弦主編《六十年代詩選》出版。 ※1962/5 中國文藝協會第三屆文藝獎章由余光中獲得。	◎1962《文星》引發「中西文化論戰」。
6	麥堅利堡論戰	1971		「麥堅利堡」與現代詩路線之爭	※1967年/7 羅門〈麥堅利堡〉獲菲總統馬可仕金牌獎。	◎1970/1/1：「臺灣獨立聯盟」（今臺灣獨立建國聯盟）在美國紐約宣佈成立。

	名稱	發生時間	參與人物	爭議問題	文壇詩壇大事記	臺灣大事記
7	招魂祭論戰	1971～1972	創世紀詩人群與笠詩社詩人群	創世紀與笠詩社理念之爭	※1972/1 洛夫、白萩等編《中國現代文學大系》（1950～1970）詩卷兩輯。	◎1970/8/13 國府聲明反對美國將釣魚臺主權交給日本。 ◎1971/1 「保釣運動」。 ◎1971/10/25 國府退出聯合國，中共進入聯合國。
8	颱風季論戰	1972～1973	顏元叔與洛夫等創世紀詩人群	現代詩批評方式之爭	※1972/6/1《中外文學》創刊，朱立民任發行人、胡耀恆主編。	◎1972/1/1《大學雜誌》刊登〈國是九論〉陳鼓應〈開放學生運動〉，引來孤影〈一個小市民的心聲〉反駁，並引起普遍討論。 ◎1972/5/26 蔣經國任行政院長。
9	關唐事件論戰	1972～1974	藍星、創世紀、笠詩社等詩人群	詩的國族意識與創作風格之爭	※1971/1/1 「龍族詩社」成立，1971/3/3《龍族詩刊》創刊。 ※1972/3/20《現代文學》四十六期推出「現代詩回顧專號專號」。 ※1974/6《中外文學》二十五期「詩專號」創刊，余光中、楊牧主編。 ※1974/8 余光中應邀赴香港任中文大學中文系主任。	◎1973/4/26 陳鼓應被逐出臺大，是為「臺大哲學系事件」。 ◎1973/7/1 美國停止軍授臺灣，年底開始撤兵。 ◎1975/4/5 先總統蔣中正逝世。
10	狼來了論戰	1977	余光中等人與陳鼓應	現代詩人在鄉土文學論戰中的角色	※1977/5/1《詩潮》創刊，高準、丁潁主編。 ※1977/8/1《夏潮》3卷2期推出「當前	◎1979/1/1 美國宣布與中共正式建交，並與中華民國斷交。 ◎1977/11/19：桃園

	名稱	發生時間	參與人物	爭議問題	文壇詩壇大事記	臺灣大事記
				之爭	臺灣文學問題專訪」。 ※1977/8/12「青溪文藝協會」主辦「鄉土文學座談會」。 ※1977/8/17～20彭歌余光中接連發表批判鄉土文學文章，引發「鄉土文學論戰」。 ※1977/9/11旅居越南詩人吳望堯逃出越共控制，返回臺灣。	縣長選舉發生舞弊，引發中壢事件。 ◎1978/3/121：蔣經國當選總統。 ◎1979/12/10：高雄市爆發美麗島事件。
11	席慕蓉現象論戰	1981	蕭蕭與渡也等人	現代詩的商業化之爭	※1981/6 張默編《剪成碧玉葉層層》爾雅出版，爲臺灣戰後第一本女詩人選集。	◎1980/2/28：林義雄家發生滅門血案。
12	詩壇春秋三十年論戰	1982	洛夫與秋水、陽光小集、笠詩社等人	詩史詮釋權之爭	※1978/12《陽光小集》創刊，苦苓、向陽等人主編。	◎1981/7/3：旅美學者陳文成被發現陳屍於臺大研究生圖書館旁，是爲「陳文成事件」。
13	一九八三臺灣詩選論戰	1984～1985	秋水、葡萄園與前進雜誌等人	土地與國家認同之爭	※1983/2 李魁賢《一九八二年臺灣詩選》前衛出版。 ※1983/3 張默主編《七十一年詩選》爾雅出版至民國八十年爲止，八十一年改由現代詩社出版。 ※1983/5「自立副刊」、「笠詩社」合辦「藍星、創世紀、笠」三角討論會。	◎1986/9/28：民主進步黨成立。 ◎1987/7/15：解除戒嚴。 ◎1987/12/1：解除報禁。 ◎1988/1/13：蔣經國逝世，李登輝繼任總統。 ◎1987/11/2 開放臺灣人民前往中國探親（11月2日）。

	名稱	發生時間	參與人物	爭議問題	文壇詩壇大事記	臺灣大事記
14	大陸的臺灣詩學論戰	1992～1997	臺灣詩學季刊與大陸學者	臺灣現代詩詮釋權之爭	※1984/6/3《文訊》月刊與商工日報合辦首屆「現代詩學研討會」。 ※1986/8《文訊》月刊主辦「第二屆現代詩學研討會」。 ※1992/12《臺灣詩學季刊》創刊。 ※1993/5/15彰化師範大學成立「現代詩研究中心」主辦「第一屆現代詩學研討會」。 ※1997/8/18詩人周夢蝶獲第一屆國家文藝獎「文學類獎章」。	◎1990/10 國家統一委員會成立。 ◎1991/5/1 廢除動員戡亂時期臨時條款，動員戡亂時期結束。 ◎1993/4/27：辜振甫、汪道涵於新加坡展開首次辜汪會談。 ◎2000年：陳水扁、呂秀蓮當選正副總統，臺灣首次政黨輪替（3月18日）。

附錄二、臺灣現代詩論戰史資料彙編

現代詩論戰史第一階段

一、文學雜誌新詩論戰資料

作者	文章題目	刊物名稱	卷/期	日期	備註
梁文星	現在的新詩	文學雜誌	1卷4期	1956/12	
周棄子	說詩贅語	文學雜誌	1卷6期	1957/2	
夏濟安	白話文與新詩	文學雜誌	2卷1期	1957/4	
勞榦	對於白話文與新詩的一個預想	文學雜誌	2卷2期	1957/3	
夏濟安	對於新詩的一點意見	自由中國	16卷9期	1957/5/1	
覃子豪	論新詩的發展——兼評梁文星、周棄子、夏濟安先生的意見	筆匯		1957	
嚴明	試談新詩形式上的問題	自由中國	16卷12期	1957/6/16	

二、現代派論戰資料

作者	文章題目	刊物名稱	卷/期	日期	備註
紀弦	現代派信條釋義	現代詩	13期	1956/2/1	
鳳兮		臺灣新生報	副刊	1956/2～	
寒爵	所謂現代詩	反攻月刊	153期		
社論	戰鬥的第四年，新詩的再革命	現代詩	13期	1956/2/1	
紀弦	抒情主義要不得	現代詩	17期	1956/3/1	
林亨泰	關於現代派	現代詩	17期	1956/3/1	
林亨泰	符號論	現代詩	18期	1957/5/20	
紀弦	論新詩的移植	復興文藝	第1期		

作　者	文章題目	刊物名稱	卷/期	日　期	備　註
社論	新與舊，詩情與詩想	現代詩	18 期	1957/5/20	
覃子豪	新詩向何處去	藍星詩選	獅子星座號	1957/8/20	叢刊第一輯
紀弦	從現代主義到新現代主義——對於覃子豪先生「新詩向何處去」一文之答覆（上）	現代詩	19 期	1957/8/31	代社論
Spender 余光中譯	現代主義的運動已經沉寂	藍星詩選	天鵝星座號	1957/10/25	叢刊第二輯
羅門	論詩的理性與抒情——讀了紀弦先生現代詩十九期社論後感	藍星詩選	天鵝星座號	1957/10/25	叢刊第二輯
黃用	從現代主義到新現代主義	藍星詩選	天鵝星座號	1957/10/25	叢刊第二輯
編者	編後記	藍星詩選	天鵝星座號	1957/10/25	叢刊第二輯
紀弦	對於所謂六原則之批判——對於覃子豪先生「新詩向何處去」一文之答覆（下）	現代詩	20 期	1957/12/1	
林亨泰	中國詩的傳統	現代詩	20 期	1957/12/1	
林亨泰	談主知與抒情	現代詩	21 期	1958/3/1	
紀弦	兩個事實	現代詩	21 期	1958/3/1	
紀弦	多餘的困惑及其他	現代詩	21 期	1958/3/1	
覃子豪	關於「新現代主義」	筆匯	21 期	1958/4/16	
紀弦	六點答覆	筆匯	24 期	1958/6/1	
余光中	兩點矛盾	藍星週刊	207、208 期	1958	
紀弦	一個陳腐的問題	現代詩	22 期	1958/12/20	
林亨泰	鹹味的詩	現代詩	22 期	1958/12/20	

三、象徵派論戰

作　者	文章題目	刊物名稱	卷/期	日　期	備　註
蘇雪林	新詩象徵派創始者李金髮	自由青年	22 卷 1 期	1959/7/1	
蘇雪林	沉江詩人朱湘	自由青年	22 卷 2 期	1959/7/16	
紀弦	現代詩的創作與欣賞	自由青年	22 卷 2 期	1959/7/16	
覃子豪	論象徵派與中國新詩——兼致蘇雪林	自由青年	22 卷 3 期	1959/8/1	
蘇雪林	爲象徵詩體的爭論敬答覃子豪先生	自由青年	22 卷 4 期	1959/8/16	
覃子豪	簡論馬拉美、徐志摩、李金髮及其他——再致蘇雪林先生	自由青年	22 卷 5 期	1959/9/1	
蘇雪林	致本刊編者的信	自由青年	22 卷 6 期	1959/9/16	
門外漢	也談目前臺灣新詩	自由青年	22 卷 6 期	1959/9/16	
覃子豪	論詩的創作與欣賞	自由青年	22 卷 7 期	1959/10/1	
門外漢	再談目前臺灣新詩——敬答覃子豪先生	自由青年	22 卷 8 期	1959/10/16	
覃子豪	現代中國新詩的特質	文學雜誌	7 卷 2 期	1959/10/20	
覃子豪	致本刊編者一封關於論詩的公開信	自由青年	22 卷 9 期	1959/11/1	
	訪問胡適	大學生活	5 卷 3 期		
余玉書	從新詩革命到革詩的命	大學生活	5 卷 11 期	1959/10/24	
王靖獻	自由中國詩壇的現代主義	大學生活	5 卷 14 期	1959/12/8	

四、新詩閒話論戰

作　者	文章題目	刊物名稱	卷/期	日　期	備　註
言曦	歌與誦——新詩閒話之一	中央日報		1959/11/20	中央副刊
言曦	隔與露——新詩閒話之二	中央日報		1959/11/21	中央副刊
言曦	奇與正——新詩閒話之三	中央日報		1959/11/22	中央副刊

作 者	文章題目	刊物名稱	卷/期	日 期	備 註
言曦	辯去從——新詩閒話之四	中央日報		1959/11/23	中央副刊
余光中	文化沙漠中多刺的仙人掌——對言曦先生「新詩閒話」的商榷	文學雜誌	7卷4期	1959/12/20	
虞君質	談新藝術	臺灣新生報		1959/12/30	新生副刊
余光中	新詩與傳統	文星	5卷3期	1960/1/1	「詩的問題與研究」專號
張隆延	不薄今人愛古人	文星	5卷3期	1960/1/1	同上
張紹鵬	略論新詩的來龍去脈	文星	5卷3期	1960/1/1	同上
黃用	論新詩的難懂	文星	5卷3期	1960/1/1	同上
夏菁	以詩論詩——從實例比較五四與現代的新詩	文星	5卷3期	1960/1/1	同上
覃子豪	從實例論因襲與獨創	文星	5卷3期	1960/1/1	同上
盛成	談詩	文星	5卷3期	1960/1/1	同上
黃純仁	舊詩的興衰及其趨勢	文星	5卷3期	1960/1/1	同上
本刊	編輯語	文星	5卷3期	1960/1/1	
言曦	辯與辨——新詩餘談之一	中央日報		1960/1/8	中央副刊
言曦	悟與誤——新詩餘談之二	中央日報		1960/1/10	中央副刊
藍星詩社	摸象派的批評	藍星詩頁	14期	1960/1/10	
言曦	進與退——新詩餘談之三	中央日報		1960/1/11	中央副刊
言曦	愛與恨——新詩餘談之四	中央日報		1960/1/12	中央副刊
孺洪	「閒話」的閒話	中華日報		1960/1/11～14	中華副刊
余光中	摸象與畫虎	文星	5卷4期	1960/2/1	

作　者	文章題目	刊物名稱	卷/期	日　期	備　註
黃用	從摸象說起	文星	5 卷 4 期	1960/2/1	
李素	一個詩迷的外行話	文星	5 卷 4 期	1960/2/1	
劭析文（白萩）	從新詩閒話到新詩餘談	創世紀	14 期	1960/2	
張默	現代詩藝術的潛在面	創世紀	14 期	1960/2	
張健	談「時代脈搏」與詩的濃縮	藍星詩頁	15 期	1960/2/10	
言曦	匿名信	中央日報		1960/2/15	中央副刊
門外漢	三談目前臺灣新詩	自由青年	23 卷 4 期	1960/2/15	
覃子豪	比興與象徵	自由青年	23 卷 4 期	1960/2/15	
虞君質	解與悟	臺灣新生報		1960/2/18	新生副刊（重）
吳怡	灌溉這株多刺的仙人掌	自由青年	23 卷 5 期	1960/3/1	（重）
陳紹鵬	由閒話談到摸象	文星	5 卷 5 期	1960/3/1	
陳慧	有關新詩的一些意見——從言、余二先生的辯論說起	文星	5 卷 5 期	1960/3/1	
孔東方	新詩的質疑	文星	5 卷 5 期	1960/3/1	
言曦	詩與青年	中央日報		1960/3/5	中央副刊
張翎	由「詩品」到現代詩	藍星詩頁	16 期	1960/3/10	
周鼎	豈有此理——兼致信言曦先生	藍星詩頁	16 期	1960/3/10	
吳怡	從詩壇的論辯談新詩的發展	自由青年	23 卷 6 期	1960/3/16	
陳文華	我對「新詩難懂」的看法	自由青年	23 卷 7 期	1960/4/1	
吳宏一	也談「詩與青年」——兼致言曦先生	自由青年	23 卷 7 期	1960/4/1	
周春祿	「只問是非，不問權威」	文星	5 卷 6 期	1960/4/1	
錢歌川	英國新詩人的詩	文星	5 卷 6 期	1960/4/1	
陳慧	現代現代派及其他	文星	5 卷 6 期	1960/4/1	
余光中	摸象與捫蝨	文星	5 卷 6 期	1960/4/1	
張健	由摸象到摸魚	藍星詩頁	17 期	1960/4/10	
言曦	詩與陣營	中央日報		1960/4/10	中央副刊

作　者	文章題目	刊物名稱	卷/期	日　期	備　註
言曦	詩與頹廢	中央日報		1960/4/11	中央副刊
言曦	談現代主義	中央日報		？	中央副刊
夏菁	詩與想像力——兼釋言曦、陳紹鵬、吳怡諸先生列舉的新詩	自由青年	23 卷 8 期	1960/4/16	
張明仁	畫鬼者流——間論新詩難懂問題	自由青年	23 卷 8 期	1960/4/16	
言曦	今詩妙詮	中央日報		1960/4/24	中央副刊
言曦	偏與全	中央日報		1960/5/1	中央副刊
吳怡	提出問題解決問題	自由青年	23 卷 9 期	1960/5/1	
李思凡	新詩論辯旁聽記	聯合報		1960/5/3	聯合副刊
紀弦	表明我的立場	藍星詩頁	18 期	1960/5/10	
吳宏一	從「畫鬼者流」談到新詩難懂	藍星詩頁	18 期	1960/5/10	
劉國全	批評家	藍星詩頁	18 期	1960/5/10	
吳怡	摸魚所得	自由青年	23 卷 10 期	1960/5/16	
門外漢	再踢一球——四談目前臺灣新詩	自由青年	23 卷 10 期	1960/5/16	
本社	論詩壇的團結	藍星詩頁	19 期	1960/6/10	
現代詩社	本刊的再出發，新詩的保衛戰	現代詩	新 1 號	1960/6/10	24、25、26 三期合刊
紀弦	向石愚先生進一言	現代詩	新 1 號	1960/6/10	24、25、26 三期合刊
紀弦	就教於趙友培、張席珍二先生	現代詩	新 1 號	1960/6/10	24、25、26 三期合刊
紀弦	現代詩的偏差	現代詩（原載於螢星詩刊）	新 1 號	1960/6/10	24、25、26 三期合刊
聞從亦	論中國新詩的形式——讀錢歌川的「英國新詩人的詩」	文星	6 卷 3 期	1960/7/1	
吳怡	新詩的再革命	自由青年	24 卷 1 期	1960/7/1	

五、天狼星論戰

論　者	論爭文章	發表刊物	卷/期	日　期	備　註
余光中	天狼星	現代文學	第八期	1961/5	
洛夫	論余光中的天狼星	現代文學	第九期	1961/7	
余光中	再見，虛無！	藍星詩頁	第三十七期	1961/12	
陳芳明	回頭的浪子	後浪	第八期	1973/11/15	後收錄於《詩與現實》
余光中	天狼仍嗥光年外	天狼星	洪範出版	1976/8	《天狼星》詩集後記
陳芳明	回望〈天狼星〉	書評書目	四九期五十期	1977/5/6	
張默	從繁富到清明	文訊月刊	十三期	1984/8	

現代詩論戰史第二階段

一、「麥堅利堡」論戰

作　者	文章題目	刊物名稱	卷/期	日　期	備　註
許登山	馬尼拉，你的特產是桂冠——從照片看世界詩人大會	笠	34 期	1969/12	
編輯室	審判自己	笠	37 期	1970/6	
傅敏紀錄	作品合評：羅門「麥堅利堡」中部合評紀錄	笠	39 期	1970/10	
鄭炯明紀錄	作品合評：羅門「麥堅利堡」南部合評紀錄	笠	39 期	1970/10	
羅門	《藍星》年刊「詩的博覽會」	《藍星》		1971	後節錄於《羅門創作大系七》（臺北：文史哲）
趙天儀	裸體的國王	笠	44 期	1971/8	

二、招魂祭論戰

作 者	文章題目	刊物名稱	卷/期	日 期	備 註
洛夫	1970 詩選序	1970 詩選		1971/3/15	
傅敏	招魂祭—從所謂的「1970 詩選」談洛夫的詩之認知	笠	43 期	1971/6/15	
洛夫	致張默、管管	水星	4 期	1971/7/10	
辛鬱	不順耳的話	水星	4 期	1971/7/10	
張默	從自省出發	水星	4 期	1971/7/10	
笠	笠消息	笠	44 期	1971/8/15	
陳鴻森	自覺	笠	44 期	1971/8/15	
傅敏	不絕的音響	笠	44 期	1971/8/15	
笠（傅敏）	編後記	笠	44 期	1971/8/15	
宋志揚	溫柔的感嘆	水星	5 期	1971/9/10	
鄭炯明	不能忽略的事實——從 70 年代詩選談起	笠	45 期	1971/10/15	
笠	編輯後記	笠	45 期	1971/10/15	
夏萬洲		水星	6 期		
桓夫	信件（寄白萩）	笠	46 期	1971/12/15	
傅敏	信件（寄白萩）	笠	46 期	1971/12/15	
桓夫	信件（寄張默）	笠	46 期	1971/12/15	
白萩	與宋志揚先生會面記	笠	46 期	1971/12/15	
笠詩刊	本刊嚴正聲明	笠	46 期	1971/12/15	
柳文哲	疾風知勁草——代編後記	笠	46 期	1971/12/15	
洛夫	中國現代文學大系詩卷序	中國現代文學大系			後收錄於幼獅文藝 220 期，1972/4/1
葉笛	文化是純種馬嗎？——對「溫柔的感嘆」的感嘆	笠	49 期	1972/6/15	
管點（蘇紹連）	縱的接生	後浪	2 期	1972/11/15	

作　者	文章題目	刊物名稱	卷/期	日　期	備　註
陳芳明	檢討詩的晦澀與時空性	主流詩刊	8 期	1973/2	後收錄於鏡子與影子，1974/3
傅敏	再出發	笠	54 期	1973/4/15	
杜國清	何謂「現代詩」	笠	55 期	1973/6/15	
劉漢初	敢請詩人一下凡	中外文學	2 卷 2 期	1973/7/1	
戴麗珠	詩——民族的聲音，兼評中國現代文學大系詩部分	龍族（評論專號）	9 號	1973/7/7	

三、颱風季論戰

作　者	文章題目	刊物名稱	卷/期	日　期	備　註
顏元叔	對於中國現代詩的幾個淺見	現代文學	46 期		
顏元叔	細讀洛夫的兩首詩	中外文學	1 卷 1 期	1972/6/1	
顏元叔	颱風季	中外文學	1 卷 2 期	1972/7/1	
劉菲	讀「對於中國現代詩的幾個淺見」後的淺見	中外文學	1 卷 2 期	1972/7/1	
阮德章	信件（寄編者）	中外文學	1 卷 2 期	1972/7/1	
劉菲	信件（寄編者）	中外文學	1 卷 2 期	1972/7/1	
郭楓	信件（寄編者）	中外文學	1 卷 2 期	1972/7/1	
中外文學	編後記	中外文學	1 卷 2 期	1972/7/1	
江長文	信件（寄胡耀恆）	中外文學	1 卷 3 期	1972/8/1	
大荒	信件（寄顏元叔）	中外文學	1 卷 3 期	1972/8/1	
林南	信件（寄主編）	中外文學	1 卷 3 期	1972/8/1	
顏元叔	羅門的死亡詩	中外文學	1 卷 4 期	1972/9/1	
洛夫	與顏元叔談詩的結構與批評——並自釋「手術臺上的男子」	中外文學	1 卷 4 期	1972/9/1	
溫任平	信件（寄顏元叔）	中外文學	1 卷 4 期	1972/9/1	
郭楓	信件（寄顏元叔）	中外文學	1 卷 4 期	1972/9/1	

作 者	文章題目	刊物名稱	卷/期	日 期	備 註
李揚	信件（寄編者）	中外文學	1 卷 4 期	1972/9/1	
吳晟	信件（寄顏元叔）	中外文學	1 卷 4 期	1972/9/1	
中外文學	編後記	中外文學	1 卷 4 期	1972/9/1	
大荒	談詩的語言	創世紀	30 期	1972/9/1	
萬洲	詩的隨筆	創世紀	30 期	1972/9/1	
朱提	致張默（信件）	創世紀	30 期	1972/9/1	
彩羽	致顏元叔（信件）	創世紀	30 期	1972/9/1	
大荒	致顏元叔（信件）	中外文學	1 卷 5 期	1972/10/1	
辛鬱	寄胡耀恆（信件）	中外文學	1 卷 5 期	1972/10/1	
羅門	一個作者自我世界的開放——與顏元叔教授談我的三首死亡詩	中外文學	1 卷 7 期	1972/12/1	
顏元叔	葉維廉的「定向疊景」	中外文學	1 卷 7 期	1972/12/1	
李二楞睜（管管）	力巴頭扯謊腔——一個老兵讀「與顏元叔談詩的結構與批評」	中外文學	1 卷 7 期	1972/12/1	
管管	寄胡耀恆（信件）二封	中外文學	1 卷 7 期	1972/12/1	
戴成義	寄胡耀恆（信件）二封	中外文學	1 卷 7 期	1972/12/1	
劉菲	寄編輯（信件）	中外文學	1 卷 7 期	1972/12/1	
葉維廉	寄胡耀恆（信件）	中外文學	1 卷 7 期	1972/12/1	
李二楞睜（管管）	寄編輯（信件）	中外文學	1 卷 7 期	1972/12/1	
中外文學	編後記——半年回顧與前瞻	中外文學	1 卷 7 期	1972/12/1	
周鼎	現代詩解惑——另釋洛夫「太陽手札」	創世紀	31 期	1972/12/1	
白先勇	致瘂弦洛夫（信件）	創世紀	31 期	1972/12/1	
中外文學	編後按	中外文學	1 卷 8 期	1973/1	
林綠	詩的欣賞	創世紀	32 期	1973/3/1	
顏元叔	期待一種文學	中外文學	2 卷 1 期	1973/6	

四、「關唐事件論戰」

論　者	論爭文章	發表刊物	卷/期	日　期	備　註
關傑明	中國現代詩人的困境（上、下）	中國時報		1972/2/28 1972/2/29	
周寧	一些觀念的澄清	現代文學	47 期	1972/6	
關傑明	致洛夫（信件）	創世紀	30 期	1972/9/1	
朱提	致張默	創世紀	30 期	1972/9/1	
彩羽	致顏元叔	創世紀	30 期	1972/9/1	
關傑明	中國現代詩的幻境（上、下）	中國時報		1972/9/10 1972/9/11	
史君美	先檢討我們自己吧（即唐文標）	中外文學	1 卷 6 期	1972/11	
鄭烱明	批評的再出發	笠	51 期	1972/10/15	
李國偉	詩的意味（上、下）	中時海外專欄		1972/11/17、18	
創世紀	關於「中國現代詩總檢討」專輯	創世紀	31 期	1972/12/1	
葉珊	致本刊編者（信件）	創世紀	31 期	1972/12/1	
林綠	致洛夫（信件）	創世紀	31 期	1972/12/1	
王潤華	致洛夫（信件）	創世紀	31 期	1972/12/1	
翱翱	致洛夫（信件）	創世紀	31 期	1972/12/1	
藍菱	致張默、洛夫（信件）	創世紀	31 期	1972/12/1	
張漢良	致洛夫（信件）	創世紀	31 期	1972/12/1	
高準	論中國新詩的風格發展與前途方向（上、中、下）	大學雜誌	59、60、62	1972/11、12 1973/2	
陳芳明	檢討詩的晦澀與時空性	主流詩刊	第 8 期	1973/2	
林梵	從否定出發	中外文學	1 卷 10 期	1973/3	
周寧	或許這才是管管應該走的方向	中外文學	1 卷 10 期	1973/3	
胡耀恆	開放三十年代文學	中外文學	1 卷 11 期	1973/4	
劉菲	有感於中國現代詩的批評	中外文學	1 卷 11 期	1973/4	

論　者	論爭文章	發表刊物	卷/期	日　期	備　註
唐文標	斷竹、續竹、飛土、逐肉——陳世驤教授逝世二周年祭	幼獅文藝	233 期	1973/5/1	
陳芳明	剪掉批評的辮子	中外文學	1 卷 12 期	1973/5/1	
李國偉	文學的新生代	中外文學	1 卷 12 期	1973/5/1	
陳慧樺	現代詩裡的時代社會意識	大地	5 期	1973/5	
顏元叔	期待一種文學	中外文學	2 卷 1 期	1973/6	
李國偉	略論社會文學	中外文學	2 卷 2 期	1973/7/1	
劉漢初	敢請詩人一下凡	中外文學	2 卷 2 期	1973/7/1	
唐文標	僵斃的現代詩	中外文學	2 卷 3 期	1973/7	
高上秦	探索與回顧	龍族	9 號	1973/7/7	評論專號
余光中	現代詩怎麼變	龍族	9 號	1973/7/7	評論專號
關傑明	再談中國現代詩	龍族	9 號	1973/7/7	評論專號
魏思平	中國現代詩的再生	龍族	9 號	1973/7/7	評論專號
柯慶明	讓我們談「詩」	龍族	9 號	1973/7/7	評論專號
唐文標	詩的沒落	文季	第 1 期	1973/8	
唐文標	歐陽子的創作背景	文季	第 1 期	1973/8	
唐文標	什麼時候什麼地方什麼人——論傳統詩與現代詩	文季	第 1 期	1973/8	
唐文標	日之夕矣——線給青年朋友的自我批評	中外文學	2 卷 4 期	1973/9	
顏元叔	唐文標事件	中外文學	2 卷 5 期	1973/10/1	
傅禹	一棒子打到底——問唐文標	中外文學	2 卷 5 期	1973/10/1	
林若玉	八月裡的大寒流	中外文學	2 卷 5 期	1973/10/1	
張漢良	論洛夫後期風格的演變	中外文學	2 卷 5 期	1973/10/1	
張默	現代詩成長的禮物	幼獅文藝	238 期	1973/10/10	
唐文標	唐文標致傅敏	笠	57 期	1973/10/15	
余光中	詩人何罪？	中外文學	2 卷 6 期	1973/11/1	

論　者	論爭文章	發表刊物	卷/期	日　期	備　註
黃維君	從「文季」的風格談「唯美文學」	書評書目	第 8 期	1973/11/1	
李佩玲	余光中到底說了什麼？	中外文學	2 卷 8 期	1974/1/1	
彭瑞金	文學的社會參與——讀顏元叔「唐文標事件」後	中外文學	2 卷 8 期	1974/1/1	
劉紹銘	中外信箱投書	中外文學	2 卷 8 期	1974/3/1	
黃進蓮	黑白講——檢視唐文標「詩的沒落」一文	主流詩刊	第 10 期	1974/3	
沙靈	現代詩發展的陰影	主流詩刊	第 10 期	1974/3	
陳芳明	檢討民國六十二年的詩評	中外文學	3 卷 1 期	1974/6/1	詩專號
余光中	詩運小卜——中外文學詩專號前言	中外文學	3 卷 1 期	1974/6/1	詩專號
顏元叔	認知與詩創作	中外文學	3 卷 1 期	1974/6/1	詩專號
凝凝	舊調重彈——重談「橫的移植」和「縱的繼承」	中外文學	3 卷 1 期	1974/6/1	詩專號
楊牧	致余光中書——代跋中外文學詩專號	中外文學	3 卷 1 期	1974/6/1	詩專號
林亨泰	表現的自由	創世紀	37 期	1974/7	詩論專號
大荒	平心淺論現代詩	創世紀	37 期	1974/7	詩論專號
鄭衍生	影子或非影子（關於龍族「評論專號」）	創世紀	37 期	1974/7	詩論專號
辛鬱	內省及其他	創世紀	第 37 期	1974/7	
劉菲	揭開唐文標之流的假面具	創世紀	第 37 期	1974/7	
黃進蓮	批評的墮落——中外文學「僵斃的現代詩」一文的商榷	創世紀	第 37 期	1974/7	
洛夫	請爲中國詩壇保留一份純潔	創世紀	第 37 期	1974/7	又載於《文學思潮》第一集 1978/4/10
魏思平	文學時髦症	幼獅文藝	248 期	1974/8	

論 者	論爭文章	發表刊物	卷/期	日 期	備 註
唐文標	實事求是不作調人	中外文學	3 卷 3 期	1974/8	
蔣勳	致「非利士丁人」楊牧先生	中外文學	3 卷 3 期	1974/8	
津平	我們的文學在那裡？	中外文學	3 卷 3 期	1974/8	
唐文標	致顏元叔先生	中外文學	3 卷 3 期	1974/8	
葉崑山	令人失望的「詩專號」	中外文學	3 卷 3 期	1974/8	
津平	我們的文學在那裡？	中外文學	3 卷 3 期	1974/8	
郭紹明	湯鍋裡的一恭——談楊牧的「致余光中書」	中外文學	3 卷 3 期	1974/8	
本刊	編後記	中外文學	3 卷 3 期	1974/8	
劉紹銘	漢魂唐魄——為「關傑明事件」致楊牧書	中時副刊		1974/8/9	
楊牧	孤兒與暴民——答劉紹銘書	中時副刊		1974/8/25	
創世紀編輯部	我們的信念與期許——本刊創刊廿週年紀念箴言	創世紀	第 38 期	1974/10	
舒暢	創世紀書簡——舒暢致洛夫	創世紀	第 38 期	1974/10	
李魁賢	建立開放的詩壇	笠	63 期	1974/10/15	
黃榮村	論文學工作者應有的素養	龍族詩刊	13 期	1974/12/13	
銀正雄	評唐文標的論張愛玲早期小說——兼談其「實事求是，不作調人」	書評書目	22 期 23 期	1975/2 1975/3	
思兼	批評的態度	幼獅文藝	255 期	1975/3	
楊牧	文學的辯護	中外文學	4 卷 1 期	1975/6/1	
劉菲	中國現代詩的前導者——紀弦先生訪問記	幼獅文藝	259	1975/7	
董保中	文藝批評家與作家	中外文學	4 卷 10 期	1976/3/1	
梁景峰	什麼不是現代詩	笠	75 期	1976/10/15	
趙天儀	我們需要怎樣的批評	笠	81 期	1977/10/15	

五、「這樣的詩人余光中」論戰

作　者	文章題目	刊物名稱	卷/期	日　期	備　註
		詩潮	1	1977/5/1	
洛夫	〈「詩專號」前記〉	中華文藝	13卷4期	1977/6	
余光中	狼來了	聯合報	副刊	1977/8/20	
陳鼓應	評余光中的頹廢意識與色情主義	中華雜誌	172期	1977/11	
陳鼓應	評余光中的流亡心態	中華雜誌	173期	1977/12	
	三評		173～6期		
吳望堯		中華日報	副刊	1977/11/25	
吳望堯		中央日報	副刊	1977/11/29	
李瑞騰	駁斥陳鼓應的余光中罪狀	詩脈	6期	1977/10/25	原訂10月25號出刊，但因編務延遲至12底才出刊。
洛夫	詩壇風雲——這一年來詩壇的回顧與檢討	聯合報	副刊	1978/1/1	
吳望堯		新生報	副刊	1978/1/7	
曾心儀	訪陳鼓應談近況	自立晚報		1978/3/19	
孔無忌	一個歷史的對照	夏潮	22期		
高準	聯合報是這樣的排斥異己——敬答洛夫與余光中	夏潮	4卷2期	1978/2	
田湜	我也談談余光中	中華雜誌	175		
雷公雨	一廂情願	臺灣日報	副刊	1978/1/31	
寒爵	床上詩人頌	文壇	2月號	1978/2	
司馬文武	陳鼓應著文解剖余光中的詩	自立晚報	文化界副刊	1978/1/8	
洛夫	斥「工農兵文藝」	創世紀	47期	1978/5	
莊金國	驀然，一片光	臺灣時報	副刊	1987/8/18	
莊金國	改寫自己的歷史	臺灣時報	副刊	1988/4/30	
黃樹根	誰是他們	臺灣時報	副刊	1988/4/30	

作 者	文章題目	刊物名稱	卷/期	日 期	備 註
郭楓	繁華一季盡得風騷				
曾祥鐸	那有侮辱民族靈魂的詩人				

現代詩論戰史第三階段

一、席慕蓉現象論戰

論 者	論 題	發表刊物	卷/期	發表日期	備 註
曾昭旭	光影寂滅處的永恆——席慕蓉在說什麼	無怨的青春跋		1981/12	
蕭蕭	青春無怨，新詩無怨	文藝月刊		1983/7	收錄於蕭蕭《現代詩學》
渡也	有糖衣的毒藥	臺灣時報	副刊	1984/4/8、9	收錄於渡也《新詩補給站》
張瑞麟	我讀「有糖衣的毒藥」	臺灣時報	副刊	1984/4/18	
羊牧	〈動聽的真話——為「有糖衣的毒藥」喝采〉	臺灣時報	副刊	1984/4/23	
賈化	我讀「我讀有糖衣的毒藥」	臺灣時報	副刊	1984/4/27	
張瑞麟	有害的迷幻藥	臺灣時報	副刊	1984/5/4	
掌門詩社	也談有糖衣的毒藥	掌門詩刊		1984/5/1	收錄於《詩評家》1 期
非馬	糖衣的毒藥	海洋副刊		1984/8/10	收錄於渡也《新詩補給站》
詩評家	聽聽大家怎麼說	詩評家	1 期	1985/2	
渡也	席慕蓉與我	臺灣時報	副刊	1985/1/23	收錄於渡也《新詩補給站》
孟樊	臺灣大眾詩學——席慕蓉詩集暢銷現象	當代青年	第 6、7 期	1992/1 1992/2	收錄於《流行天下》與《當代臺灣新詩理論》

論　者	論　題	發表刊物	卷/期	發表日期	備　註
楊宗翰	詩藝之外——詩人席慕蓉與「席慕蓉現象」	竹塹文獻	第 18 期	2001/1	收錄於楊宗翰《臺灣現代詩史》
沈奇	重新解讀「席慕蓉詩歌現象」	文訊月刊	201 期	2002/7	

二、詩壇春秋三十年論爭

論　者	論爭文章	發表刊物	卷/期	日　期	備　註
洛夫	詩壇春秋三十年	中外文學	10 卷 2 期	1982/5	
文曉村	魔筆與暗劍——讀「詩壇春秋三十年」有感	葡萄園	78 期	1982/6/10	後收錄於《陽光小集》9 期，更名「魔鬼與暗劍」
魯蛟	詩壇風雲	秋水	35 期	1982/6/25	
麥穗	讀「詩壇春秋三十年」有感	秋水	35 期	1982/6/25	
涂靜怡	給「陽光小集」詩友的一封信	秋水	35 期	1982/6/25	後收錄於《陽光小集》9 期，更名「可笑的『詩壇春秋三十年』」
向陽	春與秋其代序——「詩壇春秋三十年」一文的幾點意見	陽光小集	9	1982/6/25	
司馬運	既無史識，又欠史實	陽光小集	9	1982/6/25	
羅門	「藍星」是這個樣子嗎	陽光小集	9	1982/6/25	
喬林	談「中國現代詩發展史」	陽光小集	9	1982/6/25	
李敏勇	洛夫的語言問題	笠	110	1982/8/15	後收錄於《陽光小集》9 期
郭成義	貓和老虎魚和雪——對洛夫「詩壇春秋三十年」文中的一點反響	笠	110	1982/8/15	

論　者	論爭文章	發表刊物	卷/期	日　期	備　註
何麗玲	笠的語言問題	笠	110	1982/8/15	座談會記錄，陳千武為主席
	詩學與語言	笠	110	1982/8/15	座談會記錄，李敏勇為主席
一信	詩壇春秋	秋水	36	1982/10/25	

三、一九八三臺灣詩選論戰

論　者	論爭文章	發表刊物	卷/期	日　期	備　註
漢客	鄉土文學	中央日報	副刊	1984/2/6	
林野	請不要污染詩的天空	商工日報	12 版	1984/6/17	
渡也	淺論「一九八二年臺灣詩選」	文訊	12 期	1984/6	頁 198。
莫渝	年度詩選的沈思	文訊	12 期	1984/6	
張漢良、張默等人	中國現代詩談話會	文訊	12 期	1984/6	
吳晟	誠惶誠恐話編輯——「一九八三年臺灣詩選」編選工作報告	一九八三臺灣詩選	臺北：前衛出版社，	1984/4	
李勤岸	「關切現實」導言	一九八三臺灣詩選	臺北：前衛出版社，	1984/4	頁 77
廖莫白	「關懷鄉土」導言	一九八三臺灣詩選	臺北：前衛出版社	1984/4	頁 28
朱炎	眞摯優美的道路	中央日報	10 版	1984/5/24	轉載「文藝評論」第九期
劉菲	讀詩聯想	葡萄園	87 期	1984/7	頁 22
涂靜怡	維護文學世界的純潔	商工日報	12 版	1984/7/27	
渡也	八〇年代臺灣純文學面臨的困境	商工日報	12 版	1984/8/21	
彭歌	眞與僞	中央日報	12 版	1984/8/23	
蘇雪林	文藝界不容魔掌再伸進來	商工日報	12 版	1984/9/7	

論　者	論爭文章	發表刊物	卷/期	日　期	備　註
侯吉諒	關懷鄉土與放眼天下——評「一九八三臺灣詩選」	創世紀	65 期	1984/10	頁 251。
魯蛟	讓詩中存有一點忠厚	秋水	44 期	1984/10	
劉菲	關切現實之外	秋水	44 期	1984/10	
凃靜怡	答渡也的「胡說八道」！	秋水	44 期	1984/10	
艾旗	陰影	葡萄園	88、89 期	1984/11	
劉菲	錯誤的第一步——致詩人吳晟先生	葡萄園	88、89 期	1984/11	
徐哲萍	文學與法律之分際——簡評一九八三臺灣詩選「關切現實」專欄	葡萄園	88、89 期	1984/11	
文曉村	給一位青年詩人	葡萄園	88、89 期	1984/11	
文曉村	編輯室報告	葡萄園	88、89 期	1984/11	
陳火水	沒有土地那有文學——臺灣一九八五年的文學整風即將進入暴風圈〉	前進	95 期	1985/1/17	
莊英村	小人到處有文壇特別多——鬼影迷蹤的臺灣文壇	前進	96	1985/1/24	
林尚賢	反對的力量是進步的泉源——訪文工會大將孫起明	前進	96	1985/1/24	
臺灣文藝一同仁	沒有整風怎有訪談——對孫起明談話的質疑	前進	97 期	1985/1/31	
苦苓	「一九八四年臺灣詩選」編選報告	一九八四臺灣詩選	臺北：前衛出版社	1985/2	
張雪映	一九八四臺灣詩壇十大事件	一九八四臺灣詩選	臺北：前衛出版社	1985/2	頁 220～221
張雪映	愛鄉乎？愛國乎？	詩評家	2 期	1985/3	
苦苓	這樣的詩人這樣的詩	詩評家	2 期	1985/3	
何捷	葡萄架下有隱情？	詩評家	2 期	1985/3	
本刊	痛苦純眞的鮮明砲手——一九八三、八四臺灣詩選五首	前進	100 期	1985/3/8	

論　者	論爭文章	發表刊物	卷/期	日　期	備　註
浮志萍	如果詩壇向大植物園——與吳晟、苦苓談一九八三、一九八四臺灣詩選	前進	100 期	1985/3/8	
韌劍	排雲山夜話——霧夜訪艾旗，冷靜話「陰影」	葡萄園	90、91 期	1985/5	
文曉村	政治歸政治，文學歸文學	葡萄園	90、91 期	1985/5	
王牌	讀艾旗「陰影」有感——兼給寫序文者的一點建議	葡萄園	90、91 期	1985/5	
徐哲萍	無分裂意識就好——讀「沒有土地那有文學」誌感	葡萄園	90、91 期	1985/5	
劉菲	記大事・要客觀	葡萄園	90、91 期	1985/5	
吳明興	我與現代詩學	葡萄園	90、91 期	1985/5	
吳晟	詩選何罪一首詩一個故事	臺北	聯合文學	2002/12	
陳思嫻	鄉土，放眼天下最初的角度——《一九八三臺灣詩選》事件	臺灣文學館通訊	4 期	2004/6，頁10	

四、大陸臺灣詩學論戰

論　者	篇　名	發表刊物	卷/期	日　期	備　註
李瑞騰	大陸的臺灣詩學前言	臺灣詩學季刊	第一期	1992/12	「大陸的臺灣詩學」專輯（上）
蕭蕭	隔著海峽搔癢——以《臺灣現代詩賞析》談大陸學者對臺灣詩壇的有心與無識	臺灣詩學季刊	第一期	1992/12	
白靈	隔海選詩——小評《臺港百家詩選》	臺灣詩學季刊	第一期	1992/12	
向明	不朦朧，也朦朧——評古遠清的《臺灣朦朧詩賞析》	臺灣詩學季刊	第一期	1992/12	

論　者	篇　名	發表刊物	卷/期	日　期	備　註
游喚	有問題的臺灣新詩發展史	臺灣詩學季刊	第一期	1992/12	
李瑞騰	大陸出版有關臺灣詩的書目	臺灣詩學季刊	第二期	1993/3	「大陸的臺灣詩學」專輯（下）
游喚	大陸有關臺灣詩詮釋手法之商榷	臺灣詩學季刊	第二期	1993/3	
臺灣詩學季刊社	「大陸的臺灣詩學」討論會	臺灣詩學季刊	第二期	1993/3	
古遠清	兩岸文學交流不應存在敵意——兼評向明先生的〈不朦朧，也朦朧〉	臺灣詩學季刊	第二期	1993/3	
章亞昕	隔著海峽談詩——從蕭蕭先生對《臺灣現代詩歌賞析》的批評說起	臺灣詩學季刊	第四期	1993/9	
耿建華	搔到了誰的癢處——就〈隔著海峽搔癢〉一文與蕭蕭先生商榷	臺灣詩學季刊	第四期	1993/9	
莫宏偉	我對「臺灣朦朧詩」的看法——讀者投書	臺灣詩學季刊	第四期	1993/9	
徐望雲	可能有問題的兩岸詩學交流——與蕭蕭、白靈、向明、古遠清、章亞昕、耿建華「研究研究」	臺灣詩學季刊	第五期	1993/12	
南鄉子	詩評家的邪路——讀〈兩岸文學交流不應存在「敵意」〉	臺灣詩學季刊	第五期	1993/12	
古遠清	關於「大批判情結」、政治敵意、詩的詮釋諸問題——對南鄉子〈詩評家的邪路〉一文的答辯	臺灣詩學季刊	第五期	1993/12	
葛乃福	我們期待怎樣的交流——海峽兩岸詩歌交流之檢討	臺灣詩學季刊	第六期	1994/3	
沈奇	誤接之誤——談兩岸詩界的交流與對接	臺灣詩學季刊	第六期	1994/3	

論 者	篇 名	發表刊物	卷/期	日 期	備 註
耿秋	朦朧詩、現代詩與大中華詩歌	臺灣詩學季刊	第六期	1994/3	
楊光治	「朦朧詩」是一個概念——讀者投書	臺灣詩學季刊	第六期	1994/3	
李瑞騰	「大陸的臺灣詩學再檢驗」前言	臺灣詩學季刊	第十四期	1996/3	「大陸的臺灣詩學再檢驗」專輯
吳浩	史家紀傳是這種紀法嗎——關於王晉民《臺灣當代文學史》詩部分	臺灣詩學季刊	第十四期	1996/3	
文治	如果漸成事實——大陸詩評家對臺灣詩所做評論的幾個現象	臺灣詩學季刊	第十四期	1996/3	
蕭蕭	大陸學者拼貼的「新詩理論批評」圖	臺灣詩學季刊	第十四期	1996/3	
孟樊	主流詩學的盲點	臺灣詩學季刊	第十四期	1996/3	
張健	大陸的臺灣詩學十象	臺灣詩學季刊	第十四期	1996/3	
尤七	時間歷史與空間歷史的矛盾——大陸學者如何定位臺灣現代詩	臺灣詩學季刊	第十四期	1996/3	
張默	偏頗、錯置、不實？——古繼堂著《臺灣新詩發展史》初探筆記	臺灣詩學季刊	第十四期	1996/3	
謝輝煌	「論詩」的隔與不隔——兼就教沈奇教授	臺灣詩學季刊	第十四期	1996/3	
游喚	大陸學者如何評釋五十年代臺灣詩	臺灣詩學季刊	第十四期	1996/3	
楊平	批判之外	臺灣詩學季刊	第十四期	1996/3	
古遠清	蕭蕭先生批評大陸學者的盲點——對〈大陸學者拼貼的「臺灣新詩理論批評」圖〉一文的回應	臺灣詩學季刊	第十五期	1996/6	

論　者	篇　名	發表刊物	卷/期	日　期	備　註
古繼堂	雨過山自綠，風過海自平——關於《臺灣新詩發展史》的回應	臺灣詩學季刊	第十五期	1996/6	
張健	來函	臺灣詩學季刊	第十五期	1996/6	對蕭蕭論及張健部分的更正
羅門	讓事情接近它的眞實性	臺灣詩學季刊	第十七期	1996/12	對張默論及羅門部分的更正
古繼堂	回答蕭蕭兼談《新詩三百首》	臺灣詩學季刊	第二十期	1997/9	
謝輝煌	熾烈的火花過後	臺灣詩學季刊	第二一期	1997/12	檢討蕭蕭、古遠清、古繼堂三篇文章